# Owning Ideas:
The Intellectual Origins of American Intellectual Property, 1790—1909

[美]奥伦·布拉查（Oren Bracha）著

肖尤丹　孙　晋　译

# 美国知识产权制度的观念起源
（1790—1909）

中国人民大学出版社
·北京·

# 致谢
## Acknowledgments

如果有一本著作在筹划方面像本书一般旷日持久,那么它的作者肯定如我一般要感激很多朋友,感谢那些生命中珍贵的相遇。无论是在才智还是其他方面,我都要将最深的感谢致予莫顿·霍维茨(Morton Horwitz)、特里·费舍尔(Terry Fisher)和邓肯·肯尼迪(Duncan Kennedy)。他们塑造了我的思想境界和人格,既贯穿于著书过程,又超越了著书本身,其影响和指导在本书中显而易见。罗恩·哈里斯(Ron Harris)是又一位影响并支持我的重量级人物,我很感激他带我走上这条研究之路,感谢他对我早期的指教和鼓励。

我之所以能够完成这项艰巨而漫长的研究,得益于得克萨斯大学法学院坚定而慷慨的支持。更要感谢我的同事,在与许多同事的交流互动中,我受益匪浅。感谢威利·福巴斯(Willy Forbath)、戴维·拉班(David Rabban)和约翰·戈尔登(John Golden)长期的协助,他们将自己的精力、见识和智慧投入对本书的审阅及修订中。我还受益于许多学者的研究和见解,这些学者不胜枚举。如莱昂内尔·本特利(Lionel

Bently)、罗南·迪兹利（Ronan Deazley）、凯瑟琳·菲斯克（Catherine Fisk）、马克·罗斯（Mark Rose）和塔尔哈·赛义德（Talha Syed）的见解对我思考本书的关键问题极有影响，尽管他们可能没有意识到这一点。

我还要感谢美国国家档案馆、得克萨斯大学法学院图书馆里乐于助人和知识渊博的馆员，他们竭尽所能帮我找到极其冷门的参考资料。感谢克莱尔·盖里尼（Claire Gherini）和梅甘·雷恩（Megan Wren）为协助本书的研究投入的精力和勤奋。感谢编辑克里斯·汤姆林斯（Chris Tomlins）的指导和鼓励，感谢他始终对本书抱有信心。

我最感激的是塔米·谢弗·布拉查（Tammy Sheffer Bracha）。在我们的女儿出生前，这本书就一直陪伴着我们。如果没有她的耐心、奉献和支持，这本书就不可能与大家见面。

将本书献给塔米·谢弗·布拉查。

# 目 录
## Contents

引 言 ································································· 1

## 1 美国知识产权制度的起源 ································ 17

知识财产：无形物上的权利 ···························· 18
专利：英国的起源 ········································· 20
殖民地与各州的专利制度 ······························· 29
版权：英国的起源 ········································· 35
殖民地与各州的版权制度 ······························· 44
知识产权的宪法条款 ····································· 49

## 2 作者主义版权制度的兴衰 ································ 75

向作者主义版权制度的转变 ···························· 78
机械师与作者：独创性即新颖性 ····················· 85
创造性天才与单纯的勤奋：独创性即创造性 ····· 95
仅仅是奇观和低俗的歌曲 ······························· 100
物尽其用 ····················································· 106

毕竟是太阳造就了这幅美景 …………………………… 113
　　自由市场中的浪漫主义作者 …………………………… 119
　　最高法院说它们没问题 ………………………………… 132
　　个性总会包含独特之处：独创性的思想体系 ………… 136
　　作者主体的终点和版权史的纯粹起点 ………………… 139
　　与作者同享权利：作者身份的普遍化 ………………… 144

3　财产的客体：智力作品的权利归属 …………………… 171
　　雕刻家不经常接触大理石：作者就是所有者吗？ …… 173
　　复活的文学财产之争：惠顿诉彼得斯案 ……………… 184
　　这就是法律术语"复制"的含义 ………………………… 195
　　美国版的删减骗局 ……………………………………… 205
　　文学作品本质和价值的构成：知识商品 ……………… 209
　　法律上的形而上学：平衡机制 ………………………… 218
　　保护作者不受任何形式的盗版侵害 …………………… 229

4　发明人权利 ……………………………………………… 258
　　是一种财产，还是一种权利 …………………………… 260
　　公众可从发明中得到的好处 …………………………… 272
　　文学和科学的供给将与其需求成比例 ………………… 278
　　天才的产品 ……………………………………………… 289
　　天才和技工 ……………………………………………… 294
　　创新能力 ………………………………………………… 300

5　拥有发明 ………………………………………………… 326
　　利益之油 ………………………………………………… 329

| | |
|---|---|
| 从欺诈到机械等同 | 342 |
| 原理问题 | 352 |
| 在他的领域内，专利权人是垄断者 | 366 |
| 实用技艺 | 379 |
| 通过种子发芽来培育小麦 | 387 |
| 他们发掘出了发明的核心：财产的文本对象 | 394 |
| 结　语 | 421 |
| 索　引 | 433 |

# INTRODUCTION

# 引 言

知识财产（intellectual property）无处不在。我们对这个观念早已司空见惯，也很容易不以为奇，但"知识财产"这一概念的确很奇怪。世界知识产权组织印发的精美宣传册可能告诉我们，知识产权（intellectual property rights）和其他财产权并无差异；博学的法学教授可能耐心地解释说，财产权没有理由不适用于无形的财富（intangible resources）。但这些解释无济于事。只要你认真思考知识财产的观念，就一定会觉得（某项）无形智力产品归我所有（owning an intangible product of the mind）的概念其实是非常奇怪而另类的。思想（idea）归我所有到底是什么意思？当创意、思想日益成为我们经济、文化及社会生活中不可或缺的一部分时，我们为什么开始以某种财产的方式来理解和描述它们？本书要探讨的就是这些问题。

**美国**
知识产权制度的观念起源（1790—1909）

扩展概念内涵是回答这些问题的一个出发点。路易斯·布兰代斯（Louis Brandeis）法官在1918年时写道："对于人类最尊贵的产物——知识、被探明的真理、概念以及思想，法律的一般原则是，它们在被自愿传达给他人之后，就成了和空气一样自由共用的东西。"[1] 在布兰代斯写下这些话时，知识产权在范围和强度两个维度上的发展已经远远超出了前一个世纪所有人的想象。现在知识产权仍在不断扩张，也极有可能远远超出布兰代斯当时的想象。被主张应当享有独占性法律权利（成功程度各不相同）保护的无形物（intangibles）的范围大得惊人，由近期的几个例子就可见一斑，比如瑜伽的动作（yoga sequences）、打高尔夫球的方法、规避投资风险的算法系统、基因序列以及街头艺人近乎裸体的牛仔造型。这不禁让人疑惑：我们是否已经突破了布兰代斯规则所能适用的界限，利用思想的自由是否变成了特例？詹姆斯·博伊尔（James Boyle）曾将这一进程戏称为"第二次圈地运动"（the second enclosure movement），将对知识资源（intellectual resources）的私有化与18世纪在英国发生的将公共土地变成私人财产的社会运动[2]相提并论。

如果我们确实正处于第二次圈地运动之中——且不管它是像某些人认为的那样是从最近几十年开始的，还是已经持续了几个世纪，那么应该怎么解释这种现象？最直觉的反应肯定是技术和经济因素。在我们的社会中，很大一部分财富的呈现形式不再是土地或其他实体物（tangibles），而是受到知识产权保护的信息性资源，这就大幅增加了私人通过知识产权控制这些无形财富资源的必要性。从历史来看，技术发展的确进一步加快了这一进程。新技术不但孕育出新的、有价值的知识资源——它们无所不包,从创造性的生产工艺到电影作品——还促进了商业化,创建了利用这些知识资源的市场机制。不管怎样,这都导致了私人和公共利益对控制和分配这些资源价值的法律机制的需求。这种说法有相当的解释力。但是它忽略了另一个强大的因素,那就是思想本身(ideas)。知识产权的扩张不只是科技发展和经济需求的结果,也是一系列特定思想的产物。自过去三个世纪以来,我们的文化已经形成了一种独特的思想观念(ideology),为"思想归我所有"这一概念赋予了意义。这种思想观念虽然深受技术和经济因素的影响,但并不仅仅是它们在智识观念上的直接映射。无形物所有权的观念正是在这种思想方法与其他因素的相互作用中"半自发"(semi-autonomous)地形成的。至此,技术、经济和思想因素共同构成了第二次圈地运动的智识渊源(intellectual origins)。

在英国和欧洲大陆,学界对"无形物权利归属"这种现代思想观念的产生与发展已经有相当透彻的研究,特别是在版权领域。总的来说,至少从15世纪开始,就已经存在着关于知识财产的实践惯例和规则制度。但是,它们并没有被看成"智力"(intellectual)或"财产"。虽然在与技术有关的经济活动以及后来的图书出版活动中确实存在某些"权利"(entitlements),但它们都没有被视为"无形对象的所有权"(ownership of an intangible object)。一个人对其头脑中产生的智力产品享有所有权,这种新思想大约是在18世纪早期才开始出现的。到18世纪末,专利和版权的思想观念基础都已经被彻底改变。这两个领域都开始被一种针对智力创造物（intellectual creation）的"占有性个人主义"（possessive individualism）思想所统治。个人是"占有性个人主义"的核心，不管是作者还是发明人，他们都是通过脑力劳动（mental labor）创造新思想的人。此时，这些个体的自然人就被视为智力创造物的所有者。

当美国的版权和专利制度在18世纪最后20年创立之时，这种"占有性个人主义"思想体系已经发展得相当成熟。因此，这必然会让人觉得现代"作者所有权框架"（authorship-ownership framework）已经深深嵌入了美国知识财产制度的基因之中。循着这样的假设，必然就会有人将美国知识产权从18世纪80年代萌芽以来取得的巨大发展想象成这种初始遗传密码自发且必然的结果。诚然，科技发展了，新市场被开辟出来了，信息商业化的巨大机遇就会涌现出来。但是这个过程，是以作者权（authorship）为基础的原始知识财产模式向新领域延伸、完善自身的原则并且适应新环境的过程。这完全不是一回事。19世纪是知识财产制度形成的关键时期。新的财产（法律、要件）元素得到发展——但它们绝非最初作者权理念的自然延伸，作者权的理念也并未成为知识产权法的核心要素和最根本的概念基础。但是作品所有者（authorial owner）的想象观念仍然拒绝退场，即使在个体作者身份从法律中消失（或者压根就没有体现在法律中）之时，它那柴郡猫式的咧嘴微笑仍然萦绕在法律中挥之不去。有时，它具有真正的力量，有时口惠而实不至，有时还表现得让人难以接受。在经历了缓慢而深刻的演进发展之后，在20世纪初期出现了一种关于"思想归我所有"的全新思想认知框架。本书以专利和版权这两个知识财产领域中最古老且最重要的分支为背景,详细分析了现代知识财产制度架构的发展脉络。

在18世纪末,专利和版权法领域均处于深刻转型之中。这在一定程度上反映出了官方对知识财产的新认识,即创造者对其智力产品享有财产权是一项普遍性规则。但是,在一些重要方面,专利法和版权法中仍然保留了许多传统知识财产规则的旧特征。本质上,它们只是将旧制度中出版商和商人的传统特权加以普遍化,再将其赋予作者和发明人。在此后的一个世纪里,"创造者当然享有财产权"这一基本制度框架承受住了各种挑战:经济利益的争夺、思想信念的冲突以及社会环境的变化。而最终结果就是完成了对"思想所有权"概念的全新整合(conceptual synthesis)。

在这一发展过程中是否有一般规律可循呢?新近的观点认为,19世纪美国知识财产制度的重大主题是推动"发明平民化"(the democratization of invention)的过程。[3]根据这些观点,原本很难获得的、只有少数精英人士才能偶尔享有的特权被具有广泛可及性的普适性权利所取代,这使得发明、创造活动大众化。创新及其商业化活动准入和知识财产取得的程序性门槛和实体性限制大大降低。专利和版权,变成了人人都可以得到的东西,只要满足为了实现公共利益最大化而设定的制式化通行标准(standardized general criteria)即可。而制度改变的结果就是大批科技和文化创新者的创造活力得到释放,因为他们可以通过财产权利享受其创新成果的社会价值。这种观点在很大程度上是真实的。大约在19世纪中期，发明活动在美国的确实现了平民化。美国的公司制度（incorporation）发展也是如此。从结构上看，发明平民化的过程与公司制发展为一种可被普遍采用的商业形式的过程，有着惊人的相似之处。无论如何，后者在后期的发展脉络上与前者是类似的。到了19世纪末，公司制的"平民化"促使美国的国家公司化（incorporation of America）。虽然众多个人和小企业继续依赖公司制作为有用的商业运作机制，但是大企业（big business）的崛起是这一时期最重要且最持久的现象。公司制的平民化随即在由大型集团式私营组织主导的新兴市场中，带来了财富和权力的巨大集中。发明平民化也带来了类似结果。19世纪末，"平民化"的知识产权成为大企业重要的商业与法律工具，其形式也发生了变化，以适应新的公司化环境。18世纪的作者所有权个人主义遭遇了公司自由主义（corporate liberalism）。一种新的合成概念出现了，作者权变成了公司作者权（authorship incorporated）。

与其他情形一样，在知识产权语境中官方的个人主义观念并未被新的公司作者权框架所抛弃。即便在一些重要机制上知识产权制度开始倚重其他逻辑前提，其基本观念仍然是智力产品归作为个体的作者或者发明人所有。这就导致了许多古怪的法律和概念形式。在抽象的作者所有权观念之下，"思想归我所有"观念框架中的一些要素要么根本没有定型，要么可能有多种不同的解释。例如，"智力成果归创造它们的作者和发明人所有"这个前提，为如下两个问题留下了充分的解释空间：归作者和发明人所有的"东西"准确地讲究竟是什么？归作者和发明人"所有"又意味着什么？在这一语境下，许多其他的观念或经济性力量塑造了"思想归我所有"的具体含义。而在其他语境中，官方的作者权观念就会与其他更重要的影响因素产生直接冲突。比如，"严格独创性"（strong originality）这个作为天才创造者标志的假设，既与对知识产权广泛可用性的经济需求相冲突，又与知识商品的价值只能由市场决定的当下新主流观念相矛盾。这种冲突导致了各种错综复杂、假设前提互相矛盾的思想观念，也催生了调和这些矛盾的机制。

20世纪之初出现的思想体系为知识财产观念赋予了新的内涵。大致剖析如下：有一系列概念通过定义享有知识产权的创造者—所有者的基本特性，构建出创造者—所有者。还有一组理论则用来解释被拥有的客体是什么，它创造了一个适用法定权利的无形物概念。第三组相关理论则解释了拥有智力性客体这一观念的意义。这些理论界定了这种假设的无形物的所有者和他人的关系。

本书的章节是围绕含义结构在版权和专利领域的形态进行安排的。第1章通过介绍美国知识产权法在英国时期、殖民地时期及各州的起源，为理解19世纪观念转型作好铺垫。它表明，在联邦制度创立初期，版权和专利实践已经建立在一种新的抽象的作者身份（authorship）观念的基础上，不过在上文描述的三个维度上还缺少"拥有思想"的完善理论框架。

第2章和第4章集中探讨了天才创造者这一概念在版权和专利形态下的表述：作者和发明人。在这两个领域中，智力创造对作者特征的抽象定义都体现在具体的制度安排中。

*6* 这些安排都围绕着一个核心组织概念：在版权中被称为独创性（originality），在专利中被称为创造力（inventive faculty）。通过这种方式，这两个领域形成了各自版本的个人创造者（individual creator）概念，并将其置于各自思想体系的核心。与此同时，这两个领域都从根本上限制了这种思想观念的实践意义，常常包含着与之直接抵触的具体规则。这样一来，到了19世纪末，知识产权法陷入了矛盾境地：它无处不谈原始作者主体身份（original authorship），却与原始作者身份关系甚微。对作者权概念的阐述，也与个别作者向国家提出的权利主张的性质有关。在专利和版权领域中，都出现了一种特殊观念：这种主张是"权利"，而不是"特权"。无论知识产权的哲学基础是天然权利（natural rights）还是公共事业（public utility），它们在制度上取得的形式是向所有人开放的普遍性权利，以及国家在形式平等的基础上授予和执行该权利的责任。

　　第3章和第5章分别关注了版权和专利领域中无形财产客体（intangible object of property）的概念及该客体的所有权含义的发展。关于无形物所有权的一个先决问题是所有权人的身份。答案似乎必然来源于这个领域中个人作者权这个理论基础：通过自己的脑力创造无形物的作者是所有权人。但是，在19世纪后半期，作者所有权原则面临着越来越大的经济利益压力，后者鼓吹把所有权从个人创作者身上剥离的"必要性"。由此导致了一系列复杂的规则，它们在某些条件下——最为重要的是在雇佣关系中——剥夺了创造者的所有权人地位。同时，也出现了一系列技巧，来处理这些规则与作者所有权这一思想原则之间的紧张关系。

"拥有无形物"概念的另一个问题是被拥有的客体是什么。在传统的财产法中，人们能够指出财产的具体的实物客体——一块地或一件珠宝。财产的物质性以一种可以理解的现象奠定了所有权的基础：所有者与被所有客体之间基于物质占有呈现出一种自然的联系。它还赋予了财产客体清晰的物理界限，可以说这种界限以一种客观的方式界定了法律权利的范围。因此，一旦知识产权的概念被认真对待，并且必须转化成具体的规则和实践，物质性的缺乏就对它构成了严重挑战。起初的应对办法是，创建一个半物质性所有权客体的概念（a construct of a semi-materialist object of ownership），即赋予无形的客体与"被拥有的物质客体"相同的性质。这个概念体现在版权（copyright）中的"复制"（copy）概念和专利中的机械设计概念中。这两个概念都把所有权客体阐述为一种能够生产无限数量的、完全相同的物质载体的智力。不过，这两个概念又逐渐形成了一种与此迥异的、以本质要素与短暂形态的区分为依据的无形所有权客体概念。版权中的"作品"和专利中的"发明"又被想象成了一种能够呈现众多具体形态的模糊的智力要素。

这正是财产客体概念与所有权概念的衔接点。如果说传统的所有权思想的基础是能够排除他人对财产客体的物质侵犯，那么，拥有无形物意味着什么呢？起初，它意味着拥有阻止他人制造和销售与原客体相同的复制品的权力，不过，所有权逐渐开始具有了截然不同的含义。智力作品或发明开始被视为在潜在市场上具有潜在价值的智力商品，所有权变成了通过控制智力要素载体来内化市场价值的权利。潜在市场界定了智力所有权客体的广阔范围，后者又反过来界定了相关市场。一系列新的原则界定了所有权的外部界限，如版权对思想与表达的区分，或者不承认自然法则中存在专利的规则。影响范围不断扩大的新的所有权概念，与对私人享有知识所有权的普遍焦虑之间关系的紧张不断加剧，而新的原则成功缓解了这种紧张关系。

　　这一切听起来有很浓的形而上学的味道，但拥有思想这一新的思想认识框架（ideological framework of owning ideas）的意义是非常具体的。正是这个根本框架，在19世纪知识产权法学界发生的重大辩论（如美国普通法版权领域的辩论或者专利权领域关于所有权原则的论战）中解释了智力的价值。这些辩论起因于知识产权制度建设中的经济诉求。然而，新兴的拥有无形物的思想才真正为它们赋予了具体含义和形式。更重要的是，这种思想促进了具有具体现实意义的、真实的法律制度的形成。无论是被明确地援用，还是完全潜藏在法律规则和推理中——这种情况更常见，它都给一种认识和行使知识产权的特定方式赋予了含义和条理性。例如，正是这种思想框架解释了为什么在19世纪末翻译文本成为不言而喻的侵犯版权（copyright）的行为，而半个世纪以前流行的观点却并非如此，彼时社会公认那不是"复制"（copy）。它还解释了为什么19世纪末的法学家能够一面在越来越抽象的层面上界定专利范围，一面又始终坚持一切"知识"都是免费的。最后，同样很重要的是，新的知识产权思想框架在重塑一般财产观念的过程中扮演了重要角色。19世纪早期，法学家面临的挑战是把"拥有思想"这个新观念纳入熟悉的财产框架中。20世纪初,在尝试过程中形成的新的法律概念开始对一般财产观念作出新的解释,其结果是促进了财产概念的抽象化,使它摆脱了与一切物质关系的必然联系。在现代人的眼里,财产被视为人们对任何潜在资源价值的分配控制权的抽象法律关系。换句话说,财产具备了现代意义,而知识产权在其中并不引人注目。

该怎样看待19世纪知识产权漫长又深刻的变化?对此问题,可以通过很多种视角予以阐述。而本书是一部关于知识产权史的专著,它的假设前提是,思想是驱动人类历史的重要力量,而不仅仅是对经济社会发展的反馈。因此,本书聚焦于与知识产权有关的思想的发展。当然,这种思想并不是在一个封闭的智力空间里形成的,思想体系是在与社会和经济实践的相互作用中形成的。在本书中,讨论社会、经济和科技发展的篇幅很有限,它们通常以背景的形式出现,为理解思想发展提供必要的情境。

此外,可以说,本书是一部以自上而下,而不是自下而上的视角编写的思想史,研究的是官方、公众对于"拥有思想"的观念。虽然本书把这种观念放置在制度和社会的情境中探讨,但并没有深入考察使这种思想得以在具体的个体生活和行动中实现并产生含义的社会实践。这意味着,本书利用的基本资源主要是正式的、高度知识化的材料:法学论文、上诉法院的意见书、最高法院的判决摘要以及新闻报道。这种方法的缺陷性众所周知,它可能造成一种与社会现实格格不入的、与历史中关键人物或事件的经验关联不大的程式化思维。不过这也有好处，专心研究这些资料，可以扩大观察视野，捕捉到"拥有思想"这个认识框架的更大图景。这个框架在构建具体的、实用的知识产权经验方面发挥了重要作用。一个令人不快但很明显的事实是，知识产权是人类构建的概念。论文作者、撰写意见书的法官、撰写答辩词的律师，曾经最直接、最明确地挑战"拥有思想"这个概念，但是，我们有充分理由认为，知识产权的概念超越了抽象的专业文字的局限，这倒不是因为多数发明人或作者花费大量精力去研读法学论文，而是由于各种传播媒介的存在，"拥有思想"这个新的思想观念深深刻入了执行性法律规则和概念中。在知识产权这个领域，规则对于日常实践的形成至关重要。撰写专利申请的专利代理人、为客户提供咨询并随后在公司中身居要职的律师，甚至半专业人士以及大众传媒，都充当了传播媒介。这些媒介从事的工作，一方面是把智力化的思想和法律资源投入建设和维护商业、技术和政治生活的繁杂工作中，另一方面是将思想和法律资源智力化。通过这种反复转换，他们把拥有思想这个抽象的思想认识转化为具体的实践和论证，进而将它传播到创造它的那个狭小的语言圈之外。不论现在还是将来，对于知识产权的传播媒介和社会实践的具体研究，都必将细化、丰富和修正本书所提供的这幅关于知识产权思想的鸟瞰图，也希望本书对这些研究有所帮助。

把知识产权史作为思想史来研究，还会引起另一个问题。本书没有深入探索这个问题，但值得提上几句，比如，社会力量和经济力量决定思想。具体而言，本书经常提到经济利益对于法律规则及其所依托的概念的影响。但是其因果机制是怎样的？经济利益是如何决定法律及其蕴含的思想的？这在很多情况下没有什么奥秘可言。知识产权法的很大一部分，特别是版权部分，是通过立法重塑的，也正是我们熟悉的利益集团在发挥作用。从诺亚·韦伯斯特（Noah Webster）为了刺激州立法机构和后来的国会采取行动而进行的四处游说，到19世纪晚期行业协会组织发起的运动，游说活动（lobbying）贯穿了整个美国知识产权史。知识产权法其他重要方面的改革主要是通过诉讼展开的。审判的工作机制不同于立法，但是它自有的机制容许经济力量影响（有时是过分地影响）这一改革进程的结果，其中包括优越的法律代理制度（superior legal representation）和其他可以反复利用的系统优势，如制定策略和利用规则。在有些领域中，社会环境的不断变化使占主导地位的经济利益的需要——无论是通过游说还是通过诉讼来追求的——似乎成了很自然乃至必要的东西。例如，许多技术性和表达性的创新产品的生产被转移到了集中的大企业环境（centralized, corporate settings）中，使得身为雇员的创作者似乎成了低级的劳工，而不是天才的创作者。这种局面导致雇主对其雇员的智力产品主张所有权变得很自然，也更容易被接受。同样，出版商开发二级图书市场（如翻译作品市场）的手法越来越花样迭出，给人造成一种版权"有必要"涵盖这些二级市场的感觉。此外，思想对社会与经济也有反馈，某些关于知识产权的思维方式一旦站稳了脚跟，往往就会产生累积效应，为下一波权利主张铺平道路。以摄影业为例，在它的产品被完全接纳为版权范围内的标准内容之前，它不得不面对许多障碍。而电影的日子就好过多了。

这一方面是因为精明的律师成功地把电影塞进了技术法律范畴的照片行列，另一方面更重要的原因是摄影业为获得承认而进行的斗争，已经为打破"版权不离印刷"这种传统思维定式的禁锢打下了概念基础。换句话说，因果关系是双向的。经济利益及其需求造就了思想。但同样可以说，思想决定了经济利益，以及经济利益与法律制定和运用之间的相互关系。虽然本书主要聚焦于思想，但我还是希望读者重视这股力量，以及它是如何创造了现代知识产权思想框架的。

贯穿本书的另一个主题是不变中有变的辩证法（dialectic）。这一主题的前提是两个思想概念，它们起源于两种通常被认为是一个世界的两个部分的思想传统。第一个是路径依赖（path dependence）。路径依赖是指这样一种现象：即使激发相关行为的条件已经不起作用，过去的行为仍然制约着后来的行为。一个经典的例子是，虽然将常用打字键的机械卡阻降至最低的需要已经不复存在，但电脑键盘仍然一直沿用QWERTY的布局。第二个是经常被误解的拼合概念（bricolage）。克劳德·列维-施特劳斯（Claude Lévi-Strauss）认为，即使社会条件迫使社会含义体系（social systems of meaning）发生了改变，其原有的逻辑的痕迹也通常得到保留。[4] 从这个意义上看，它们与拼合者（bricoleur）非常相似，后者用业已存在的客体构建新的东西，这些客体的用途和形状制约着新器物的设计。拥有思想的认识框架（ideological framework）就是由路径依赖的拼合者创造的。这种框架不断发展变化，以适应新的思想和社会需求。但是，这种适应，是通过重新配置和整理业已存在的思想和制度的形式来实现的。从长期看来，变化是显著的，甚至是天翻地覆的。但是在每一个时间点，知识产权法和思想都在很大程度上吸收了以往在不同条件下形成的思想和制度。这就是在18世纪90年代以作者身份为基础的版权（authorship-based copyright）和专利制度中能够清晰地看到"早期印刷商和商人贸易特权的影子"的原因。这也解释了为什么在19世纪晚期这个领域中许多重要的法律概念似乎可以追根溯源到18世纪的英国法。

出于同样原因，将20世纪之初的知识产权思想视为"拥有思想"这种早期的思想认识框架的结晶，对于理解知识产权当前的动态是至关重要的。正是公司作者权、18世纪的占有性个人主义和19世纪晚期的公司自由主义共同构成了第二次圈地运动的思想根源。自本书所作调查结束以来，知识产权法及其周遭的社会经济环境中的很多东西都变了。但是，当代知识产权思想的最根本和本质的假设在很大程度上仍然植根于一个世纪前的这些原始思想，即使产生这些思想的某些条件已经变了。我希望，对这些思想渊源的探索对于当代人理解知识产权以及塑造知识产权的力量能够有所启示。

**注释**

[1] *International News Service v. Associated Press*, 248 U.S. 215, 250 (1918).

[2] James Boyle, "The Second Enclosure Movement and the Construction of the Public Domain," 66 *Law Contemp. Probs.* 33 (2003).

[3] B. Zorina Khan, *The Democratization of Invention: Patents and Copy-*

*rights in American Economic Development*, *1790—1920* (Cambridge: Cambridge University Press, 2005).

[4] Claude Lévi-Strauss, *The Savage Mind* (Chicago, IL: University of Chicago Press, 1966).

# 美国知识产权制度的起源

1790年，美国第一项全国性的专利与版权制度问世，但是这项制度并非凭空而来。它的诞生源于两类内涵丰富的知识和体制传统（intellectual and institutional traditions）：第一类传统是英国的王室专利特权和版权制度，它根植于1710年的《安妮法令》（statute of Anne）[1]，历经几个世纪的实践而得以形成；第二类传统更具有本土倾向性，它由一系列立法实践（legislative practices）和数量有限的制定法（statutory arrangements）组成，为一些北美的英属殖民地及后来的美国各州所使用。若要揭开美国早期专利和版权制度的面纱，就必须理解它与这两类制度渊源的关系。新的美国制度既具有创新性，又深受传统制度的影响，在略有创新的同时，又非常依赖过去的制度形式，即便添加了新元素，也主要是对传统制度要素重新安排，或延续之前的制度发展。因此，在仔细研究 1790 年这个多元化知识产权制度（synthesis）之前，有必要阐述它的起源，即英国时期、殖民地时期和美国建国后各州的实践。

回溯历经数百年沧桑的美国知识产权制度发展过程，主要揭示了两大变化趋势：一是知识产权从国王任意创设的特权（ad hoc discretionary privileges）逐渐转变为普适性权利制度（general regimes of universal rights）；二是重新定义了知识产权的实质内容，将对专利和版权性质的理解，从开展某些经济活动的专有性权益（exclusive entitlements）转变为无形物的所有权。18 世纪末，这些发展都还没有尘埃落定。当历史行至此刻，虽然相关概念还有些模棱两可，但 1790 年美国专利和版权制度已经问世了。因此，这些制度作出的制度安排和采用的概念体现出了其过渡性特征，链接了旧有的贸易特权概念和现代知识产权概念。

## 知识财产：无形物上的权利

"知识财产，是一个人脑力劳动的产物和收益，"法官利维·伍德伯里（Levi Woodbury）在 1845 年写道，"这与种植小麦或饲养家畜的所得一般无二，都是个人所拥有的，也是通过诚实劳动换取的果实。"[2] 这段话抓住了现代"知识财产"概念的精髓，"知识财产"是一个包罗万象的概念，专利和版权是知识财产里血统最为纯正的两个子概念，伍德伯里指出了"知识财产"最显著的两个特征：作为权利范畴的普适性权利问题，以及这种权利所依附的抽象智力"对象"——思想、信息或者智力产品。这两个特征都需要作进一步解释。

在现代知识产权语境中，专利权和版权都被视为普适性权利，这也是现代各类知识产权学说公认的基本特征。无论是作为自然权利还是实在法权益（positivist entitlements），无论其正当性基础是功利主义理由、道义奖励还是其他原因，专利权和版权都被现代研究者默认为是一种普适性权利。因此，专利权和版权都被规定在普遍适用的概括性法律规则（universal legal norms）之中。这些规范为法律保护提供了一整套正式的和实质性的标准，它们确定了法律保护的对象，规定了法定权益所有者应当享有的、统一的法定权益和支配范围。最后也是最重要的是，保护标准可自动触发法定权益的保护机制，一旦达到保护标准，法律规范确定的法定权益所有者就可以基于权利而享有统一的法律保护。这意味着相关的政府部门，如美国专利商标局或法院，必须承认并保护由概括性法律规范所确定的权利。这些政府部门可能在解释法律规范或具体事实适用法律时拥有一些自由裁量权，不过一旦确定了特定案件适用法律保护的一般要求，权利人就有权请求政府部门予以保护，政府部门也有法定义务给予其保护。[3]

第二个特征也同样重要，现代专利和版权都被视为是存在于无形物上的权利。换句话说，研究者和实务人士拟制了一个作为法律保护对象的、抽象的无形实体（intangible entity），现代法律人选择了两个专门术语来描述这一抽象概念："作品"和"发明"。在知识产权语境中，不同于通俗用法，该术语指的是不同于任何有形物（physical object）的无形知

*14*

识实体（intellectual entity）。从这个意义上说，版权是保护作者创造性作品的权利，专利是保护发明人创造性发明的权利。为定义这些不好把握的抽象概念（elusive abstractions），并厘清相关"边界"，人们运用了各种概念和法律机制，虽然在具体细节上可能存在争议，但所有参与现代知识产权话题讨论的人都基本认为处于知识财产法定权益中心的是一种无形的信息实体（intangible informational entity）。[4]

英美专利和版权制度起源于16世纪，那时专利和版权都并不具有上述特征。人们既没有将它们视为一项普适性权利，也从未将它们当作无形物上的法定权益。从这个意义上讲，早期的专利和版权既不是"知识"，也不是"财产"。经过两个世纪的演变，到18世纪末现代知识产权观念框架中的某项思想和制度要素才初露头角。其中，将专利和版权视为无形对象法定权益的观念转变开始出现，普适性权利在较小的范围内开始取代专设特权（ad hoc privilege）。然而，这些新特征在1800年左右还处于萌芽阶段，美国在许多方面还没有建立起一个坚实的、完善的概念和制度框架，还没有将专利和版权作为无形物的一般权利。关于"知识财产"的大部分观念的发明则将在接下来的一百年里逐步展开。

## 专利：英国的起源

*15* 现代专利制度起源于授予专属经济特权的行政实践，这种特权可能最早出现在15世纪的意大利[5]，其后传播到欧洲的其他地方。[6]而美国专利制度则直接源自专利实践的英国版

本。尽管可以在英国早期历史中找到授予发明专利（patents for invention）的先例[7]，但授予发明专利的机制被真正大规模、系统性地使用，则是始于16世纪末的伊丽莎白一世（Elizabeth Ⅰ）时期。[8]在此时期，伊丽莎白一世的第一任国务大臣（Secretary of State）威廉·塞西尔（伯利勋爵）[William Cecil (Lord Burghley)]开始将授予发明专利的机制作为重要的产业政策工具引入英国。[9]不过在授予权益的性质以及权益客体的内容方面，早期英国专利与现代专利权是截然不同的。

作为王室特权的产物，是英国专利最重要的特征。威廉·布莱克斯通（William Blackstone）提出的一个被后世经常引用的论述，就敏锐地捕捉到了这一时期英国专利的性质。布莱克斯通写道，国王授予的"无论是土地、荣誉、自由、特许经营权，还是除此之外的其他权利，都包含在特许状或专利证书中。专利证书，也被称为公开信或公开函（litterae patentae），之所以这么称呼，是因为这类信函都不封口，且内容是对外公开的"[10]。授予发明的专利一开始并不是根据王室政策授予特权中的一类特殊形式，王室可以利用公开信函的方式授予各种特权。随着普通法的形成、《垄断法令》（Statute of Monopolies）的制定，以及更晚的法定专利制度（statutory patent regime）的产生，授予发明的专利（发明专利）才逐渐成为一种独特的、半独立的王室特权类型。早期的专利授予有两个重要且相互关联的特点。第一个特点是，专利授予完全是由国王任意决定的。不管那些发明看起来多么有价值，没有人可以享有与授予义务相对应的专利"权利"。而且，国王及其王室机构有权任意决定每一件个案，并就是否授予专利，以及在何种条件下授予专利作出特殊的政策性决定。因此，彼时的专利授权是建立在一种个案审查的特定基础上的。当时既没有关于专利的一般法律，也没有可供王室遵循的统一惯例或先例，每项个案都有自己的处理方法，相似的情形也可能有完全不同的结果。第二个特点是，尽管特权授予都有一般的典型形式，但专利特权的内容却是高度定制化安排的。每一项专利授予都被视为是王室与被授权人之间的一项独特"交易"。具体而言，双方根据这项交易交换具体"对价"（case-specific considerations），由交易双方具体定制专利，专利权人的对价和国王授予的特权因情况而异，并受具体情况的制约。[11]

专利特权具有这样的特点是经过大量制度实践的结果，专利人（patentees）必须向国王提出请愿（petition），请求授予具体特权，并提供令人信服的理由，说服国王使用其王权（discretion）来授予相应特权。这些请愿中包含了对专利效用（utility）长篇累牍的陈述。虽然这些陈述在日后变得越来越流于形式，但在早期的陈述中专利人都向国王和公众承诺了实实在在的好处，其包括的范围从供应稀缺商品到强化英国防务，不一而足。[12]被授予的专利特权通常都附带了特殊条件约定（special stipulations），包括所供应商品的价格、质量与数量，以及要求培训本地学徒的学徒条款（apprenticeship clauses）。[13]除此之外，"必须实施条款"（working clauses）也是极常见的，这一约定要求专利人必须在规定的期限内将发明付诸实施，否则将导致其获得的专利特权无效。[14]以专利形式授予的特权都展示出了相同的随意且无节制的属性。每项特权所包含的具体条款差异极大，比如它们具有不同的保护时间、地域限制、对受保护的独占性活动范围的界定，以及对行会限制或其他管制规则的特殊豁免（tailored exemptions）。[15]在专利特权模式中，专利程序由授予特权和解除特权（revocation）两部分构成。专利特权不是依据当事人申请授予的，而是要经过一个复杂的请愿程序，在早期阶段，王室机关需要对每一项特权授予可能的效果和好处（effect and desirability）进行真正的实质性考察。[16]同样地，专利特权也适用解除程序，这一程序通常由枢密院（Privy Council）负责。解除程序往往演变成关于特权对公众的影响和具体专利特权授予正当性的争论，这一程序也允许国王拥有非常广泛的事后决定权（ex post discretion）。[17]所有这些制度特征都体现并重复了专利的性质，即它是一种由国王任意决定的、为了特定目的而量身定制的特权（discretionary, ad hoc, and tailored privileges）。

同样重要的是，尽管在早期历史中就存在"发明专利"这个术语，但它完全不同于现代概念，专利既不是信息实体的法定权益，也未必涉及技术创新，专利人的对价及其被授予的特权内容非常灵活宽泛。不同于其他专利，赋予发明专利是一项通过鼓励引进新产业或新贸易来培育和支持英国经济发展的产业政策战略。专利人引进一项实际有用的经济活动（actual useful economic activity），并获得从事该经济活动的专有权利。因此，许多发明专利都帮助专利人确立了在特定活动中的垄断地位，诸如制造某种玻璃，生产盐、肥皂，或织布，等等。[18]不过，没有任何技术创新或新发现的专利更常见，比如有专利授予"在大西洋东部的南海和北海上……捕猎名为瓶鼻鲸的大鱼"的特权。[19]

尽管在17世纪早期，关于规制垄断问题的普通法（common law）的新观点，已经开始强调要将"新颖性"作为合法专利的基本要素，不过此时对"新颖性"的理解主要是指向英国境内引入某种新生计或新产业（trade），而不是公开新技术信息、科学发现或者技术创新。[20]当然，有些专利确实涉及技术创新，有时还涉及保护（preserving）技术知识的问题。不过，它们只是无关紧要的陪衬角色。专利的重点是要引进一种新生计或新产业。即使某个专利涉及技术开发，专利授予通常也不只是为了保护新的技术创新本身。那时"发明"一词并不区分技术研发与技术引进，既包括新技术的开发，也指代通过进口等方式引进外国已有的技术、知识和熟练工匠的活动。[21]同样，正如专利必须实施条款、解除程序和其他规定所表述的那样，专利特权授予的重点不在于让专利人披露技术信息，而更侧重于让专利人实际从事或者提供某种公众所需的活动、服务：制造特定商品，提供一些服务，等等。专利人的法定权益及其授予并不是根据技术创新信息来确定的，而是以要求其具体从事某种实用行当或实施某种实用技艺为基础。[22]

传统专利史的观点认为，17世纪初的普通法专利判决和1624年的《垄断法令》具有特殊的地位。二者的发展标志着与过去的重大分野，一个面向公众利益的制度建立起来，旧有的、滋生王权滥用和腐败的专利制度被取代，现代英美专利制度随之诞生。[23]然而，近年来一些评论认为，普通法判决和《垄断法令》既没有与过去完全决裂，也没有创造出现代意义上的早期专利制度框架[24]，它们非但不是早期专利和现代专利的分界线，反而还使专利就是任意性贸易特权的观念根深蒂固。这两种制度的发展都深深地根植于17世纪英国的政治斗争和意识形态的论述之中，也成为当时君主专制主义者和其反对者斗争的一部分。君主专制反对者努力限制君主权力，争取把一些权力转移给议会和普通法法院等机构，以便与君主分权[25]，而挑战王室特权（royal prerogative power）的主要环节就是攻击"丑恶的"王室垄断。[26]这场发生在17世纪初期的斗争，带来了非法的或坏的垄断和好的垄断之间的基本区别。而普通法判决和《垄断法令》就是区别标准的一部分，它们宣布大多数王室垄断授权皆为非法，同时承认存在例外情况：如果垄断授权是为公共利益服务的，那就是合法的。发明专利就是其中一种例外情况，并且随着时间的推移，成为最为重要的一类。[27]

虽然发明专利在最开始只是一个附属问题（collateral issue），但普通法的发展和《垄断法令》的出台对发明专利领域产生了两项重大影响。一是发明专利开始成为特权授权中的一个特殊种类；二是以前不受任何制约的王室特权也必须受到一些限制了，对于发明专利而言，最重要的限制就是：合法专利原则上只能授予新发明，而且专利最长期限不超过14年。[28]除此以外，《垄断法令》和普通法接纳并巩固了当时的制度，而并未建立任何常规的专利制度或者体系。《垄断法令》后来成了英国专利制度的基础，用克里斯蒂娜·麦克劳德（Christine MacLeod）的话来说，这是"一种匪夷所思的副作用，一桩历史上的奇事"[29]。它的重点不是专利权，而是赋予了英国人摆脱王室滥用垄断的自由。虽然受到禁止非法垄断的外部限制，但在合法领域内，国王仍然跟以往一样享有任意行使的特权授予权（prerogative grant power）。因此，《垄断法令》并未创造出普适性的专利权（universal patent rights），专利授予仍然基于任意的、特设的王室特权。[30] 同理，虽然发明专利的类别逐渐增多，但授予这些专利的关键因素仍然并不是技术创新信息，而是实用性技艺的实施（exercise of a useful trade）。[31] 爱德华·科克（Edward Coke）在他的《英国法总论》（*Institutes of the Laws of England*）和少量的 17 世纪普通法判决中作出的权威评论中，也都坚持了这一基本的专利制度框架。[32]

17 世纪末到 18 世纪末这一时期的特点是，正统法律概念与实际活动之间的差距越来越大。在此期间，人们和行政当局谈论专利和执行相关行政程序的方式慢慢地发生了变化。然而，直到 18 世纪晚期，正统的旧概念依然占主导，没有受到什么影响。直到 18 世纪最后几十年，实践层面的变化才开始渗透进并改变了正统观念（formal conceptions）。

至于专利的性质，几乎没有任何改变，它依然是特殊主义特权（particularistic privileges）。19 世纪，在普通法和《垄断法令》下，王室仍然拥有特设的自由裁量权来授予专利。[33] 官方法律的立场仍然根深蒂固、不容改变，专利是作为一种"恩典和宠爱"而由国王授予的[34]，而"绝不存在个人主张专利的任何权利"[35]。然而，在实践中，一个渐进的过程慢慢削弱了专利的特权性质。17世纪末，政府对专利授权事务日渐懈怠，进而使得专利授权程序逐步定型。[36]虽然获得一项专利需要经过一整套复杂而昂贵的行政程序（bureaucratic procedure）[37]，但是除少数情况外，越来越多的专利授予都只是例行公事，而并没有什么缜密的权衡或者实质性调查。[38]到了18世纪下半叶，事后授权程序（ex post discretionary procedures）被逐渐废止。枢密院的专利解除程序（patent revocation proceedings）也日渐式微，直至消失。[39]此外，在思想观念方面出现了新思潮，开始从财产权和自然权利的角度对专利进行概念化[40]，这种观点常常把新的权利概念和传统的特权概念混为一谈。[41]但18世纪晚期出现了旗帜鲜明的呼声，要求将专利作为一种标准化的、普适性的法定权益（standardized universal entitlements），即作为一种权利进行保护。[42]

"发明"的概念同样经历了一个循序渐进的，然而却不完全的转型过程。自17世纪末以来，发明专利制度对贸易引进产品的关注程度开始下降，技术创新逐渐走向制度的中心，并最终成为界定专利权的最主要因素之一。[43]到了18世纪中期，在专利授予实践中，发明专利主要涉及技术性发现与新技术开发。1776年，曼斯菲尔德法官（Lord Mansfield）在莫里斯诉布拉姆森案（*Morris v. Bramson*）[44]中推翻了长期以来反对"单纯改进"（mere improvements）[45]的普通法规则，这标志着这一转变得到了正式法律迟到的认可。在新的知识环境（intellectual climate）中，技术革新取代了商业引进，成为发明的构成要素，而单纯改进不能被授予专利的观念也失去了以往的根基。

同时兴起的还有发明的信息概念（informational concept），它首先出现在专利行政实践中，后来正式成为学理讨论的课题。专利说明书（specifications）——对相关技术创新的详细书面说明，在17世纪授予的专利里开始偶尔出现。[46]到了18世纪，虽然专利说明书在形式要求上仍有些模糊而且弹性不小，但提交专利说明书已经变得极为普遍，并最终成为专利制度中的一种法定要求。[47]起初，人们把对技术信息的公开含混地视为专利人在专利授权交易中换取法律保护的对价，并将其视为是否予以法律保护的判断标准。[48]直到18世纪的最后十年，立法才正式承认并概念化了专利人公开技术信息的法律含义。在涉及这一问题的18世纪60年代至70年代的一系列判决中，最著名的是利亚德特诉约翰逊案（*Liardet v. Johnson*）。[49]曼斯菲尔德法官在该案判决中，提出了一个理解专利授权交易契约的新框架，即"公开换权利"——专利人通过公开专利说明书的技术信息换取专利专有权益。[50]十年后，该观点成了专利法的新正统学说（doctrinal orthodoxy）。[51]

大约同时，英国法学家开始将专利描述为无形信息对象上的权利。18世纪90年代，在像博尔顿和瓦特诉布尔案（*Boulton and Watt v. Bull*）[52]这种具有里程碑意义的案件中，法学家只是刚刚开始处理涉及这一新概念的理论和实务问题。而关于专利信息概念对专利制度影响的讨论，比如可授予专利的主题或专利的保护范围等问题，则一直持续到了19世纪。[53]

18世纪末，英国专利的概念和体制性框架正处于一种范式转换（paradigmatic shift）之中。传统的专有特权结构已在实践中消失了一个多世纪，但是在行政实践和正式法律思想方面，并没有出现坚定且明确的转变。新的思想观念和改革呼声虽然已经出现，但大多数法学家还是继续坚持正统的特权观念。聚焦技术创新、将发明视为信息实体的"发明"新概念已经出现。法官和法律人都还在努力地适应这些新概念，当然，这个阶段仅仅是刚开始赋予它们具体的意义。

## 殖民地与各州的专利制度

从17世纪开始，北美英属殖民地和后来的美国各州根据英国专利授予制度发展出了本土化的专利制度。[54]殖民地授予的专利比较零散，而且也不是所有的殖民地都会授予专利。[55]殖民地的专利基本框架与英国的相同，它也有两个关键性特征：一是具有自由裁量的、特别授权（discretionary ad hoc grants）的性质，二是把权利客体（object of rights）理解成从事某种经济活动（exercise of an economic activity）。与此同时，殖民地不同的物质基础、思想观念和政治条件导致殖民地专利具有独特的制度特征。此外，17、18世纪英国专利逐渐得到不同程度的发展，但这些发展大多没有影响或仅部分影响到殖民地和各州。

与英国专利一样，殖民地时期的专利也是专门性、任意性、特别定制的特权，不过殖民地专利不由国王授予，而是由殖民地的立法机关通过私人立法（individual enactments）

授予。这一阶段,殖民地专利授权并不存在统一的法律或标准化的行政程序(bureaucratic procedures)。殖民地立法机关采取多种方式,例如补贴、贷款、豁免授予个人从事某些经济活动的独占特权,专利也是其中一种。[56]立法机关认为政府有责任在经济和其他社会领域积极促进公共利益。每一项专利都是专利人与殖民地之间的一项交易。专利人承诺提供特定的服务或者从事有益的活动,比如制造具备一定质量的产品、运营工厂等。作为回报,专利人会获得定制的、有时间限制的独占特权。殖民地时期的专利也通常含有"必须实施条款",其中规定了实施发明的特权,有时还会规定相关产品或服务的质量和价格。此外,还包括要求培训本地学徒的学徒条款。不同专利的特权内容和有效期差别很大。[57]

殖民地时期的专利制度就像英国专利制度的表亲一样,它也是建立在独特的"发明"概念之上的。这一概念的核心不是技术创新,而是实行一种对公众有益的贸易或工艺,专利授予的主要对象不是现代意义上的发明家,而是集商人和工匠于一体的人物。"新发现"或"技术创新"既不是获得殖民地专利的必要条件,也不是决定条件。在专利授予类别上,使用一台新机器的独占专利和经营磨坊、渡船、码头没什么区别。同样,当时的"必须实施条款"也非常普遍,这可以看出专利强调的不是公开技术信息,而是从事有用的经济活动。无论是否涉及新技术,大多数殖民地时期的专利都是"制造"或"服务"专利。[58]

17—18世纪,英国专利制度的渐进式的变革历程几乎没有在殖民地发生。席卷英国的政治斗争催生的《垄断法令》

和普通法在殖民地的影响甚微,至少在当时的情况下是这样的。有趣的是,一些殖民地,如马萨诸塞和康涅狄格,出台了当地版本的、效果淡化的《垄断法令》。[59] 不过这些都是毫无效果的宣告性措施。不同于英国的权利安排,殖民地法规并未考虑制约专利授权,也没有考虑是否要将权力交给其他机构实施。关于专利授予,殖民地没有发展出制定法和普通法。因为缺少这些规范性法律文件,立法权仍然是任意的、不受约束的。英国《垄断法令》和普通法对王室特权还有一些外部限制,而殖民地甚至不受这些限制的约束。而且,由于殖民地授予专利依靠的是立法机关而不是官僚机构,殖民地甚至没有推动专利授权程序定型化的内生动力。因此,殖民地对于专利授权事项的懈怠,直接导致的是专利授权停滞,而不会产生英国那样走过场式的按需授权。也许是由于缺乏标准化的行政程序,美国殖民地并没有提出提供专利说明书或类似的书面披露的要求。除了 1744 年南卡罗来纳州为制定一个常规性的专利制度的初级版本而进行的两次有限的、失败的尝试,上述趋势贯穿了整个殖民地时期。[60] 到独立战争前,美国专利仍然完全采用任意的、特别法令的授权方式,以独占性法律授权的形式给予国家支持(state patronage),鼓励人们从事某些有益的经济活动。

从美国独立到 1790 年,专利授予只发生在州一级,全国性的专利制度并不存在。虽然一些刚独立的州授予了大量的专利,但其做法与殖民地时期的做法并没有明显不同,专利仍然以制定特别立法的形式授予。然而,在这段时间有了一些初步的发展,预示着未来波谲云诡的变革,其中一项发展就是出现了现代专利的思想观念（modern patent ideology）。此起彼伏的授予专利的呼声在殖民地后期就出现了，独立建国后更加响亮。它的基本政策依据有两个：其一是需要用公正的奖励回馈发明人的实用服务和脑力劳动，或者用宾夕法尼亚州立法机关的话说，"适当的报酬应该给予那些投入了个人资产、聪明才智或应用能力，从而作出了全新实用发现的人"[61]；其二是依据"鼓励实用发明"必要性的功利主义激励理论。[62]不过，当时这些观点仍然是论证专利特权授予正当性的理由，而不是支持制定一般性专利法制度或创设专利权的原因。

美国各州既没有制定一般性专利法，也没有制定规范专利授权的标准化法律或行政框架。不过，南卡罗来纳州再一次剑走偏锋。1784年，该州制定了被认为是美国的第一部一般性专利法案。事实上，这只不过是该州新修订的版权法中的一项专利条款，该款规定："实用机器的发明人应该享有与图书作者相同的特权、受到同样的限制，即发明人应该享有一项独占特权，允许他在14年的时间里制造或销售机器。"[63]南卡罗来纳州的立法是一个重要的制度里程碑，它标志着美国对专利认识的改变。但是，现有的资料表明，这并不是迈向普适性专利权常规制度（a general regime of universal patent rights）的决定性一步。该法令虽然对发明人的权利作了详尽的声明，但它并没有创设任何授予专利的程序。1784年后，南卡罗来纳州的专利似乎仍然是在特殊请愿和特别法令的基础上授予的[64]，因此，该法令的意义主要是宣示性的，其目的也有可能是为以后南卡罗来纳州的专利授予引入一些标准化程序。[65]

除此之外,"发明"的概念还有更为重要的变化。作为一项独特的授予标准,技术创新逐渐成为专利授权的决定性因素。独立战争前后,美国人越来越意识到科技的重要性,并将其视为繁荣和发展的关键。[66]人们对美国争取英国和欧洲其他各国技术扩散的关注与日俱增[67],同时,致力于促进实用技艺进步的各种协会的规模也不断扩大[68],这些都带来了"技术意识"(technological awareness)的增强。逐渐地,授予发明专利被视为鼓励技术创新的主要手段。许多州的专利授予及其立法机关在此过程中的讨论都以"技术创新是发明的本质"为前提,并指出"实用机器的发明人"才是恰当的专利获得者(recipients)。[69]

虽然在过程中有些反复无常,但此时,现代意义上的发明人开始被认定为专利人。在这种情况下,发明越来越意味着创造或发现全新实用想法的智力活动(intellectual activity)。发明人逐渐从工匠和商人群体中脱离出来,被塑造成"创造新思想的知识天才"(intellectual genius)。通过在专利授权附带条件中增加专利人必须是"真正的和最初的"发明人,否则专利无效的限制性条款,越来越多的专利授予开始聚焦发明人这个新概念。[70]然而,这个转变并不彻底,传统的发明观念和新发明观念并存了一段时间。例如,1788年,宾夕法尼亚州制造业和实用技艺促进协会(Pennsylvania Society for the Encouragement of Manufacture and the Useful Arts)大加称赞州立法机关向约瑟夫·黑格(Joseph Hague)颁发奖金(monetary prize)一事。黑格突破了英国技术转让的限制,成功地将一台梳棉机偷运进了宾夕法尼亚州。协会称黑格为"聪明的工匠，他仿造了梳棉机和纺纱机，尽管他不是最初发明人（只是引进者）"[71]。与"第一发明人"相比，"工匠"和"引进者"的地位已经低了一个档次，但当时仍认为"仿造"是值得称赞和值得奖励的。

还有迹象表明，在学理和行政实践中都出现了一种新的关于发明的信息概念（informational concept of invention）。专利人的发明（既是其在专利授权交易契约中给予国家的对价，也是其专有权利的标的物）被认定为是一个抽象的智力"对象"（abstract intellectual "object"）。这一概念变化最明显的表现是，在一些专利授予中出现了初级版本的专利说明书，这是立法机关出于留存相关专门书面说明而提出的要求。[72]而对提交书面发明说明的要求的通常解释是，用以告知他人专利独占特权的准确范围。[73]而这些实践中隐含着一种关于发明的新观念，即发明是一种抽象的信息客体（informational object）。至少有一次这样的契机，出现了如下观点：专利人给予的对价是公开相关发明信息，以"赋权"（enabling）公众使用他的发明。[74]不过有趣的是，有些专利还体现了这一时期专利理念的过渡性，这些专利既包含了"必须实施条款"，也包括了提交专利说明书的要求。[75]由于专利立法不足，以及标准化的行政程序缺位，发明的概念仍在不断变化，其内涵依旧模糊不清。

具有讽刺意味的是，在美国独立前夕，其本土化的专利授予更接近于英国传统的专利制度，而不是英国当时的专利制度。虽然在发展过程中有零零星星的变化，但各州的专利仍是主要依靠行政当局基于特别条件而随意授予的专利特权，用以规范专利事务的标准化法律和行政框架都还没有出现。人们逐渐把专利等同于技术创新，现代意义上的发明人逐渐被视为专利人。也有迹象表明，当时已经出现了将发明概念化的信号，即将发明视为一种抽象的信息客体，而将专利视为控制这类信息的权利。但是，似乎既没有人明确而坚定地阐述这个新概念，也没有人试图阐述它的法律含义。总之，到1789年，美国专利的知识结构（intellectual framework）就像英国专利一样处在不断变化的过程中，它既根植于旧有范式，也显示出"变革"的最初迹象。

## 版权：英国的起源

版权和专利类似，最初出现在意大利，而后传播到整个欧洲。[76]虽然早期的印刷机（printing press）推动了版权的传播，但这一过程并不是由技术决定的。[77]技术、经济、思想观念、已有的制度实践和其他社会因素之间的交互作用共同塑造了版权。当时很多地方的发展模式都比较类似：新兴图书贸易的商业利益与国家在监管[78]和维护图书贸易市场秩序中的利益[79]出现了交叉，这两种利益由当时的行业协会和政府机构进行调节。于是就形成了两种管理制度：一种是"印刷特定文本"的特别独占授权，另一种是被整合到行会管理制度中的关于印刷权益的一般性制度安排。英国也经历了这种模式。随着1477年印刷机的引入，英国出现了两条类似版权保护的并行路径：一是直接基于王室特权的印刷专利

（printing patent）制度，二是根植于行会权力及其规章的"书商版权"（stationers' copyright）制度。

16世纪初首次出现的印刷专利[80]跟其他专利并无不同，也是王室特别酌情授予个人的专有特权，常授予印刷商或书商。印刷专利允许专利人独家印刷和销售特定文本或某类文本。[81]它跟作者身份关系不大[82]，并且被视为从事某种经济活动的独占性特权，而不是对智力产品（intellectual work）的所有权。最初，印刷专利涵盖了行业中最有价值的文本，是占主导地位的类似版权的工具，然而，从17世纪末到18世纪，印刷专利的重要性逐渐下降[83]，并最终消失。[84]

书商版权是伦敦的图书贸易同业公会或行会，即书商同业公会（the Stationers' Company）的一套内部管理制度，大约出现在16世纪中期[85]，具有印刷专利的许多特征，其某些制度特征更为复杂。这种复杂性在很大程度上源自书商版权核心概念的双层结构（duality）：它是建立在王室特别授权基础上的行会普遍性惯例。[86]从本质上讲，书商版权就是由书商同业公会向其特定会员颁发的、出版一本书或一份"复制品"的永久独家许可授权。同业公会的法律地位、权力和执行能力（enforcement capacity）大多源自1557年的王室特许状（royal charter）。[87]

书商版权是像印刷专利一样的特殊的王权特权，还是像现代版权那样的普适性权利？书商版权的双层结构使答案更加复杂。从外部看，也就是从书商同业公会和政府的关系层面上看，版权是建立在特权形式上的，其存在的有效性依赖于书商同业公会在贸易中的垄断地位及相应的执行权力，这是主要依靠王室特许状、多种许可（licensing）和书报审查制度（censorship enactment）授予书商同业公会的特权。[88]此外，版权绝不是一种以平等条件惠及所有人的普适性制度（universal regime），而仅限于书商，即书商同业公会中的自由人（freeman）。在内部，也就是在书商同业公会的具体操作层面上，事情就变得含糊不清了。版权的实施依循着一种普遍的标准化制度。书商同业公会制定了一套标准的登记程序，把内容许可和经济管制功能结合起来。[89]任何书商，只要完成了许可和登记程序，就可以按常规获得一项权利：出版已登记"稿件"永久的独占性权利。[90]一份1583年英国王室委员会发布的关于印刷专利的报告中，传达了这种普遍标准化的观念。报告解释说，"公会内部确实规定，能将书籍付梓的，应享有特权"[91]。报告进一步阐明，"每个这样的书商都有自己出版的多种文稿……只要书商有权找到有学问的人来为他创作或翻译，或者书商能获得这样的文稿并成为第一个印刷者"[92]。不过，这种实践没有得到巩固和加强，以成为一种正式的权利概念（notion of right）。公会的管理机构保有自由裁量权（discretionary power），在特定情况下可以收回或限制对其成员的授权（member's entitlements）。这通常发生在纠纷的裁决阶段，而在发行出版阶段这种情况倒是不常见。以此看来，书商同业公会也不会认为自己受到了严格的权利制度约束，相反，他们的干预建立在专门的自由裁量权基础上。[93]一方面，授予标准化的版权权利已经成为惯例；另一方面，即便从内部层面来讲，书商同业公会偶尔的干预也为自身保留了一项重要特权。

在独占授权的客体问题上，书商版权的概念基础（conceptual framework）要清晰明了得多。就像印刷专利一样，它不表示对智力成果（intellectual work）的所有或控制，而是从事经济活动的独占性权利；不同于其他经济活动，图书行业的独占性权利具体是指印刷和销售特定的文本。[94]16—17世纪，版权概念的发展又有了一些微妙变化，"无形物所有权"的内涵浮出水面。到16世纪末，书商登记簿上的版权标准登记表从"印刷许可证"（license for printing）或类似的表格演变成了"为他的稿件登记"（entered for his copy）。从印刷许可到复制品所有权（ownership of a copy），很难认为这种语言上的变化仅仅是形式上的。[95]除此之外，书商开始把版权视为一种商品化资产（commodified business asset）。版权可以买卖，可以以股份的形式持有，可用作债务抵押物。[96]自17世纪初，书商偶尔也会把版权称为"财产"，这种说法尤其常见于专题手册和请愿书中。[97]1643年发布的一份宣传手册致力于说服议会建立一项新审查制度（censorship system），而不是废除星室法院（Star Chamber）。[98]有的观点甚至还触及了知识产权早期的基本概念。"没有理由可以清楚地解释为什么脑力劳动产品不能让渡，"请愿书上写道，"而且他们的利益和财产（具有更罕见的崇高的公共用途，应受到最高程度的鼓励）在法律上同任何货物或动产一样脆弱。"[99]然而，版权的重要概念虽然取得了一定发展，但主要还是指对一项贸易活动的独占性特权。通常还是在熟悉的行业规则和行业特权之下，版权偶尔被定义为"财产"。对"智力成果"所有权更明确的概念化仍然非常少见。似乎没有人尝试以此为基础建立法律制度和体制框架。

另外，书商版权作为书商商业特权的另一方面，还体现在作者主体身份的边缘化方面。在运用知识进行创造性劳动的过程中，版权不是以一般性、抽象的权利原则为基础，它是图书行业的特有规则。版权跟作者主体身份没什么瓜葛，它是书商的行业权利，而不是作者的权利。书商是唯一可以进行登记，进而享有版权的主体[100]，该制度没有让作者享有任何正式的权利。[101]原始作者主体身份也不是获得法定权益的必要条件。许多受保护的文本，如《圣经》或者一些经典著作，都没有作者或者相关作者的署名。不过，作者实际上也并不总是被忽视。17世纪，随着图书市场的发展，以及书刊的出版由定向赞助转为市场选择，作者成为出版物的重要贡献者。交易中通常对提供手稿的作者进行补偿[102]，有时也会在合同上注明一些更为复杂的安排。[103]随着这套制度继续向前发展，除单纯的经济需要之外，作者的利益得到了有限的承认（limited recognition）。虽然没有出现一般的正式的获得补偿的权利，但部分书商同业公会的实践操作和某些判决案例（adjudicated cases）都或直接或间接地规定了补偿作者的必要性。[104]在某些情况下，还出现了对现有规范的矛盾认识：在书商控制出版的背景下，作者也有权控制其作品的首次出版。[105]在书商版权制度下，这就代表了对作者利益的有限的、偶然的正式承认程度。

作者有时想利用这个制度进一步控制其作品，但这种扩大作者权力（authorial power）的做法未得到任何正式的认可或制度确认。[106]书商版权依然是书商享有的行业特权（trade privilege)。如果说作者的利益获得了些许的承认，这些利益也是从书商那里争取到的，而且还要服从于书商的利益。用约瑟夫·洛温斯坦（Joseph Loewenstein）的话来说，"图书业内关于文学财产（literary property）监管的争论，就像监管的火花（regulatory sparks）一样，偶尔会让作者失去保护"[107]。在这种制度下，明面上的和实际的主导者是书商，而不是作者。

1695年，《1662年许可法案》（1662 Licensing Act）[108]失效，标志着书商版权制度的终结。虽然进行了多次恢复尝试[109]，但该法案没能东山再起。英国的思想观念形成了新气候，政治结构也发生了改变，造成的结果是书商版权赖以生存了150年的书报审查制度（censorship framework）日暮途穷。[110]直到1700—1710年间，书商们才意识到发生了变化，并相应调整了他们的鼓动游说策略（agitation strategy）：他们现在主张对版权作出法定安排（statutory arrangement），这种安排不是基于审查制度，而是基于保护作者的道义和公共利益。一方面，书商把保护作者利益作为促进自身事业发展的新工具[111]，另一方面，出现了越来越多的诚挚呼声要求保护作者利益。[112]这两方面的结合，直接促成了1710年《安妮法令》的诞生，开启了新的版权制度时代。该法案规定，"任何图书的作者……以及他的受让方……具有印刷和重印该书的绝对自由"，有效期共14年。[113]

人们常把《安妮法令》称为英国"第一部版权法"[114]，这是一个伟大的时刻，因为现代作家版权制度取代了以垄断行会为基础的旧制度。事实上，该法令并没有与过去完全决裂。除重要创新之外，它和长期以来的传统版权制度有很大的连续性。《安妮法令》有四项主要创新：第一，《安妮法令》切断了"政府审查"和"印刷权经济管制"之间的正式联系。第二，它首次建立了一种一般性的法律制度，适用于所有人的常规法律规范取代了只对公会成员有利的行规。这些一般性的法律制度明确了实现标准化权利（standardized rights）的实质性和程序性要求。第三，法令赋予作者及其受让者相应的权利，版权正式把焦点从书商转移到了作者身上。至少从长远来看，作者成了原始权利人和权利的主要享有者（bearers of the rights），而书商权利则被降低到衍生权利的地位（derivative status）。[115] 第四，借用前文关于专利制度历史的一句话，版权的期限被限制为 14 年（可延长一次）。[116]

除这些重大创新之外，传统版权的重要内容被保留，根据《安妮法令》的规定，版权仍然是图书行业的特有规则，并不是建立在创造性智力成果之上的全新的一般性的权利原则。版权也没有被重新定义为知识对象（intellectual object）的所有权或一般控制权。《安妮法令》所赋予的唯一权利是书商有权印刷特定文稿。虽然作者现在已经站在了版权世界的中心，但彼时这一转变造成的全方位的观念影响（conceptual impact）过程才刚刚开始。《安妮法令》并没有给出作者的定义，也没有尽量把保护范围限制在符合"新作家理想预设"（new authorial ideal）的人或作品上。同样地，它没有试图根据目前占主导地位的作者权利理论，重新界定版权保护的范围、性质以及所有者的权力。从本质上说，1710 年的法律取消了书商所熟悉的行业特权（trade privilege），限制了它的存续期，然后将其授予了作者。

英国版权的最后一环就是文学财产（literary property）之争，它对理解美国日后的版权发展至关重要。版权之争是围绕着普通法版权问题展开的一系列法律争论和公众思考，在18世纪持续了40多年。[117]这场争论起源于伦敦书商的经济利益冲突。少数书商声称普通法版权独立于制定法，意在恢复永久性保护，以应对由伦敦书商的小团体组织实施的"针对行业严格控制"的法定期限所造成的负面影响。随之而来的辩论拓展了涉及的知识维度，这在版权发展史上留下了难以磨灭的印记。此时，普通法版权的支持者（律师、法官和专题手册的作者）需要以令人信服和公开合法的论据支持自己的立场，他们瞄准了"文学财产"的概念。如前所述，在此之前，人们偶尔把版权称为"财产"，甚至偶尔有人宣传版权与其他形式的财产是等价的。然而，在针对文学财产的争论中，文学财产得到了详尽的哲学论述，并出现了构建与之相匹配的完善的法律财产模型（legal models of property）的尝试。一系列专题宣传手册和一场场法庭辩论创造出了一种复杂的版权理论，将版权视为"作者对其思想产品的财产权"（property rights of authors in the product of their minds），这仅仅是出于对脑力劳动和公共事业的考虑而进行的合理奖助。[118]法学家们努力构建一般抽象的财产模型，在这个模型下，版权将表现出财产权（property rights）的所有基本特征。[119]

作为文学财产新学说中的两个要素，著作和作者具有特别重要的持久影响。智力作品（intellectual work）的概念是为了回答财产权客体（object of property）这一令人困扰的问题而发展起来的。如果把财产权定义为对事物的控制，把版权视为作者的财产权，一个很明显的问题就是："作者没有可以所有的客体或实物，没有办法被称为所有者。"[120]智力作品——作者创造的假想的知识实体（intellectual entity）的出现，弥补了缺失的财产权客体。版权现在被重新解释为"对智力思想或思维模式的所有权……可以同等地与手稿或任何其他实物剥离"[121]。18世纪，物理对象或书籍与智力成果之间出现了越来越明显的区分。[122]智力成果所有权逐渐取代了从事印刷工艺的传统特权，成为版权的主要代表。

"作者"的概念为版权思想（copyright thinking）提供了新的焦点，为文学财产主张提供了最终的正当性依据。18世纪的辩论完成了始于《安妮法令》的发展。作者被带到了版权文义措辞和概念构建的前沿，出版商逐渐退居幕后。作者作为所有者的概念也出现了，作家被描绘成天才。他们通过自己的脑力劳动创造出全新的智力作品。这进而最终证明了版权是作者在智力成果上的财产权。[123]

1769年的米勒诉泰勒案（*Millar v. Taylor*）[124]支持了对已出版的作品的普通法版权的主张，然而短暂的胜利后却不得不面对被最后驳回的命运。1774年，上议院在唐纳森诉贝克特案（*Donaldson v. Becket*）中驳回了权利主张。[125]尽管受到挫败，文学财产的争论对英美版权思想（Anglo-American copyright thinking）还是产生了深远的影响。上议院的决定的适用范围和内涵仍然存在争议。[126]更为重要的是，版权界的主流观点已经认可版权是"作者对其智力成果的所有权"

（ownership by authors of their intellectual works），其依赖的抽象原理是作者运用创造性思维创作出来的产品是作者的财产。18世纪，这个抽象的概念很难在版权理论和实务中体现出来。版权学说仍深受旧有的书商行业特权制度的影响。但是，新创造出来的概念元素（conceptual elements）和意识观念（ideology）将成为英美未来版权发展的核心。

到18世纪末，英国版权和专利一样处于不断变化的过程中，特别印刷专利（ad hoc printing patents）和审查-行会机构（censorship-guild apparatus）已发展成为保护作者权利（authors' rights）的基本法律制度（universal statutory regime）。同时发展起来的还有复杂的概念架构（conceptual framework），将版权假定为作者对无形物的所有权（无形物就是指智力成果）。无论从功利主义的角度，还是从自然权利的角度解释版权的基本概念的合理性，都要围绕思想产品所有权（property rights in the product of the mind）这个抽象原则进行讨论。然而，从版权制度细节这个更具体的层面来看，这次变革并没有那么彻底。到18世纪末，版权在极大程度上[127]仍然属于图书行业的独特规则。尽管还处于萌芽阶段[128]，但它仍是书商印刷和销售文本的行业特权所依赖的基本制度形式，只不过现在把它授予了作者而已。

## 殖民地与各州的版权制度

美洲殖民地从未发展出任何类似于版权制度的东西。当时殖民地没有一般性的立法制度或普通法规则来保护印刷和出版业，也不存在出版版权那样的行业惯例。考虑到殖民地独特的环境条件，这也算不上奇怪。在相当长的时期内，殖民地很少有印刷机。有的地方还没有出现出版，或者长期禁止出版。允许印刷机使用的殖民地也视其为公共资源。一方面，需要公众的支持和财政补贴；另一方面，政府也会进行管制和抑制。如此一来，政府并没有兴趣创造一个殖民地本地版本的"书商版权"（stationers' copyright）。直到18世纪中期，审查制度包括事先审查（prior restraint）还是很常见的，但殖民地当局从未发展出一套在规模和范围上接近英国的系统性的许可机制（licensing apparatus）。[129]殖民地也没有一个像书商同业公会那样的，可以由政府授予实施权力（enforcement powers）的核心机构。当时印刷商和书商也相对较少，即便是后来出版行业在波士顿等地生根发芽，也没有改变这种情况。因此殖民地也就没有必要建立一个类似于英国书商同业公会的中间审查机构了。

在很长一段时间内，印刷商和书商对保护版权的兴趣也相对较低。市场往往是本地市场，并且与外界隔绝。来自殖民地本地的竞争和殖民地以外的竞争的风险很小，在这种情况下，保护投资的其他机制是有效的，其中可能包括出版商之间偶尔达成的协议或行为规范。[130]政府出台的各种"鼓励"更为引人注目，例如1700年北卡罗来纳州立法机构和威廉·布莱登（William Bladen）达成协议，后者以"每件1便士或1磅烟草"的固定价格印刷一些官方文件，印刷其他文件的价格为"2便士或2磅烟草"[131]。因此，简而言之，无论是政府还是出版商都没有强烈的兴趣创建本地的出版版权。

零散的案例表明殖民地立法机构也曾授予印刷特权（printing privilege），它是一种特别法令，类似于英国的印刷专利（printing patent）。不过，重要的区别在于，殖民地的印刷特权是由立法机构颁发的，这跟殖民地的专利授予一样。最有名的例子是1672年马萨诸塞州总法院批准约翰·厄舍（John Usher）印刷修订版的殖民地法律。这项批准可能是因为厄舍不信任他的印刷商塞缪尔·格林（Samuel Green）。厄舍担心格林会自己印刷更多副本，破坏他的市场。[132]立法机关规定："如果一方已与稿件的所有者达成合意或完成支付，则任何其他印刷商不得再行印刷该稿件，该方或任何其他人也不得重印或出售该等稿件，除非已取得所有者的同意。"[133]一年以后，批准被再次确认，并明确限定为7年。[134]虽然历史学家经常说厄舍是唯一一个在殖民地时期获得类似版权授予的人[135]，但其实还有其他例子。比如，北卡罗来纳州在1747年颁布了一项关于印刷法律文本的法令，该法令赋予负责该项目的"专员"及受让人"在5年期间内，享有独家印刷和销售上述法律书籍的利益和优势"[136]。如果再进一步挖掘殖民地的档案，还可以发现其他类似的案例。殖民地时期的印刷特别法令没有发展成版权制度（copyright system）或普通版权法（general copyright law）。它仿照殖民地专利的做法，是一种零散的版权界的特权授予，是一种特别定制的授予，也是为了"鼓励"特定的商人从事有益于公众的服务。同时，授予的对象是出版商，而不是作者。事实上，涉及的要印刷的文本通常也没有相关作者。鼓励的形式是授予独占性权利来从事印刷和销售特定文本的经济活动,而非将其视为一项智力成果的所有权。

在殖民地末期,作者特权(authors' privileges)日益崛起,版权迎来下一个重要的发展时期。来自波士顿的歌唱家威廉·比林斯(William Billings),后来被公认为美国合唱音乐之父。[137]1770年,他向马萨诸塞州议会请愿,请求保护他新创作的《新英格兰赞美诗》(*The New England Psalm-Singe*)。申请程序反映了作者对作者主体身份的诉求,充满了作者对作者权利的担忧。由于有人怀疑比林斯不是真正的作者,申请被搁置下来。这逼迫得比林斯发表声明:"自己是唯一的作者,自己要是发表别人创作的曲子、颂歌或卡农曲,迟早会暴露丑闻,声名扫地。"[138]最终立法机关被说服了,"为了……促进这样一种值得称赞的演出"[139],授予了比林斯7年的专有的印刷和销售的权利。然而州长哈钦森(Hutchinson)拒绝签字,授权还是泡汤了。[140]美国独立以后,这种申请的影响日益扩大。州立法机关频频收到作者的请愿书,请求为他们的作品授予立法特权,有一些请求得到了授权。[141]即使18世纪80年代大多数州颁布了一般性的版权法律,特别授权也依然存在。[142]与殖民地时期一样,各州还是特定地、自由地决定是否授予传统书商出版和销售图书的权利。不过其创新之处在于作者已经以全新的面貌站在舞台的中心,他们取代了出版商,成为特权的直接接受者。随着意识观念不断变化,特权授予越来越依赖作者这一原始身份,因为作者在道义上应该得到那份奖励,或者出于政府鼓励创作的公益需要。[143]

与专利不同的是，美国版权的发展超越了特别授权的阶段。1783年，在诺亚·韦伯斯特和乔尔·巴洛（Joel Barlow）等著名文人的推动下，作者群体以《安妮法令》的先例为依据，为自己主张权利。[144]大陆会议（Continental Congress）向各州建议新书的作者或出版商"在一段时间内（不少于14年）享有这些书的版权"（可延长一次）。[145]那时已有三个州（康涅狄格、马萨诸塞和马里兰）制定了基本版权法。接下来几年里，除了特拉华州，其余所有州都有了相应的法律。[146]各州法律细节各不相同，但也有相似之处，所有州的法律都遵循《安妮法令》的一般模式，有的段落几乎一字不差地照搬。所有法律都把作者置于理念的中心，而区别在于对自然主义权利观点和功利主义权利观点的强调程度不同。有的州，如马萨诸塞州，强调自然权利，将版权视为"所有人都享有的一项自然权利，没有什么财产比思想劳动产生的财产更应专属地特别地享有"[147]。有的州，如康涅狄格州，强调有必要"鼓励有学识和有天赋的人出版作品，以便为国增光，为人类服务"[148]。另外，所有法律都涉及了"权利性质"和"权利客体"这两项基本原理（rationales），并把这两项基本原理与作者主体身份联系在一起。州法律首次在美国创建了以版权为基础的基本权利制度（universal right-based regimes of copyright）。然而，就像在英国一样，制度规则并未把版权看作作者对智力成果的所有权（ownership by authors of their intellectual works），法律只是赋予作者印刷和销售稿件的专有权。

虽然美国和英国的发展历史不一样，但美国在制定联邦法律的前夕，提出的版权方案与英国的大同小异。一方面，各州继续承认个人申请、酌情授予的方式；另一方面，普遍版权制度也成为共同的制度选择。作者现在是权利的直接接受者，这是版权界清晰无误的核心概念。虽然美国没有经历过一场关于文学财产的辩论，而这场本地化的辩论如果发生的话，也只可能发生在 19 世纪 30 年代；但很明显，这场英国的辩论所推动的理论发展却出现在了美国。最重要的是一个经过精心打磨才得以产生的思想观念在美国落地生根，那就是版权是作者对其知识作品的所有权（ownership by authors of their intellectual product）。然而这种影响变化并没有让作者的主体身份和智力成果演化成制度实践，两国的版权理论和版权实践也未能得到重塑。

## 知识产权的宪法条款

直至 1790 年，美国所有的专利和版权还局限在州一级。尽管有人提出过申请，但大陆会议既没有制定基本法律，也没有授予个人特权。大陆会议的成员可能认为在《邦联条例》（Articles of Confederation）下，自己没有在这一领域进行国家立法的权力。[149] 1789 年美国宪法改变了这一状况，为国家专利和版权制度奠定了基础。宪法有一个条款后来被称为"知识产权宪法条款"，它赋予了国会相应的权力，"为鼓励科学和实用技艺的进步，保障作家和发明人在一定期限内对其作品和发明享有专有权利"[150]。知识产权宪法条款在美国法律界、学术界和公共辩论中处于一种自相矛盾的地位。尽管

49

当时几乎没有人认为它是对以往概念的突破,但这一条款通常被视为美国知识产权法历史上最重要的发展之一。虽然现在资料有限,很难探究到当时立法者的制定目的,也不清楚当时的立法过程,但同行业中其他任何历史事件都没有它获得的学术关注多。

据我们所知,美国的开国元勋们并不认为专利和版权是非常重要的问题,也没有对它们或宪法的有关条款进行过多的思考或详细的讨论。各州早期的治理方案提议中没有涉及版权和专利问题。[151] 费城制宪会议前夕,詹姆斯·麦迪逊(James Madison)指出了《邦联条例》政府体制的一个弱点,即"文学财产所有权和移植的法律(naturalizaiton)缺乏一致性"[152]。他还把这个问题的存在视为一个"次要时刻"("inferior moment")[153]。1787年8月6日,制宪会议详情委员会的报告提出了宪法第一修正案。该修正案有涉及版权和专利的事情,但是国会也没有权力在这一领域立法,或对以前的决议立法。[154] 8月18日,也就是大会开始近三个月后,这个问题首次公开亮相。那天,詹姆斯·麦迪逊和查尔斯·平克尼(Charles Pinckney)提交了有关鼓励学习和技术创新的国会权力提案,有关版权和专利的条款才浮出水面。[155] 1787年9月5日,详情委员会报告了这一条款,该条款未经任何争议就获得了批准。我们无从知道它是怎样从林林总总的提案当中脱颖而出的,以及最终的遣词造句是如何产生的。[156] 因为不知道对于这个问题有什么争论,所以有时候人们解释说,这就证明了制宪者对这个问题的热情和共识。不过,把它说成如下原因造成的好像也对,比如与会者缺乏兴趣,将该问题界定为"次要时刻",或者可能是制宪会议进行到后期大家普遍感到疲惫乏味。[157]

批准程序只对该条款进行了很少的额外讨论或解释辩护,其中有一个注解最为著名,它是麦迪逊发表在《联邦党人文集》(*The Federalist*)第43篇的评论:

> 这种权力效用几乎不会受到质疑。英国郑重其事地把作者版权判定为一项普通法权利,似乎有同样的理由把实用发明权利归属于发明人。在这两种情况下,公共利益完全符合个人的要求。各州不能单独对这两种情况中的任何一种作出有效的规定,而且大多数州都预料到将由国会通过的法律对这一点作出决定。[158]

很显然,麦迪逊在为国会的新立法权寻找一切可能的正当理由,但是他忽视了内容的准确性和逻辑上的一致性。[159] 因为麦迪逊提到了英国普通法版权,说明他非常熟悉1769年王室法庭审判的米勒诉泰勒案。[160] 该案把版权认定为一项普通法财产权。然而,麦迪逊要么不知道,要么选择了无视1774年的唐纳森诉贝克特案。[161] 在该案中上议院推翻了米勒案的判决,并且拒绝了出版后享有普通法版权的概念。或者说麦迪逊打算将唐纳森诉贝克特案解读为法院承认一项既存的普通法版权,但该版权受1710年《安妮法令》的限制。[162] 同理,麦迪逊在《联邦党人文集》中的关于专利版权的辩护中,把基于个人自然权利的辩护与基于社会功利主义的辩护混为一谈。所有这些可能都无关紧要,因为麦迪逊写的并不是一篇哲学论辩,而是一份想获得宪法批准的政治性文件。

其他一些支持该条款的意见来自北卡罗来纳州的詹姆斯·艾尔德尔（James Iredell）[163]和宾夕法尼亚州的托马斯·麦基恩（Thomas McKean）[164]，两人的观点集中体现在麦迪逊的看法中：国家保护存在必要性，州的保护制度存在不足，以及我们要参考英国的先例。

宪法条款的重要创新之处在于，它创造了在专利和版权领域的国家立法权。随着新兴市场和文化领域的不断崛起，国家的管制日益不足，而授予国会建立统一国家制度的权力是制宪者对这种不足的回应。到1787年，专利和版权方面的不足越来越明显。[165]不过，除了过渡为国家级的制度的尝试，该条款并不想与过去决裂。无论是该条款的文字，还是当代任何已知的外部参考材料，从中都找不到制定者认为该条款偏离了现有实践的蛛丝马迹。从当时人们就该问题发表的为数不多的公开声明，以及立法者的法学教育背景来看，某些立法者比较了解英国的版权和专利制度，许多人肯定也很熟悉各州和殖民地的制度实践。许多立法者是负责版权和专利的地方立法机构的成员，例如平克尼和麦迪逊就参与了其所在州的相关立法程序和申请手续。从有限的记载中可以发现，似乎制定者在这个问题上思考的深度也是有限的，他们认为他们仅仅是授予国会一项创建制度的权力，这项制度跟他们所熟悉的各州、殖民地政府和英国的体制模式没有区别。

国会被赋予权力以保护著作作品和发明发现的权利，而不用详细地说明这些权利的具体形式。甚至是不是就像州版权法那样这些权利该由一般性法律保护，或者像州印刷业和制造业的保护制度那样被授予专设特权，这些都是未知数。

此外，只有作者和发明人可以享有权利，这是美国独立战争以来专利和版权奖励的大趋势。不过，知识产权宪法条款没有指明作者或发明人的典型特征是什么，也没有阐明把作者或发明人置于此种联邦立法权的中心的意义。另外，保障权利的时间是有限的。但自17世纪以来，这一直是英国专利和版权的思想，以及殖民地和各州的惯例。虽然有些人后来试图对该条款的结构、条文或立法程序进行各种创新，但几乎没有迹象表明除"把一种熟悉的制度实践移植到国家层面"之外，制宪者清楚地明白自己还能做什么。

可以肯定的是，宪法条款成了美国版权和专利制度的一个独特特征，它创造了一组在其他国家没有出现过的争论与问题。除探讨某些制度是否明智且可取的规范性问题，以及解释和适用现有规范的问题之外，关于美国知识产权的讨论还涉及第三个层次，即是否存在相应的立法权来制定某些措施或者采纳某种制度。知识产权的立法权来源于宪法，国会采取了一些替代性的奖助办法。先不说它们是否可取和公正，采用替代方法本身是否超出了立法机关的权力范围？很早以前人们就讨论过这个问题，它的基础假设是美国的专利和版权制度受到宪法的限制。第一届联邦国会开始的各种讨论也都是基于这一前提。在最初几十年里，正是在知识产权宪法条款下，国会是否有权力资助科学探险队[166]，或者为外国技术的进口商提供专利或金钱奖励[167]，引发了对国会权力设限的争论。尽管有这些早期的开端，但是宪法因素对美国知识产权重要性的提升是一个渐进而漫长的过程。在该条款通过后的几个世纪里，该条款中的几乎每个字都被极尽可能地利用和讨论，来界定国会在这一领域的权力范围。[168]这个过程的大部分都发生在19世纪晚期和20世纪。

原本很少受到关注的知识产权宪法条款是如何在美国公共讨论中占据如此重要的地位的？原因并不在于这一条款本身在创立之初有多大的重要性，而是受美国政治文化在后期发展中的多种特征的影响。至少存在三种相互交叠的特征：第一，美国的政治文化开始认为宪法体现着他们国家的基本价值观和认同感，宪法成为一种"公民宗教"（civil religion）。[169]在这种背景下，知识产权宪法条款为那些在该领域从事公共辩论的人提供了有利的文辞渊源和争辩机会。如果一个人的立场可以成功地追溯至宪法条款，那他几乎有十足的成功把握。第二，值得说明的是，发展到20世纪的时候，美国政治法律思想推崇一种叫作"原旨主义"（originalism）的解释方法。这种方法努力寻找立法者的初衷，推测当年对相关问题的理解和观点，或者考察原始意义的其他变化，以解释和应用一般法律条文，尤其是宪法条文。[170]根据这一流行方法，1787年知识产权宪法条款在创立之时就认为专利和版权应该具有独创性，因此有享有特权的含义。第三，或许也是最重要的一点，该条款有关宪法的争论在利益集团的政治博弈中起到了独特的作用。利益集团影响了知识产权法的发展。如果利益集团在这个争论当中获胜，他们就可以绕过立法程序而得到一张"王牌"，让知识产权宪法条款为立法权力设定范围，把替代性方法的权力交给法院来裁定，这就非常有利于那些在立法过程中容易落败的人，或者那些仅仅喜欢用诉讼来达到目标的人。

尽管如此，在 1789 年，知识产权宪法条款还是为美国的版权和专利制度奠定了基础。不过，它与当时的实际做法并没有明显差别，也没有什么重大创新。授予国会权力的制宪者以及获权的第一届联邦国会继续坚持传统观念，参照英国、殖民地和各州的制度实践来推进知识产权的发展。18 世纪末，这个制度框架已经处在不断变化的过程中。普遍权利制度慢慢取代了专设的、自由裁量的特权；作者和发明人走进人们的视野，正式成为普遍权利的接受者。早期迹象表明，专利和版权已经被视为一种无形财产之上的权利。1790 年的首个国家专利和版权制度就具有过渡性的特征，它既包含许多传统因素，又包含一些不断变化的新思想。此外，还存在很多含有歧义的、矛盾的和不成熟的新概念。在接下来的一个世纪，现代知识产权制度的巨大变革将要拉开帷幕。

**注释**

[1] 8 Ann. c. 19.

[2] *Davoll v. Brown*, 7 F. Cas. 197, 199 (C. C. D. Mass. 1845).

[3] See Oren Bracha, "The Commodification of Patents 1600—1836: How Patents Became Rights and Why We Should Care," 38 *Loy. L. A. L. Rev.* 177, 181–83 (2004).

[4] Oren Bracha, "Owning Ideas: A History of Anglo-American Intellectual Property," S. J. D. diss., Harvard University (2005), 1–2. 类似但不完全相同的观点参见 Brad Sherman and Lionel Bently, *The Making of Modern Intellectual Property Law: The British Experience*, 1760—1911 (New York: Cambridge University Press, 1999), 47–50。

[5] See Max Frumkin, "The Origin of Patents," 27 *J. Pat Off. Soc'y* 143 (1945); Ramon A. Klitzke, "Historical Background of the English Patent Law," 41 *J. Pat Off. Soc'y* 615, 616–21 (1959); Giulio Mandich, "Venetian

Patents (1450—1550)," 30 *J. Pat Off. Soc'y* 166 (1948); Giulio Mandich, "Venetian Origins of Inventors' Rights," 42 *J. Pat Off. Soc'y* 378 (1960); Frank D. Prager, "A History of Intellectual Property from 1545 to 1787," 26 *J. Pat Off. Soc'y* 711 (1944); Frank D. Prager, "The Early Growth and Influence of Intellectual Property," 34 *J. Pat Off. Soc'y* 750 (1952); Edward C. Walterscheid, "The Early Evolution of the United States Patent Law: Antecedents," pt. 1, 76 *J. Pat Off. Soc'y* 697, 705 – 15 (1994); Pamela O. Long, *Openness, Secrecy and Authorship: Technical Arts and the Culture of Knowledge from Antiquity to the Renaissance* (Baltimore, Md.: Johns Hopkins University Press, 2001), 93 – 101.

[6] G. Doorman, *Patents for Inventions in the Netherlands during the 16th, 17th and 18th Centuries* (The Hague: M. Nijhoff, 1942); L. Hilarie-Perez, "Invention and the State in 18th Century France," 32 *Technology and Culture* 911 (1991); H. Pohlman, "The Inventor's Right in Early German Law," 43 *J. Pat Off. Soc'y* 121 (1961).

[7] 在伊丽莎白统治之前，曾发生过一些授予发明专利的事件。已知最早的可能是1331年爱德华三世授予约翰·肯普（John Kempe）织布权（Pat. 5 Edw. Ⅲ p. I, m. 25）。关于早期授权的调查，参见 E. Wyndham Hulme, "The History of the Patent System under the Prerogative and at Common Law," 12 *L.Q.R.* 141 – 44 (1896); Harold G. Fox, *Monopolies and Patents: A Study of the History and Future of the Patent Monopoly* (Toronto: University of Toronto Press, 1947), 43 – 54. 然而，早期授权是"保护函"。这意味着它们授予被授权人的东西，缺少排他性或垄断性的元素。这些保护函给外国人提供"国王的保护"，并且允许他们在从事贸易时不受到行会和其他的限制。克利茨克（Klitzke）将这些早期的授权比作护照。Klitzke, "Historical Background," 624.

[8] 历史学家对哪一个是英国第一个"真正的"发明专利有分歧。See Moureen Coulter, *Property in Ideas: The Patent Question in Mid-Victorian Britain* (Kirksville, Mo.: Thomas Jefferson Press, 1990), 9. 在伊丽莎白时代之前，有两项专利授权已经采用了发明专利授权的标准垄断形式，即爱德华六世时期的史密斯（Smyth）的1552年诺曼底玻璃制造专利和玛丽女王时期的伯查特·克兰西克（Burchart Crancick）的1554年采矿专利。See Fox, *Monopolies and Patents*, 60 – 61. 戈姆（Gomme）认为，（第一个）是1449年授予乌特南（Utynam）的约翰（John）的一项专利，其中包括对彩色玻璃制造

的 20 年保护。Arthur A. Gomme, *Patents of Invention: Origin and Growth of the Patent System in Britain* (New York: Longmans Green, 1946), 6. 其他历史学家认为，雅各波·阿孔奇奥（Jacopo Aconio）1565 年的对于不同机器的专利是第一个真正的专利。See Lyn White Jr., "Jacopo Aconcio as an Engineer," 72 *Am. Hist. Rev.* 2 (1967); Hulme, "History of the Patent System" (1896), 148, 151. See in general Klitzke, "Historical Background," 626-31. 关于第一个"真正的"发明专利的争论有些不合时宜。争论围绕着哪个专利是授予现代意义上的"真正的"发明的问题展开。这一焦点往往掩盖了最重要的事实，即"发明"一词尚未获得其现代意义，并被不加区分地应用于引进新行业和产业的不同事例。

[9] 伊丽莎白统治时期共颁发了 55 个发明专利，其中的 21 个颁发给了外国人。See E. Wyndham Hulme, "The History of the Patent System under the Prerogative and in Common Law: A Sequel," 16 *L.Q.R.* 44, 52 (1900).

[10] William Blackstone, *Commentaries on the Laws of England* (Oxford: Clarendon Press, 1766), vol. 2, 346.

[11] Bracha, "Commodification of Patents," 183-91; Edward C. Walterscheid, "The Early Evolution of the United States Patent Law: Antecedents," pt. 2, 76 *J. Pat Off. Soc'y* 849, 859 (1994); Edward C. Walterscheid, "The Early Evolution of the United States Patent Law: Antecedents," pt. 4, 78 *J. Pat Off. Soc'y* 77, 91 (1996); Christine MacLeod, *Inventing the Industrial Revolution: The English Patent System 1660—1800* (New York: Cambridge University Press, 1988), 12.

[12] D. Sea borne Davies, "Early History of the Patent Specification," pt. 1, 50 *L.Q.R.* 88, 98 (1934); E. Wyndham Hulme, "On the Consideration of the Patent Grant Past and Present," 13 *L.Q.R.* 313, 315 (1897). 关于 17 世纪到 18 世纪末专利权人承诺的公共利益的变化特征的调查，参见 MacLeod, *Inventing the Industrial Revolution*, 158-81。

[13] 关于一个普遍的调查，参见 Bracha, "Owning Ideas," 17-20。See also Walterscheid, "Early Evolution," pt. 2, 857-58; Hulme, "History of the Patent System" (1896), 145-47; Klitzke, "Historical Background," 639-40; Davies, "Early History of the Patent," 104.

[14] See Hulme, "History of the Patent System" (1896), 143; Hulme, "On the Consideration of the Patent Grant," 313-14; Davies, "Early History of the

Patent Specification," 97 – 98; Walterscheid, "Early Evolution," pt. 2, 856 – 57.

[15] Bracha, "Commodification of Patents," 187 – 88; Hulme, "History of the Patent System" (1900), 44 – 51; Hulme, "History of the Patent System" (1896), 145 – 50.

[16] MacLeod, *Inventing the Industrial Revolution*, 12; Fox, *Monopolies and Patents*, 67 – 68; Walterscheid, "Early Evolution," pt. 2, 862; Davies, "Early History of the Patent Specification," 106.

[17] Bracha, "Commodification of Patents," 189 – 91; E. Wyndham Hulme, "Privy Council Law and Practice of Letters Patent for Invention from the Restoration to 1794," 33 *L. Q. R.* 63, 181 (1917); Davies, "Early History of the Patent Specification," 102 – 4; Hulme, "On the Consideration of the Patent Grant," 313 – 15.

[18] MacLeod, *Inventing the Industrial Revolution*, 13; Davies, "Early History of the Patent Specification," 95 – 97.

[19] Davies, "Early History of the Patent Specification," 97. 戴维斯（Davies）指的是在给法律官员的指示中所提及的1707年专利。麦克劳德（MacLeod）称这种专利权的授予为"异端用途"，但重要的一点恰恰是在当时它们并不被认为是"异端"。MacLeod, *Inventing the Industrial Revolution*, 81. See also Walterscheid, "Early Evolution," pt. 4, 79.

[20] Hulme, "On the Consideration of the Patent," 313 – 14; Bracha, "Owning Ideas," 36 – 39.

[21] 用休姆（Hulme）的话说，在这样的概念下，"发明者的权利来源于进口商的权利，而不是反过来"。Hulme, "History of the Patent System" (1896), 152. See also Hulme, "History of the Patent System" (1900), 53; Walterscheid, "Early Evolution," pt. 1, 870.

[22] See Edgar A. G. Johnson, "The Mercantilist Concept of 'Art' and 'Ingenious Labour,' " 2 *Econ. Hist.* 234 (1930 – 33).

[23] See e. g. Fox, *Monopolies and Patents*, 92 – 112; Klitzke, "Historical Background."

[24] See e. g. Chris R. Kyle, " 'But a new button to an old coat': The Enactment of the Statute of Monopolies, 21 James I cap. 3," 19 *J. Legal. Hist.* 203, 210 (1988); MacLeod, *Inventing the Industrial Revolution*, 17 – 18.

[25] Bracha, "Commodification of Patents," 191 – 200; J. P. Sommerville,

*Royalists and Patriots：Politics and Ideology in England*，1603—1640，2nd ed. (New York：Longman，1999); J. P. Sommerville, "The Ancient Constitution Reassessed：The Common Law, the Court and the Languages of Politics in Early Modern England," in R. Malcolm Smuts, ed., *The Stuart Court and Europe：Essays in Politics and Political Culture* (New York：Cambridge University Press，1996)。

[26] Fox, *Monopolies and Patents*, 92 - 112; Mark Kishlansky, *A Monarchy Transformed：Britain*, 1603—1714 (London：Penguin, 1996), 98 - 100; MacLeod, *Inventing the Industrial Revolution*, 14 - 17。

[27] 建立这一框架的主要的普通法判决是：*Devanant v. Hurdis* (the Merchant Tailor's Case), 72 Eng. Rep. 769 (K. B. 1599); *Darcy v. Allen*, 74 Eng. Rep. 1131 (K. B. 1602), 77 Eng. Rep 1260 (K. B. 1603); *Cloth Workers of Ipswich*, 78 Eng. Rep. 147 (K. B. 1615)。这些判决并不直接涉及发明专利。这些判决中的发明专利，被当作假设性的例子，即假设在某些情况下垄断授权是合法的。《垄断法令》第一节规定了对垄断的全面禁止。该法令在立法程序后期增加了第六节，该节规定在满足几个条件的情况下，将发明专利从禁令中豁免；21 Jac. 1, c. 3。关于立法历史的叙述，参见 Kyle, "'But a new button to an old coat,'" 208, 214。

[28] 新颖性要求是普通法和《垄断法令》的一部分。法令规定的最长期限为 14 年。爱德华·科克（Edward Coke）在他对《垄断法令》的权威性和有影响力的评论中指出了合法发明专利的七个要求。Edward Coke, *The Third Part of the Institutes of the Laws of England* (London：E. and R. Brooke, 1797), 184. 关于科克对该法令的评论的详细阐述，参见 Walterscheid, "Early Evolution," pt. 2, 876 - 80; MacLeod, *Inventing the Industrial Revolution*, 18 -19。

[29] MacLeod, *Inventing the Industrial Revolution*, 15. See also Coulter, *Property in Ideas*, 13. 第一个为发明专利建立具体法定框架的立法尝试是 1835 年才制定的《专利法案》，即 the Patents Act, 1835, 5 & 6 Will. 4, c. 83, 主要涉及较小的程序性改革。在 19 世纪下半叶，发生了许多成功的和不成功的立法改革尝试。

[30] Bracha, "Commodification of Patents," 198.

[31] Bracha, "Owning Ideas," 38 - 39.

[32] Coke, *Institutes*, 184. 详细阐述参见 Bracha, "Owning Ideas," 49 - 50。

〔33〕Walterscheid,"Early Evolution," pt. 4, 92; Bracha,"Commodification of Patents," 201.

〔34〕W. A. Hindmarch, *Treatise Relating to the Law of Patent Privileges for the Sole Use of Inventions* (London: V. & R. Stevens and G. S. Norton and W. Benning, 1847), 3 - 4. See also *Ex parte O'Reily*, 30 Eng. Rep. 256 (Ch. 1790).

〔35〕有影响力的评论家理查德·戈德森（Richard Godson）的 1823 年的专利法论著中有一个章节"无权要求获得专利"（"No Right to Demand Patent"）。Richard Godson, *Law of Patents for Inventions and Copyright* (London: J. Butterworth and Son, 1823), 47.

〔36〕MacLeod, *Inventing the Industrial Revolution*, 20 - 39; Fox, *Monopolies and Patents*, 154 - 56.

〔37〕See Coulter, *Property in Ideas*, 16 - 18; MacLeod, *Inventing the Industrial Revolution*, 40.

〔38〕MacLeod, *Inventing the Industrial Revolution*, 41, 42, 47; Bracha, "Commodification of Patents," 202 - 3.

〔39〕枢密院对专利的管辖权减少的确切时间很难找到。E. W. 休姆声称，在 1753 年的一个戏剧性案件中，枢密院剥夺了自己对专利的权力。Hulme, "Privy Council Law and Practice," 193 - 94. 然而，休姆自己的说法以及其他学者的说法都描述了后来的枢密院专利程序。See id., 191 - 93; Davies, "Early History of the Patent Specification," 103. 法律评论家一直到 19 世纪都在提及枢密院撤销专利的权力，尽管在这一时期的后段，人们也承认这种权力近期没有被用过。虽然这个问题有些模糊，但似乎枢密院对专利的管辖权并不是在一个戏剧性的时刻被取消的，而是在 18 世纪末逐渐减少和消逝的。See Bracha, "Commodification of Patents," 204 - 6.

〔40〕See Adam Mossoff, "Rethinking the Development of Patents: An Intellectual History, 1550—1800," 52 *Hastings L. J.* 1255 (2001); MacLeod, *Inventing the Industrial Revolution*, 199.

〔41〕Bracha, "Commodification of Patents," 206 - 7.

〔42〕Id., 207 - 8.

〔43〕Bracha, "Owning Ideas," 63 - 66. 关于 18 世纪技术创新、企业家精神和国家赞助之间的新关系，参见 A. J. G. Cummings and Larry Stewart, "The Case of the Eighteenth Century Projector: Entrepreneurs, Engineers, and Legitimacy at the Hanoverian Court," in Bruce T. Moran, ed., *Patronage and Institutions: Science Technology and Medicine at the European Court, 1500—1750* (Rochester, N. Y. : Boydell Press, 1991).

[44] 该案未被报道。它主要是通过布勒（Buller）法官的案件判决而为人熟知的，*Boulton & Watt v. Bull*, 126 Eng. Rep. 651, 664 (C. P. 1795)。

[45] 在《英国法总论》中，科克有一个著名的解释：创造技术的进步"不过是在旧外套上装上一个新的纽扣"，因此不值得申请专利。Coke, *Institutes*, 183. 这一规则的控制性先例是马西和布里科特案（the Mathey and Bricot cases），这两个案件可能是 16 世纪末期判决的，直到 18 世纪末还经常被引用。这些案件都没有被报道过。布里科特案是在财政厅判决的，该案主要从科克的参考文献中可以得知。马西案是在枢密院判决的，涉及一项使用新型刀柄制造刀具的专利。该案主要从已被报道的案件论点中可以得知：*Darcy v. Allen*. See 74 Eng. Rep. 1131。

[46] See MacLeod, *Inventing the Industrial Revolution*, 49; See also Edward C. Walterscheid, "The Early Evolution of the United States Patent Law: Antecedents," pt. 3, 77 *J. Pat. Off. Soc'y* 771, 783 - 85 (1991); Hulme, "On the Consideration of the Patent Grant," 315; Klitzke, "Early Background," 647.

[47] Hulme, "On the Consideration of the Patent Grant," 316; Walterscheid, "Early Evolution," pt. 3, 786 - 92; Coulter, *Property in Ideas*, 15; MacLeod, *Inventing the Industrial Revolution*, 49 - 51; John N. Adams and Gwen Averley, "The Patent Specification: The Role of *Liardet v. Johnson*," 7 *J. Legal Hist.* 156, 160 (1986); Erick Robinson, "James Watt and the Law of Patents," 13 *Technology and Culture* 115, 125 (1972).

[48] Bracha, "Owning Ideas," 168 - 69; Walterscheid, "Early Evolution," pt. 3, 792.

[49] 该案有两个独立的审判，都没有被正式报道。有关案件的信息主要基于报纸报道。1778 年 2 月 23 日的《晨报》（*Morning Post*）和《广告人日报》（*Daily Advertiser*）以及 1778 年 2 月 24 日的《伦敦纪事报》（*London Chronicle*）和《广告人日报》都刊登了关于第一次审判的报道。《晨报》的报道由休姆全文转载。See E. Wyndham Hulme, "On the History of Patent Law in the Seventeenth and Eighteenth Centuries," 18 *L. Q. R.* 280, 283 - 84 (1902). 关于第二次审判的报道刊登在 1778 年 7 月 20 日的《晨报》、《政府公

报》(*Gazeteer*) 和《新广告人日报》(*New Daily Advertiser*) 上。1 Carp. P. C. 35 上的一个简短的总结误报了结果。关于程序的调查,参见 "Patent Specification," 162-65; Walterscheid, "Early Evolution," pt. 3, 793。

[50] 最近发现,在利亚德特诉约翰逊案之前,曼斯菲尔德法官对他的关于专利思考的新理论有一些提及。这些早期的、未被报道的案例都总结在 1967 年发现的曼斯菲尔德的笔记中。它们是:耶伯里诉华莱士案(*Yerbury v. Wallace*)(1768);泰勒诉苏克特案(*Taylor v. Suckett*)(1770);霍顿诉哈维案(*Horton v. Harvey*)(1781)。See John Adams, "Intellectual Property Cases in Lord Mansfield's Court Notebooks," 8 *J. Legal Hist.* 18 (1987); James Oldham, *The Mansfield Manuscripts and the Growth of English Law in the Eighteenth Century* (Chapel Hill: University of North Carolina Press, 1992), vol. 1, 762.

[51] *Turner v. Winter*, 99 Eng. Rep. 1274, 1276 (K. B. 1787); *Boulton and Watt v. Bull*, 126 Eng. Rep. 651, 656 (C. P. 1795).

[52] 126 Eng. Rep. 656.

[53] See Bracha, "Owning Ideas," 72-88.

[54] 关于殖民地的专利,参见 Bruce W. Bugbee, *The Genesis of American Patent and Copyright Law* (Washington, D. C.: Public Affairs Press, 1967), 57-83; P. J. Federico, "Colonial *Monopolies and Patents*," 11 *J. Pat. Off. Soc'y* 358 (1929); E. B. Inlow, "The Patent Grant," 67 (2) *John Hopkins University Studies in Political Science* 36-43 (1949). Edward C. Walterscheid, "To Promote the Progress of Science and Useful Arts: The Background and Origin of the Intellectual Property Clause of the United States Constitution," 2 *J. Intell. Prop. L.* 1, 14-17 (1994)."专利"一词用于殖民地立法机关授予的专利时,是一种错误的说法。正如所解释的那样,"专利证"是一个技术术语,指的是皇室及其代理人所行使的皇家特权的一种形式。然而,现代人有时会使用这个错误的名称。

[55] 瓦尔特沙伊德(Walterscheid)估算,在那些成为美国的殖民地中,所颁发的专利总数不超过 50 个。对殖民地专利难以精确量化主要是由于缺乏足够的记录。See Walterscheid, "To Promote the Progress of Science," 15.

[56] J. McCusker and Russel R. Menard, *The Economy of British America 1607—1789* (Chapel Hill: University of North Carolina Press, 2nd ed. 1991), 96, 343; Federico, "Colonial Monopolies," 360; Bugbee, *Genesis of American*

*Patent and Copyright Law*, 57.

[57] Bracha, "Commodification of Patents," 213.

[58] Oren Bracha, "Geniuses and Owners: The Construction of Inventors and the Emergence of American Intellectual Property," in Daniel W. Hamilton and Alfred L. Brophy, eds., *Transformations in American Legal History: Essays in Honor of Professor Morton J. Horwitz* (Cambridge, Mass.: Harvard Law School, 2009), 372.

[59] "The Body of Liberties—1641; A Copie of the Liberties of the Massachusetts Colonie in New England," in William Henry Whitmore, *The Colonial Laws of Massachusetts, Reprinted from the Edition of 1660, with the Supplement to 1672* (Boston: Rockwell and Churchill, 1889), clause 9, 34-35; Roger Ludlow, *The Laws of Connecticut: An Exact Reprint of the Original Edition of 1673*, ed. George Brinley (Hartford, 1865), 52.

[60] J. H. Easterby, ed., *Journal of the Commons House of Assembly, February 20, 1744—May 25, 1745* (Columbia: South Carolina Archives Dept., 1955), 245. See Bugbee, *Genesis of American Patent and Copyright Law*, 80-81.

[61] James T. Mitchell et al., eds., *Statutes at Large of Pennsylvania from 1682 to 1801* (Harrisburg: W. M. Stanely Ray, state printer of Pennsylvania, 1904), vol. 10, 131-32.

[62] 这一说法出现在马里兰州 1787 年授予罗伯特·莱蒙（Robert Lemmon）的序言中。See William Kilty, ed., *Laws of Maryland* (Annapolis, Md.: Frederick Green, 1799—1800), vol. 2, session of November 6, 1786—January 20, 1787.

[63] *Acts, Ordinances, and Resolves of the General Assembly of the State of South Carolina, Passed in the Year 1784* (Charleston, S. C.: Printed by J. Miller, 1784), 51.

[64] 关于此类授权的例子，参见 Bugbee, *Genesis of American Patent and Copyright Law*, 93-95。一位评论家指出："实际上，这一条只是作为一种邀请，让发明者向立法机关请求专利。"P. J. Federico, "State Patents," 13 *J. Pat. Off. Soc'y* 166, 167 (1931).

[65] 后来南卡罗来纳州的专利授权一般都坚持标准的 14 年期限。

[66] Hugo A. Meier, "American Technology and the Nineteenth Century

World," 10 *Am. Quart.* 117 (1958); John F. Kassen, *Civilizing the Machine: Technology and Republican Values in America, 1776—1900* (New York: Grossman, 1976), 1-21; Jennifer Clark, "The American Image of Technology from the Revolution to 1840," 39 *Am. Quart.* 431 (1987).

[67] Doron S. Ben-Atar, *Trade Secrets: Intellectual Piracy and the Origins of American Industrial Power* (New Haven, Conn.: Yale University Press, 2004), 34-43; Kassen, *Civilizing the Machine*, 8-11.

[68] Ben-Atar, *Trade Secrets*, 93-103; Neil Longley York, *Mechanical Metamorphosis: Technological Change in Revolutionary America* (Westport, Conn.: Greenwood Press, 1985), 163-71.

[69] 例如,1785年宾夕法尼亚州授予阿瑟·唐纳森(Arthur Donaldson)"河马"挖泥机的专利。See *Statutes at Large of Pennsylvania*, vol. 11, 412-15.

[70] 例如,1789年宾夕法尼亚州授予罗伯特·莱斯利(Robert Leslie)的专利和1787年马里兰州授予罗伯特·莱蒙的专利,这些都明确要求受让人是真正的原始发明者。See *Statutes at Large of Pennsylvania*, vol. 12, 309-12; *Laws of Maryland*, vol. 2, session of November 6, 1786 - January 20, 1787. 另参见一个重点的关注,这个关注围绕获得蒸汽船创新国家专利的竞争性努力。Edward C. Walterscheid, "Priority of Invention: How the United States Came to Have a 'First-to-Invent' Patent System," 23 *AIPLA. Q. J.* 263, 269-80 (1995). "真正的第一发明人"一词出现在1624年的《垄断法令》中。然而,直到18世纪末,该词及其变体才具有了创新的独立开发者或发现者的现代意义。

[71] Cited in Ben-Atar, *Trade Secrets*, 79-80.

[72] See Bugbee, *Genesis of American Patent and Copyright Law*, 86-88; Bracha, "Owning Ideas," 114-15.

[73] 例如,1784年的南卡罗来纳州彼得·贝林(Peter Belin)的专利就要求他向州务卿交存其设备的计划或模型,以"防止任何人以无知为借口"。Thomas Cooper and David J. McCord, eds., *The Statutes at Large of South Carolina* (Columbia, S. C.: A. S. Johnston, 1836-41), vol. 4, 755-56.

[74] 宾夕法尼亚州对亨利·盖斯特(Henry Guest)的授权要求解释如下:"其目的是不让任何人在不知情的情况下犯错,并且在五年期满后,所有人都能为自己的利益而从事上述制造。" *Statutes at Large of Pennsylvania*, vol. 10, 133.

[75] 宾夕法尼亚州和纽约州对亨利·盖斯特的授权有一个双重要求。See id.; *Laws of the State of New York* (Albany, N.Y.: Weed Parsons, 1886 - 87), vol. 1, 278.

[76] 关于版权在威尼斯和其他的意大利共和国的早期起源，参见 Bugbee, *Genesis of American Patent and Copyright Law*, 43 - 48; Brian Richardson, *Printing, Writers and Readers in Renaissance Italy* (New York: Cambridge University Press, 1999); Leonardas Vytautas Gerulaitis, *Printing and Publishing in Fifteenth-Century Venice* (Chicago, Ill.: American Library Association, 1976); Victor Scholderer, "Printing at Venice to the End of 1481," 25 *The Library* 4th ser., 130 (1924); Joseph Loewenstein, "Idem: Italics and the Genetics of Authorship," 20 *J. of Medieval and Renaissance Studies* 205 (1990)。关于英国最早的印刷专利之一与威尼斯之间可能存在的个人联系的论点，参见 Joseph Loewenstein, *Author's Due: Printing and the Prehistory of Copyright* (Chicago, Ill.: University of Chicago Press, 2002), 69, 75。

[77] 技术决定论对印刷机与社会实践之间关系的解读较为主流，虽然这种解读是不必要的，解读可以参考：Elizabeth L. Eisenstein, *The Printing Press as an Agent of Change: Communications and Cultural Transformations in Early Modern Europe* (New York: Cambridge University Press, 1979)。

[78] Ronan Deazley, *On the Origin of the Right to Copy: Charting the Movement of Copyright Law in Eighteenth Century Britain (1695—1775)* (Portland, Ore.: Hart Publishing, 2004), 2; Lyman R. Patterson, *Copyright in Historical Perspective* (Nashville, Tenn.: Vanderbilt University Press, 1968), 43; John Feather, *Publishing, Piracy and Politics: An Historical Study of Copyright in Britain* (New York: Mansell, 1994), 15; Mark Rose, *Authors and Owners: The Invention of Copyright* (Cambridge, Mass.: Harvard University Press, 1993), 12.

[79] 对于自 14 世纪以来，中央皇室越来越多地参与经济管理以及在这方面使用皇室特许权、垄断和手工业行会的情况的简短调查，参见 Loewenstein, *Author's Due*, 60 - 62。

[80] 关于英国的印刷专利，参见 Feather, *Publishing, Piracy and Politics*, 10 - 14; Loewenstein, *Author's Due*, 66 - 82; Patterson, *Copyright in Historical Perspective*, 78 - 113。英国最早的印刷专利通常可以追溯到 1485 年国

王的印刷师办公室的建立。第一任国王印刷师彼得·阿克托耳（Peter Actor）获得了进口书籍和手稿的权利，但没有获得排他性的印刷特权。1504年被任命为这一职位的威廉·福克斯（William Facques）获得了印刷皇家公告、法规和其他皇家文件的特权。See Feather, *Publishing, Piracy and Politics*, 11. 洛温斯坦（Loewenstein）认为，福克斯是否获得了这种正式的特权还不确定。Loewenstein, *Author's Due*, n. 64, 286.

[81] 关于各种印刷专利的调查，参见 Bracha, "Owning Ideas," 122-24。

[82] 少量的印刷专利被授予作者。这是个例外，而不是惯例。虽然向作者授予专利是正式承认作者作用的早期迹象，但出版商仍然是这一制度的主导者。印刷专利被授予被认为最适合出版相关文本的人；在大多数情况下，这个人是一个出版商或印刷商，在其他情况下，授予承担出版商责任或者与之合作的作者。关于授予作者、译者、编辑和相关人员的例子，参见 Feather, *Publishing, Piracy and Politics*, 12-13; Marjorie Plant, *The English Book Trade: An Economic History of the Making and Sale of Books*, 3rd ed. (London: Allen and Unwin, 1974), 109; Leo Kirschbaum, "Author's Copyright in England before 1640," 40 *Papers of the Bibliographical Society of America* 43, 47-51 (1946)。

[83] 印刷专利在巩固书商同业公会的权力方面发挥了重要作用。"英国股票"是最重要的一组印刷专利。"英国股票"是一家股份公司，负责管理一些最有价值的文本的专利，这些专利由书商同业公会直接持有，是皇家授予和购买冲突权利的结果。英国股票公司是执行公司政策、向成员分配利益和达成内部妥协的重要工具。See Cyprian Blagden, "The English Stock of the Stationers' Company," 10 *The Library* 5th ser., 163 (1955); Patterson, *Copyright in Historical Perspective*, 106-13.

[84] See Bracha, "Owning Ideas," 146-58.

[85] 由于公司最早的记录已经丢失，因此不可能确定书商同业公会出现的确切日期，但可能是在授予特许状之前的几年。See Patterson, *Copyright in Historical Perspective*, 42-43.

[86] Bracha, "Owning Ideas," 139-45.

[87] See Cyprian Blagden, *The Stationers' Company, A History, 1403—1959* (Cambridge, Mass.: Harvard University Press, 1977); Patterson, *Copyright in Historical Perspective*, 28-32; Rose, *Authors and Owners*, 12.

[88] See Patterson, *Copyright in Historical Perspective*, 114-38.

[89] Id., 36 - 41; John Feather, "From Rights in Copies to Copyright: The Recognition of Authors' Rights in English Law and Practice in the Sixteenth and Seventeenth Centuries," in Martha Woodmansee and Peter Jaszi, eds., *The Construction of Authorship: Textual Appropriation in Law and Literature* (Durham, N. C.: Duke University Press, 1994), 195 - 200.

[90] 目前还不完全清楚，注册是权利的构成部分，还是仅仅作为一种管理和证据工具，尽管版权在没有注册的情况下也得到了承认。See Patterson, *Copyright in Historical Perspective*, 55 - 64; Feather, "From Rights in Copies," 201 - 2.

[91] "The Final Report of the Augmented Commission from the Privy Council on the Controversy in the Stationers' Company [extracts]," in Edward Arber, ed., *A Transcript of the Register of the Company of Stationers, 1554—1640 A. D.* (London: Turnbull and Spears, 1876), vol. 2, 784.

[92] "Final Report of the Commissioners, with Autograph Signatures," in W. W. Greg, *A Companion to Arber* (Oxford: Clarendon, 1967), 127.

[93] 对于公会在此方面做法的调查，参见 Bracha, "Owning Ideas," 140 - 44。

[94] Patterson, *Copyright in Historical Perspective*, 55.

[95] 帕特森（Patterson）认为这一变化纯属形式。Patterson, *Copyright in Historical Perspective*, 52 - 55. 罗斯（Rose）同意这一点，但他补充说："登记形式的演变表明，一种微妙的概念变化正在发生。" Rose, *Authors and Owners*, 14.

[96] 例如，参见 Bracha, "Owning Ideas," 171 - 72; Feather, "From Rights in Copies to Copyright," 197 - 98。威廉·霍尔兹沃思（William Holdsworth）从这些经济实践中推断出，版权"显然被视为一种财产形式"。William Holdsworth, *A History of English Law* (London: Methuen, 1924), vol. 6, 365, 378.

[97] See Bracha, "Owning Ideas," 172 - 73.

[98] "The Humble Remonstrance of the Company of Stationers to the High Court of Parliament, April 1643 (attributed to Henry Parke Esq.)," in Arber, *Transcript of the Register*, 584.

[99] Id., 588.

[100] 1598 年，星室法院发布了一项命令，公开宣布"禁止与出版业公会相抵触的印刷"，并对此类事件进行了制裁。法院在 1607 年的一项类似命令

中重申了这一点。See W. W. Greg and E. Boswell, *Records of the Court of the Stationers' Company, 1576—1602* (London: The Bibliographical Society, 1930), 59; William Jackson, *Records of the Court of the Stationers' Company, 1602—1640* (London: The Bibliographical Society, 1957), 31. 因此，作者不能享受版权保护。有些人试图改变规则，如书商为他人（有时是作者）注册版权，但实际上却充当了作品的出版商。See e. g. G. E. B. Eyre, *A Transcript of the Register of the Worshipful Company of Stationers, 1640—1708 A. D.* (London, 1913), vol. 1, 392; id., vol. 2, 122, 166, 265, 304, 307; id., vol. 3, 27. 关于此类案件的全面调查，参见 Kirschbaum, "Author's Copyright," 54-74. 然而，作为一项规则，该公会对其成员以外的版权所有人展开了激烈的斗争。

[101] Plant, *English Book Trade*, 68.

[102] Bracha, "Owning Ideas," 159-61. 关于补偿的典型金额及其随时间逐渐增加的调查，参见 Plant, *English Book Trade*, 73-78。

[103] 复杂的作者合同最重要的早期例子是弥尔顿（Milton）1667 年将《失乐园》（*Paradise*）出售给塞缪尔·西蒙斯（Samuel Simmons）的合同。转载于 David Masson, *Life of John Milton* (New York: Peter Smith, 1880), vol. 6, 509-11. 在当时，弥尔顿合同的复杂程度是例外的且并不是常见的。See Peter Lindenbaum, "Milton's Contract," in Woodmansee and Jaszi, *The Construction of Authorship*, 175; Rose, *Authors and Owners*, 27-28; Patterson, *Copyright in Historical Perspective*, 74.

[104] Patterson, *Copyright in Historical Perspective*, 67-69.

[105] Id., 69; Bracha, "Owning Ideas," 162-64.

[106] 帕特森认为，在书商版权下，作者控制作品创造性的"个人权利"和对作品二次使用的"个人权利"得到了承认——相当于现代术语中所说的控制衍生作品的权利。Patterson, *Copyright in Historical Perspective*, 70-77. 没有证据支持这种说法。所有的迹象表明，书商版权让其他人，包括原作者，可以自由创作，也可以出版基于注册文本的改编作品和二次创作，但这并不意味着，也没有证据表明，书商的版权赋予了作者二次使用的专有权利。有时作者试图操纵该体系以获得这种控制权，但实际上并没有这种正式的权利。See Bracha, "Owning Ideas," 165-69; Feather, *Publishing, Piracy and Politics*, 33.

[107] Loewenstein, *Author's Due*, 40.

[108] 13 and 14 Car. 2, c. 33.

[109] See Deazley, *On the Origin of the Right to Copy*, 1–29; Patterson, *Copyright in Historical Perspective*, 138–42; Feather, *Publishing, Piracy and Politics*, 50–58.

[110] Deazley, *On the Origin of the Right to Copy*, 29; Bracha, "Owning Ideas," 178–82.

[111] Feather, *Publishing, Piracy and Politics*, 61–63. 本杰明·卡普兰（Benjamin Kaplan）也提出了类似的观点。Benjamin Kaplan, *An Unhurried View of Copyright* (New York: Columbia University Press, 1967), 8–9. 相比之下，根据帕特森的说法，是公会的反对者利用作者的角色来打破其垄断权力。Patterson, *Copyright in Historical Perspective*, 14, 143–44.

[112] Deazley, *On the Origin of the Right to Copy*, 45–46.

[113] 8 Ann., c.19, sec.1. 该法案还规定对已经出版的作品提供为期21年的保护。

[114] Harry Ransom, *The First Copyright Statute: An Essay on an Act for the Encouragement of Learning, 1710* (Austin: University of Texas Press, 1956).

[115] 在实践中，事情更为复杂。这是一个渐进而缓慢的过程，在这个过程中，正式的法律变化改变了英国图书贸易中的实际情况和权力划分。See Bracha, "Owning Ideas," 189–96; Terry Belanger, "Publishers and Writers in Eighteenth Century England," in Isabel Rivers, ed., *Books and Their Readers in Eighteenth Century England* (New York: St. Martin's Press, 1982), 8.

[116] 8 Ann., c.19, sec.1, 11.

[117] Patterson, *Copyright in Historical Perspective*, 158–79; Rose, *Authors and Owners*, 67–112; Deazley, *On the Origins of the Right to Copy*, 115–210; Howard B. Abrams, "The Historic Foundation of American Copyright Law: Exploding the Myth of Common Law Copyright," 29 *Wayne L. Rev.* 1119, 1142–71 (1983); H. Tomás Gómez-Arostegui, "Copyright at Common Law in 1774," 47 *Conn. L. Rev.* 1 (2014).

[118] Rose, *Authors and Owners*, 67–91; Deazley, *On the Origins of the Right to Copy*, 149–67; Sherman and Bently, *The Making of Modern Intellectual Property Law*, 11–42.

[119] Bracha, "Owning Ideas," 202–20.

[120] "Daniel Midwinter and Other Booksellers in London contra Gavin Hamilton &c.," in *Remarkable Decisions of the Court of Session from the Year 1730 to the Year 1752*, 2nd ed. (Edinburgh: Bell & Bradfute and William Creech, 1799), 157. 这是一份关于英格兰书商在苏格兰会议法庭对苏格兰出版商提起的米德温特诉汉密尔顿案（*Midwinter v. Hamilton*）（1743-48）的报告，后来被作为米勒诉金凯德案（*Millar v. Kincaid*）（1749-51）上诉到上议院。

[121] *Millar v. Taylor*, 98 Eng. Rep. 222, 251 (K. B. 1769).

[122] Bracha, "Owning Ideas," 220-29. 波普诉柯尔案（*Pope v. Curll*），26 Eng. Rep. 608 (Ch. 1741)，是这方面的一个重要里程碑。在该案中，哈德威克（Hardwick）法官在面对一封信中的"财产"的争议时，详细阐述了物理手稿和其中所包含的智力成果之间的明确区别。See Mark Rose, "The Author in the Court: *Pope v. Curll* (1741)," in Woodmansee and Jaszi, *The Construction of Authorship*, 223-24; Rose, *Authors and Owners*, 64-66.

[123] Rose, *Authors and Owners*, 67-91; Mark Rose, "The Author as Proprietor: *Donaldson v. Becket* and the Genealogy of Modern Authorship," 23 *Representations* 51, 76 (1988).

[124] 98 Eng. Rep. 251.

[125] 98 Eng. Rep. 257; 1 Eng. Rep. 837; 17 Parl. Hist. Eng. 953 (H. L. 1774).

[126] See Gómez-Arostegui, "Copyright at Common Law."

[127] 在18世纪的大部分时间里，版权在书籍领域之外的主要延伸是1735年的《雕刻者法》（Engravers Act），也被称为《霍格思法案》（Hogarth Act）。它将版权延伸到了雕刻品的制作者；8 Geo. 2, c. 13。在该世纪末，1798年的《模型与半身像法》（Models and Busts Act）在以创作权的一般原则为基础的版权方向上发生了更具决定性的进展，该法将保护范围扩大到所有新的模型、铸件、半身像和某些种类的法规；38 Geo. 3, c. 7。

[128] 在一些案例和其他法律文本中出现了预示未来的雏形。例如，1735年和1737年修订《安妮法令》的法案都未通过。Deazley, *On the Origins of the Right to Copy*, 94-110. 最重要的例子可能是1735年的《雕刻者法》，该法至少默示地包含了对原创性的要求，并明确地将保护范围扩大到逐字复制之外，包括回避性的改动。See id., 92-94.

[129] See John Tebbel, *A History of Book Publishing in the United*

States (New York: R. R. Bowker, 1972), vol. 1, 6 - 12; Helmut Lehmann-Haupt, *The Book in America: A History of the Making, the Selling, and the Collecting of Books in the United States*, 2nd ed. (New York: R. R. Bowker, 1951), 42 - 45; Lawrence C. Wroth, *The Colonial Printer* (Portland, Me.: Southworth-Anthoensen Press, 1938), 42 - 46. 1664年，马萨诸塞州是所有北美殖民地中最接近建立地方许可证制度的地方。See Nathaniel B. Shurtleff, ed., *Records of the Governor and Company of the Massachusetts Bay in New England* (Boston: W. White, 1853 - 54), vol. 4, pt. 2, 141.

[130] See Tebbel, *History of Book Publishing*, vol. 1, 46. 社会规范被描述为"一种相互的义务感"和"共同的体面与开明的自我利益"。Lehmann-Haupt, *Book in America*, 100. 关于合同安排，参见 Tebbel, *History of Book Publishing*, vol. 1, 42; Lehmann-Haupt, *Book in America*, 85。

[131] Quoted in Lawrence C. Wroth, *A History of Printing in Colonial Maryland, 1686—1776* (Baltimore, Md.: Typothetae of Baltimore, 1922), 21.

[132] Tebbel, *History of Book Publishing*, 25.

[133] *Records of the Governor and Company of the Massachusetts Bay*, 527.

[134] Id., 559.

[135] Bugbee, *Genesis of American Patent and Copyright Law*, 106; Lehmann-Haupt, *Book in America*, 99; Tebbel, *History of Book Publishing*, vol. 1, 46.

[136] "任命专员修订和印制本省法律，并授权国王陛下对进口到本省的葡萄酒、朗姆酒、蒸馏酒和大米征税，以支付其费用。" sec. 4, in *A Collection of All the Public Acts of Assembly, of the Province of North-Carolina, Now in Force and Use* (Newbern: James Davis, 1751), 242 - 45.

[137] See Richard Crawford and David P. McKay, *William Billings of Boston: Eighteenth Century Composer* (Princeton, N. J.: Princeton University Press, 1975).

[138] 请愿书可在以下档案中找到：LVIII Massachusetts Archives 600。它是由罗洛·G. 西尔弗 (Rollo G. Silver) 重印的。"Prologue to Copyright in America: 1772," 11 *Papers of the Bibliographical Society of the University of Virginia* 259, 261 - 62 (1958).

[139] Id., 261.

[140] *Massachusetts House Journals* (1772), vol. 49, 134 - 35.

[141] Bracha, "Owning Ideas," 257 - 60; Bugbee, *Genesis of American Patent and Copyright Law*, 107, 124.

[142] 例如参见 1784 年康涅狄格州给乔尔·巴洛（Joel Barlow）的授权，Charles J. Hoadly, ed., *The Public Records of the State of Connecticut* (Hartford, Conn.: Case, Lockwood & Brainard, 1895), vol. 5, 458 - 59; 或者 1792 年南卡罗来纳州授权约瑟夫·珀塞尔（Joseph Purcell）关于州地图的许可; *Statutes at Large of South Carolina*, vol. 5, 219 - 20。

[143] Bracha, "Owning Ideas," 260 - 63.

[144] See Bugbee, *Genesis of American Patent and Copyright Law*, 104 - 24. See Barlow's letter to the Continental Congress in *Papers of the Continental Congress, 1774—1789*, vol. 4, 369 - 73 (no. 78).

[145] *Journals of the Continental Congress, 1774—1789* (Washington, D. C.: U. S. Government Printing Office, 1922), vol. 24, 326 - 27.

[146] 确切的时间顺序如下：康涅狄格州，1783 年 1 月；马萨诸塞州，1783 年 3 月；马里兰州，1783 年 4 月；新泽西州，1783 年 5 月；新罕布什尔州，1783 年 11 月；罗得岛州，1783 年 12 月；宾夕法尼亚州，1784 年 3 月；南卡罗来纳州，1784 年 3 月；弗吉尼亚州，1785 年 10 月；北卡罗来纳州，1785 年 11 月；佐治亚州，1786 年 2 月；纽约州，1786 年 4 月。See generally Francine Crawford, "Pre-Constitutional Copyright Statutes," 23 *Bull. Copyright Soc'y* 11 (1975).

[147] Thorvald Solberg, ed., *Copyright Enactments of the United States 1783—1906*, 2nd ed. (Washington, D. C.: G. P. O, 1906), 14.

[148] Id., 11.

[149] See Walterscheid, "To Promote the Progress," 4 - 9.

[150] U. S. Const. art. I, § 8, cl. 8.

[151] Edward C. Walterscheid, *The Nature of the Intellectual Property Clause: A Study in Historical Perspective* (Buffalo, N. Y.: W. S. Hein, 2002), 81 - 82.

[152] "Observations by J. M.," in *Documentary History of the Constitution of the United States of America, 1786—1870* (Washington, D. C.: Department of State, 1894—1905), vol. 4, 128.

[153] Id.

[154] Walterscheid, *Nature of the Intellectual Property Clause*, 100.

[155] *Documentary History of the Constitution*, vol. 4, 130 – 31. See Walterscheid, *Nature of the Intellectual Property Clause*, 101 – 5; Dotan Oliar, "Making Sense of the Intellectual Property Clause: Promotion of Progress as a Limitation on Congress's Intellectual Property Power," 94 *Geo. L. J.* 1771, 1789 (2006).

[156] Max Farrand, ed., *The Records of the Federal Convention of 1787* (New Haven, Conn.: Yale University Press, 1911), vol. 2, 505.

[157] Walterscheid, *Nature of the Intellectual Property Clause*, 80 – 81, 83.

[158] Benjamin F. Wright, ed., *The Federalist* (No. 43) (Cambridge, Mass.: Belknap Press, 1961), 309.

[159] 关于麦迪逊在《联邦党人文集》第43篇中提出的论点的困难，参见 Walterscheid, *Nature of the Intellectual Property Clause*, 220 – 26。

[160] 98 Eng. Rep. 222.

[161] 98 Eng. Rep. 257.

[162] See Edward C. Walterscheid, "Understanding the Copyright Act of 1790: The Issue of Common Law Copyright in America and the Modern Interpretation of the Copyright Power," 53 *J. of the Copyright Office Society of the USA* 313, 327 (2006).

[163] Merrill Jensen et al., eds., *The Documentary History of the Ratification of the Constitution*, *Commentaries on the Constitution*, *Public and Private*, *1 February 1788*, *to 31 March 1788* (Madison: State Historical Society of Wisconsin, 1976), vol. 16, 382.

[164] Id., vol. 2, 415.

[165] 在版权方面，正是诺亚·韦伯斯特和其他人为争取国家对他们作品的保护所做的努力，生动地证明了这些缺点。See Bugbee, *Genesis of American Patent and Copyright Law*, 128. 约翰·菲奇（John Fitch）和詹姆斯·拉姆奇（James Rumsey）在各州的立法机关就汽船发明的保护问题进行的争论以及其他发明人所面临的困难，在专利背景下同样起到了作用。Frank David Prager, "The Steamboat Pioneers before the Founding Fathers," 37 *J. Pat. Off. Soc'y* 486 (1955); Andrea Sutcliffe, *Steam: The Untold Story of America's First Great Invention* (New York: Palgrave Macmillan, 2004), 26 – 85.

［166］这场争论的起因是约翰·彻奇曼（John Churchman）向国会提交了一份请愿书，要求获得根据他的经度计算方法制作的地图和地球仪的独家销售权，同时还要求为巴芬湾探险提供资金。"House of Representatives Journal," in Linda Grant De Pauw et al., eds., *Documentary History of the First Federal Congress of the United States* (Baltimore, Md.: Johns Hopkins University Press, 1977), vol. 3, 28 - 29. See Walterscheid, *Nature of the Intellectual Property Clause*, 166 - 68.

［167］See Walterscheid, *Nature of the Intellectual Property Clause*, 169 - 78, 313 - 27.

［168］Id.

［169］Sanford Levinson, *Constitutional Faith* (Princeton, N. J.: Princeton University Press, 1988), 10. 关于美国的"公民宗教"的讨论，参见 Robert Bellah, "Civil Religion in America," 96 *Dedalus* 1 (1967)。

［170］See Daniel A. Farber, "The Originalism Debate: A Guide for the Perplexed," 49 *Ohio St. L. J.* 1085 (1989).

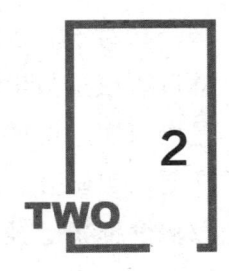

# 作者主义版权制度的兴衰

1790年5月，美国国会通过1790年《版权法》(the 1790 Copyright Act)[1]，创造了美国首个全国性版权制度。马克·罗斯（Mark Rose）对此曾评论："现代英美版权法的所有核心观念在该法中都得到体现"，这些观念的关键就是"将作者作为财产的创造者和终极源泉"[2]。当某种版权观念和实践融入了原始作者概念（the notion of original authorship）并形成新的模式时，美国的版权制度便应运而生。相比于殖民地时期零星的印刷商特权（colonial printers' privileges），1790年《版权法》在沿袭了当时美国各州已有的版权制度并广泛借鉴英国《安妮法令》的基础上，创设了一类普适性权利制度（a universal regime of rights）。在法律层面上，作者本人而非出版商或印刷商，正式成为这些法定权利的原始拥有者（original holders）。更为关键的是，到了18世纪90年代，美国公众对于版权的讨论越来越多地聚焦到作者身上。无论是强调版权是与生俱来的自然权利（inherent natural right），还是国家实定法的产物（positivist creature），从功利主义视角来看，美国公众对版权的思考、写作和争论都表明全新的版权概念框架已经产生。这一框架的核心观点是，作者作为个体通过脑力劳动（mental labor）创造出属于自己的智力作品（intellectual works），并合法享有版权——一组被标准化后的法定权利（a standardized set of legal rights）。

然而在另一方面，1790 年《版权法》及其论述并没有完成现代作者主义（authorship-based）版权基础框架的建构。1790 年至 1909 年之间，美国版权法经历了广泛而深刻的变革。如果我们能够让一名 1800 年的美国版权执业律师穿越至 1890 年，并让其为版权案件辩护（当然这是不可能发生的），他将不知从何下手。对穿越而来的律师来说，19 世纪末的美国版权法是一个奇怪而陌生的领域，这种陌生不仅仅因为辩护技巧（legal technicalities）的不同。法律制度的基本概念、构成要素（constitutive elements）及逻辑前提的巨大差异导致了 19 世纪初与 19 世纪末的版权法大相径庭。1800 年，美国版权法仍然只是规制图书行业的特有制度（unique regulation），保留了出版商经济特权（publisher's economic privilege）的传统制度特征，而如今通过一套普适性的权利制度，将这些特权赋予了作者。20 世纪初，根据作者权利的抽象原则，版权已经成为原创智力作品中的复杂法律领域。出版商以独家印刷权（exclusive printing rights）的形式享有的特权已被一种新的制度形式所取代，这种新的形式强调一种智力"客体"的财产所有权（ownership of an intellectual "object" of property）。这些广泛的概念变革大致分为两类。一类（将在本章中讨论）是在版权理论中以一种复杂且常常矛盾的方式所呈现的原始作者观念。另一类（将在下一章中讨论）主要围绕构建如何拥有智力作品（owning an intellectual work）的概念展开。这两者虽然存在显著区别，但在演进过程中相互交织。原创智力作品是作者的标志（hallmark），而作者主体身份是智力作品权属的正当性依据（justification of ownership），也是确定权利边界的基础。

作者和智力作品权属（ownership of an intellectual work）的概念并不能一蹴而就。其在版权法上的应用也并不是那些假定逻辑的必然结果。利益相关者通过经济矛盾、价值观冲突、思想观念和利益纠葛，推动抽象理念转化为具体的法律概念。最终结果并没有直接表现为作者和智力作品权属的概念，而是形成了一种奇怪且复杂的模式。这种现代版权框架的模式常常理想化。不仅如此，这还或多或少地掩盖了版权法现实与理想之间的冲突，更有甚者可能会扭曲事实。19世纪版权法制度逐渐变革，理想化的色彩相较于强调原始作者的时代更加突出。到了20世纪初，原始作者制度被确立为美国版权法的核心原则，并具体体现到了特定的法律规则之中。然而，这却与抽象性的作者主体身份原则相去甚远。这一原则不仅是理想化的不完美呈现，同时也体现了一系列相互矛盾的观念。因此，美国版权法一方面将原始作者的主体身份抬高到前所未有的重要地位，另一方面却又与之背道而驰地将作品版权类型扩展到其他主体之上，并经常将创作作品的人视为雇佣劳动者而不是作者财产（authorial property）的拥有者。本章描述了这一悖论是如何形成的。

## 向作者主义版权制度的转变

1790年《版权法》的立法动向凸显了美国民众在多大程度上把这一领域的新型联邦权力视为传统范式的延伸，而不是与之决裂。在新成立的联邦国会第一届会议召开后不久，请愿者们很快就意识到宪法中存在知识产权条款，并开始以此为依据，纷纷提出了保护发明和著作（literary works）的请求。这些早期的请愿者向国会提出的是私人特权立法申请（individual legislative privileges），而非普遍性的立法诉求（general enactments）。显然，熟悉殖民地和各州授权做法的请愿者认为，宪法只是简单地把这种本属于各州的权力移交给国家立法机构，而国会和各州立法机构一样，也会授予私人特权（individual privileges）。最初的两次请愿发生在1789年4月15日。来自南卡罗来纳州的众议员托马斯·图德·塔克（Thomas Tudor Tucker）向众议院提交了一份戴维·拉姆齐（David Ramsay）的请愿书。拉姆齐是查尔斯顿的一名医生，也是州议会和大陆会议的议员。拉姆齐请求为他近期所写的《美国革命史》（The History of the American Revolution）和《南卡罗来纳：从英国省到美国独立邦的革命史》（The History of the Revolution of South Carolina from a British Province to an Independent State）[3]两本书提供法律保护。另一位请愿者是来自宾夕法尼亚州诺丁汉的约翰·彻奇曼

(John Churchman)。彻奇曼是一名测量员，同时也是制图师。他声称自己"发明了几种不同方法，可以释明磁变的原理（principles of magnetic variation），通过此方法，只要给定一个地点的纬度，就能轻易地确定该地的经度"[4]。彻奇曼请求："通过一项法律，授予请愿者及其继承人和受让人出售基于磁变原理绘制的球体、半球、地图、海图和表格的专有权（exclusive right）。"[5]在此之后，又有许多作者提出了授予其私人特权的请求。[6]他们中的一些人，如拉姆齐[7]或杰迪代亚·莫尔斯（Jedidiah Morse）[8]，真切呼吁制定新的宪法条款。

最初，国会对私人特权的请愿持支持态度。[9]然而，后续却出现了新的转折。国会在回复众议院请愿审查三人委员会报告时，明确要求"提出一项或若干项议案，制定普适性规则（general provision）以保障作者和发明人对各自的著作和发明的专有权利"[10]。但目前没有任何直接记录能够清楚地解释，国会为何要通过制定普适性法律制度来回应授予私人特权的请求。原因可能是担心由国会授予私人版权特权制度的行政可行性，因为预计会有大量的请愿书从四面八方涌向已经繁忙不堪的国会。另外，作为立法先例的英国《安妮法令》以及国会议员所熟知的各州已经制定的版权法可能也是解释这一转变的原因之一。但无论出于何种原因，国会做出起草一项普适性法律的决定，标志着美国知识产权从"专设特权"到"普适性标准化版权和专利制度"的重大转变。颇为有趣的是，负责起草该法律的委员会最初尝试将版权和专利纳入同一立法之中，并由此产生了编号为 H. R. 10 的众议院立法案,"本法案通过保障作者和发明人对各自著作和发明的专有权利,促进科学和实用技艺的进步"[11]。但在来自南卡罗来纳州的议员埃达努斯·伯克(Aedanus Burke)的建议下,这项联合立法案被一分为二。[12]经过几轮立法程序之后[13],1790年《版权法》应运而生。

1790年《版权法》大量借鉴了英国《安妮法令》的规定[14],并在联邦层面固化了过去二十年殖民地时期和各州在两项主要版权制度上的发展。第一项是完成了版权从特别自由裁量特权(ad hoc discretionary privileges)到普适性私权(universal private rights regime)的转变。第二项则是坚定地将"作者"置于版权理论和观念的中心,从而使其取代了先前的出版商和印刷商,至少在法律形式和修辞(rhetoric)表述上,他们被置于次要地位。

1790年《版权法》的框架显然就是一套普适性的私权制度。该法概括地规定了它所适用的客体对象,即任何"地图、图表、书籍"[15]。它以包容和普适的法律术语(inclusive and universal terms)将潜在的受保护者定义为作者或(就已出版的作品而言)版权购买者,他们是美国的公民或者居民,以及其管理人、执行人或受让人(administrators, executors, or assignees)。[16]该法还列出了获得版权保护的标准要件[17],并按照权利保护的方式,充实了一整套统一的版权权益内容(auniform set of entitlements)[18],并将其赋予任何满足获得版权保护要件的人。

尽管如此,作为政府对图书行业监管的法律,该法仍保留了一些旧时版权制度的传统风格。最明显的是,根据《安妮法令》的立法思路，将版权侵权的唯一救济措施定义为没收和销毁侵权复制品（forfeiture and destruction of infringing copies），并对侵权人所持有的每份侵权复制品罚款50美分，罚款收入由版权人和美国政府平分。[19]事实上，在最初提出H.R.10号立法案时，就延续了源自英国法的公私共分罚款之诉（qui tam）的立法逻辑，即在"作者……或财产所有者"和"任何一个或多个为同一事件提起诉讼的人"之间分享罚款收入。[20]关于扩展至对未发表手稿的单独法定保护（statutory protection），该法明确规定，侵权人"须承担法律责任，对上述作者及财产所有者支付因上述损害而导致的一切损害赔偿，所述一切损害赔偿将通过针对该案件的特别行动予以追讨（by a special Action on the Case）"[21]。这一事实凸显了该法令缺乏除罚款外的其他权利救济措施。

这种对权利救济措施的法定限制与将版权作为私权的新理解显然是相互冲突的，这一点在后来的法院和评论者完全忽视它的程度上得到了证实。虽然在早期实践中，下级法院对版权案件含糊其词，但美国法官似乎遵循了英国法院的做法[22]，将所有的权利救济措施纳入版权制度。在美国报道的首例版权案件——莫尔斯诉里德案（Morse v. Reid）[23]中，纽约地区巡回法院下令核算被告因侵权行为所获得的利润，并据此给予原告金钱救济。确切的救济办法是采用剥夺被告利润的衡平法，还是采用普通法对原告利润损失进行公平赔偿，案件记录对此似乎没有明确。但很明显，这种救济并不是法定罚款（statutory penalty）。法院只是简单地裁定给予救济，并没有讨论或试图释明1790年《版权法》的规定。正如那年英国的凯尼恩法官（Lord Kenyon）在贝克福德诉胡德案（*Beckford v. Hood*）中判决的那样，法院可能认为"没有什么是比单独的惩罚更不完整的救济措施了"。这一点也在他的论述中得到体现："我无法想象立法机关的行为如此不一致，以至于赋予了一项权利，却没有赋予权利被侵害的一方任何救济措施。"[24] 19世纪后期的评论者在几乎没有讨论或支持的情况下，就直接认定了上述那些非法定救济方式的适用性。约瑟夫·斯托里大法官（Justice Joseph Story）① 在其《衡平法法学评论》（*Commentaries on Equity Jurisprudence*）中似乎想当然地认为，在版权侵权案件中，普通法的损害赔偿救济和衡平法的公平责任救济都适用。[25]乔治·蒂克纳·柯蒂斯（George Ticknor Curtis）在他的1847年的论著中断言，"法律中并未规定受到侵权的版权人可以提起损害赔偿诉讼；但毫无疑问，在这里和英国，（提起诉讼）这种行为都有普通法的依据"[26]。对于这种自信的断言，他没有给出任何理由。直到1908年，当这个问题的实际重要性大大降低时，最高法院才驳回了贝克福德诉胡德案的判决，并就普通法上的救济作出裁定，即版权保护应当仅限于版权法中规定的救济措施。[27]

在新兴版权理论中，聚焦于作者的新思想体系与向普适

---

① 约瑟夫·斯托里（1779—1845年），美国最高法院大法官。1805—1811年在美国立法委员会和国会供职。1811年被詹姆斯·麦迪逊总统任命为最高法院大法官。他和约翰·马歇尔一起修改美国宪法，扩大联邦政府的权力。其具有影响力的著作和评论包括《美国宪法评论》（1833）、《法律间的矛盾》（1834）和《衡平法法学评论》（1836）。他和肯特（J Kent）被认为是美国衡平法理学的奠基人。——译者注

性权利的转变同样重要。1790年《版权法》将原始权利授予"任何地图、图表、书籍的作者"[28]，使作者成为版权的主要所有者，并将包括出版商在内的其他人置于权利派生地位。这种制度安排背后隐含的副作用就是，使作者本身成为版权保护的先决条件，并由此排除了没有具体作者的文本（如古代的经典文本或圣经）获得版权保护的可能性。作为一个正式的理论问题，作者毫无疑问地成为美国版权法体系的核心，尽管我们对美国早期的版权登记注册和版权实践所知甚少，这表明实际情况可能更为复杂。[29]

在思想体系层面上，1790年《版权法》也表达了美国版权制度向作者主义的转变。与《安妮法令》和一些州的已有立法不同，1790年《版权法》没有设置序言部分以说明其立法宗旨与逻辑，这是由于将作者和作者主义作为版权保护前提的制度此前在州和邦联国家层面已经公开运行了近10年。这种转变始于个人对国家特权的诉求。其中一些请愿书，比如1783年约翰·莱迪亚德（John Ledyard）向康涅狄格州立法机构提出的情愿[30]，强调了更为传统的特权授予理由，几乎没有提到作者一词。然而，传统理由很快被作者主义的新论点所取代。[31]无论是基于个人权利还是基于功利主义理论（utilitarian reasoning），关于一般州立法的游说都已完全倾向于"作者主义论点"。这方面的一个早期的例子是，塞缪尔·斯坦霍普·史密斯（Samuel Stanhope Smith）在给诺亚·韦伯斯特的信中提及，"拥有才华或勤勉的人……对自己所创作的作品财产应享有相应的权利"[32]。1783年，乔尔·巴洛在致大陆会议的一封信中评论道，"一个人从自己的创造性想象中创造出来的作品，无疑是属于他自己的财产"，"在这个国家，比起任何其他国家，都更有必要让作者的权利受到法律保护"[33]。巴洛的评论在大陆会议后续发布的决议中得到了回应，该决议建议各州制定版权法规。[34]诸多为制定版权法规而开展的游说活动以及游说宣传册中都充斥着作者及其权利的字眼。[35]1789年的宪法条款提到确保"作者"的专有权[36]，而由它所引起的小规模公开讨论也聚焦于作者。简而言之，到1790年，版权思想观念，包括自然权利和功利主义，都成为作者的领域。一些事实证明了这点，与早先的情况不同，在制定联邦法律前发生的所有的版权请愿，都是作者为自己的作品寻求特权保护。在版权法的立法过程中，不时有人以"这是那些非常有创造力的人所诉求的"[37]，及那些"最近公开了由自己的勤奋和投入带来的成果的人，却每时每刻都面临着有人会偷偷印刷这些成果的危险"作为论据，不断提醒着国会议员这项法律的作者主义的起源和重点。[38]

1790年《版权法》虽然体现了向普适性权利制度的重大转变，并表达了对作者权利主体地位的关注，但在其他方面却仍固守着传统模式。新法废止了印刷商旧的特权形式，进一步将其普适化，并赋予新的主体——作者。虽然保护作者权益成为版权法新的正当性基础，作者成为权利的正式获得者，但版权法尚缺乏机制来承认或定义作者这一重要角色。版权已经被认为是作者在其智力作品中享有的权利，但是该法并没有解释什么是"作者性作品"（work of authorship），也没有试图将版权保护的目标对准这类客体。事实上，涵盖了任何"地图、图表、书籍"的1790年《版权法》只是将版权扩展到了已有数百年历史的印刷产品传统领域。最终,版权被描述为作者在其知识作品中享有的财产,但是版权法并没有提供任何概念上的或教义上的工具来处理或应用这种财产的无形客体所有权的概念。根据 1790 年《版权法》,版权仍然包括人们熟知的印刷商经济权利:"印刷、出版、翻印和销售的唯一权利和自由"[39],即制作和销售受保护文本的逐字印刷副本的专有权。

19 世纪,将智力产品作者所有的抽象原则转化为具体的理论和制度形式的过程逐渐展开。但这绝不是 18 世纪末嵌入版权中的"预定的作者主义"逻辑逐步显现出来的过程。相反,"作者所有"的抽象概念作为知识资源的储存库,被用于构建论点和法律原理。这种作者主义论点的形成和妥协是在为各种利益和议程服务的过程中完成的,而这些利益和议程往往彼此处于紧张状态。最终的成果是一个复杂的概念结构,是版权作者所有的抽象原则、一系列强大的经济利益和冲突的思想观念承诺之间相互作用的结果。因此,19 世纪是作者主义版权兴起和衰落的时期,矛盾的是,兴起和衰落居然同时发生。由于作者主体的思想观念被嵌入具体的法律原则中,这些原则采取了意想不到的、紧张的、常常是矛盾的形式。

## 机械师与作者:独创性即新颖性

在 1847 年出版的第一部关于美国版权的综合性论著中,乔治·蒂克纳·柯蒂斯指出:"英国和美国的法律都使用了作者一词,而根据该词引入了独创性的概念。"但是他很快补充道,"在某种程度上"[40]。这总结了19世纪美国版权法中独创性(originality)要求的奇特历程。独创性通常被描述为个人主义或浪漫主义作者(romantic authorship)新概念的核心,取代了18世纪的版权论述。[41]把一种全新的创造引入世界的知识天才成了作者的典型形象。1815年,威廉·华兹华斯(William Wordsworth)关于天才的著名描述是:"做好值得做的事,做好从未做过的事……拓展人类情感领域……向知识世界引入新元素的行为。"[42]在华兹华斯之前,其他人也提出过类似的概念,认为独创性是作者的定义性特征。[43]这种将作者和独创性融合在一起的用语充斥于从18世纪中期兴起的英美哲学版权论述中。作者和律师建立了一个将作者独创性和权利作者所有(authorial ownership)紧密地联系在一起的概念体系。作者作为"完全属于其自己的新思想的最终来源"的形象,是他们对自己头脑中那些知识产品应享有合法权利的有力证明。正如布莱克斯通在《英国法释义》(*Commentaries*)中写道的那样:"当一个人运用自己的理性力量创作出一部原创作品时,他显然有权随心所欲地处理那件作品,任何试图从他手中夺走该作品或改变他对该作品的处理方式的行为都是对其财产权的侵犯。"[44]

鉴于在作者主体身份的一般性文化概念中,尤其是在版权理论论述中独创性的突出性,人们可能会惊讶地发现,独创性在18世纪晚期的美国版权原则中根本没有立足之处。事实上,任何地图、图表或文本,只要其作者是美国公民或居民,都有资格获得保护。"作者"一词并未被理解为在这方面引入了任何特别限制。在其初期,美国版权法并没有包括一个宽松的独创性门槛,这种原则或概念根本不存在。这一点可以从该制度头几年登记保护的作品的性质得到证明,最常见的这类作品是各种实用的和信息性的文稿。[45]在宾夕法尼亚州的前 100 项登记中,几乎一半是教科书、手册、地图册和商业名录。这一趋势在后来的登记中仍然继续。[46]美国的版权可能与一种颂扬知识分子天才和作者的思想观念纠缠在一起,但最常见的版权作品与浪漫主义意义上的原创作者的刻板印象几乎没有关系。

19 世纪 30 年代,独创性开始作为一种理论范式出现,在利害关系人(interested parties)之间的法庭斗争中逐步发展。可以肯定地说,这些利害关系人几乎没有关注过版权的哲学基础。然而,版权对作者主体身份的新关注为他们提供了大量的思想观念和措辞资源,他们可以利用这些资源投机取巧。这些争议的一方是试图抗辩侵犯版权(copyright infringement)的侵权人。正如柯蒂斯所指出的那样,作者主体身份的概念引发了独创性的概念,而独创性的概念反过来又延伸出"限制版权保护范围和逃避责任的法律门槛"的承诺。利用这一机会的诉讼当事人在试图说服法院将独创性的理论概念转变为法教义结构时发展出了两派论点。第一派直接依赖于创造全新思想的浪漫主义概念,全新思想即作者主体身份的本质。这一派的论点请求法院通过强制实施有力的或至少有意义的新颖性要求来规范版权领域的门槛。第二派强调作者与创造性天才的联系,从而声称与单纯的勤勉相比,只有具备一定程度的学术或美学价值或者在其他方面具有创造性的作品,才受版权保护。这些争议的另一方,是希望版权保护之门大开的既得利益者。其中许多人是传统的有用作品，如教科书或地图的版权所有者。其他人，特别是在19世纪下半叶，活跃于新兴产业，在这些产业中扩大版权保护似乎有利可图。这些当事人提出的论点塑造和变通了现有的措辞资源（rhetorical resource），以防止对版权保护提出任何严格的门槛要求。独创性的法律原则在这种相互矛盾的诉求中逐渐锤炼成型。

约瑟夫·斯托里法官——可能是决定美国早期版权法和专利法发展中最具影响力的人物，他在19世纪30年代和40年代的一系列判决和著作中，确立了处理独创性问题的基本框架。他在1839年格雷诉拉塞尔案（*Gray v. Russell*）[47]中的判决是这方面的一个重要里程碑。有争议的作品是波士顿校长本杰明·古尔德（Benjamin Gould）的《亚当拉丁语法》（*Adam's Latin Grammar*），这是美国早期版权保护的代表性作品。它是苏格兰学者亚历山大·亚当（Alexander Adam）编写的一本流行的拉丁语学习教科书。古尔德对这本书进行了修订和改进，以适用于19世纪美国的拉丁语学习，因此古尔德成了这本书的美国"作者"和原始版权所有人。他对教科书进行了部分修改，增加了自己的注解和补充材料。在制作这个修订版本的过程中，古尔德努力纠正早在1799年就流传开来的早期美国版《亚当拉丁语法》中的错误。[48]尽管有些修订是重大修订，但古尔德的目的是"在一切可行的情况下保留原语法书的字词"[49]。简而言之，这个被古尔德称为"纲要"（compendium）的作品，与"原作者的浪漫主义概念"正好相反：它是一本由编辑修订、整合和评注组成的教科书。

这几乎不符合华兹华斯所说的"向知识世界引入新元素"。

受版权保护作品的衍生性质（derivative nature）是被告（C. D. 克利夫兰版《亚当拉丁语法》的出版商）的主要辩护理由之一。法院指定的一位专家将该书描述为包含"古尔德先生所有注解的实质内容……大部分系逐字抄袭"[50]。被告试图说服法庭根据"激进的新颖性"（radical novelty）标准认真对待作者主体身份的概念。他们的论点是，应该拒绝该书的版权保护，因为"古尔德先生在其《亚当拉丁语法》版本中的注释没有任何实质性的创新；实质上，所有的注释以及大部分内容在形式上都可以在之前出版的作品中找到"[51]。

斯托里法官当即否定了被告提出的严格版的独创性标准，认为"这不是摆在法庭面前的真正问题"。他写道："真正的问题是这些注解是否被收录并体现在任何以前的单一作品之中。"[52]在以这种方式定义相关法律问题时，斯托里法官构建了一个与浪漫主义作者观截然不同的独创性和作者主体身份理论。根据斯托里的说法，古尔德的原创贡献是"在形式上设计、安排和组合了这些注解，使它们在书中共同展现"，而这些"只属于这位先生"[53]。这也是对作者主体身份本质的正确理解，在这种理解下，古尔德"被公正地视为作者……并享有相应的版权"[54]。与被告提供的作者主体身份模式相反，斯托里法官有意识地强调了创作的累积性和跨文本性（cross-textual character）。他解释道："如果我们的法律认为一部由来自许多不同来源的材料组成的作品不能享受版权保护，那么当今大多数科学和专业论著都不能享有版权。"[55]斯托里法官将整个西方文明的智力成果陈述为一种正在进行的"借用"

和"站在巨人肩膀上"的操练,然后他给出了一个非常切题的例子。他写道:"以一部保险业的作品为例,由一位从事保险业的学识渊博的律师所编写,会让整个行业都受益匪浅。"斯托里法官指的是威拉德·菲利普斯(Willard Phillips)撰写的《保险法学》(*A Treatise on the Law of Insurance*)。[56]尽管事实上,这本著作"只是从已报道的案件或先前的著者那里借鉴的,或偶尔对这一法律分支的所有主要学说进行评论的汇编……但我们从未质疑过,他(菲利普斯)完全享有该书的版权,且在某种意义上,这是真正属于他自己的作品"[57]。

6年后,在埃默森诉戴维斯案(*Emerson v. Davies*)[58]中,斯托里法官提供了一个更为强悍的极简主义独创性和作者主体身份的概念。被告的书抄袭了原告所著的数学教科书中的一些例子和练习题,被告试图用独创性抗辩来碰碰运气,声称戴维斯的书中不存在"任何新颖性或独创性,这使他有了复制权"[59]。如果他们看到了斯托里法官在格雷诉拉塞尔案中的判决意见或其刚刚出版的《衡平法法学评论》[60]中的观点,被告的律师可能会重新考虑如何根据这一论点进行辩护,尽管这一论点让人很自然地认为版权是以作者主体身份为基础的。

斯托里斩钉截铁地反对该论点。他说:"个别在本案中提供证据的证人,完全误解了这方面的法律;在我看来,律师席的某些论点似乎也基于同样不可接受的理由。"[61]他写道:"问题不在于所使用的材料是否全新,是否以前从未被使用过……真正的问题在于,同样的设计、安排和组合以前是否被使用过。"[62]接下来是一个与"基于激进的独创性的浪漫主

义作者主体身份概念"相对立的观点,该观点甚至比斯托里在格雷诉拉塞尔案中所提出的更为令人惊异,值得详细引述:

> 事实上,在文学、科学和艺术中存在的在抽象意义上严格来说全新的和具有独创性的东西,即使有,也可能很少。文学、科学和艺术方面的每一本书,都会借用,而且必定会借用和使用许多以前众所周知的或使用过的东西。没有人为自己创造一种新的语言,至少如果他是一个聪明人的话,在写书的时候是这样。他满足于使用别人已经知道、使用和理解的语言。没有人能不受他人的帮助和影响完全根据自己的想法写作。每个人的思想或多或少都结合别人的思想和表达,尽管他可能会根据自己的才华或反思对这些思想和表达进行改变、提升或改进。如果一本书的构成要素不是全新的、原创的,它就不能成为版权保护的主体,那么在现代社会就没有任何版权保护的理由,我们不得不追溯到久远,甚至古代,去寻找这样一部有权获得此地位的作品。[63]

斯托里法官称过去的所有伟大作者为"能工巧匠"(bricoleurs)、文本的免费借阅者,其天才之处在于对现有知识和材料进行再加工和重组:

> 维吉尔(Virgil)向荷马(Homer)借用了很多;培根(Bacon)吸取了早期和当代思想;科克(Coke)用尽他所有已知的专业知识;即使是莎士比亚(Shakespeare)和弥尔顿(Milton)有足够理由让我们自豪地称其为最杰出的原创者,他们也从他们那个时代丰富的前沿知识

和古典研究作品中汲取素材。什么是拉普拉斯（La Place）的伟大作品？是他之前的伟大数学家的步骤和发现与他自己非凡天赋的结合。什么是现代法律书籍？是旧材料的新组合和安排，其中作者在选择、阐述和准确使用这些材料方面的技能和判断，构成了他的声誉和复制权（copy-right）的基础。布莱克斯通和肯特（Kent）的评论只不过是这些成就的优点和价值的绝佳例证。[64]

这种观点使得独创性的门槛非常之低，以至于版权可以授予任何人，"他们凭借自己的技能、判断力和劳动力创作一部新作品，而不仅仅是复制另一部作品……如果不只是来自现有作品的形式上的改变和一些不为人知的改变"[65]。

因此，独创性在从抽象思想观念领域进入理论论述（doctrinal discourse）的那一刻起，其重要性就被戏剧性地降低了。作者作为英雄主义意义上的彻底的新思想创造者，已经转变成一种他不能是"没有主见的抄袭者"的简单要求。这不仅仅是由于实际困难而对理论原则的妥协或不完善的应用。斯托里法官把弱化版的独创性根植于美国版权法的核心，这源于对创作过程有意识的、明确的理解，该理解与浪漫主义作者观念截然不同。

"对独创性的极简主义解释"作为一项理论要求是基于传统的版权实践的。正如我稍后将解释的那样，它符合现有的和新兴的经济利益。然而，这并不是版权法唯一可能的未来，还有其他未尝试过的路径可用。版权法的另一种路径——在浪漫主义意义上更加重视独创性——最具有代表性的例子是

1851年的乔利诉雅克案（*Jolly v. Jacques*）[66]，该案涉及美国对一部现存德国音乐作品的改编和重新编排。这部德国作品被改编成舞台喜剧的一部分。改编版本的版权归原告所有，这是1831年《版权法》（1831 Copyright Act）[67]明确承认的。原告可以将其以活页乐谱（sheet music）的形式出版和出售，被告以同样的题目发表了一个非常相似的音乐作品。被告的辩护词也令人想起格雷诉埃默森案（*Gray and Emerson*）中被告的辩词，他说，改编本的美国作者并没有"在乐曲中或原创曲调材料的整合中添加任何新元素，只是简单地把旧旋律改编成钢琴版"[68]。

如果斯托里法官当时还在世，想必他一定会立即驳斥这种说法，认为这是对版权法的误解。然而，审理此案的法官塞缪尔·纳尔逊（Samuel Nelson）对独创性概念的态度要严肃得多。一年后，在霍奇基斯诉格林伍德案（*Hotchkiss vs Greenwood*）[69]中，纳尔逊将"非显而易见性"（nonobviousness）的要求引入美国专利法。根据这一要求，只有表现出实质性创新的发明，或者用纳尔逊的话说，只有天才的发明而不只是一名技工的发明，才能享受专利保护。[70]在乔利案（*Jolly*）中，纳尔逊试图为版权法也设立类似的门槛要求。他采纳了专家证人的观点，认为改编"只需要较低水平的技巧，任何从事音乐转换的人都能轻而易举地完成"[71]。考虑到这个受版权保护的作品的性质，纳尔逊解释说，关键在于它是否属于1831年《版权法》保护的音乐作品。在描述这个问题时，纳尔逊已经表示，他准备认真对待原创作者这一概念。他写道，这个问题很切题，因为"并不是说（改编者）是旋律或曲调的作者；而仅仅是通过技巧和劳动，他已经把它改编成了具有新用途，或一种可用新乐器演奏的作品"[72]。显而易见的潜台词是，以激进的新颖性的品质而著称的作者与仅仅改编现有作品的人形成了对比。

纳尔逊在解决这一定义问题上采取了实质新颖性的方式，"毫无疑问，法律所设想的音乐作品必须在实质上是一部新的原创作品，而不是一位有经验和技巧的音乐家通过添加和改编就可轻易创作出来的抄袭品"。在"需要天才构建的原创曲调"的真正原创作品和"仅仅是音乐技工"就能做出的"改编或伴奏"之间，他搞出了对立。[73]乔利诉雅克案虽然未能将"浪漫主义作者标准"的严格版本写入法律，但它对创新的要求，以及技工和作者之间的区别体现了美国版权法的另一种未来。在这个不同的未来，版权原则将被塑造成反映这样一种标准，即智力产品权属及其终极正当性的本质是"强独创性"所定义的作者主体身份。

19世纪下半叶美国版权法的实际轨迹呈现出对斯托里的独创性观点的普遍认同，以及纳尔逊所提出观点的衰落。每当此类问题出现，法官和评论者都会耐心地解释说，在版权法中，独创性只是一种技术性和最低门槛的要求，与激进新颖性的英雄主义概念无关。[74]有些人甚至追随斯托里的脚步，将他们对独创性的最低限度的理解建立在对创作过程的阐述上，而这一创作过程是与浪漫主义作者观念直接冲突的。因此，1862年当驳回在某小说戏剧改编中原创对版权的挑战时，法院解释道："莎士比亚的戏剧构架源于早在他所处时代之前就存在的素材，这些素材是他从古代编年史和其他行业收藏的古文献中整理出来的。"[75]到了19世纪晚期，独创性作为一种激进的新颖性，在美国的版权原则中似乎成了一个徒劳无益的话题，充其量是一种关于创作过程不成熟的概念，与实际的版权法理论毫无关系。

**创造性天才与单纯的勤奋：独创性即创造性**

独创性的第二个要素来源于作者作为创造性天才（creative genius）的形象，其作品不仅将新颖的想法引入世界，而且还极具美感与价值。在这个意义上，创造性（creativity）的几种含义经常交织在一起。首先，创造性通常意味着实质性价值，是一种达到高端艺术或学习水平的创作形式，而不仅仅是粗俗的娱乐。其次，与之相关的是，有创意的独创性（creative originality）有时被称为有启发性的和具有素养的，与下流和低俗的表达形式形成对比。最后，与仅属于实用和商业世界的勤奋（industriousness）相比，独创性概念的引入将艺术或学术研究变成更高级形式的人类知识活动。这三种含义不仅基于版权与作者身份的联系，也基于美国早期的版权法原则，后者将版权解释为培养高雅艺术和传播知识的工具。这种早期的观点影响了宪法的版权条款（Constitution's copyright clause）和其促进科学进步的立法宗旨。在19世纪，这一条款经常被援引以支持和鼓励以独创性为前提的论点，而这种独创性恰恰是基于创造性价值的。

法律上将"独创性"作为"创造性"对待，遵循将"独创性"视为"新颖性"的法律模式。一些早期的判决表明，法官愿意认真对待创造性，并从中衍生出有意义的门槛要求。1829年，在克莱顿诉斯通案（*Clayton v. Stone*）[76]中——最早被报道的美国版权案件之一，巡回审判（riding circuit）法官史密斯·汤普森（Smith Thompson）拒绝将版权扩展到日常的"市价表"上。从技术上讲，这一决定是基于对"书籍"法定客体范畴的解释，但这一决定的动机显然是汤普森认为以功利/商业性质为主的出版物缺乏与学问和艺术领域的必要联系。对这类出版物的可版权性（copyrightability）的裁决应该通过"探求立法者的一般范围和目标"来决定，于是他转向宪法条款中对作者的提法，以及该条阐明的目的，即用版权权力促进科学进步。由此他得出结论：

> 有关法律的通过是为了行使这里所赋予的权力，因此其目的是促进科学发展；如果把描述市场状况的日报或周报看作属于其中的任何一类的话，这种对待科学的观点无疑是极其不寻常的。[77]

在某种程度上，市价表（有趣的是，在汤普森看来一般报纸也是如此）不足以受到版权的保护，因为它们"波动不定，瞬息万变……形式、主题每天都在变化，而且只是暂时被使用"[78]。这些出版物的短暂性以及其他因素意味着，版权备案和公告要求的发表实际上是不可能实现的。然而，这种观点也直接基于学问和勤奋之间的区别。汤普森写道："国会法律的标题是鼓励学问，而不是仅仅为了鼓励与学问和科学无关的勤奋。"[79]虽然汤普森没有否定这部作品的实用价值，而且承认原告的勤奋和进取心应该受到高度赞扬[80]，但是他的结论是，既然"法律不打算让他们以这种方式获得回报，'这部作品'就必须通过其对社会的效用（utility）而不是作为科学作品来寻求赞助和保护"[81]。

克莱顿诉斯通案中的艺术或学术主题与排除在版权保护范围之外的功利性/商业性作品之间的区别，在19世纪后期的判例法（case law）中引起了反响。在整个19世纪，主要与商业世界有关的作品，如产品标签、广告海报和目录，都受到了质疑。这类主题常常被拒绝纳入版权保护范围，因为版权被认为是为"未被铜臭所玷污的学问和艺术"所保留的。1848年的斯科维尔诉托兰案（Scoville v. Toland）[82]涉及对"专利"药品标签版权保护的诉求，法官约翰·麦克利恩（John McLean）驳回了版权法包含纯粹商业主题的观点。通过对比标签——"这是一种不同于药物的作品，可能毫无价值"与"其他旨在指导和逗乐读者的作品，尽管仅限于一页"，如"月球表（lunar table）、奏鸣曲、音乐和其他脑力劳动成果"[83]，他得出结论，将版权延伸到标签及其他类似产品是一种"法律无法承受的"解释方式。[84]

在随后的几年里，包括国务卿在内的多名负责版权登记的官员都在认为标签与促进进步的宪法授权或鼓励学问的法定目的无关的基础上，表达了类似观点。[85] 1859年，当时负责版权的专利局指示地方法院不要注册"任何制成品、货物或商品的印章、标签和其他商标"，理由是"国会有关版权的法律旨在促进知识的获取和传播，并鼓励艺术作品的创作和出版"，但这一目的不适用于上述作品。[86] 1870年，随着登记责任转移到美国国会图书馆，闸门被打开了，标签登记的诉求犹如泄洪一般，滚滚而来[87]，其结果就是1874年《印刷品和标签法》(the 1874 Prints and Labels Act) 的出台。该法规定，任何设计用于制成品的"印刷品或标签""都不应被纳入版权法"，但允许在专利局注册。[88]该法在开始时含糊不清，导致了后来的混乱与不确定。然而，很明显，正如美国国会图书馆馆长所说的，当时该法律的主要目的是将"显然与之没有适当关系"的版权客体从版权领域中剔除。[89]

直到1891年，最高法院在希金斯诉柯费尔案（*Higgins v. Keuffel*）中仍然强烈支持斯科维尔诉托兰案所作的判决，并拒绝对产品标签进行版权保护。[90]之后，人们以一种接近现代的对独创性要求的理解方式对该主张进行了狭义的解读，因其只适用于"没有艺术卓越性"[91]的标签，例如希金斯一案中的争议标签，其仅含有对其所附瓶中的防水油墨的简短文字描述。然而，大法官斯蒂芬·菲尔德（Stephen Field）的主张措辞更为宽泛，几乎可以被解读为对产品标签版权保护的明确反对。首先，菲尔德的观点建立在宪法条款之上，宪法条款"仅涉及作为智力劳动成果的创作和发明"[92]。"其次，要获得版权，作品本身必须具有一定的价值，至少要达到服务某种目的的程度，而不仅仅是作为一种广告或对其所依附对象的描述。"[93]然而，纯粹的产品标签"不可能对科学或实用技术产生影响"，因此，这一点无法被"任何关于纯粹标签保护在本条款的目的之内的合理论点支持"[94]。这一推论被理解为对产品标签版权保护的全面否定，这一点被随后的事实所证实——在这个判决后的几年里，专利局的标签注册数量急剧下降，实际上已处于停滞状态。[95]

在希金斯案 6 年后，第七巡回上诉法院（Seventh Circuit）在驳回对产品目录的版权保护，并在判例法中发现"单纯的广告，无论是印刷的还是图片的，都不属于版权法的保护范围"这一宽泛原则时，采用了类似的观点。[96]法院将插图目录描述为"上诉人（appellant）商品的纯粹广告，附有精美的裁剪或商品插图，构成广告的一部分，以吸引顾客"[97]。利用宪法的宗旨，即"通过在能够推广科学与实用技艺的一般知识的作品中引入智力劳动来传播学问"，第七巡回上诉法院提出了著名的两分法原则（dichotomy）。法院解释说，该宪法条款"寻求激励文学、科学或艺术中的原创研究，为了人民的福祉，使他们能够在这些方面得到指导和改进"。该条款"并不是为了以特殊方式保护贸易者，让他们能够以这种方式大声叫卖自己的商品"[98]。尽管指出原告的"污水盆、脸盆和浴缸的图片"属于两分原则的哪一边似乎有点多余[99]，但法院还是提供了一份关于其缺乏艺术或学术价值的冗长描述。它"在处理这个问题上没有发现任何原创之处"[100]。这种对作品的美学和学术缺陷的详细分析，只有在一个仍然认真对待"以价值为基础的版权门槛概念"的世界里才有意义。

19 世纪末广告业的兴起创造了另一种情景。在这种背景下，传统上反对将占主导地位的商业性客体纳入版权领域的做法和对这种新兴媒介的怀疑逐渐销声匿迹。最高法院和其他法院数次判决的附带意见（dicta）曾明确否决了单纯广告的可版权性。[101]1880 年，纽约巡回法院拒绝保护绘有图画样品的卡片，因为那只是"一则广告，仅此而已"[102]。但是两年后，纽约的另一个联邦法院就采取了比较温和的方式，即区别作品的目的与实质内容，来判断其是否符合可版权性。法院解释说，版权申请不会仅仅因为作品作为广告的目的而被断然拒绝，但任何广告仍需要具备"艺术价值"才能得到保护。[103]然后，法院非常详尽地描述了一幅啤酒广告的彩色石印画，称其为具有"明显的艺术品质"的"具有想象力的作品"[104]。甚至1903年最高法院在布莱斯坦诉唐纳森平版印刷公司案（*Bleistein v. Donaldson Lithographing Co.*）[105]中的判决——如今被理解为基于内容中立的、极简主义独创性标准的标志性宣言——采用了一种截然相反的方法，尽管最终以失败告终。哈伦法官（Justice Harlan）的不同意见得到了麦肯纳法官（Justice Mckenna）的支持，采纳了第六巡回上诉法院的方法，拒绝将版权延伸到"除了作为广告没有其他用途"的海报上。[106]在对上诉法院意见的补充中，哈伦揶揄道，"宪法赋予国会促进科学和实用技艺进步的权力"，这一条款并不"包含仅仅是为马戏团所创作的广告"[107]。如今，这种异议已被遗忘，或者充其量作为一种奇怪的论调出现在教科书中。然而，在当时，它是传统版权观的一个简洁表达，甚至在其衰落之时也仍是如此。

## 仅仅是奇观和低俗的歌曲

另一组可以追溯到20世纪初的案件表明，一些法院愿意在高雅艺术或学术与低俗娱乐之间作出区分。可以肯定的是，美国版权保护从来不局限于纯文学作品。在版权制度发展的前十年，受版权保护的主要对象包括教学和实用作品，如教科书、指南或词典。这一趋势在整个 19 世纪得到延续和强化。尽管如此，受某种方式的影响，那些被认为绝对达不到艺术或学术门槛的作品仍无法获得版权的保护。分析法律的这一方面的专著作者认为这与英国式规则一致，英国式规则是版权审查先例的残余，即版权不保护煽动性、诽谤性或亵渎性的出版物。[108] 然而，美国法官以不同的方式构建了这一原则，拒绝将版权扩展至他们所称的低俗娱乐领域。他们只是偶尔简略地引用英国的先例，把他们的方式固定在宪法立法目的上，即促进科学和实用技艺——人类智慧的崇高领域，被驳回的作品显然不属于这个领域。

1867 年的马丁内蒂诉马圭尔案（*Martinetti v. Maguire*）[109] 就是该方式的典型例证。此案涉及旧金山两家影院之间的激烈争执。根据朱利恩·马丁内蒂（Julien Martinetti）的控诉，他拥有的大都会剧院制作了一场名为《黑乌鸦》（"The Black Rook"）的歌舞剧。法院称该节目由"取自……著名戏剧和歌剧的代表片段"和"舞台效果"组成。[110] 在该剧制作过程中，马丁内蒂了解到，竞争对手马圭尔歌剧院（Maguire's Opera House）设法从他的一名员工那里弄到了该剧的手稿。马圭尔对该表演做了细微的改动，将它改名为《黑钩子》（"The Black Crook"），并向公众展演。而马圭尔则在反诉（counterclaim）中讲述了一个截然不同的版本。马圭尔认为，《黑钩子》是由查尔斯·M. 巴拉斯（Charles M. Barras）在纽约创作的，他已向巴拉斯购买了该剧在加州演出的权利。詹姆斯·舍恩伯格（James Schonberg）——被马丁内蒂的诉状描述为《黑乌鸦》作者的人——实际上是被马丁内蒂雇佣，在纽约尼布洛剧院（Niblo's Theatre）举办的一次演出期间为该剧做速记，而马丁内蒂的《黑乌鸦》就是以此速记为基础创作的。因此，马丁内蒂在加州的演出侵犯了马圭尔的权利。马修·保罗·戴迪法官（Justice Mathew Paul Deady）认为马圭尔对事件的描述更可信，判决马丁内蒂对该剧没有合法权利，并驳回了他的侵权指控。

然而，马圭尔的胜利却被彻底地剥夺了。尽管他为这部作品起了一个好剧名，但他对马丁内蒂侵犯版权的指控被驳回。这一裁决的依据是该剧轻浮淫荡。根据法官戴迪的意见，所有的证人都认为这部剧"毫无新意"[111]。判决意见非常详尽地描述了在本案中缺乏独创性意味着什么：

> 《黑钩子》仅仅是一场奇观——用技艺语言来说是一件壮观的作品。表演中的对话贫乏、无意义，似乎只是作品动作的附属品——一种附加在一连串芭蕾舞和舞台造型上的语言机制而已。这场奇观最主要、最吸引眼球之处在于奇装异服或裸体的女性，以及她们诱惑的姿势和动作。最后一幕叫作"天堂"，正如证人汉密尔顿（Hamilton）所言，主要由"躺在那里的放荡的女人"组成——我想，这是某种意义上的天堂吧——有着仿造的石窟和妖艳的天堂女神。[112]

总之，在最高法院看来，这出"戏"是一种迎合下层民众的低级趣味和粗俗下流的娱乐活动。其中的一个含义是，仅作为一场"奇观"它并不属于"戏剧作品"的法定客体范畴。也不能说在"戏剧作品"一词的法定文本中所附的限定

## 2 作者主义版权制度的兴衰

词"适宜公开展演"也适用于此类演出。[113]用戴迪的话来说："把这样的奇观称为'戏剧作品'是语言的滥用，是对英国戏剧天才的侮辱。""如果那样的话，野兽展或者模特展也都可以理所当然地被称为戏剧作品。"[114]他解释说，虽然国会不能直接干预或禁止此类演出，但它可以剥夺这种演出"享有版权的权利"，从而"鼓励美德，打击不道德行为"[115]。

这一判决意见并不仅限于法律解释（statutory interpretation），该意见进一步指出，宪法本身禁止将版权延伸到"极其下流、蓄意败坏道德"的作品。[116]该意见解释说，国会在这一领域的立法权受到赋予它的明确目的的限制。由于此类作品"既不'促进科学进步，也不促进实用技艺的进步'；相反只能起到反面作用"，国会无权对它进行保护。[117]因此，马丁内蒂诉马圭尔案的判决意见代表如下主张：促进进步的宪法授权仅限于艺术和学问领域。它还以一种假设为前提，即法院有责任审查可疑作品的内容，以确保这些界限不被僭越。有趣的是，这一判决意见与专利法类似。拒绝低俗作品获得版权保护类似于拒绝"一项明确旨在促进谋杀、盗窃、伪造等犯罪的发明"获取专利保护，"无论该发明是多么新颖或巧妙"[118]。戴迪法官指出，有法院愿意将基于内容的门槛应用于版权，有法院在效用要求下通过探究发明是否具有实质价值来决定是否依据专利法授予其专利，这两类法院拥有共同的思想观念基础。[119]在版权或专利领域持这种立场的法院认为，专利和版权制度都是根据宪法建立的，目的是鼓励和奖励人类智力的更高的和有益的创造形式。他们认识到自己的作用是积极地确保创设此类制度的目的"不会因制度延伸至保护较低层次、不太有益的创造形式"而被推翻。

　　法院并不经常援引明确的基于价值的版权门槛要求，也没有试图将其触角伸得很远。因此，1860年，当一个普通法版权案中的被告雄心勃勃地辩称，在马萨诸塞州，因为联邦的清教徒创始人以"不道德和有害"为由禁止戏剧演出，所以"所有的戏剧演出"都被排除在版权之外，马萨诸塞州最高法院（Massachusetts Supreme Judicial Court）则不以为然。[120]法院认同"不道德或荒淫的作品"不受版权保护的基本原则，并将其称为"巧妙而有趣的"论点，法院采用了动态解释方法，以适应不断变化的社会习俗。它解释说，拒绝保护"与一代人相符的独特观点、情感或偏见"，"不会控制其在不同观念盛行的社会状态下的适用"[121]。与被告律师别出心裁但或许过于乐观的论点相反，1860年在马萨诸塞州演出的戏剧并没有被明确地认为是伤风败俗的。

　　然而，尽管这种应用并不频繁也不普遍，但已确立的独创性原则要求法院在版权保护的边界开展巡视，以确保不会有明显不符合既定艺术和学问领域标准的作品涌入。不出所料，司法干预主要发生在传统意义上受到质疑的表达活动中，如歌舞剧"奇观"[122]和流行音乐，或非传统舞台表演等新的创作形式。[123] 1898年的博德诉泽诺·莫维斯音乐公司案（Border v. Zeno Mauvais Music Co.）[124]就体现了这种趋势。尽管诉讼双方是有竞争关系的旧金山音乐出版公司，但真正的战斗发生在两位艺人之间，他们将自己的歌曲转让给了这两家公司。莫罗法官（Judge Morrow）称，此案问题涉及"有色人种先生们"创作的两首"有色人种旋律"，而每位都声称对方抄袭了自己的歌曲。[125]法院作出对原告的让与人伯特·A. 威廉姆斯（Bert A. Williams）有利的判决。威廉姆斯被描述为"非常聪明的歌舞剧艺人"，相反，查尔斯·悉尼·奥布莱恩（Charles Sidney O'Brien）被形容为"只不过是游荡于街头或酒吧里的黑人歌手"，"在酒吧或类似的场所靠演奏五弦琴、唱黑人歌曲而获得观众打赏为生"。[126]

然而，另一个问题仍然悬而未决。在早些时候的庭审中，法官麦肯纳拒绝发布诉前禁令（preliminary injunction），理由是威廉姆斯的歌曲《多拉·迪安》（"Dora Dean"）含有"不雅和淫秽的表达"，即"她是你见过的最热辣的尤物"这句歌词。[127]在作出判决时，麦肯纳已经是最高法院的一名法官。5年后，他与哈伦法官一道对布莱斯坦诉唐纳森平版印刷公司案所作的判决持异议，拒绝将版权扩展到"仅仅是一个马戏团广告"的领域。莫罗法官对该问题进行了深入分析，考虑了代表原告的证词，即"'最热辣'一词……在有色人种的理解中，没有淫秽或低俗的含义"，并发现当这个表达用于女性时具有"不道德的意思"[128]。因此，他判决，有关歌词具有"不雅和粗俗的含义，所以这首歌不能受版权保护"，但建议可以通过重新出版不包含冒犯性歌词的新版歌曲来申请版权保护。[129]

《多拉·迪安》是1898年被一位美国联邦法官作为粗俗和不道德的表达方式逐出艺术领域的完美"目标"。这是一支有趣的流行乐，由一位黑人歌舞剧艺人创作和演唱，至少在观众的眼里，它含有性暗示。但莫罗法官的判决意见是那个时代的产物，从某种意义上讲，它轻松自然地建立在"版权保护不授予那些被认为是粗俗的但多少有些流行的娱乐作品"的假设之上。

以作品不道德或构成低级娱乐而非艺术或学问为由而拒绝版权保护的情况并不常见。意料之中的是，这类判决通常针对的是那些被司法精英们视为粗俗和腐朽的表达方式。同样可以预见的事实是，特别是对回顾过去的观察者来说，不道德或低俗作品的标准似乎是一个不断变化的"目标"。1919年的一篇法律评论文章指出，马丁内蒂诉马圭尔案中有争议的作品"充斥着粉红色的肉欲，而在那个女子着长裙的年代，这似乎是可耻的，在那时腿被视为工具（除非它们的存在被温柔地否认），而不是美景，这很有可能让一位久经世故的现代观众感到厌烦，而不是震惊"[130]。尽管如此，这项裁决还是源自并表达了这样的基本假设，即是否受到版权保护就是创造性和单纯勤奋之间的更基本的区别。将严格意义上的商业作品和低俗或不雅的娱乐作品都排除在外就是基于这样的认知，即美国版权制度只属于艺术和学问的特殊领域。采用这种方法的法官认为宪法规定了这种区别。他们认为自己有权力也有义务对边缘作品进行实质性的评估，以确定它们究竟属于哪一类作品，从而避免玷污"为更高形式的人类智力产品所保留"的版权领域。

## 物尽其用

纵观整个19世纪，美国版权法和版权思想的部分内容表明了愿意认真对待独创性标准的不同方面。然而，这些方法并非没有受到挑战。当独创性开始以法律论据的形式出现时，一系列互相矛盾的案件接踵而至，它们对这一概念的解释大相径庭。我们已知晓，斯托里在19世纪30年代的早期案例中提出了独创性即新颖性的极简主义概念（minimalist conception of originality as novelty）。斯托里的法律依据是，他认为创作是对现有材料的重新使用，这与纳尔逊试图将更宏大的新颖性标准引入美国版权体系中的法律依据相去甚远。在埃默森诉戴维斯案中，斯托里写道，在版权案件中，"新颖（new）和原创（original）"这两个词需要以某种特定意义来理解。问题不在于"所使用的材料是否全新，是否以前从未被使用过；或甚至它们是否以前从未被用于此目的"。相反，斯托里解释道："真正的问题是，同样的设计、安排和材料组合以前是否被使用过。"[131] 19世纪后期，法庭几乎一致遵循这种极简版的新颖性标准，而像乔利诉雅克案中那样试图引入更严苛标准的尝试仍处于边缘地位。

大约从19世纪中叶开始出现的美国专著作家在独创性要求的狭隘解释上走得更远。乔治·蒂克纳·柯蒂斯在讨论独创性时首先解释说，版权是基于作者主体身份的，一个人不可能是"他从别人那里借来的东西的作者"[132]。然而，他很快又断言："法律并不要求一本书的主题必须是全新的，或者组成这本书的材料必须是原创的。"[133] 这里有一个不要求独创性的独创性要求。那么独创性究竟是什么意思呢？柯蒂斯继续解释说，原告必须自证"他自己创作的东西；无论是纯粹的原创思想或原则，还是以前没发表过的，还是旧思想、想法和情感的新组合，或是对已知和常见材料的新应用或使用，抑或是他自己的勤奋和技能成果的集合"。简而言之，依据是原告是否可以出示一些，或者更确切地说是任何"法律可以认定是属于他的而不是别人的劳动成果的东西"[134]。这使得除绝对剽窃的情况外，独创性的门槛形同虚设。柯蒂斯的结论是，版权规则"必须在其范围内包括所有可以被合理地称为个人努力的独有成果的东西"[135]。这包括所有的衍生作品，如删节本或翻译本。在他的关于侵权的章节中，在原作受到版权保护的情况下，柯蒂斯将这些作品重新解释为纯粹的复制品，柯蒂斯的观点与先例相反。[136]

30年后，伊顿·德罗纳（Eaton Drone）在其出版的权威论著中采取了类似的方法，他指出："几乎每一件独立创作的文学作品都是适格的版权客体。"[137]与柯蒂斯相似，对德罗纳来说，独创性的法律依据只是"出版物是否是独立劳动的结果，而不仅仅是复制的结果"[138]。德罗纳将这一分析推进一步，明确地叙述了一条普适性的规则，即只要作品不是复制的结果，与先前作品的任何相似程度都不会妨碍之后作品的版权。他写道："两位彼此独立创作的作家不太可能创作出几乎完全相同的两首诗、两部小说、两篇散文等。"然而，如果这种不可能发生的事情真的发生了，"每个作者都将有权拥有自己作品的版权"[139]。已成为现代版权重要内容的独立创作原则是新颖性的对立面。它规定，即使在受版权保护的作品没有象征性的新颖性的极端情况下，也满足独创性要求，除非有复制。因此，作为所谓版权制度基石的独创性标准，在传递到法官和法律学者手中的那一刻，已从华兹华斯所述的"向知识世界引入新元素"的英雄浪漫主义概念转换成只需不是全然复制的相关要求。

与他早期摒弃独创性即新颖性的概念类似,斯托里法官为解决创造性问题奠定了基础,这与那些试图根据作品性质或实质来规范版权边界的人的假设不一致。在其《衡平法法学评论》中,斯托里法官对英国判例法中否认"明显无宗教、不道德、诽谤或淫秽"的作品拥有版权的做法表示怀疑。[140]裁决本身表述含糊不清。斯托里首先提出这类作品中"不可能存在版权",然后他继续解释道,与英国裁决的程序起源一致,在这些案件中"衡平法院不会通过禁令进行干预……但会依法规定当事人的救济方式"[141]。更重要的是,斯托里在认同"这一普遍原则的健全性"的同时,总结道,"主要的尴尬和困难在于将其应用于特定的案件"[142]。因此,"如果衡平法院……要涉足所有在过去已经引起了很多争议且在将来很可能会引发更多激烈讨论的道德、神学、形而上学和政治问题;如果法院武断地决定这些讨论的性质和关系及由这些讨论而产生的作者权利;那么很明显,绝对的权力赋予了文学财产这一主题,这可能会削弱文学财产赖以存在的基础,并且,即使不是完全抑制,也会阻碍到达实际真理和形而上学真理的路径"[143]。斯托里并没有试图去解决这一"尴尬和困难",而是留给读者去反思,在法律规则的允许下,信仰三位一体的法官和信仰一神论的法官"尽最大努力"对同一作品作出相反的判决结果是多么荒谬。[144]

虽然他将消除对作品不道德性质的"任何真正怀疑",转嫁给了挑战其作品版权的人[145],但是斯托里并没有准备好简单地拒绝既定的英国先例。当涉及基于作品的实质价值解释独创性的新尝试时,斯托里对基于作品内容的依据表现出了更强烈的厌恶。在埃默森诉戴维斯一案中,被告的证人不仅质疑原告的算数课本的新颖性,还质疑它对这一领域是否有所贡献。斯托里回应说,这些论点"完全误解了关于这一主题的相关法律"[146]。为了打消任何认为独创性取决于作品的实质价值的看法,他补充说:

> 我必须承认,在我看来,原告的方法是对他之前所有作品的一种真正的、实质性的改进,这些作品本身就是证据;但在本案中,作者作品的改进是好是坏并不是实质性的问题。如果更坏,他的作品将不会被社会所使用;如果更好,它很可能被使用。但无论如何,他都享有他应享有的版权,"让它发挥它所能发挥的作用"。[147]

这是对如影随形般追随"极简主义独创性"概念的早期阐述:作品价值应该由市场确定,根据斯托里的话可以大致理解为,版权拥有人应该享受他可以得到的尽可能多的价值。早期,埃默森拒绝任何以价值为基础的独创性元素(merit-based element of originality),后来的学者们有力地呼应了这一点。柯蒂斯在 1849 年解释说:"仅仅是一本书的实用性(untility),或者对其从头到尾的适应性改编——从批判性的角度看它的价值——并不能决定它在法律上的独创性。"[148]德罗纳同样指出,法院"不行使文学批评的职能"[149]。

斯托里早期的判决与后来那些拒绝对艺术和学问领域之外的客体提供版权保护的案件并无冲突,因为这些客体要么属于纯粹的商业范畴,要么属于低俗的娱乐范畴。斯托里强烈反对"任何形式的基于作品内容的门槛",他的这种逻辑逐渐传播开来,至19世纪最后25年,其与相对宽泛的原创结构之间的紧张关系开始在法律原则中显现出来。[150]因此,1879年,德罗纳在评论克莱顿诉斯通案时指出,"现在流行的是一种更为自由的法律原则"[151],该案拒绝对一份市场价格出版物给予版权保护。德罗纳解释说:"信息的重要性和价值通常包含在市价表、贸易通告、市场报告等中,并获得商界公认。"[152]然而,他援引的唯一一个支持这一观点的案例是纽约的一项非版权判决,该判决承认未出版的金融新闻拥有普通法上的财产权(common law property right)。[153]德罗纳没有提到汤普森法官在克莱顿案中明确地认可了金融信息的商业价值,但认为它与艺术或学术材料的版权无关。

1894年,马萨诸塞州联邦法院对亨德森诉汤普金斯案(*Henderson v. Tompkins*)的一份判决意见书显示,对于"对版权施加任何基于内容的门槛要求"的尝试,法院的态度越来越敌对。[154]涉嫌模仿原告的幽默剧中的一首歌曲的被告声称该剧只是低俗的娱乐节目,不应受到促进科学和实用技艺发展的宪法条款的保护,或至少是太微不足道而"不足以引起法律的注意"[155]。这正是27年前,法院在类似情形下针对马丁内蒂案所作的推理。然而,帕特南法官(Judge Putnam)没有被打动。帕特南驳回了这类剧不属于版权保护范畴的说法,认为这类剧需要"较少考虑",他拒绝对版权保护范畴采取"狭隘的观点"。他解释说,版权和专利既适用于"保持身体、道德和智慧力量更新所必需的东西",也适用于与"趣味、想象力或娱乐能力,以及随之而来的享受"相关的客体。因此,"欧几里得(Euclid)的标准建议可能有用,但《胡诌诗集》中一个偶然出现的建议也不容小觑"[156]。在该判决意见中,专利被用来作为类比和说明对比,以支持这一结论,并将版权的独创性与19世纪晚期的一系列专利判例进行比较,这些判例阐明了专利法的门槛要求,即为发明实用性要求设置极低的门槛。[157]判决意见中还说明了版权中的"作者"和"机械专利"领域中的"发明人"之间的区别:"机械专利"领域的"发明人"的含义中排除了仅仅是普通技能的成果,而版权"作者"中并不一定涉及此类事项。[158]几十年前,纳尔逊法官将法律认可的发明人与法律认可的作者相提并论,与此形成鲜明对比的是,如今帕特南坚持认为后者不需要高于纯粹机械师的水平。

在这一背景下,帕特南对亨德森案中以内容为基础的独创性标准的强烈反对,被一个逐渐变得普遍的说法所印证:依赖作品的市场价值作为其独创性的确凿证据。该判决意见描述了一个未经报道的英国案例。在这个案例中,一首名为《啪,砰,我们又来了?》("Slap, Bang, Here We Are Again?")的歌曲受到了版权保护,尽管"这首歌给人的印象是,有点销量,但它一文不值"。判决意见继续写道:"版权价值从1 000英镑到2 000英镑不等,并且在审判时,已经卖出多达90 000份。"[159]随着法官对作品进行任何实质性评估的意愿的消失,市场价值填补了这一空白。然而,这种转变往往是概念性的而非实践性的。市场价值常常被用作一个假定的抽象概念,用来评估作品的假定价值,而不是一个需要经验支持的实际理论标准。因此,回到手头的工作上,帕特南引用了德罗纳论著中一个越来越受欢迎的论点："如果作品因其足够的优点和价值成为剽窃的目标，那么它即有足够的重要性，有权受到保护。"[160]从这个角度来看，任何被模仿的作品，从定义上来说，都具有市场价值，而市场价值又足以满足任何独创性标准。在新出现的概念环境中，这种同义反复的逻辑（tautological）非常强大。在一定程度上，这种逻辑受到重视，它把独创性降低到了微不足道的程度。

### 毕竟是太阳造就了这幅美景

对摄影技术的处理表明了 19 世纪版权思想的逐渐衰落，这种思想准备赋予独创性有意义的内容。1865 年，在摄影技术出现几十年后，摄影作品首次被认可为可授予版权保护的客体。[161]然而，即使在法律认可之后，人们对摄影作品可版权性的质疑仍源源不断。早期的观点普遍认为摄影技术是"自然之笔"：一种涉及客观再现或记录自然现实的机械艺术。[162]因此，摄影被认为缺乏适合版权保护客体的基本的、典型的属性：创造性的人类能动性。从这个角度看，摄影师是精密摄影机器的操作者而非作者。[163]在基于 1865 年《版权法》的版权案件开始进入法院审理时，被告律师基于这一观点迅速对摄影作品的版权保护发起了挑战。[164]

1883 年，最高法院在紧急关头对伯罗·贾尔斯平版印刷公司诉萨罗尼案（*Burrow-Giles Lithographic Co. v. Sarony*）[165]作出判决。此案涉及大规模复制拿破仑·萨罗尼（Napoleon Sarony）所摄的奥斯卡·王尔德（Oscar Wilde）的照片（标题为："奥斯卡·王尔德第 18 号"（Oscar Wilde NO.18））。萨罗尼被称为"摄影界的拿破仑"，是当时最著名、最成功的摄影师之一。[166]他专注于拍摄肖像，尤其是名人肖像。在下级法院，被告的主要辩护理由是，"对摄影作品和底片进行版权保护"的法定授权"违宪无效"，因为根据宪法，摄影师并非"作者"。[167]考克斯法官（Judge Coxe）写了一份简短的判决意见，强调了对国会立法的宪法有效性挑战的人所应承受的沉重负担，并指出被告没有证成合理怀疑之外的无效性。[168]

在提交给最高法院的概要中，对适用于摄影作品的独创性和作者身份的问题进行了详尽的论述。虽然当事各方对可版权性问题显然持相反意见，但他们的论点都基于一项实质性的、有意义的门槛要求的假设，那就是根据宪法条款，限制可被视为作者作品的客体。被告继续在下级法院进行辩护，并对摄影作品版权的合宪性发起了大规模的攻击。其逻辑很简单：国会拥有宪法赋予的权力，可以将版权只授予作者；而作者的基本特征是独创性；摄影作品必然缺乏独创性。正如起诉书所述：如果"摄影理念本身就是否定独创性的理念，而作者身份的基本要素为……独创性，那么一个摄影师怎么能被称为作者？"[169]这一结论是建立在对摄影的理解上的，这种理解抹去了拍摄过程中的任何创造性的人类能动性的痕迹。这种理解来自观察，来自最近的一项英国摄影决议："毕竟，正是太阳造就了这幅美景。"[170]起诉书论证说，艺术家，例如画家或雕塑家，"根据自己的意志"雕琢自己的作品，根据"他自己的心灵创意决定"作品的结果。相比之下，"摄影师什么都做不了；相机在永恒不变的自然规律的作用下，呈现出真实的场景；不添加也不遗漏什么"[171]。

萨罗尼的起诉书既未否认宪法对作者身份的要求，也未否认独创性是作者身份的决定性特征。起诉书依赖于对摄影的总体理解，尤其是对萨罗尼摄影的理解，这与被告的理解非常不同。萨罗尼的起诉书的核心是拒绝将摄影师视为如以下主张所述那样的机修工——"一个摄影师所做的只是举起他的相机，对好焦，然后拍摄，就像猎人用枪对准目标，扣动扳机，向目标发射子弹"[172]。起诉书中承认"可能会有这样的案例和这样的摄影作品"[173]，但声称萨罗尼的摄影作品属于另一种类型。它解释说，真正的摄影师与画家、雕刻家或雕塑家等传统艺术家在创造和设计一种"智力上的概念、发明或创造"方面是一样的[174]，即赋予这个概念的永恒的物质形式是无关紧要的。因此，在对萨罗尼在拍摄活动中对场景和主题的安排进行了冗长的描述之后，起诉书总结道："这些不同的行为构成……摄影艺术中的作者。"[175] 萨罗尼"设计和排列了他想要发现、表达或展示的整个场景或图片"[176]。他通过一个机械过程赋予了它一种永恒的形式这一事实，与一个作家选择通过"被称为'打字机'的印刷机"将其文学作品付之于纸上一样不相关。[177]

支持萨罗尼的最高法院大法官塞缪尔·米勒（Justice Samuel Miller）作出的判决意见与萨罗尼的起诉书相呼应。判决意见认为："宪法的内容足够广泛以涵盖授予摄影作品版权的行为，只要这些摄影作品代表了作者的原创智力构思（original intellectual conceptions）。"[178] 法院非但未将全部的摄影作品统统纳入版权范畴，反而对摄影通常只是一种"不涉及思想创新或知识运作中的新颖性"的机械过程的说法表示同情。法官在附带意见中写道，"对于普通摄影作品的制作而言，这种说法可能是正确的"，而在这种情况下，其版权将被剥夺。[179] 米勒的判决意见使人觉得萨罗尼的摄影作品是个例外——是一小群精英中的一员通过广泛的创造性努力，设法跨越了机械操练与艺术之间的界限，创造出的"一件原创艺术作品"，而萨罗尼正是它的"作者"。[180] 米勒详细引用了下级法院的事实调查结果，对这个摄影作品描述如下：

> 一幅实用、新颖、和谐、有特色和高雅的照片……原告完全根据他自己的原创精神构想选择和安排服装、装饰织物和其他装饰物，让拍摄对象——奥斯卡·王尔德在镜头面前摆好姿势，安排主题以呈现优雅的轮廓，安排和设置光影，给被拍摄者建议和引导，让其表现出想要的表情，从而把原告的构想以可见的形式表达出来。[181]

正如彼得·贾齐（Peter Jaszi）所述，这"唤起了新技术背景下个人主义艺术天才的概念"[182]。因此，伯罗·贾尔斯案肯定了一种适用于摄影作品的相对较高的作者身份和独创性标准。

最初，在伯罗·贾尔斯案后，涉及摄影作品版权的案件紧随其后出现了。其中许多案件都归功于摄影师杰本明·J.福尔克（Benjamin J. Falk）的好讼。法院通常会对创作过程进行深入研究，有时也会仔细斟酌最终成果，以确定此摄影作品是否体现了可上升到作品作者身份高度的，并将其与普通照片区别开来的原创智力构思。[183]在大多数情况下，结论是符合标准。尽管如此，法院不愿将这一要求仅仅视为一种形式，并似乎对每一个案件都进行了相对实质的独创性调查。[184]然而，随着时间的推移，高标准逐渐被侵蚀。伯罗·贾尔斯案仍然是占主导地位的判例，并被适当地引用，但法院使用了各种技术来扩展允许照片跨越独创性门槛的含义，导致普通照片和作者的摄影作品之间的区别逐渐消失。[185]到了1921年，法官勒尼德·汉德（Judge Learned Hand）提出，"无论多么简单的一张照片都不可能不受作者个人的影响"，并坦率地得出结论，"在我看来，宪法可能并不涵盖所有摄影作品的推测似乎太牵强了"[186]。在50年的时间里，摄影作品的独创性从"只存在于少数精英作品中"的一种罕见才能转变为媒体的一个决定性元素，其缺失变得难以想象。

电影作品争取版权的进程极快。在技术发展的早期，美国版权法将电影视为摄影作品。[187]这自然导致早期的电影诉讼案件根植于伯罗·贾尔斯案框架下的独创性挑战。在第一例电影版权纠纷案中，诉讼焦点为爱迪生公司1902年拍摄的《德国皇帝威廉之"陨石"号游艇下水启用仪式》（Christening and Launching Kaiser's Wilhelm's Yacht "Meteor"），它实际上就是在请求发起这样一个挑战。这部电影具有典型的早期电影业的倾向，即"记录"平凡的事件或者几乎没有叙述或编辑的场面，只有游艇离开港口的单一连续镜头。被告鲁宾公司的电影制作总监约翰·F. 弗劳利（John F. Frawley）提交了一份宣誓陈述书（affidavit），其中对电影的描述如下：

> 这些摄影作品没有呈现出代表"陨石"号下水过程的特殊技巧、智力构思或原创效果。"这些作品纯粹是相机功能的成果,用数台不同的相机从相同的位置拍摄数张不同的照片,必然会得到相同的结果。"相机被放置在方便和显眼的位置,呈现(原文如此。——原书原注)事物本来自我的样子。[188]

爱迪生公司一方则在伯罗·贾尔斯案的框架内予以反驳,煞费苦心地将这部电影描述为创造性天才和艺术技巧的产物。爱迪生公司电影部门的经理詹姆斯·H. 怀特(James H. White)在自己的宣誓陈述书中解释说:

> 在拍摄移动影像时,可以运用高超的艺术技巧……将相机放置在这样的位置,即拍摄时,光和影应有适当的标准,人物和背景的分组应构成一个和谐的整体,并呈现出优美的构图。[189]

在驳回原告的独创性挑战时,第三巡回法院的判决意见呼应了怀特的陈述,称这部电影体现了"艺术设想和表达",需要"对光线、阴影、一般环境以及确保整个效果的适合的拍摄位置进行研究"[190]。然而,这种分析几乎不能构成对这部电影的艺术品质或创作过程的严肃探究。它只是简单地声明了一些笼统的概括,根本未提及争议中的具体电影。几年后,在一桩涉及抄袭传记电影《个人》(*Personal*)的案件中,也出现了类似的独创性挑战,法官兰宁(Judge Lanning)只是简单地引述了伯罗·贾尔斯案的准则并援引了一系列在各种摄影作品中发现独创性的判决,就驳回了原告的诉求。[191]作为一种规则,在伯罗·贾尔斯案框架下,对电影独创性的挑战往往被直接驳回,而这种挑战很快就消失了。[192]当电影进入版权领域时,摄影作品作为一项适合版权保护的客体受到激进的独创性挑战的时刻已然过去。

正如克里斯蒂娜·法利(Christine Farley)所解释的那样,摄影作品独创性标准的降低,部分是由于媒体和技术社会概念的变化,以及专业人士为获得社会地位、认可和商业成功而进行自觉斗争的结果。[193]然而,这也反映了版权观念的总体趋势——让法院在审查作品独创性方面发挥积极作用的方法的消亡,以及极简主义独创性概念的盛行使这一要求失去了大部分的实际意义。

## 自由市场中的浪漫主义作者

相关经济领域的转型构成了版权制度中独创性标准与作者身份不断变化的基本社会背景。肇始于18世纪末贯穿了整个南北战争时期以及其后,美国经历了一场影响深远且层次复杂的变革:现代市场社会(modern market society)的兴起。经济活动的均势关系从基本自给自足的家庭与传统上有组织的工匠,转向了由商人控制经营并日益庞大、集中的工厂。这涉及雇佣劳动的增长,以及少数生产者和多数消费者之间日益扩大的分化。有限而简单的易货贸易模式被大规模参与市场和依赖市场的模式所取代。这些新兴市场最初是地方性的,然后是区域性的,最后变成全国性的。随着商品以统一价格出售的标准化商业模式的出现,市场日益一体化。

随之发展出了更为复杂的商业机制、工具和组织，出现了更高端的商业策略。[194]

图书行业是这些发展与版权制度之间的直接联系点。自其产生以来，版权一直是规制图书行业的独特规则。在19世纪，图书行业经历了彻底的变革。根本性的变化始于19世纪的第三个十年中期，并在后半叶急剧加速。第一次适宜全国性图书市场兴起的条件出现了：广泛的需求、大规模的生产能力、相对廉价的图书商品、建立全国分销网络的能力，以及综合的全国生产和销售模式。在南北战争前的几十年里，传统的工业组织被新模式所替代。以手工为基础的印刷工艺逐渐被资本主义的商品工业所取代。在旧模式中，印刷商、书商和出版商的角色常常是模糊的，而在新体制中，这些角色被作了更严格的区分，其中出版商占据主导地位。[195]

这些变化造就了一个全新的、极具竞争性的商业化出版业。一位历史学家将这个快速扩张的时期描述为"贪婪、冷酷无情，对文明商业关系的基本礼仪漠不关心"[196]。更宏观地说，与其他市场活动领域一样，出版业的特点是越来越以自发的商业为驱动、以利润最大化为重点，并采用越来越复杂的战略来捕捉和培育市场需求。其中许多市场战略与版权几乎没有关系。大部分印刷出版发生在版权制度之外，这种现象部分源于版权制度的特点。正如梅雷迪思·麦吉尔（Meredith McGill）所发表的看法，不依赖于版权的印刷和翻印文化在美国蓬勃发展。[197]事实上，这种文化以及一些最有利可图的出版行为，比如重印英国的流行作品，都依赖于版权制度的缺失。然而，一些创造和开发市场需求的新战略依赖于版权保护承诺的独占性。

而过于严格的独创性原则，无论是在新颖性方面，还是在实质价值方面，都将成为许多出版物寻求版权保护的障碍。自1790年美国创设版权制度以来，纯文学（belles-lettres）并不是最主要的版权制度保护客体。版权制度被广泛用于保护教材、词典、百科全书和许多其他"有用"的作品。[198]在整个19世纪，这类作品继续占据着出版市场最大的相对份额（largest relative share）。[199]除这些能为出版行业带来市场收入的传统作品外，许多新的出版产品和形式几乎不像是创意天才的完美作品，这些产品的主要目标在于创造和捕捉随着工业变革而发展的市场需求。各种各样的杂志（magazines）和期刊（journals），如"廉价小说"（dime novel）、"便士报"（penny paper）和极受欢迎的插图书，都以诱人的低价来吸引大众读者。这类商品性的文学作品的首批广告是这样写的："百万册图书！原价1美元仅售1毛钱！！128页，只需10美分！！！"[200]这些新的廉价文学形式经常受到同时代人的嘲笑和批评，他们哀叹"廉价"文学的缺陷，甚至认为它们会造成有害的影响。但是，"廉价"文学创造并开拓了前所未有的大众市场，并且为出版商提供了发财致富的机会。至于在独创性中的新颖性方面，大量的新产品、新形式、新营销技术的结果，都体现了相反的原则。修订版、现有作品的连载和作品集均是现有作品的变体，甚至只是略加改动。如果出版商在一定程度上希望借助版权制度保护其利益，那么将某种实质的独创性标准作为版权保护条件就几乎是完全不可能的。

在19世纪下半叶以及20世纪初，随着版权扩张至传统图书领域之外，坚决反对实质的独创性门槛的群体也不断壮大。图书行业之外的许多行业也开始认识到版权的重要性，并试图利用它来获得市场优势。其中一些行业后来被称为"内容产业"，其生产的产品被认为是版权的核心部分，而另外一些行业在版权中仍处于边缘地位。摄影师以及后来的电影制片人、唱片音乐制作人、崛起中的广告巨头、销售目录制作商、商品标签用户以及新闻机构都发现了版权的作用，并试图将其纳入他们自己的服务中。获得版权保护的每一个新客体都以不同的方式挑战了严格独创性（strong originality）的概念，并试图阻碍它们被纳入法律原则。在19世纪下半叶，几乎所有涉及独创性的法律案件和政策辩论都涉及这些新的版权主张者，而不是传统的图书行业从业者，这并非偶然。版权的新客体是"边境战争"的战场，是概念和法律边界不断向外扩张的地方。图书行业以外的版权诉求取得了不同程度的成功。然而，无论这些客体是被接受为受版权保护对象的核心，还是游离于边界之上，这种需求都创造了另一组强大的利益，对高标准的独创性（high originality）要求造成了持续的压力。

19世纪的经济发展是理解独创性原则演变的关键之一，但仍不充分。因为在一些情况下，如摄影作品或标签，相关规则会随制定法的改变而改变，但更多的是独创性原则的演变都是借助司法判决形成的。即使在有制定法规定（statutory background）的情况下，法院通常也会通过对一般版权原则的法定解释和适用来作出最终判决。以裁判为中心的造法过程，必然会产生"经济利益如何转化为法律规则和概念"的问题。作为一种直接的公共选择模式，利益集团"购买"立法者的支持模式似乎很难适用于法院，即使人们并不认为判决建立在一个孤立的知识领域内。此外，即使是一种更微妙的推测，即在判决结果中追溯当事人的财富和权力的差异，似乎也不够充分。谁能负担得起更好的法律代理、重复诉讼和长期法律筹划，谁就有可能在判决中"脱颖而出"。[201]然而，19世纪版权法的支持者并不总是按照财富和权力来划分。在许多有关独创性标准的诉讼战场上，都存在着在资源或组织能力上没有明显系统性差异的、相互抗衡的利益集团。在19世纪的大部分时间里，美国的图书翻印行业繁荣而稳定，其成员和图书行业的其他成员一样有组织、老练、见多识广。在涉及广告或商标的案件中，主张版权的原告和反对版权的被告之间没有明确的分野。早期的电影作品的独创性之争主要发生在商业制片人之间，而他们之间的原告和被告的身份时常会转换。例如，爱迪生公司的律师在起诉鲁宾公司时为一部电影的独创性争辩，但两年后，在为一个与传记相关的案件作辩护时，却对该部电影的独创性提出了质疑。[202]

经济利益所留下的解释空间被思想观念和概念因素所填补。不断变化的价值观、实践和基本假设赋予判决过程意义，并塑造了其结果。这些思想观念因素也限制了律师和法律学者或请愿者为了向国会提交或者影响法官裁判而提出的种种论点。

市场价值观（market concept of value）的兴起对运行在经济和知识领域之间的版权法产生了重要的思想观念影响。

*98

19世纪以前，人们普遍认为资源（典型的例子是土地）的内在价值来自它们的客观品质，而不依赖于人类的主观欲望。随着市场交换成为日常生活的一个主要特征，用消费者需求来衡量越来越多的事物的价值变得更为普遍。以前，人们愿意根据事物固有价值的标准来判断交易的公平性，但现在这种意愿被"价值等同于市场价格"的假设所取代。这种转变反映在多个领域。在法律上，准入市场前的价值概念蕴含在"基于公平的交易是客观等价价值的交换"的思想规则中。随着价值成为市场需求的同义词，挑战市场交易结果的意愿减弱了。[203]

价值观念的转变在经济学思想中表现得最为明显，其中市场价值（market value）与使用价值（use value）或真实价值（true value）之间的早期区别失去了一致性，并逐渐消失。正如赫伯特·霍温坎普（Herbert Hovenkamp）所解释的那样，将新古典主义经济学与古典经济学区别开的一个核心特性是，打破了通常与倾注于某事物的劳动量有关的固有价值这一"近乎神圣的概念"[204]。本杰明·富兰克林（Benjamin Franklin）在其18世纪晚期的著作中，将"公平贸易"称为"平等价值"的交换。[205]直到1853年，弗朗西斯·韦兰（Francis Wayland）才在其政治经济学专著中区分了"内在价值"（intrinsic value）和"可交换价值"（exchangeable value），并解释说"具有可交换价值的物质，并不具备与其内在价值成比例的那种价值"。对韦兰来说，即使是"可交换价值"，也要参照事物固有的客观品质，而不是仅仅根据市场需求的一时刺激来定义，因为"任何一种物质的可交换价值的度，主要取决于创造这种价值所需付出的劳动和技能"[206]。随着市场外客观价值（extra-market objective value）假设的衰落，内在价值与可交换价值之间区别的一致性受到了破坏。威拉德·菲利普斯在他的 1828 年的专著中写道，"一件东西可能具有内在效用"，"但很难说它具有内在价值，因为它的价值取决于他人是否愿意拿东西和所有者进行交换"。另一位学者解释说："实际上，在对事物的估计中，只有这种价值和这种价格是已知的——商品按其相对价值进行交换，并按其实际价格兑换成货币。"[207]最终，固有价值的概念被彻底抛弃了。威廉·斯坦利·杰文斯（William Stanley Jevons）在 1871 年就对"把这种虚无缥缈的东西称为内在价值"的趋势提出警告，并解释说，关于资源"价值"一词，"仅仅表达了它以某种比例交换其他物质的情况"[208]。1872 年，阿瑟·莱瑟姆·佩里（Arthur Latham Perry）同样解释道，价值"不是一种固有不变的属性，而是一种东西在购买其他东西时所具有的相对能力"。因此，"总之，价值永远是相对的，而不是绝对的。说任何东西都有绝对价值就是一个简单的语义矛盾"[209]。

在版权观念中，有意义的独创性标准与对内在价值的假设有关。将纯粹的机械作品与真正天才作家的作品进行区分的尝试，以及在艺术或学术作品和低俗娱乐之间划清界限的意愿都认为智力作品具有固有价值，并可以通过其市场价值进行识别。基于这一假设，版权法的作用不仅可以被合理地解读为对有价值作品的鼓励，还可以被解读为对缺乏固有价值作品的可奖励性的否定并保护公众免受其影响。因此，在一项因某戏剧作品的可疑性质而否决其版权保护诉求的终审判决意见中,法院解释说:"社会可以容忍甚至光顾这样的演出,但国会没有宪法权力来制定一项法律授予其版权保护,如果法院认可它们有权享有版权保护,那就是在贬低自己。"[210]这种假设符合市场需求与内在价值之间的区别。而固有价值概念的衰落和这种概念让位于市场思维,对这种方法起到了破坏作用。斯托里法官的早期意见为独创性的极简主义方法奠定了基础,但市场价值观念已经影响了这些意见。当斯托里在埃默森诉戴维斯案中驳回独创性挑战时,他写道,作者作品的"更好或更糟,在这种情况下并不是需要探究的关键所在",因为如果更糟,他的作品将不会被社会所使用;如果更好则可能被使用。在关键结论中,斯托里提出,一件作品"可能更具实用性,也可能不具有实用性",但它唯一的意义在于"减少或增加……作品在市场上的相对价值"[211]。一项严格的独创性标准,从根本上来说,与越来越把市场视为唯一价值仲裁者的趋势是不一致的。

同时,对于政府在促进社会和经济福利发展中的作用的正当性(legitimate),公众的理解也是变化的,而且这种变化与经济理论和普遍价值观念的变化相吻合。历史学家把从殖民地时代晚期到19世纪上半叶的统治方式称为"利益共同体"式政府("commonwealth" style of government)。[212]在这一框架下,政府在干预经济和社会生活的方方面面享有广泛的合法性,以促进公共利益。利益共同体式美国政府的特点体现在一些特别的制度形式上。美国政府在实际推进公共福利事业的设想方面,一方面是设定了一些一般性的常规规则;而另一方面,更独特的是政府为干预经济生活所采用的一系列非常规措施，如奖励金、垄断特权、土地赠与、特许 *101* 经营和特别企业资助（special incorporation grants）。这种广泛的特设特权体系以几项相互关联的法律原则为基础。首先，这些措施在主体范围上都是特定性的（particularistic），而不是普适性的。政府的作用是选择一个特殊私人主体（private party），并授予这一特殊私人主体他人没有的特殊权力或利益，即使他们处境相似（even if they were similarly situated）。其次，这些特权及其创设程序都具有明显的政治性。每一笔资助及其具体条件都是由人民的政治代表——通常是立法机关，酌情直接授予的。在理想情况下，政治代表的作用就是评估某一特定私人主体为公众提供的利益，并分配适当的奖励或予以鼓励。再次，这些做法都是基于某种家长式的假设，即政府官员知道如何促进公共福利，以及哪个私人主体最能实现这一目标。最后，整个框架基于公益事业的概念，即所有社会成员共有的一套可识别的、有凝聚力的利益。

自 19 世纪 30 年代开始，利益共同体式政府及其基本假设开始衰落。它受到竞争对手杰克逊主义思想（Jacksonian ideals）的抨击，并最终被另一种称为自由国家（liberal state）理论的替代框架所取代。至少在最初，政府对经济活动的广泛干预和管理仍具有广泛的合法性。然而，利益共同体式政府的体制形式却失宠了，并最终被抛弃。对于是否存在一套社会成员所共有的有凝聚力的利益，以及政府是否有能力反映这种利益，公众的信心逐渐下降。公共领域与私人领域之间的差异逐渐出现，而在私人领域中政府并不享有合法干预的权力。各种特权成为社会各方猛烈抨击的共同目标，它们

| 美国
| 知识产权制度的观念起源（1790—1909）

日益被认为是腐败和贵族寡头政治劫持共和国的表现。如今，人们期望政府以公共福利的名义，通过创造一般权利（而不是特别特权）的普适制度进行管理。这些普适制度是根据其一般效用，而不是根据政府对具体价值的评价来证明其正当性的。[213]

102　　在版权领域，随着殖民地和州立法中的印刷特权向18世纪80年代的州版权法和1790年联邦版权法过渡，从特设特权到普适性权利的主要转变早已完成。然而，在次要层面上，这两种权利制度形式之间的斗争在19世纪版权法的范畴内仍在继续。1807年，在一场纽约报纸的公开辩论中，人们表达了不同的观点。[214]此次辩论围绕着经过修订和"改进"了的美国版《默里英语语法》（Murray's *English Grammar*）的正当性和版权保护资格展开。一位不愿意透露姓名的记者抨击了美国将版权授予修订版英国图书的做法，他的论据之一就是基于独创性的论点，对这种修订作品的实质价值提出了质疑：

> 公众应该非常谨慎地对待对欧洲作品的假装"改进"；当他们发现一个书商或任何其他纯粹以赚钱为目标的投机商寻找版权来确保他获得独家销售该作品所产生的利润时，他们自然就会从这些所谓的版权中发现破绽——这些人的所谓权利并不可靠。这些投机商人与他们声称要改进的作品的真正作者形成了多么鲜明的对比。[215]

这结合了作者身份的精英主义观点、对作品内在价值的自信主张，以及对市场需求的家长式的管理方法。而来自竞争对手——"辩护人"（Vindex）的答案却基于不同的前提：

> 至于他在多大程度上提升了社会福祉，或在多大程度上促进了对学术和文学的兴趣，则是其他问题，有待他所呼吁的公众来决定；但这与他在法律之下的权利完全无关，因为他所诉求的是保护他的财产，不论财产是来自他的智力结晶还是双手劳动。[216]

虽然不完全否认作品客观价值的差异，但这一论点认为，这些问题不应由版权法决定，而应由市场需求来决定。

这种早期的、有点深奥的观点交锋很好地展示了不同的价值观及对政府角色的不同认识之间环环相扣的论证逻辑。当政府对社会效用的特别判断的合法性下降时，市场作为决定和分配价值的替代机制进入了这片空白领域。1825年，一位作家按照这一逻辑，有力地抨击了针对智力作品的传统特权制度：

> 在一个既没有特权命令，也没有不平等的保护体系的自由国度，一般来说，就这样一个社会而言，每一个人类知识分支的价值，几乎都可被知识资本（intellectual capital）的数量所表示，用政治经济学家的话来说，自然成长。[217]

他的结论是："我们认为对所有力量的推论都是无礼的和压迫的，这些力量决定了物质或知识行业流动的渠道。"[218]作者所宣称的对"特权命令和体系"的蔑视伴随着以下愿景："文学和科学作品的供应将与其需求成正比，而其需求将与其用途成正比。真正有价值的信息要素，可用的、实用的和必要的知识原则，会受到最大限度的培养，因为它们将是最急需的。"[219]这种由市场而不是可疑的政府偏好来决定和分配的价值愿景，助长了对版权中较强独创性要求的抵制。斯托里在告诫中也表达了这一点，任何人都"有权享有他的版权，即'让它发挥它所能发挥的作用'"[220]。

另一股起作用的力量是对司法作用不断变化的认识。在19世纪上半叶，对法律的主流认知和法律推理的普遍模式是工具主义，法律通常被视为促进社会目标和公共福利发展的工具。因此，公众经常以一些基本政策为依据，公开讨论法律议题可能产生的社会后果。理想的法官被视为解释和塑造法律以促进社会福利、共同利益和公平的人。但在19世纪末的25年中，人们对正当的法律推理和司法作用的理解发生了变化。从法律信仰的意义上来说，19世纪末的司法形式主义作为一种基于逻辑推理的几何式无缝体系，是事实还是后世创造的神话，今天的法律史学家们仍然莫衷一是。[221]在这一时期，司法风格和合法性来源的改变引起的争议不多。法官们越来越不倾向于公开地以社会政策（social policies）为依据作出判决。他们不愿意再成为以公共利益为名作出审慎选择的政策制定者，而更愿将自己表现成掌握一套中立技巧的专业大师，来推导法律含义和裁决具体案例。[222]

在版权法中，这意味着法官们对独创性这一严格概念望而却步，因为这一概念要求他们定期公开地作出他们声称放弃的那种实质性价值判断。1839年，斯托里法官编造了宗教信仰冲突的两个法官对某件作品的可版权性作出相反判决的情形，这就是一个极端的例子。然而，在 19 世纪后期，随着一种具有凝聚力的共同利益概念的衰落——这种概念能够左右法官作为一个有社会责任感的精英成员的选择，强独创性概念所带来的主观主义幽灵威胁到了司法合法性。1894 年，被告声称一件作品的价值不能简单地等同于其票房价值，法院驳回了这一主张，并用以下文字将司法价值退场（judicial abdication）的新方法与市场价值概念联系起来：

> 法庭和陪审员都没有确定的规则来衡量它的价值，除非有证据表明所讨论的作品对大众有影响。被告声称"票房价值"未能根据美国版权法提供任何测试，就戏剧作品而言，是不可持续的……对于在法庭上涉及的此类问题，除不可衡量的人性特征外，没有任何规则（touching which there are no rules except in the unmeasured characteristics of humanity），公众对它们的接受程度可能是对版权法下无关紧要或毫无价值的问题的唯一检验。[223]

市场价值是由主观偏好决定的作品唯一价值，及法官应避免以主观价值选择为基础作出法律裁判的观点，相互补充构成整体，并注定了强独创性要求实施的可能性。

只要独创性仍然是版权的一个抽象理由，那么独创性作为定义作者身份的概念就仍可保持其纯粹性。然而，一旦其转化为法律，就势必与彼时重塑和限制它的经济和思想观念现实相妥协。浪漫主义作者标准受到自由市场的束缚。

## 最高法院说它们没问题

　　1903 年，最高法院对布莱斯坦诉唐纳森平版印刷公司案所作的判决标志着现代最低限度独创性标准的胜利。[224]本案涉及的作品是"华莱士大马戏"（The Great Wallace Shows）用以宣传的平版印刷画，其描绘了马戏团的场景并辅以简短的文字介绍。[225]商业广告招贴画是图书行业以外的新兴行业的典型产品，它不断向作者和独创性概念施加压力。纵览 19 世纪的印刷业，马戏团表演广告占据很大的份额。[226]就某一招贴画作品寻求版权保护的库里耶平版印刷公司（Courier Lithographing Company）向最高法院提交的申诉书以人类濒临世界末日的口气称，该行业的命运完全取决于其作品能否获得版权：

> 　　广告或招贴画是否具备可版权性至关重要，这涉及一个庞大的行业。如果在这个国家，印刷的作品和设计可以被竞争对手以廉价的方式盗版和复刻，而平版印刷公司的所有者却无法以版权的名义保护它们，那么整个平版印刷业将不得不衰败，资本投资将被摧毁，追求新颖和美感的艺术设计将不复存在，这个伟大的、艺术价值稳步提升的行业必将走向毁灭。在毁灭前，整个行业还不得不继续在廉价和肮脏的商业环境中生存。[227]

　　虽然该辩护模糊了法律和宪法上的论点，但在案件提交最高法院时，该案的核心问题明显是广告招贴画是否有资格基于独创性而得到版权保护。被告在书状中列举了一连串因不符合促进科学进步的宪法宗旨，一些商业或纯粹娱乐领域的作品被拒绝授予版权的判例。上诉法院基于招贴画不存在除广告以外的任何"实用或有价值"的东西，作出了判决。[228]这一结论引发了最高法院中持不同意见者的讨论，他们并不赞同这幅招贴画"只是马戏团广告而已"的论点，也不认同上诉法院称其超出了宪法条款的范畴。[229]虽然时常被遗忘，但该案还涉及独创性规定的另一面，即将艺术与低俗和不道德的娱乐区分开来，并否认后者的可版权性。初审法院在其法律分析中对招贴画"仅仅是轻浮的，在某种程度上甚至是不道德的倾向"作了大量的分析。埃文斯法官（Judge Evans）对《盛大的芭蕾舞》（"The Spectacular Ballet"）这一招贴画尤其感到困惑，他称之为"展示多名身穿紧身衣、裸露手臂、露出大部分肩膀的女性形象，它的设计目的是吸引男性观众去欣赏马戏演出"[230]。在被告向最高法院递交的书状中，这成为援引先例的基础，这些先例否定了对粗俗和不道德客体的保护，并严正警告这些画面对"年轻、不成熟和易冲动的人"可能带来的不良影响。[231]其后，小奥利弗·温德尔·霍姆斯（Oliver Wendell Holmes Jr.）法官在其个人笔记中写道，他的判决涉及"一幅描绘一群袒胸露乳的芭蕾舞女演员的马戏团招贴画"的可版权性，并敏锐地察觉了此案中反对独创性规定的各种精微玄妙之处。[232]

原告提交最高法院的书状中的很大一部分仍基于传统的独创性框架。它强烈反对初审法院将这些招贴画定性为"低俗的图片"，并详细地阐述了伯罗·贾尔斯案所适用的法律框架，列举了涉案招贴画的美学价值，解析了创作者的创新性手法和艺术技巧。书状甚至将平版印刷商业招贴画描绘为一种受人尊敬的艺术，称之为"一种特殊而独特的绘画艺术派系，许多在其他领域取得巨大成功的天才艺术家都曾涉足其中"[233]。书状也不遗余力地引证招贴画展览和相关文献，并将查尔斯·希亚特（Charles Hiatt）所著《招贴画册》（*Picture Poster*）一书作为书状附件的一部分。[234]

书状中提出的另一组论述，进一步对传统的独创性概念发起了更为激进的挑战。书状称"这些招贴画的价值在于它们对社会的汇聚力或吸引力"。事实上，鉴于这些招贴画的实质是广告效应，它们本身的市场价值是次要的。其本质价值不在于招贴画自身的吸引力，而在于为宣传创造出的需求。因此，如果招贴画"宣传一场演出，其价值大致应以招贴画宣传所吸引的客流量为证"。这就把招贴画的价值等同于它们的市场价值。"因此，正如在某些版权判决中提到的'票房收入'，在本案中，成功与否（价值高低）理所当然地成为对招贴画的检验方式。"[235]如若将市场价值定义视为理所当然，那么任何对作品内在价值的构想似乎就是毫无意义的。因此，巡回法院认为，招贴画除了作为广告，"不存在任何内在价值"，这引起了这样的评论："我们无法想象博学的法官……应适用何种标准"[236]。书状警告道，任何试图以非"票房收入"来检验作品价值的方式将导致法官以其自身的"艺术品味"来充当评论家的角色并作出裁决，"如果我们的法院在解释版权法时仍然采用两百年前的新英格兰清教主义的标准或挑剔的艺术审查标准，那么将少有具备足够的艺术价值的作品可以获得版权保护"[237]。这一组论述不再通过证明作品的艺术价值和创作者的创造力来突破传统框架的界限。相反，它声称市场是评估价值的唯一机制，法官应该完全摒弃自我的主观判断。

霍姆斯法官认同招贴画的可版权性，其大部分判决意见也与原告的书状相呼应。出人意料的是，判决意见并没有浅尝辄止，而是继续对传统的独创性规则框架提出了根本性的挑战。在伯罗·贾尔斯案所构建的框架下，霍姆斯认为这些招贴画汇聚了大量的知识和创造力。[238]同时，判决意见中的一段文字后来成为现代独创性规则的基石，更是贯彻市场价值和司法中立性的宣言：

> 在最狭隘和最明显的限制之外，让仅仅受过法律训练的法官充当绘画作品价值的最终审判者，是危险的……如果作品能够激发公众的兴趣，那么它就具备商业价值——说它没有美学和教育价值是狂妄的——任何公众的品味都不应受到轻视。[239]

这一宣言巧妙地将下列要素编织到了一起：以商业价值替代价值的判断退位（complete reduction）、政府应以开放和普遍的姿态向所有人提供版权的前提设定、由市场来决定作品价值的基本导向，以及法官应避免对受版权保护的作品进行任何实质性评价的严正告诫。简而言之，上述宣言体现了独创性的现代性框架。在这一判决公布后，《芝加哥记录先驱报》（*Chicago Record-Herald*）刊登了一幅漫画，画中的司法人员指着身着芭蕾舞服的舞女的照片，下方写着"最高法院说它们没问题"[240]。

## 个性总会包含独特之处：独创性的思想体系

活跃于19世纪的经济和思想力量阻碍了作者身份和独创性的理想观念——版权的官方正当性基础——在实际的版权法中被具象化。但这并不是问题的全部。浪漫主义色彩的作者观念不会悄然离去。对独创性的讨论旷日持久，但它没有消失，一直困扰着美国版权法体系，甚至对布莱斯坦案来说也是如此。将浪漫主义作者观念驱逐出版权法的判决偶尔出现，但大多数判决仍秉持作者应为天才艺术家的观念。委拉斯开兹（Velasquez）、惠斯勒（Whistler）、德加（Degas）、戈雅（Goya）和马奈（Manet）的名字被屡屡提及，以证明被法庭称为"低俗图画"的作品理应享有版权。霍姆斯回应说，这些招贴画只不过是作者以自己的理解渲染马戏团日常场景的平庸之作。"个性（personality）总会包含独特之处，"他解释道，"普通的艺术品包含某种'不可减约的'（irreducible）属于某人独自享有的东西，这就是一个人的个性。"表达"独特性"（singularity）的人理应享有版权。[241]因此，霍姆斯并没有忽视独创性，而是将其发散。相比而言，在以华丽的修辞手法构建的浪漫主义作者观念体系中，被认为是天才独有的特质——一个人在世界上独一无二的个性印记——成为任何表达的基本素质。

相同的现象常以一种更普遍的，有时也是更特殊的方式出现在那个时代的版权法体系中。具有讽刺意味的是，随着独创性门槛和司法适用标准的降低,"独创性"这一原则的地位却上升了。德罗纳在其奠基性的著作中以专门的章节详述了独创性原则,并开宗明义地提出"独创性是版权的基本属性"这一"普遍公认"的原则。[242] 不过,德罗纳在该节的叙述中更侧重于限定独创性的概念,并拒绝设定任何苛刻的独创性标准。

19世纪后期,独创性作为版权法的一项基本原则得到巩固,并正式获得了宪法性规范的地位。1879年最高法院对某商标案的判决对此起到了里程碑式的作用。1870年颁布的第一部联邦商标法被裁定违宪,法院认定国会无权依据知识产权宪法条款立法。法官米勒认为不应当将商标视为"作者的作品"加以保护,他的理由是,该术语只适用于"具有独创性且建立在创造性思维之上"的智力创作。商标的保护仅仅依赖于注册或在商业上的使用,它并不一定具有"新颖性、发明性、发现性或脑力活动"所必需的特性。米勒写道:"这并不需要奇思妙想、天才性思维、劳心伤神的考量。"[243] 这种推理是对独创性的不同理解。[244] 然而,无论独创性的具体含义是什么,它都因逐渐清晰的定义和日渐重要的地位成为版权的基本原则,宪法也对其加以保护。几十年来,关于独创性的各种争论始终围绕着宪法对国会权力的限制展开,但直到1879年法院第一次在此基础上直接裁定立法无效,才正式确立了这一要求的宪法依据(constitutional credentials)。后来的法院延续了这一趋势。[245] 独创性所要求的实质门槛越来越低,但其作为一项基本原则和该领域的宪法性本质特征(constitutional defining feature)的重要性却越来越高。

经济和社会环境都在排斥独创性这一概念，人们期待取消或者减少版权对独创性的重视。但由于其具有的观念功能（ideological function），独创性概念得以存续，这种功能性特征也解释了独创性概念实际意义的下降与修辞和形式地位的上升之间的悖论。自18世纪晚期以来，作者身份——包含独创性概念——始终是版权神话的构成要素。无论基于功利主义还是自然权利，作者身份和独创性概念一直是版权的组成部分，常见于各类涉及版权的政策争论中。当作者身份的抽象概念开始与具体的版权法规则产生关联时，它们不仅受到了原有法律机制（被版权重塑的出版商特权）的抵制，更遇到了来自新的经济利益和思想观念诉求的压力。其结果必然是，版权法的宪法理念与其现实规则之间存在巨大鸿沟。19世纪后期，随着反对严格独创性标准的呼声日益高涨，越来越多的法律学说也反映了这种思潮，分歧逐步扩大。然而，版权法体系非但没有令"作者身份"和"独创性"的概念土崩瓦解，反而发展出了抑制此种剑拔弩张局面的新机制。

将独创性提升到基础性、宪法性原则的高度，有利于减轻版权法官方理念与现实规则之间的不协调。两者的差异越大，矛盾就越强烈，压制矛盾的手段就越显必要。这是必然规律（There was no false consciousness）。20世纪初的律师们当然并不相信版权法中存在任何与浪漫主义作者观直接有关的规则。但是，版权法的概念性框架调解了上述承诺与观念之间的冲突。它让律师们认识到，版权最重要、最鲜活的法律原则是作者主体地位，而独创性仅作为一个与这一原则共存的前提，是简单的技术要求，而不会影响作者主体地位这一重要原则。这些解释论上的紧张关系也构成并解释了那个时代独创性话语体系的有趣之处：霍姆斯将"个性"定义为富有表现力的作品的标准特质，他赞美这类作品，也会抨击这类作品；还有批评家夸赞独创性，同时又轻视它，甚至在一句话中对它既褒奖又贬低。

## 作者主体的终点和版权史的纯粹起点

法律对新闻加以保护的历史，表明了 20 世纪初期独创性理论体系错综复杂之所在。正如罗伯特·布劳内斯（Robert Brauneis）所述，该时代对新闻专有权（proprietary rights）的争夺，是促成现代独创性成熟的催化剂。[246]在 19 世纪的大部分时间里，版权保护作为一条业已确定的规则，涵盖了地图、目录或年表等作品的事实型内容（factual content）。[247]这一保护范围发轫于英国，并在还不存在现代意义上的独创性概念的美国版权法时代逐渐根深蒂固。由于其严格的登记和送存（deposit）要求，新闻生产和利用等经济活动实际上被排除在版权领域之外，而并未产生任何要求将新闻也纳入版权保护范围的主张。主流的开放式新闻交换模式并不依赖于新闻本身的商品化，而是深深根植于彼时的技术、经济和社会环境。[248]19 世纪末，电报的广泛应用和其他技术的发展改变了新闻行业传统的商业模式，上述体系受到了冲击，并使各方在新闻专有权问题上产生了分歧。新兴的大型资本密集型新闻机构，比如美联社（Associated Press）、西联社（West Union）和都市报业（metropolitan newspapers），对新闻的合法使用（legal appropriation）产生了浓厚的兴趣，并与"乡村报刊"（country press）及其他在传统新闻交换系统中占有一席之地的机构一争高下。[249]新闻财产化的一项重大进展始于立法方面，1884年，一项授予报纸版权的立法案（A Bill Granting Copyright to Newspapers）在国会被提出。[250]该立法案试图为报纸的内容创设"八小时的专有权"规则，这招致了激烈的反对，引发了声势浩大的辩论。

　　这场冲突恰好发生在以独创性为基础的作者身份界定成为版权保护理论核心的时刻。因此，该法案的反对者指控这种垄断，认定新闻缺乏版权适格客体的核心要素，即作者独创性。他们提出，新闻的采集者不属于作者的范畴，与作者不同，新闻采集者并未通过自己的智力活动创造新闻。《国民报》（Nation）阐释道："把收集几段新闻或'短消息'的人视为作者是极其荒谬的。"此种论点的结论是，新闻不属于以版权保护为目的的"原始智力劳动成果"[251]。上述立法案的最终失败是否源于此场关于独创性的争论尚未可知，但立法辩论的意义在于营造出了更为利害攸关的氛围（high-stakes context），并促使利益相关方进一步发展出了对独创性理解的新说法——个体创造性（individual creativity）。

　　当支持新闻专有权的人在立法战场中被击败后，他们转而诉诸法庭。具有讽刺意味的是，在这一轮新的争夺中，正是这些支持者出于策略性的目的，构建出了以创造性为基础的独创性观点，并以此来划定版权保护的外部边界。鉴于新闻行业的特殊性质，如果没有制定法的干预以放宽登记和预先送存管制，仅通过司法将制定法上的版权保护扩展到新闻上将不具备任何实际价值。因此,这场争论的法律基础是普通法上的新闻财产专有权,而不是制定法上的版权。然而此时,出版物不再享有普通法版权,而仅在严格遵循法律要件的情况下取得制定法权利的保护,已经成为制度共识。最终,解决方案只能是将新闻完全抽离出版权领域。

1901年,西部联合电报公司(Western Union)起诉全国电报新闻公司(the National Telegraph News Company)干扰其自动收报机(ticker machine)业务。[252]西部联合电报公司在私营企业和公共设施(如酒店和沙龙)中安装了自动收报机(可将电信信号转换为文本的机器),用于接收包括商务或体育相关信息在内的新闻推送。全国电报新闻公司承认从西部联合电报公司的自动收报机上复制新闻内容,并将其用于自己的新闻收报业务。在地区法院作出禁止全国电报新闻公司在一小时内复制西部联合电报公司的新闻的禁令后,该案被上诉至联邦第七巡回法院。全国电报新闻公司认为,西部联合电报公司未经登记或送存就发布新闻实际上是将其无偿献与公众。而西部联合电报公司在其书状中回应称,其新闻是"真的(quasi)——或伪的(pseudo)——文学财产,不属于版权法的规制范畴,而应从普通法原则中寻求保护"[253]。由此,对新闻的保护就转移到了新兴的不正当竞争领域,法院可以利用其衡平法权力承认新的准财产权益。但是将新闻排除在版权范畴之外的依据是什么呢?原告在书状中声称,"以文学艺术的神圣名义",此类信息"确切地说,不属于文学作品"[254]。这一论点明确地基于创造性作者(creative author)的形象:

你能用"书"、"历史"、"研究"、"文学作品"或"创作"等美名来定义传达了一场棒球赛或赛马的结果，或者股票市场波动的电报吗？你能把此消息的传递者称为"作者"吗？这个命题的荒谬之处在于它对自我的驳斥。[255]

祖德·格罗斯卡普（Jude Grosscup）赞同法院的禁令，认可这种推理逻辑并进一步发展了"以作者的创造性能力界定版权边界"的观点。他写道，宪法条款的原意是"文学作品，已经进入宪法的领域"，并且"毫无疑问，宪法的制定者们……已将此种作者的界定纳入考量"[256]。格罗斯卡普解释说，基于宪法解释，版权涵盖的范畴远远不止于文学作品。随着形势的变化，在尊重"脑力劳动"的原则下，版权的边界逐渐扩张至新的客体。但他也指出，"显然，在某一时刻，这种扩张必须停止"。那么何时是确切的时点呢？格罗斯卡普写道："我们可以在作者身份终结和版权起始时划定界限。"作者的身份要求"作品应具备作者思想中的闪光点；作品既体现了作者的思想，也体现了他人的思想；如果不是因为它所产生的思想的独特性，那么作品便不会存在"。新闻的实质内容显然不具备此种鲜明的个性，因此它并非"独创性的产物"，而是"机遇的产物"[257]。

涉及新闻财产化的争议是独创性原则的重要发展。结合判决意见，全国电报新闻公司案将独创性定义为版权的本质特征，并明确阐述了个体创造性标准。新闻的事实型内容不能成为版权保护的客体这一新的具体规则，后来理所当然地得到了遵循。[258]但在何种意义上，新闻才属于独创性体系呢？将某些客体置于版权范畴之外对维系基于作者的版权理论是至关重要的。正如格罗斯卡普观察的那样，如果原始作者是版权的基础，那么必须在某处画一条分界线。独创性的意义可以包含疏离于浪漫主义作者观念的客体，但是，新闻的事实型内容（与报道的具体形式相反）似乎与作者的创造性天赋背道而驰，公众也几乎没有机会围绕"个性"展开争论。将版权扩张至此类客体，可能无法与版权神话的构成要素和谐共处。因此，要么将事实型新闻排除于版权法之外，要么将原始作者的定义彻底推翻。

但是，对新闻享有专有财产权的讨论并未终结。与此相反，全国电报新闻公司案将其排除于版权范畴之外，是为新闻提供普通法保护、免除烦琐程序的必要前奏。失去了原作者的光环，基于经济考量，替代权利仍是合理可行的。针对全国电报新闻公司案，法院用反问的形式质疑其观点："大型新闻机构，或独立的大型报纸、电报、有线电视公司，反对'寄生虫'的入侵，拒绝向法院上诉。但是，迄今为止，法律可以处理作者和公众的关系，为什么无法适用于新闻，真的别无它由吗？"答案是显而易见的："我们如此决定，而非开创先例——有一个先例已被淘汰了，是无关紧要的，即法律是围绕着作者身份而发展起来的。"[259]

法律的适用直接影响新闻专有权。基于普通法的非法盗用原则（misappropriation doctrine），新闻专有权提供了与版权截然不同的保护方式（全国电报新闻公司案所下达的司法禁令禁止全国电报新闻公司复制西部联合电报公司时限在一小时内的新闻），从长远来看，版权法选择性地排除某些特定的客体是非常重要的。然而，16年后，最高法院在国际新闻社诉美联社（*International News Service v. Associated Press*）案[260]中所作的判决，在很大程度上为矢志寻求专有权的新闻行业实现了理想：事实型内容的专有权，在"热点新闻"价值方面创造了竞争优势。因此，基于作者的独创性概念并不能无止境地变化。如果独创性的理论体系要存续，某些客体就必须被禁止进入版权领域。但这一原则在以下两方面受到挑战：一是，经由理论和方法论检验，许多远远达不到原创作者观念所隐含的法律标准的客体仍可受到版权保护。二是，即使在很大程度上，内部伸缩性被耗尽，某些客体被排除，但版权的"边界之外"也不是财产的"边界之外"。基于非作者的财产专有权游离于版权的边缘，吸纳了部分被排除在版权之外的客体。

## 与作者同享权利：作者身份的普遍化

作为版权理论体系的核心，原始作者身份在发展中产生了一定程度的离心力效应，即将某些客体置于版权范畴之外；同时，它也产生了一定程度的向心力效应，积极地将许多新兴客体纳入版权保护的范畴。美国确立的版权制度一直是规制图书贸易的独特规范。1790年《版权法》将版权的客体限定为地图、图表和书籍[261]，而1802年《版权法》则将客体范围扩展到印刷品和版画上，不过这些客体仍完全归属于传统的印刷领域。[262]即使1831年《版权法》明确增加了"音乐作品",也没有打破这种模式。[263]这种扩展意味着只有受版权保护的乐谱才能禁止未经授权的重印,而这种规则在早期的相关法律出现时就已有之。[264]直到19世纪下半叶,版权制度才通过一系列渐进式的制定法修改,逐步将客体范围扩展到印刷领域以外。

公众常常从技术和经济决定论的角度来考虑版权保护客体的范围。摄影或录音等新信息技术的出现创造了新兴的有价值的市场。随之而来的是对盗用行为主张经济诉求,或者至少是主张对私人利益的赔偿,这促使版权保护的范围进一步扩张。毫无疑问,技术和经济的发展对版权向新领域的扩展起着至关重要的作用。然而,版权理论体系也有它自己要扮演的角色。原始作者的理论体系具有一种普适化的效用,通过制定抽象的标准——人类利用智力创造力——作为版权存在的理由,它为传统图书贸易之外的新领域打开了版权保护大门。原始作者的概念也促进了具有共同身份认知和利益纠葛的创作群体自发出现,并为这些群体提供了主张社会地位和法律认可的理论支撑。对作者地位的诉求,也有助于公众对法律的认可。将版权扩张至戏剧和美术作品的历史见证了这一过程。

在美国,直至1856年,戏剧作品才进入版权客体的范围。如果以印刷品出版(并满足形式要求)为标准,剧本可视为"图书"的一种,并禁止未经授权的重印。在实践中,大部分改编法国和英国戏剧作品的剧作家,要么将作品在内部转移给轮演剧团(stock company),要么一次性转让自己的手稿。[265]而戏剧作品成为独立版权客体的过程,发轫于戏剧公共表演权益（public performance entitlement）的创制。19世纪30年代，在戏剧行业经济和社会变革的背景下，出现了对这一权益的制度诉求。剧院的数量、制作成本和美国戏剧市场都在迅速增长。[266]随着19世纪中叶演艺明星雏形的出现，一些剧作家开始为明星量身创作剧本，并获得了更大的名气和更高的报酬。[267]这一小群新剧作家开始将自己视为文学领域（某类分支）的作者。具有讽刺意味的是，新剧作家对社会地位的诉求带有一丝苦涩和不公正感。他们认为自己有资格成为作者，却未得到应有的认可和奖励，《阿尔比恩杂志》（*Albion Magazine*）在19世纪40年代初谈论到戏剧作品时就表达了此种观点，"指望国家的文学天才在此方面发挥作用、身先士卒是徒劳的，戏剧创作是所有文学事业中最具挑战性的一项，却仅能获得微薄的报酬"，因此强烈要求剧作家获得"欧洲式报酬"[268]。对作者身份和补偿的新诉求很快就转换为对版权保护的诉求。1835年，剧作家兼演员约翰·霍华德·佩恩（John Howard Payne）问道："我们的法律对版权保护客体的规定究竟是什么？"他还提出了法律救济的诉求。[269]1841年，（很可能）由于剧作家罗伯特·蒙哥马利·伯德（Robert Montgomery Bird）的努力，参议院通过了一项关于戏剧作品议题的法案，将其明确地纳入了作者财产的范畴。[270]《保护戏剧作品作者及其财产立法案》（The bill "To secure to the authors of dramatic works their property therein"）提议授予戏剧作者公开表演权，但从未获得通过。[271]

继国会议员查尔斯·贾里德·英格索尔（Charles Jared Ingersoll）在1844年雄心勃勃地提出版权改革遭遇失败后，

公共表演权的创设再次付之东流。19世纪50年代，一股新的游说浪潮开始了。[272]这场游说运动呼吁法律赋予剧作家作者身份，剧作家可以公正地享有与文学作家相一致的报酬，支持美国戏剧发展。新闻界特别强调了涉及作者身份的议题，表示支持这一提议。在一封公开信中，"橡果"（Acorn）评论道："在文学领域，没有比那些致力于发展戏剧和舞台事业的人更值得鼓励的了。"[273]《纽约每日时报》（*New York Daily Times*）质疑说："为什么创作出畅销小说的作者可以发家致富，而那些潜心创作知名戏剧的人却得不到回报？"[274]另一家报纸援引先贤祠里的大作家形象以说明现在戏剧作家受到的待遇远不如"街头抢劫时代"体面。[275]戏剧作家乔治·亨利·博克（George Henry Boker）（受伯德号召的作家，可惜伯德未能撑到胜利的到来）和罗伯特·泰勒·科纳德（Robert Taylor Conard）[276]领导的运动促成了1856年《版权法》的出台，该法将包含专有公开表演权的版权授予"为公开展演所创作的戏剧作品的作者或所有者"[277]。参议院司法委员会（Judiciary Committee）主席、参议员詹姆斯·A.贝亚德（James A. Bayard）提出："版权对戏剧作者的唯一价值在于保护其创作的作品在剧院的展演权利。"[278]而制定法中公开表演权的创设，标志着对戏剧作品成为新一类可受版权保护的客体的新认知。[279]

戏剧作品和公共表演权从零认知到被认可前后用了25年的时间，作者一词既是剧作家逐渐形成的自我意识，也是他们进入版权领域并取得版权的合法性手段。《纽约每日时报》在1856年《版权法》通过后，甚至发表了一篇文章，嘲讽该法所宣称的效益,也承载着原始作者的形象。它讽刺地描述了"所有伟大的美国剧作家"争先恐后地根据新法律登记他们的作品的情形:

> 在法案通过后的几天内,一群面容枯槁、长发蓬乱、指甲黝黑、胳膊下夹着或从上衣口袋里伸出一捆脏纸的男人冒了出来,假如上衣还有口袋可以装着其他东西的话,一定也是鼓鼓囊囊的(in case where the coat had a pocket that would hold anything),这些人一直在默里街(Murray-street)游荡。这些先生都带着一种喜忧参半的表情,他们互相投以好奇的目光,又带着不加掩饰的好奇心注视着对方的口袋。事实上,每一位著名的剧作家都惊慌失措,唯恐他的同伴将获得他所创剧本的版权;对于这些小打小闹的戏剧来说,它们只有一个圣殿——巴黎。[280]

从这个角度来讲,虽然原始作者的身份并不是立法机关打个响指就凭空而来的,但它仍然是该法案及其预期结果的正当性来源,立法机关希望它能在"一年内"实现。

120  美术作品的版权扩张也遵循了类似的模式。在19世纪的大部分时间里,美国版权制度并未涵盖绘画、雕塑或类似的作品。尽管有英国1798年《模型与半身像法》(Models and Busts Act)的先例,但在美国,版权似乎始终与这种非印刷的创作形式无关。[281]19世纪20年代,少数艺术家开始游说,并基于作者身份说服国会将版权保护扩张至美术作品。然而,几十年来所有的尝试都被草率地驳回了,立法者要么拒绝作者身份的诉求，要么转而支持对美术作品版权的否定。

1820年，彼得·卡德利（Peter Cardelli）向国会请求"保障他和职业领域内的所有艺术家都能从自己的劳动中获益……与此同时，允许作者将他们的作品视为专有财产"[282]。卡德利是一位来自罗马的雕塑家，他曾受雇修复华盛顿国会大厦，为伟大的美国名人——杰斐逊（Jefferson）、麦迪逊、门罗（Monroe）和约翰·昆西·亚当斯（John Quincy Adams）——制作半身像（bust），并因此而成名致富。[283]司法委员会并不认同他的诉求[284]，驳回的理由一针见血：请愿人"没有陈述作品包含新发明或原则的新组合"，继而补充道，"雕塑艺术"不在知识产权宪法条款的"含义范围"内，或者说它已经被《专利法》所涵盖。[285]90年后，有位观察家评论道："此种愚蠢的推理还会继续下去吗？"[286]但在版权仍与图书贸易密切相关的大环境下，此种评论还是会石沉大海。卡德利和司法委员会自说自话。尽管卡德利把自己描述成一位为自己的原创智力作品争取权利的创作者，但司法委员会仍沉浸在印刷版权的概念中，将卡德利对雕塑作品的主张径直归至实用技艺领域。

4年后，画家伦勃朗特·皮尔（Rembrandt Peale）也尝试说服国会"将复制权利益延伸至绘画和油画作者身上"，但收效甚微。[287]此时恰逢皮尔完成其为华盛顿总统所画的肖像。尽管法案得到了司法委员会的正面评价[288]，但随后在参议院被否决了。在辩论中，参议员劳里（Lowrie）说，如果皮尔能够"同图书的作者一样，享有从其创作中获利的权利"，他就会出售为华盛顿总统所画的肖像。参议员米尔斯（Mills）

| **美国**
| 知识产权制度的观念起源（1790—1909）

倾向于否定皮尔作品的独创性，称他画的肖像只是吉尔伯特·查尔斯·斯图尔特（Gilbert Charles Stuart）那幅作品的"模仿，仅是稍加修饰而已"。然而，米尔斯也对作者和版权之间的关系进行了更一般性的说明，指出这一提议"将极大地阻碍绘画艺术的发展，因为它将剥夺模仿和尝试超越现有画作的权利"[289]。具有讽刺意味的是，米尔斯的观点与皮尔自己的理由相呼应，即皮尔在自己的房间里创作这幅肖像画时，博采了"华盛顿的众肖像、胸像、纪念章和画像"之长。[290]

在1838年另一次失败的提案中，约翰·A. 布雷武特（John A. Brevoort）和O. S. 福勒（O. S. Fowler）更明确地论述了作者身份普遍化的必要性。他们在请愿书中写道："创作载有个人烙印的平版印刷画的艺术家们可以受到版权的保护，而对同一肖像创作雕塑的艺术家们……却被拒于法律保护的门外，请问这是基于何种权利或正义原则？"[291]

直至1870年，在诸如波士顿知名画家威廉·莫里斯·亨特（William Morris Hunt）等成功艺术家的不懈努力下，美国国会最终决定将版权保护扩展至绘画和雕塑领域。[292]彼时，美国的艺术市场迅速增长。[293]艺术已成为活跃国家经济的重要产业领域，艺术家也获得了社会的普遍认可和尊重。[294]具备领导力的艺术团体已经自发形成，艺术学院和专业协会激增，商业期刊井喷式出现。[295]显而易见的是，此时艺术家与文学作家——这个享有较高社会地位的群体联系紧密。[296]而与前几轮立法相比，19世纪70年代的艺术家群体在争取法律对其作者身份的认可上，无论是在自我形象上还是在社会地位方面都已越来越自信。这一次，没有人再把艺术家错认为工匠，或将其权利局限于实用技艺领域。

游说的矛盾再次集中于被称为作者的艺术家与已经获得版权法认可的作者之间的比较上。因此，辛辛那提艺术学院（Cincinnati Academy of Fine Arts）的官员们在请愿书中抱怨说，"现行法律不适用于绘画、雕塑、模型等作品的作者，它们作为美术作品，符合版权保护的本质"，并要求"授予书籍、图表、版画、印刷品和摄影作品的作者的权利"一视同仁地扩展至艺术领域。[297]这一次，此种逻辑终被视为理所当然。与旧有的图书业规则形成鲜明对比的是，广义地理解作者并平等地对待所有原创作品的创作者更具合理性。正如众议员詹克斯（Jenckes）在众议院所言："艺术家享有与作者或雕刻师同等的独家复制其作品的权利。"[298]没有任何人表示反对。

作者身份普遍化的进程以其自身为动力。每一次版权扩充新客体，都削弱了其与传统图书业的联系，并有助于建立对作者标准所定义的版权范围的普遍认识。在随后的每一次版权客体的扩张中，作者身份的普遍化似乎越来越不证自明，普遍化的高潮是对作者身份普遍化的高度抽象（The natural culmination of universalization was abstraction）。因此，与先前版权法规中数量繁多的条目相比，1909年《版权法》（the 1909 Copyright Act）仅用一个包容性术语——"所有由作者创作的作品"[299]就定义了版权的范围。紧随其后的是一系列客体的特定分类清单，反映了前半个世纪版权客体的扩张增量。但是，该法案的起草者明确澄清，设定特定分类仅是归类和行政管理的需要，并没有对抽象和包容的客体范围作出限制。[300]将版权视为由创造性作者身份的抽象原则所定义的普遍化领域，在彼时已经占据正统地位，并得到了法律的认可。作者身份原则的普遍化与其实践意义的弱化直至消失的过程，始终相辅相成。

**注释**

［1］Act of May 31, 1790, ch. 15, 1 Stat. 124.

［2］Mark Rose, *Authors and Owners: The Invention of Copyright* (Cambridge, Mass.: Harvard University Press, 1993), 132.

［3］*House Journal*, 1st Cong., 1st Sess., April 15, 1789, 14. 拉姆齐的请愿书可见于 *Primary Sources on Copyright (1450—1900)*, ed. L. Bently and M. Kretschmer, www.copyrighthistory.org (hereafter *Primary Sources on Copyright*)。

［4］*House Journal*, 1st Cong., 1st Sess., April 15, 1789, 14.

［5］Id.

［6］1789年5月12日，杰迪代亚·莫尔斯（Jedidiah Morse）请求保护他的《美国地理——美利坚合众国现状观》（*The American Geography or a View of the Present Situation of the United States of America*）一书。*House Journal*, 1st Cong., 1st Sess., May 12, 1789, 40, 43. 尼古拉斯·派克（Nicholas Pike）于1789年6月8日为他的《一个新的完整的艺术主题系统》（*A New and Complete System of Arthematic*）申请了"独家特权"。Charlene Bangs and Helen E. Veit, eds., *Documentary History of the First Federal Congress, Legislative Histories* (Baltimore, Md.: Johns Hopkins University Press, 1972), vol. 4, 508. 汉纳·亚当斯（Hannah Adams）于1789年7月22日请愿保护。*House Journal*, 1st Cong., 1st Sess., July 22, 1789, 77, 80. 伊诺斯·希契科克（Enos Hitchcock）于1790年5月26日的请愿可以体现出当时请愿者执着于临时请愿和私法的传统框架的程度。此时，一般版权法案正处于通过的最后阶段。正如希契科克的请愿书所说，他意识到了这一点，但他还是认为有必要要求"将即将通过的法律的特权延伸到他，以确保他最近出版的一本书的版权"。Id., 1st Cong., 2nd Sess., May 26, 1790, 115 - 16.

［7］拉姆齐在呼吁对其劳动进行补偿的公正性之后，提到"新宪法明确承

认了同样的原则"。*Documentary History of the First Federal Congress*，509.

［8］莫尔斯在提到"美国宪法第一条第四款（'八'被删除了）作出规定，确保作者对其各自著作的专有权"时，稍微有些混淆。Id.，511.

［9］最初的两份请愿书被提交给一个三人委员会，其成员是托马斯·图德·塔克（Thomas Tudor Tucker）、亚历山大·怀特（Alexander White）和本杰明·亨廷顿（Benjamin Huntington）。4月20日，众议院批准了委员会的建议，授予彻奇曼和拉姆齐私人特权。*House Journal*，1st Cong.，1st Sess.，April 20，1789，18. 彻奇曼为了调查他的理论而提出的资助巴芬湾探险的额外请求，引发了一场关于国家财政资源枯竭状态的辩论，甚至对国会根据知识产权宪法条款支持这一事业的权力产生了一些怀疑。Annals of Congress，1st Cong.，1st Sess.，178-80.

［10］*House Journal*，1st Cong.，1st Sess.，April 20，1789，18.

［11］H. R. 10的已知副本没有被保存下来。1955年，版权办公室的图书管理员威尔玛·戴维斯（Wilma Davis）在该办公室的图书馆里发现了一份损坏的法案打字稿。她认为这份打字稿是由美国版权登记处1897—1930年的托瓦尔·索尔伯格（Thorvald Solberg）制作的，在1918年原件被大火烧毁之前，索尔伯格可能在他的私人图书馆里保存了一份原件。戴维斯女士又准备了一份打字稿。1968年，原版打字稿在国会图书馆遗失。*Documentary History of the First Federal Congress*，519. 版权局的高级版权专家弗兰克·埃维纳（Frank Evina）找到并提供了该法案的打印文本，该文本复制于 *Primary Sources*。

［12］Annals of Congress，1st Cong.，2nd Sess.，1080.

［13］See William F. Patry，*Patry on Copyright*（St. Paul，Minn.：Thomson Reuters，2010），§1：19；Oren Bracha，"Commentary on the Copyright Act 1790," in *Primary Sources on Copyright*.

［14］分析这两个法规之间的相似之处，参见 Oren Bracha，"The Adventures of the Statute of Anne in the Land of Unlimited Possibilites：The Life of a Legal Transplant," 25 *Berk. Tech. L. J.* 1427，1453-56（2010）。

［15］1 Stat. 124，§1.

［16］Id.

［17］该法要求向当地的联邦地区法院的书记员办公室登记作品，在公共报纸上公布登记记录，并将作品的副本交存于州务卿。1 Stat. 125，§§3-4.

［18］该法赋予版权人在14年内印刷、重印、出版、销售和进口受保护文

本的专有权。在世的作者可申请延长，一期为 14 年。1 Stat. 124，§§1-2.

[19] Id., §2.

[20] H. R. 10, 2. See Bracha, "The Adventures of the Statute of Anne," 1454-55.

[21] 1 Stat. 125, §6.

[22] *Beckford v. Hood*, 101 Eng. Rep. 1164 (K. B. 1798).

[23] 关于该案件的报告可见于 5 *Collections of the Massachusetts Historical Society* 123 (1798). See John D. Gordan, "*Morse v. Reid*: The First Reported Federal Copyright Case," 11 *L. Hist. Rev.* 21 (1993).

[24] 104 Eng. Rep. 1164, 1167 (K. B. 1798). 英国案例中还有莫尔斯诉里德案中没有的另一个重要方面。法院对未按《安妮法令》要求注册的作品的侵权行为作出了法定赔偿，因此也就没有资格获得法定补救措施。如此，法院部分地恢复了普通法版权的可能性。据称，这种可能性在 1774 年的唐纳森诉贝克特案中被认为是无效的。See Ronan Deazley, *Rethinking Copyright: History, Theory, Language* (Cheltenham: Edward Elgar, 2006), 30; Ronan Deazley, "Commentary on *Beckford v. Hood* (1798)," in *Primary Sources on Copyright*.

[25] Joseph Story, *Commentaries on Equity Jurisprudence as Administered in England and America*, 2nd ed. (Boston: Hilliard, Gray, 1839), vol. 2, 210.

[26] George Ticknor Curtis, *A Treatise on the Law of Copyright* (Boston: C. C. Little and J. Brown, 1847), 313.

[27] *Globe Newspaper Co. v. Walker*, 210 U. S. 356, 362-67 (1908). 此时这个问题的实际重要性已经下降，因为法规已经将损害赔偿扩大到许多类别的作品。

[28] 1 Stat. 124, §1.

[29] 在该制度的第一个十年里，许多版权登记是为所有者而不是作者办理的。虽然作者可以登记自己作品的版权，但所有者通常是出版商或印刷商，他们大概是在作者转让权利之后登记了作品。注册所有者的相对份额从一开始就很可观，但在前十年里稳步上升。在马萨诸塞州，1790 年至 1794 年间，45 本书由作者注册，25 本书由所有者注册。1795 年至 1800 年间，共有 62 个作者注册，63 个所有者注册。同样的趋势也出现在其他州，包括宾夕法尼亚州和纽约州，这些州是重要的出版中心的所在地。James Gilreath, "American Literature, Public Policy, and the Copyright Laws before 1800," in *Federal*

*Copyright Records, 1790—1800* (Washington, D. C.: U. S. Government Printing Office, 1987), xxiii.

[30] 与詹姆斯·库克（James Cook）船长的探险队一起航行的康涅狄格州冒险家莱迪亚德在《库克船长最后一次航行的日记》中请求保护。在他的请愿书中，莱迪亚德没有提到作者身份，而是强调了他的文章的公共效用，这篇文章"打开了一个跨越北太平洋到中国和东印度群岛的最有价值的贸易"。See Connecticut State Library: Manuscript (Colleges and Schools, 1661‑1789), series Ⅰ, vol. Ⅱ, document 149, available in *Primary Sources on Copyright*. 关于对莱迪亚德请愿书的分析，参见 Oren Bracha, "Commentary on Andrew Law's Petition 1781," in *Primary Sources on Copyright*。

[31] See e. g. William Billings' Massachusetts petition, Massachusetts Archives, LⅧ, 598‑99, reprinted in Rollo G. Silver, "Prologue to Copyright in America: 1772," 11 *Papers of the Bibliographical Society of the University of Virginia* 259 (1958); Robert Ross' Connecticut petition, *The Public Records of the State of Connecticut*, ed. Charles J. Hoadly (1895), vol. 5, 245; Andrew Law's Connecticut petition, Connecticut State Library, Manuscript (Colleges and Schools, 1661—1789), series Ⅰ, vol. Ⅱ, document 147, available in *Primary Sources on Copyright*.

[32] Noah Webster, "Origin of the Copy-Right Laws of the United States," in *A Collection of Papers on Political, Literary and Moral Subjects* (New York: Webster & Clark, 1843), 174.

[33] *Papers of the Continental Congress, 1774—1789* (No. 78), vol. 4, 369, available in *Primary Sources on Copyright*.

[34] Journal of the Continental Congress, vol. 24, 326‑27; *Papers of the Continental Congress* (No. 24), vol. 4, 91.

[35] See Francine Crawford, "Pre-constitutional Copyright Statutes," 23 *Bull. Copyright Soc'y U. S. A.* 14‑16 (1975); Bracha, "The Adventures of the Statute of Anne," 1446‑47; Oren Bracha, "Commentary on the Connecticut Copyright Statute 1783," in *Primary Sources on Copyright*.

[36] U. S. Const. art. I, § 8, cl. 8.

[37] Annals of Congress, 1st Cong., 2nd Sess., 1093.

[38] Id., 1117.

[39] 1 Stat. 124, § 1.

[40] Curtis, *A Treatise on the Law of Copyright*, 169, n. 1.

[41] See Oren Brahca, "The Ideology of Authorship Revisited: Authors, Markets, and Liberal Values in Early American Copyright," 118 *Yale. L. Rev.* 186, 193 (2008); Martha Woodmansee, "The Genius and the Copyright: Economic and Legal Conditions of the Emergence of the 'Author,' " 17 *Eighteenth Century Stud.* 425, 427 (1984); James Boyle, *Shamans, Software and Spleens: Law and the Construction of the Information Society* (Cambridge, Mass.: Harvard University Press, 1996), 56; Peter Jaszi, "Toward a Theory of Copyright: The Metamorphoses of 'Authorship,' " 1991 *Duke L. J.* 455, 462 - 63.

[42] William Wordsworth, "Essay, Supplementary to the Preface," in Paul M. Zall, ed., *Literary Criticism of William Wordsworth* (Lincoln: University of Nebraska Press, 1966), 158, 184.

[43] See Woodmansee, "The Genius and the Copyright," 426 - 31; Rose, *Authors and Owners*, 114 - 24.

[44] William Blackstone, *Commentaries on the Laws of England* (Oxford: Clarendon Press, 1766), vol. 2, 405 - 6.

[45] See Jane C. Ginsburg, "Creation and Commercial Value: Copyright Protection of Works of Information," 90 *Colum. L. Rev.* 1865, 1874 (1990); Meredith L. McGill, "Copyright in the Early Republic," in Robert A. Gross and Mary Kelly, eds., *A History of the Book in America: An Extensive Republic: Print, Culture, and Society in the New Nation, 1790—1840* (Chapel Hill: University of North Carolina Press, 2011) vol. 2, 199.

[46] Gilreath, "American Literature," xxii. See also Joseph F. Felcone, "New Jersey Copyright Registrations, 1791—1845," 104 *Proceedings of the American Antiquarian Society* 51, 54 - 5 (2004).

[47] 10 F. Cas. 1035 (C. C. D. Mass. 1839).

[48] Benjamin A. Gould, *Adam's Latin grammar, with some improvements and the following additions: rules for the right pronunciation of the Latin language; metrical key to the Odes of Horace; a list of Latin authors arranged according to the different ages of Roman literature; tables showing the value of the various coins, weights and measures used among the Romans* (Boston: Hilliard, Gray, Little, Wilkins, 1829), 3.

[49] Id.

[50] Master in Chancery Report in *Gray v. Russell* (case file).
[51] 10 F. Cas. 1037.
[52] Id.
[53] Id.
[54] Id.
[55] Id., 1038.
[56] Id. See Willard Phillips, *A Treatise on the Law of Insurance* (Boston: Wells and Lilly, 1823).
[57] 10 F. Cas. 1038.
[58] 8 F. Cas. 615 (C. C. D. Mass. 1845).
[59] Id.
[60] Joseph Story, *Commentaries on Equity Jurisprudence*, vol. 2, 215–16.
[61] 8 F. Cas. 620.
[62] Id., 618.
[63] Id., 619.
[64] Id.
[65] Id.
[66] 13 F. Cas. 910, 914–15 (S. D. N. Y. 1850). See also *Reed v. Carusi*, 20 F. Cas. 431 (C. C. D. Md. 1845).
[67] Act of Feb. 8, 1831, ch. 16, § 1, 4 Stat. 436.
[68] 13 F. Cas. 913.
[69] 52 U. S. 248 (1851).
[70] 52 U. S. 267. See John F. Duffy, "Inventing Invention: A Case Study of Legal Innovation," 86 *Tex. L. Rev.* 1, 39–41 (2007).
[71] 13 F. Cas. 913.
[72] Id.
[73] Id.
[74] 其中一些法官和评论者直接引用了斯托里早期的观点。See e. g. *Atwill v. Ferrett*, 2. F. Cas. 195, 198 (C. C. S. D. N. Y 1846); *Mead v. West Pub. Co.*, 80 F. 380, 383 (C. C. D. Minn. 1896); *Banker v. Caldwell*, 3 Minn. 94, 97 (Minn. 1859); Curtis, *A Treatise on the Law of Copyright*, 173. 而其他人则仅仅重申了斯托里的观点，没有引用他的著作。See e. g. *Ladd v. Oxnard*, 75 F. 703, 731 (C. C. D. Mass. 1896); *Brightley v. Littleton*, 37

F. 103, 104 (C. C. E. D. Pa. 1888).

[75] *Boucicault v. Fox*, 3 F. Cas. 977, 982 (C. C. S. D. N. Y. 1862).

[76] *Clayton v. Stone*, 5 F. Cas. 999 (C. C. S. D. N. Y. 1829).

[77] Id., 1003.

[78] Id.

[79] Id.

[80] Id.

[81] Id.

[82] 21 F. Cas. 863 (C. C. D. Oh. 1848).

[83] Id., 864.

[84] Id.

[85] Zvi S. Rosen, "Reimagining Bleistein: Copyright for Advertisements in Historical Perspective," 59 *J. Copyright Soc'y U. S. A.* 347, 351 – 52 (2012).

[86] "The Law of Copyright," *New York Times*, July 25, 1859, 5.

[87] Annual Report of the Librarian of Congress 1872, Misc. Doc. 13, 42nd Cong., 3rd Sess. (1872).

[88] Act of June 18, 1874, ch. 301, § 3, 18 Stat. 78.

[89] Annual Report of the Librarian of Congress 1872, Misc. Doc. 20, 43rd Cong., 1st Sess. (1872).

[90] 140 U. S. 428, 431 (1891).

[91] *Ex parte Palmer*, 58 O. G. 383 (Comm'r Patents, 1892). See also *Ex parte Mahn*, 82 O. G. 1210 (1898).

[92] 140 U. S. 431.

[93] Id.

[94] Id.

[95] Rosen, "Reimagining Bleistein," 364 – 65.

[96] *J. L. Mott Iron Works v. Clow*, the Seventh Circuit 82 F. 316, 321 (7th Cir. 1897).

[97] Id., 318.

[98] Id., 319.

[99] Id., 321.

[100] Id., 318.

[101] *Baker v. Selden*, 101 U. S. 99, 106 (1880); *Higgins*, 140 U. S. 431;

*J. L. Mott Iron*, 82 F. 321.

[102] *Ehret v. Pierce*, 10 F. 553, 554 (C. C. E. D. N. Y. 1880). See also *Collender v. Griffith*, 6 F. Cas. 104, 105 (C. C. S. D. N. Y. 1873).

[103] *Yuengling v. Schile*, 12 F. 97, 100 (C. C. S. D. N. Y. 1882). 在标签方面采用类似方法的案例，参见 *Schumacher v. Schwencke*, 25 F. 466 (C. C. S. D. N. Y. 1885); *Schumacher v. Wogram*, 35 F. 210 (C. C. S. D. N. Y. 1888)。

[104] 12 F. 100.

[105] 188 U. S. 239 (1903).

[106] *Courier Lithographing Co. v. Donaldson Lithographing Co.*, 104 F. 993, 996 (6th Cir. 1900).

[107] 188 U. S. 253.

[108] Story, *Commentaries on Equity Jurisprudence*, vol. 2, 212; Curtis, *A Treatise on the Law of Copyright*, 147-66; Eaton S. Drone, *A Treatise on the Law of Property in Intellectual Productions in Great Britain and the United States* (Boston: Little, Brown, 1879), 181-96.

[109] 16 F. Cas. 920 (C. C. Cal. 1867).

[110] Id., 922.

[111] Id.

[112] Id.

[113] Act of August 18, 1856, 11 Stat. 138, 139, § 1.

[114] 16 F. Cas. 922.

[115] Id.

[116] Id.

[117] Id.

[118] Id.

[119] 关于专利中基于内容的门槛，参见第 4 章。

[120] *Keene v. Kimball*, 16 Gray 545, 548 (Mass. 1860).

[121] Id., 548.

[122] See Peter Decherney, "Gag Orders: Comedy, Chaplin, and Copyright," in Paul Saint-Amour, ed., *Modernism and Copyright* (Oxford: Oxford University Press, 2011), 136-37.

[123] See *Barnes v. Miner*, 122 F. 480, 492 (S. D. N. Y. 1903).

[124] 88 F. 74 (C. C. D. Cal. 1898).

[125] Id.

[126] Id., 77.

[127] Id., 78.

[128] Id., 78 - 79.

[129] Id., 79.

[130] Edward S. Rogers, "Copyright and Morals," 18 *Mich. L. Rev.* 390, 393 (1919—20).

[131] 8 F. Cas. 618 - 19.

[132] Curtis, *A Treatise on the Law of Copyright*, 169.

[133] Id., 173.

[134] Id., 171.

[135] Id., 172.

[136] Id., 186 - 92, 265 - 93.

[137] Drone, *A Treatise on the Law of Property in Intellectual Productions*, 199.

[138] Id., 202.

[139] Id., 208. 为了支持这一主张，德罗纳引用了英国的杰弗里斯诉布西案（*Jeffreys v. Boosey*），10 Eng. Rep. 681 (H. L. 1854)。

[140] Story, *Commentaries on Equity Jurisprudence*, vol. 2, 212.

[141] Id.

[142] Id., 213.

[143] Id., 213 - 14.

[144] Id., 214.

[145] Id., 212. 斯托里承认，他对有疑问案件的责任分配与英国的规则截然相反。Id., n. 5.

[146] 8 F. Cas. 620.

[147] Id., 620 - 21.

[148] Curtis, *A Treatise on the Law of Copyright*, 172.

[149] Drone, *A Treatise on the Law of Property in Intellectual Productions*, 210.

[150] See e. g. *Drury v. Ewing*, 7 F. Cas. 1113, 116 (C. C. S. D. Ohio 1862); *Mutual Advertising Co. v. Refo*, 76 F. 961, 963, (C. C. D. S. C. 1896); *Ladd*

v. *Oxnard*, 75 F. 703, 731 (C. C. D. Mass. 1896).

[151] Drone, *A Treatise on the Law of Property in Intellectual Productions*, 210.

[152] Id.

[153] *Kiernan v. Manhattan Quotation Telegraph Co.*, 50 How. Pr. 194 (N. Y. 1876).

[154] *Henderson v. Tompkins*, 60 F. 758, 763-64 (C. C. D. Mass. 1894).

[155] Id., 763.

[156] Id.

[157] Id.

[158] Id., 764.

[159] Id. 法院可能从阿瑟·科平杰 (Arthur Copinger) 关于英国版权法的论著中获得了关于未报道的英国案件的信息。See Arthur Walter Copinger, *The Law of Copyright in Works of Literature and Art*, 3rd ed. (London: Stevens and Haynes, 1893), 327.

[160] 60 F. 765.

[161] Act of March 3, 1865, 13 Stat. 540, § 1.

[162] See William H. Tablot, *The Pencil of Nature* (New York: Da Capo Press, 1969) (first published in 1846).

[163] See Christine Haight Farley, "The Lingering Effects of Copyright's Response to the Invention of Photography," 65 *U. Pitt. L. Rev.* 385, 395-402 (2003-4); Jane Gaines, *Contested Culture: The Image, the Voice, and the Law* (Chapel Hill: University of North Carolina Press, 1991), 52-65.

[164] See *Wood v. Abbot*, 30 F. Cas. 424 (C. C. S. D. N. Y. 1866); *Udderzook v. Pennsylvania*, 76 Pa. 340 (1874); *Schreiber v. Thornton*, 17 F. 603 (E. D. Pa. 1883).

[165] 111 U. S. 53 (1883).

[166] Farley "The Lingering Effects," 406-7; Helmut Gernsheim, *The Rise of Photography: 1850—1880, the Age of Collodion* (London: Thames and Hudson, 1988), 198.

[167] *Burrow-Giles Lithographic Co. v. Sarony*, 111 U. S. 53 (1884). Transcript Record, Defendant's Answer, 9-10.

[168] *Sarony v. Burrow-Giles Lithographic Co.*, 17 F. 591 (C. C. S. D. N. Y.

1883).

〔169〕 *Burrow-Giles*, Transcript of Record, Statement and Brief for Plaintiff in Error, 17.

〔170〕 Id., 8. 该引文摘自英国上诉法院对诺蒂奇诉杰克逊案（*Vottage v. Jackson*）的裁决，11 Q. B. 627, 635 （C. A. 1883）。

〔171〕 Id., 16.

〔172〕 *Burrow-Giles*, Transcript of Record, Brief on the Part of the Defendant in Error, 12.

〔173〕 Id.

〔174〕 Id., 7.

〔175〕 Id., 12.

〔176〕 Id.

〔177〕 Id., 13.

〔178〕 111 U. S. 57.

〔179〕 Id., 58.

〔180〕 Id., 60.

〔181〕 Id.

〔182〕 Peter Jaszi, "Toward a Theory of Copyright," 481.

〔183〕 See Farley, "The Lingering Effects," 444 – 46.

〔184〕 See *Falk v. City Printing Co.*, 79 F. 321 （C. C. E. D. La. 1897）.

〔185〕 Farley, "The Lingering Effects," 406 – 7; see e. g. *Altman v. New Haven Union Co.*, 254 F. 113, 115 （D. C. Conn. 1918），在该案中，法院努力将标准的高中班级照片描述为"艺术照片"。

〔186〕 *Jewelers' Circular Pub. Co. v. Keystone Pub. Co.*, 274 F. 932, 934 （S. D. N. Y. 1921）.

〔187〕 *Edison v. Lubin*, 122 F. 240 （3rd. Cir. Pa. 1903）.

〔188〕 *Edison v. Lubin*, Affidavit of John J. Frawley, June 24, 1902.

〔189〕 *Edison v. Lubin*, Affidavit of James H. White, June 9, 1902.

〔190〕 122 F. 242.

〔191〕 *American Mutoscope & Biograph Co. v. Edison MFG. Co.*, 137 F. 262, 265 – 66 （C. C. D. N. J. 1905）.

〔192〕 这一规则的例外是巴恩斯诉迈纳案（*Barnes v. Miner*），122 F. 480, 492 （S. D. N. Y. 1903）. 在该案中，法院拒绝保护女演员哈蒂·德拉

罗·巴恩斯（Hattie Delaro Barnes）在更衣室更换服装的电影，这部电影是《社会X射线》（"X-Rays of Society"）舞台剧的一部分。这一决定的理由不是基于伯罗·贾尔斯案对摄影作为非创造性过程的怀疑，而是基于一系列拒绝对被视为粗俗或淫秽的材料进行版权保护的案件。

[193] Farley, "The Lingering Effects," 412–25.

[194] See e. g. Michael Merrill, "Putting Capitalism in Its Place: A Review of Recent Literature," 52 *William & Marry Quart.* 315 (1995); Winfred Barr Rothenberg, *From Market Places to a Market Economy: The Transformation of Rural Massachusetts 1750—1850* (Chicago, Ill.: University of Chicago Press, 1992); Joyce Appleby, *Capitalism and a New Social Order: The Republican Vision of the 1790s* (New York: New York University Press, 1984); James A. Henretta, *The Origins of American Capitalism: Collected Essays* (Boston: Northeastern University Press, 1991); Christopher Clark, *The Roots of Rural Capitalism: Western Massachusetts 1780—1860* (Ithaca, N. Y.: Cornell University Press, 1990); Stuart Bruchey, *Enterprise: The Dynamic Economy of a Free People* (Cambridge, Mass.: Harvard University Press, 1990); Charles Sellers, *The Market Revolution: Jacksonian America 1815—1846* (New York: Oxford University Press, 1991).

[195] See Helmut Lehmann-Haupt, *The Book in America: A History of the Making, the Selling, and the Collecting of Books in the United States*, 2nd ed. (New York: R. R. Bowker, 1951), 122, and *A History of Book Publishing in the United States* (New York: R. R. Bowker, 1972), vol. 1, 206–7; James Gilreath, "American Book Distribution," 95 *Proc. Am. Antiquarian Soc'y* 501 (1986); Ronald J. Zboray, *A Fictive People: Antebellum Economic Development and the American Reading Public* (New York: Oxford University Press, 1993), 5–11; James N. Green, "The Rise of Book Publishing," in Robert A. Gross and Mary Kelly, eds., *A History of the Book in America: An Extensive Republic: Print, Culture, and Society in the New Nation, 1790—1840* (Chapel Hill: University of North Carolina Press, 2011), vol. 2, 75; Michael Winship, "Distribution and the Trade," in Scott E. Casper et al., eds., *A History of the Book in America: The Industrial Book, 1840—1880* (Chapel Hill: University of North Carolina Press, 2007), vol. 3, 117.

[196] Luke White Jr., *Henry William Herbert and the American Publishing*

Scene, 1831—1858 (Newark, N. J., Carteret Book Club, 1943), 7-8.

[197] Meredith McGill, *American Literature and the Culture of Reprinting 1834—1853* (Philadelphia: University of Pennsylvania Press, 2003).

[198] See Ginsburg, "Creation and Commercial Value," 1874.

[199] William Chavart, "The Condition of Authorship in 1820," in Matthew J. Bruccoli, ed., *The Profession of Authorship in America, 1800—1870: The Papers of William Chavart* (Columbus: Ohio State University Press, 1968), 34-35. 据测, 到 1860 年, 教科书占美国出版市场 30%~40%份额, 随后, 这一份额又增加了。Tebbel, *A History of Book Publishing*, vol. 1, 222.

[200] *New York Tribune*, June 7, 1860, 1.

[201] Marc Galanter, "Why the 'Haves' Come Out Ahead: Speculations on the Limits of Legal Change," 9 *L. Soc'y Rev.* 95 (1974).

[202] See *Edison v. Lubin*, 122 F. 240 (3rd Cir. Pa. 1903); *American Mutoscope & Biograph Co. v. Edison MFG. Co.*, 137 F. 262, 265-66 (C. C. D. N. J. 1905).

[203] See Morton J. Horwitz, *The Transformation of American Law 1780—1860* (Cambridge, Mass.: Harvard University Press, 1977), 160-88. 赫伯特·霍温坎普 (Herbert Hovenkemp) 将经济理论中价值概念与法律变化相联系, 例如工资基金理论作为监管的式微, 或公司法中无偿股份制度的消亡。Herbert Hovenkemp, "The Marginalist Revolution in Legal Thought," 46 *Vand. L. Rev.* 305, 345-58 (1993).

[204] Hovenkamp, "The Marginalist Revolution," 310, 324.

[205] Benjamin Franklin, "Positions to Be Examined Concerning National Wealth," in J. Bigelow, ed., *The Works of Benjamin Franklin* (New York: Putnam's Sons, 1887), vol. 4, 236.

[206] Francis Wayland, *The Elements of Political Economy* (Boston: Gould and Lincoln, 1853), 15-24.

[207] Oliver Putnam, *Tracts on Sundry Topics of Political Economy* (Boston: Russell, Odiorne, 1834), 4.

[208] William Stanley Jevons, *The Theory of Political Economy* (London: Macmillan, 1871), 82.

[209] Arthur Latham Perry, *Elements of Political Economy*, 6th ed.

(New York: C. Scribner, 1871), 51.

[210] *Barnes v. Miner*, 122 F. 492.

[211] *Emerson v. Davies*, 8 F. Cas. 620.

[212] 这方面的一些开创性著作是: Oscar Handlin and Mary Flug Handlin, *Commonwealth: A Study of the Role of Government in the American Economy: Massachusetts 1774—1861* (New York: New York University Press, 1947); Louis Hartz, *Economic Policy and Democratic Thought: Pennsylvania 1776— 1860* (Cambridge, Mass.: Harvard Universty Press, 1948); Carter Goodrich, *Government Promotion of American Canals and Railroads 1800—1890* (New York: Columbia University Press, 1960); Harry N. Scheiber, "Government and the Economy, Studies of the Commonwealth Policy in Nineteenth Century America," 3 *J. Interdisciplinary Hist.* 135 (1972)。

[213] Handlin and Handlin, *Commonwealth*, 170 - 89; Scheiber, "Government and the Economy," 136; Lawrence Frederick Kohl, *The Politics of Individualism: Parties and the American Character in the Jacksonian Era* (New York: Oxford University Press, 1989), 133 - 44; Harry L. Watson, *Liberty and Power: The Politics of Jacksonian America* (New York: Hill and Wang, 1990), 34 - 35.

[214] Elise Tillinghast, "A Literary Controversy in 1807 New York: Early Americans' Competing Views of Copyright Law" (unpublished manuscript, 2002).

[215] *The Weekly Inspector*, February 28, 1807.

[216] *The People's Friend*, March 7, 1807.

[217] *Atlantic Magazine*, February 1, 1825, 272, 273.

[218] Id., 280.

[219] Id., 273.

[220] F. Cas. 621.

[221] Cf. Morton J. Horwitz, *The Transformation of American Law 1870—1960: The Crisis of Legal Orthodoxy* (New York: Oxford University Press, 1992), 9 - 19, and Thomas C. Grey, "Langdell's Orthodoxy," 45 *U. Pitt. L. Rev.* 1 (1983), with Duncan Kennedy, *A Critique of Adjudication* (Cambridge, Mass.: Harvard University Press, 1997), 105, and David Rabban, *Law's History: Late Nineteenth-Century American Legal Scholarship*

and the Transatlantic Turn to History (Cambridge: Cambridge University Press, 2013), 473 - 85, 512 - 19.

[222] Horwitz, *The Transformation of American Law 1870—1960*, 16 - 17.

[223] *Henderson v. Tompkins*, 60 F. 763 - 64.

[224] *Bleistein v. Donaldson Lithographing Co.*, 188 U. S. 239 (1903).

[225] Diane Leenheer Zimmerman, "The Story of *Bleistein v. Donaldson Lithographing Company*: Originality as a Vehicle for Copyright Inclusivity," in Jane C. Ginsburg and Rochelle Cooper Dreyfuss, eds., *Intellectual Property Stories* (New York: Foundation Press, 2006), 78.

[226] Id., 80.

[227] *Bleistein v. Donaldson*, Brief on Behalf of Plaintiffs in Error, 8.

[228] *Courier Lithographing Co. v. Donaldson Lithographing Co.*, 104 F. 993, 996 (6th Cir. 1900).

[229] *Bleistein v. Donaldson Lithographing Co.*, 188 U. S. 253.

[230] *Bleistein v. Donaldson Lithographing Co.*, 98 F. 608, 611 (C. C. D. Ky. 1899).

[231] *Bleistein v. Donaldson*, Brief for Defendant in Error, 23.

[232] Sheldon M. Novick, *Honorable Justice: The Life of Oliver Wendell Holmes* (Boston: Little, Brown, 1989), 254.

[233] *Bleistein v. Donaldson*, Brief on Behalf of Plaintiffs in Error, 10.

[234] Id., 10, 53.

[235] Id., 11.

[236] Id., 26.

[237] Id., 25 - 26.

[238] 188 U. S. 250.

[239] Id., 251.

[240] *Chicago Record-Herald*, February 3, 1903.

[241] 188 U. S. 250.

[242] Drone, *A Treatise on the Law of Property in Intellectual Productions*, 198.

[243] *The Trademark Cases*, 100 U. S. 82, 94 (1879).

[244] See Robert Brauneis, "The Transformation of Originality in the Progressive-Era Debate over Copyright in News," 27 *Cardozo Arts Ent. L. J.*

321, 326 (2009 - 10).

[245] See e. g. *Higgins v. Keuffel*, 140 U. S. 431; *Burrow-Giles Lithographic Co.*, 111 U. S. 57 - 60 (1884); *Am. Mutoscope & Biograph Co.*, 137 F. 265 - 67; *Courier Lithographing Co.*, 104 F. 994 - 95; *Falk v. City Item Printing Co.*, 79 F. 321; *Falk v. Donaldson*, 57 F. 32, 34 (C. C. S. D. N. Y. 1893).

[246] See Brauneis, "The Transformation of Originality. "

[247] *Blunt v. Patten*, 3 F. Cas. 763 (S. D. N. Y. 1828); *Lawrence v. Dana*, 15 F. Cas. 26, 60 (C. C. D. Mass. 1869); *Farmer v. Calvert Lithographic, Engraving & Map Publishing Co.*, 8 F. Cas. 1022, 1026 (C. C. E. D. Mich. 1872); *Banks v. McDivitt*, 2 F. Cas. 759 (C. C. S. D. N. Y. 1875); see generally Brauneis, "The Transformation of Originality," 328 - 32.

[248] Richard B. Kielbowicz, "News Gathering by Mail in the Age of the Telegraph: Adapting to a New Technology," 28 *Technology and Culture* 26, 28 - 38 (1987); Brauneis, "The Transformation of Originality," 339 - 45.

[249] Brauneis, "The Transformation of Originality," 350 - 59.

[250] A Bill Granting Copyright to Newspapers, S. 1728, 48th Cong., 15 Cong. Rec. 1578; H. R. 5850, 48th Cong, 15 Cong. Rec. 1758.

[251] "Stealing News," *Nation*, February 21, 1884, 159.

[252] *National Tel. News Co. v. Western U. Tel. Co.*, 119 F. 294 (7th Cir. 1902).

[253] *National Tel. News Co. v. Western U. Tel. Co.*, Brief for Appellee, 10.

[254] Id., 8.

[255] Id., 9.

[256] 119 F. 297.

[257] Id., 298.

[258] *International News Service v. Associated Press*, 248 U. S. 215, 234 (1918).

[259] 119 F. 301.

[260] 248 U. S. 234.

[261] 1 Stat. 124, § 1.

[262] Act of Apr. 29, 1802, ch. 36, § 2, 2 Stat. 171.

[263] 4 Stat. 436, § 1.

[264] Oren Bracha, "Commentary on the U. S. Copyright Act 1831," in *Primary Sources on Copyright*.

[265] See Alfred L. Bernheim, *The Business of the Theatre: An Economic History of the American Theatre, 1750—1932* (New York: B. Blom, 1964), 20; Thomas J. Walsh, "Playwrights and Power: A History of the Dramatists Guild," Ph. D. diss., University of Texas (1996), 10.

[266] Bernheim, *The Business of the Theatre*, 19.

[267] Felicia Hardison Londré and Daniel J. Watermeier, *The History of North American Theater: The United States, Canada, and Mexico: From Pre-Columbian Times to the Present* (New York: Continuum, 1998), 116 - 32; Bernheim, *The Business of the Theatre*, 27 - 28.

[268] Quoted in Montrose J. Moses, *The American Dramatist* (Boston: Little, Brown, 1925), 86 - 87.

[269] Id., 89.

[270] Russell Sanjek, *American Popular Music and Its Business: The First Four Hundred Years* (New York: Oxford University Press, 1988), vol. 2, 33; Clement E. Foust, *The Life and Dramatic Works of Robert Montgomery Bird* (New York: Knickerbocker Press, 1919), 147 - 50.

[271] S. 227 A Bill to Secure to the Authors of Dramatic Works Their Property Therein, 26th Cong. (1841).

[272] H. R. 9, 28th Cong., 1st Sess. (January 3, 1844).

[273] "Letter from Acorn," *Spirit of the Times: A Chronicle of the Turf, Agriculture, Field Sports Life*, September 6, 1856.

[274] "Dramatic Copyright," *New York Daily Times*, June 24, 1856.

[275] "Copyright in a New Phase," *American Publishers' Circular and Literary Gazette*, June 28, 1856.

[276] See Oren Bracha, "Commentary on the U. S. Copyright Act Amendment 1856," in *Primary Sources on Copyright*. 演员兼剧作家迪翁·布西科（Dion Boucicault）声称自己在推动1856年修正案活动中发挥了主导作用。See Dion Boucicault, "Leaves from a Dramatist's Diary," 149 *N. Am. Rev.* 228, 230 (1889); Richard Fawkes, *Dion Boucicault: A Biography* (London and New York: Quartet Books, 1979), 91. 这一说法在已知的当代来源中几乎没有得到支持。

[277] 11 Stat. 139.

[278] 32 Cong. Globe 1647 (July 16, 1856).

[279] 德罗纳 (Drone) 的 1879 年的论著中有一个很长的部分专门讨论他所说的"戏剧权",他指的是未出版的戏剧作品的普通法版权,包括公开表演权。Drone, *A Treatise on the Law of Property in Intellectual Productions*, 533. 杰茜卡·利特曼 (Jessica Litman) 表明,未出版戏剧作品的普通法版权并不早于 1856 年修正案,而是在修正案后不久由法院"发明"的。See Jessica Litman, "The Invention of the Common Law Play Right," 25 *Berkeley Tech. L. J.* 1381, 1404 (2010).

[280] "Plays and Playwrights," *New York Daily Times*, September 9, 1856.

[281] An Act for Encouraging the Art of Making New Models and Casts of Busts, and other things therein mentioned, 1798, 38 Geo. III, c. 71.

[282] Senate Journal, 16th Cong., 1st Sess., March 1, 1820, 196.

[283] Charles E. Fairman, *Art and Artists of the Capitol of the United States of America* (Washington, D.C.: G.P.O., 1927), 46.

[284] Senate Journal, 16th Cong., 1st Sess., May 8, 1820, 384.

[285] Serial Set Vol. No. 27, Session Vol. No. 2, 16th Congress, 1st Sess., May 8, 1820, S. Doc. 129.

[286] Gustavus Myers, *History of the Great American Fortunes* (Chicago: C.H. Kerr, 1910), vol. 1, 137.

[287] 41 Annals of Congress Senate, 18th Congress, 1st Sess., April 12, 1824.

[288] S. 77 A Bill Extending the Benefit of Copyrights to the Authors of Paintings or Drawings, 18th Cong., 1st Sess., March 23, 1824, in Senate Journal, 18th Cong., 1st Sess., March 30, 1824.

[289] 41 Annals of Congress Senate, 18th Congress, 1st Sess., April 12, 1824.

[290] Edward C. Lester, *The Artists of America: A Series of Biographical Sketches of American Artists* (New York: Baker & Scribner, 1846), 210.

[291] Memorial of John A. Brevoort and O. S. Fowler, Serial Set Vol. No. 319 Session Vol. No. 6, 25th Congress, 2nd Session, S. Doc. 475, June 8, 1838, 25th Congress, 2nd Session.

[292] Journal of the Senate, 41st Cong., 1st Sess. 17, March 8, 1869.

[293] Neil Harris, *The Artist in American Society: The Formative Years: 1790—1860* (New York: G. Braziller, 1966) 254 - 55; Lillian B. Miller, *Patrons and Patriotism: The Encouragement of the Fine Arts in the United States, 1790—1860* (Chicago, Ill. : University of Chicago Press, 1966), 213.

[294] Harris, *The Artist in American Society*, 258 - 61.

[295] Ibid., 255; Miller, *Patrons and Patriotism*, 85 - 138.

[296] Harris, *The Artist in American Society*, 113 - 15.

[297] The Petition of the undersigned officers of the Cincinnati academy of fine arts and others, N. A. 41A-H. 8-1 Committee on Patents.

[298] Congressional Globe, 41st Cong., 2nd Sess., April 20, 1870.

[299] Act of March 4, 1909, ch. 320, § 4, 35 Stat. 1075, 1076.

[300] Id., § 4, 1077.

# THREE 3

# 财产的客体：智力作品的权利归属

  作者身份的另一面是权利归属（ownership）。众所周知，19世纪的法学家致力于将以版权为核心的作者身份这一抽象概念转化为具体的制度安排（institutional arrangement）。他们在智力客体（intellectual objects）的相关概念上也面临着同样的挑战。谁是思想成果的所有者？如果财产是指所有者和客体之间的关系，那么财产所依存的客体究竟是什么？如果财产界定了所有者相对于第三人对该所有客体所拥有的权益与权力，那么究竟如何确定所有者拥有了一个无形的、没有明显物质界限（该界限可能被限制或侵犯）的财产？

  回答第一个问题并不难，作者财产（authorial property）所能达到的理想状态，即作者成为他们思想所产生的智力成果的所有者。毫无疑问，1790年的版权制度就是建立在这样的正式原则基础之上，即最初的财产权属于作者。然而，到了19世纪后期，涌现出许多强大的势力来反对这一原则的广泛应用。现在，许多有价值的作品都是通过分工合作完成的。比如地图、广告平版印刷、目录册以及后来的电影等作品都是通过雇佣关系（通常是公司雇佣关系）制作的，而不是由单独的艺术家或工匠制作的。这种关系越来越多地涉及商人或管理阶层的密切监督，他们通常会严格把控作品的生产和经济开发。许多作品需要多个创作者的通力合作，而他们工作的协调性通过实体组织的控制过程来实现。整个过程产生了一种需求，这种需求以经济学上"需求"的名义，要求将初始权利授予这种具有协调性的实体组织，而非创造者个人。到了 20 世纪初，依据 1909 年《版权法》确定的法定授权原则，法院创设了雇佣创作的权属归属规则，规定在许多情况下作者不再是所有者。虽然作者所有（authorial ownership）在其领域已然不再具有太多的实际意义，但这一原则却从未被完全弃置。因此，版权归属（copyright ownership）成为一个概念领域，作者身份的思想观念呈现出一种特别扭曲的形式，一方面"谁创造谁拥有"的作者财产原则经常被忽略，但另一方面又不愿意彻底放弃该原则。

首先，通过从传统的印刷商特权（printer's privilege）框架中提取的概念，解决了财产的无形客体（intangible object of property）和该客体归属的本质问题。在保护和侵权的管辖范围原则中，隐藏着对版权的财产客体即"复制品"（copy）的狭隘的、半唯物主义的理解。这与一种广义的所有权概念相吻合，即只有在拥有制作复制品的专有权的前提下，才能合法复制受保护的文本。因此，在 1834 年美国人经历他们自己的文学财产争论（literary property debate）时，将版权作为一种普通法财产权的捍卫者宣称："问题不在于思想上的财产权利，而在于书籍上的财产权利。"[1]然而，到了该世纪末，印刷商印制复制品的特权被截然不同的权属观念（idea of ownership）所取代。新模式将版权视为一种多态性权利（polymorphic right），使其在市场中以各种形态充分发挥经济利益，体现它作为智力商品所具有的市场价值。随着版权明显地成为思想的财产而非书籍的财产，社会上出现了一种必须加以抑制的焦虑：对于将私人所有作为一种思想和知识流动的控制手段的恐惧。新的理论边界设置机制得到了发展，如合理使用原则和思想表达两分法，从而取代了已经过时的机制。在实际应用中，这些机制可以规范版权保护迅速扩张的范围。除此之外，这些机制还有另一种功能，即与作者身份的版权含义一样都具有思想观念属性：在对自由获取知识的深切期盼与允许对知识进行前所未有的私人控制的法律形式之间存在着矛盾，这些机制发挥着协调两者之间的紧张关系的作用。

## 雕刻家不经常接触大理石：作者就是所有者吗？

有时版权的作者身份使法律不能采取明显与之不一致的形式。然而在其他情况下，官方的版权思想观念和现实制度之间的紧张关系还是显而易见的。版权归属（ownership of copyright）规则的发展就是一个最好的例证。1846年，利维·伍德伯里法官当即驳回了一名雇主要求将其对雇员作品的版权再延长14年的要求，"构思这本书的创作灵感和编纂这本书的辛勤劳动才值得奖赏",他如是写道,同时他提到雇主的这一主张是基于这样一种原则:"赞助者曾帮助过那些因创作灵感而得到财富的天才。"[2] 53年后,另一个联邦法院发现了一个十分明显的事实,受薪雇员的"文字产品"(literary product)是雇主的财产,雇员"与任何陌生人一样无权复制或翻印"[3]。在过去的半个世纪里,雇员作者(employee author)到底是如何从他们作品的所有者转变为非所有者,即雇佣劳动者(wage laborer)的呢?

创作者的利益和那些利用作品进行商业开发者的利益之间的紧张关系,就像版权历史一样悠久。在书商享有版权或殖民地特权的时代,法律的优先次序是明确的。出版商或商人是法律权利的主要享有者。作者的利益要么被忽视,要么被边缘化。18世纪,人们对作者版权的全新关注改变了这一点。作者之所以享有版权,是有正当性基础的,其基本含义是:那些基于自身的智力劳动而产生属于自己的作品的人,应当是法律权利的主要享有者。各州的版权法和1790年联邦的版权法坚定地赋予了作者这一法律主体地位。当然,商人利益并没有因此而消失,而是转变成了一种派生权益(derivative status)。促成这一现象的法律机制是版权的可转让性。版权的可转让性并非不可避免。[4]然而,《安妮法令》的制度先例以及可以追溯到早期书商版权的英国数百年的实践,却使版权的可转让性成为一个必然的结局。美国人在建立自己的版权制度时,更是把版权的可转让性视为理所当然的事。[5]然而,版权的可转让性发挥着重要的中介作用。在保留了作者作为版权正式的、主要的持有者地位的同时,可转让性也允许商人实际拥有和管理这一权利。在联邦版权制度确立的头十年中，由"所有者"（proprietors）完成的大量版权登记就证明了这种分离是经常发生的。[6]

19世纪上半叶，法院谨慎地维护着作者作为其创作物的主要所有者的法律地位。他人直接对作者所有原则进行挑战，并对其作品提出权利主张的情况并不多见。这个问题通常出现在另外两种类型的案件中：作为雇员的作者或委托作品的作者对侵权者提起的诉讼[7]，以及更常见的雇主或委托者对侵权者提起的诉讼。[8]在这些案例中，法院只是依据一项简单而明确的规则来推定版权作者所有或者非作者所有，即作品的创作者是作品的版权所有者，除非该版权被明示转让。[9]正如一个法庭所言："文学财产的所有权属于作者，他的智慧产生了思想，并将其思想融入作品，除非他通过合同将其所有权转让给另一个人。"[10]在极少数情况下，一个作者与另一个声称拥有版权的人之间存在直接冲突，比如皮尔庞特诉福尔案（*Pierpont v. Fowle*）——1846年的案件让伍德伯里坚决支持版权作者所有——也适用了同样的规则。[11]这条规则基于这样一种假设，即作者既需要脑力劳动，也需要与其作品之间的个人联系，从而产生强烈的专有性利益。同年，另一个法院也解释了这一基本原理："一个人的智力成果是他自己的，尽管它们可能是作者在为他人工作时创作出来的，但这不会被视为作者放弃了他的权利。"[12]

实际情况可能要比正式规则所能解决的更复杂。至少在一些特殊情况下，由于创作过程传统上是协作完成的或是在一个合作单位的监督下完成的，创作者不被视为所有者。地图制作就是一个典型例子。证据表明，在这一领域，协调地图制作过程的出版商被视为原始所有者，而不管测量员、雕刻师和印刷商是否明确转让自己的权利。[13]版权所有者进行了大量的早期版权登记，由此引出了这样一个问题：作者的转让是真实的、有报酬的交换，还仅仅是名义上的行为？[14]然而，在版权制度建立的前半个世纪，其最基本的实质规则就是明确的版权作者所有原则。

这一规则在19世纪下半叶开始瓦解。雇佣或委托作者进行创作的人愈加频繁地对作者权利进行挑战，而法院有时也愿意受理这类案件。作者和商人就相互冲突的权利归属要求进行谈判而建立的法律机制，主要是默示转让或者推定转让规则。这一趋势的前兆是1861年基恩诉惠特利案（*Keene v. Wheatley*），法院在一部由雇佣演员制作的改编剧中承认了剧院作为所有者的权利。[15]这一决定并非基于版权法，而是基于"衡平法原则"[16]，虽然看起来只是形式主义上的区别，但该决定是一种全新的主张。由于该雇员"在自愿履行这一职责的过程中"创作了这些改编作品，法院推断，该雇主"之所以成为该作品的版权所有者，是因为在雇佣的过程中，他在特定的服务中运用了自己的智慧"[17]。法院并没有把雇员所签订的实际转让合同作为得出该结论的依据，取而代之的是，它依赖于一系列新合同和商业秘密的案例，从而推断出一般的"戏剧表演者对其雇主所应承担的义务"[18]。在后来的几年里，法院逐渐放弃了明确的默认规则（default rule），开始认为权属分配是由当事人之间的默示意图决定的，并植根于他们之间法律关系的基本属性之中。1869年的劳伦斯诉达纳案

(*Lawrence v. Dana*)中极具影响力的法官意见,将作品的初始权利赋予了委托创作该作品的人,其依据的主张是:"所有权归属于所有者……就像协议条款中必然隐含的那样。"法院解释道:"一个人可以对另一个人的劳动享有一项衡平法的所有权,他们之间的法律关系是前者有权通过转让获得后者的劳动成果。"[19]这一时期的其他案件,无论是遵循传统的作者所有规则,还是将权利分配给雇主,事实上也都采取了类似立场的分析方法。[20]

新方法的关键点在于,双方之间的相关转让意图是默示的、推定的。简而言之,这意味着法院不再要求任何背离默认规则的行为人进行实际权利转让,而是从双方关系的情况推断出双方的转让意图。由于坚定支持作者所有的趋势有所衰减,默示转让意图的构想有助于缓和由此带来的冲击。这一概念模糊了外部强行剥夺创作者所有的法律规则和传统上基于私人自愿转让协议这两者之间的区别。[21]

在19世纪的最后25年里,将版权权属从创作者手中分配出去的压力越来越大。产生这些压力的经济背景是合作与分级协调这种创作形式的重要性愈加明显。这些创作模式,在传统制图或平版印刷等行业中很常见,现在已经扩展到其他领域。19世纪末,原先可能只需由一个单独项目推进的工作(比如词典或目录制作),此时更有可能由多个合作者共同完成,他们的工作由一个商人协调和监督。在广告、杂志出版以及后来的电影等与版权相关的新行业中,创作工作都是严格按照这种合作和分级协调的模式组织起来的。在许多情况下,特别是在企业化环境下,创作者常常都是负责协调的商人所雇佣的正式员工。管理和控制创作者工作的商人，在这样的情况下，往往会从提高经济效率的角度主张雇员创作者的作品的最初版权应该属于商人或他们所管理的公司所有。他们认为，权利转让这一方法过于烦琐，甚至可以说是不可行的，尤其是在版权的第一个14年保护期结束后，续展权将回到作者或其继承人手中，这使得出版商不得不"在全世界搜寻作者的遗孀和合法子女继承人"[22]。出版商的这些诉求越来越多地得到了法院的同情，进而破坏了默示转让意图的调节机制，并导致了这一规则的最终崩溃。在19世纪80年代左右，关于雇员版权归属的混乱的法律规则表明，作者财产所有原则与商人对其雇员的创造性产品的原始权利的要求之间的冲突日益加剧，默示转让规则也无法遏制这种局面。[23]

在世纪交替之际，判例法中的默认规则发生了变化。新规则规定，在没有明示转让的情况下，雇主拥有其雇员的创造性产品的版权。[24]雇主现在成为雇佣关系中产生的智力成果的主要合法所有者。1909年，在出版商的游说下，立法机关也采取了相同的举措。他们认为，在制作百科全书或目录等情况下，出于经济利益的考虑，雇主拥有版权和续展权的初始权属是必要的，更何况作品是由众多贡献者合作创作的，因此事先转让权利并不具有可操作性。[25]针对这些游说，1909年《版权法》第62条作出了简短但意义重大的回应，宣称"在基于雇佣关系的情况下，'作者'一词应包括雇主"[26]。这一法律措辞虽然含糊不清，但具有明确的含义：对于基于雇佣关系产生的作品而言，在法律上，雇主应被视为作者，因此也应被视为原始的版权所有者。

伯纳德·埃德尔曼（Bernard Edelman）将法国和德国在电影版权方面的平行法律发展描述为这样一个过程：在这个过程中，"对法律而言，资本的决定性影响变成了创造性影响；资金方向变成了创意方向；作者变成了无产者，他们的工作是完成'一项任务'，而不是创造性活动，其作用介于人与机器之间"[27]。雇员创作者权利（employee-creators' ownership）衰减的直接原因是版权作品日益商品化。其中许多作品的生产过程开始与其他商品的生产类似：这一过程包含了商人或其代理人以公司管理的形式进行分级监督，以此协调多人创作的劳动。这种生产模式促使雇主以经济效率的名义，要求对其雇员创作的产品拥有权利。他们还让这种需求看起来是理所当然的。毕竟，所有人都清楚，对于一个物质性工业产品而言，商人拥有员工劳动的产品是不需要明示地合同转让的。因此，与工业产品在生产过程上相似的创作性产品又有何特殊？当创作性生产与工业生产无异时，将工业生产的权属模式运用到创作性生产上就更加理所当然了。权利雇主所有（employer ownership）似乎是雇佣关系的固有属性。在这些情况下，创作者越来越多地表现为服从他人的雇佣劳动者，而不是具有创作精神的个体，这使得创作者更容易放弃其作者身份及对版权作者所有的要求。因此，在1909年《版权法》颁布之前的立法讨论中，美国作家版权联盟秘书长罗伯特·安德伍德·约翰逊（Robert Underwood Johnson）曾一度对所提议的雇佣权属原则表示反对。他并未对雇主享有原始权利归属提出异议，而是认为雇主取得这一权属的身份"应当是版权所有者，而不是作者"[28]。对于约翰逊而言，区分版权所有者和作者是很重要的，然而雇员创作者被同时剥夺作者身份和所有者身份从来都不是问题。

到了 20 世纪初，以作者身份为基础的版权构成要素在大量作品中已经消失。创作者甚至不再是他们的智力劳动产品的名义所有者。在权属规则和以独创性为前提的原则（版权建立在作者身份之上）之间，形成了相当紧张的关系。然而，即使在作者身份受到限制的版权领域，这一概念也没有被完全抛弃。相反，作者身份的概念不断以扭曲和反常的形式出现。正如凯瑟琳·菲斯克（Catherine Fisk）所指出的，版权越来越强调作者身份的本质是一个不可削弱的个体，是智力创造的主体，同时却又允许作者的创作力被他人雇佣，两者矛盾地结合在一起会有些奇怪。[29]例如，在布莱斯坦诉唐纳森平版印刷公司案中，霍姆斯主张作者是一个不可削弱的个体，作者所创作的作品都是独一无二的，同时他也理所当然地认为，本案的平版印刷画创作者只是雇佣劳动力，他们的智力成果属于雇佣他们的公司。[30]尽管看起来很奇怪，但这种概念上的混合并不是偶然的。作者身份以思想意识的形式，为那些将创作者变成非所有者，即雇佣劳动者的规则提供了正当性依据。

这种逻辑的一种常见形式是，将创作者的署名权投射到拥有其智力产品的雇主身上。例如，一名被控侵犯《英美法律百科全书》（American and English Encyclopaedia of Law）版权的被告就试图挑战这样一种说法，"原告，一家公司，可以成为作者，因此成为作品的原始所有者，而不是版权的受让人"。他提出，公司"仅仅是一种法律拟制主体，而不是在美国法律意义上享有版权的作者。因为公司既不能从事智力劳动,也不能生儿育女"[31]。不过法院并不支持这种辩解,反而认为原告的出版物"是其所雇佣编辑人员的智力劳动成果"。法院同时指出:"让(原告)逐一列出所有参与作品准备的人员姓名,既是无必要的,也可能是并不太现实的(impracticable)。"[32] 属于作者的标志,独一无二的个人标志,现在被归结为一群抽象的、无名的"编辑",甚至无法具体描述他们的身份。这些无名劳动者的原始作者身份(original authorship)并不能使他们成为所有者,反倒是成全了他们的企业雇主,并证明了雇主取得财产权的正当性。

在舒马赫诉施文克案(*Schumacher v. Schwencke*)[33] 的判决中,法官进一步说明了这一逻辑。该案主要涉及一幅可能被作为雪茄盒标签设计的画作。判决的推理过程使人联想到一种代理人关系,一方面,原告公司被描述为具有"原创性、创造性和大师头脑",是一个被赋予了创造性的主体。而另一方面,雇员绘画者则被看作一种机械性的延伸,他们的作用仅仅是执行指令。[34] 这一判决传达出绘画者角色缺乏创造性的本质,这幅画"实际上是由查尔斯·斯特克(Charles Stecher)所作,他是这个国家的公民,也是原告所雇佣的绘画者"。然而,一个公司是如何被赋予创造性的大师头脑呢?这一判决通过将主要管理者的主体性与公司联系起来,使这一夸张的比喻成为现实。因此,该公司总裁西奥多·舒马赫(Theodore Schumacher)被形容为"一位颇有造诣的艺术家",他"构思并设计"了这幅画的理念。[35] 将绘画者的从属性角色与公司管理的控制和创造性相结合,就完整建构出了

## 美国
知识产权制度的观念起源（1790—1909）

绘画者与公司之间的代理人关系：

> 由绘画者斯特克来执行舒马赫设计思路的事实，并不会否定作品版权的存在。雕刻家很少接触雕刻雕像的大理石。在考虑具体主体的问题时，体现舒马赫思想的画笔被另一位绘画者而不是他自己持有，这一点并不重要。[36]

很难说舒马赫究竟能在多大程度上像绘画大师米开朗琪罗（Michelangelo）一样，利用自己的创造性视野和方向有效地控制一个学徒，使其机械性地执行他所分配的任务。但是，很显然法院在结合了作者身份和代理人两项关键要素的基础上，从概念上论证了公司享有智力创作物权属的正当性。这一论证主要分为两步：首先将所有创造主体性都赋予管理者而非雇员，然后再将管理者的主体性赋予公司本身。从这个意义上讲，舒马赫案就是企业自由主义逻辑在版权领域中的应用。该判决的推理符合这一时期相关公司法理论的发展趋势，即将权利和义务从与公司有关的个人转移到公司本身上，并和公司的管理架构保持一致。[37]

直觉不会错。版权律师们其实非常清楚，版权从来都没有充分体现以原创作者身份为基础的权利归属原则，甚至在某些部分还在进一步背离这一原则。但在这种清醒的理解和对作者身份框架的持续使用之间，存在着一种令人不安的共存——一种摒弃和尊重同时出现的奇特混搭。在 1909 年《版权法》制定之前的预备会议上，关于雇佣作品规则的讨论就是鲜活的例证。最终通过的制定法条款将雇主界定为作者，从而将版权移转给雇主所有。对于每一位参与该立法的人而言，这一点是再清楚不过的：版权作者所有原则没有得到维持，反而正在被摒弃。整个会议期间，出版业的代表都很清楚，他们想要的是赋予雇主权利，这将完全剥夺实际创作者的独创性和续展权。[38]立法建议的最初文本中并没有将雇主视为作者。[39]将雇主定义为作者主要是为了使用统一的复合性术语来指代所有的原始版权所有者，从而达到简化法案结构的目的。[40]然而，在整个会议期间，作者身份的实质性问题不断被提出。其中人们最关切的问题是，宪法条款仅限向作者本人授予原始权利。正如塞缪尔·詹姆斯·埃尔德（Samuel James Elder）向与会者解释的：“当谈到谁可以取得版权的问题时，你将既受到宪法仅对作者授权的措辞的限制，同时又受到法院业已赋予作者受让人权利的扩张理念的制约。"[41]然而，权利雇主所有的主张往往基于经济上的需求，希望雇主成为作品的原始所有者，而不是作为处于派生地位的权利受让人。在整个会议期间，与会者持续表达对宪法明定仅有作者取得专有权的规定将可能限制雇主原始取得权利的高度关注。[42]最后，达成一致的解决方案就是直接将雇主定义为作者。美国国会图书馆馆长乔治·赫伯特·帕特南（George Herbert Putnam）解释说，当美国作家版权联盟的理查德·鲍克（Richard Bowker）提出这一策略时，他认为"冲动源自国会制定版权法的授权，即宪法……因此版权法必须规定'作者'可能都包括什么"。[43]。鲍克本人简洁地解释了这一策略："换句话说，每个人都是作者。"[44]因此，作者身份既受人尊敬，又遭人唾弃。它一方面被视为神圣的宪法原则，对版

*136*

权的权属分配施以实际的限制，但另一方面也被轻易地绕过，通过制定法定义使任何人都成了作者。作者身份观念的矛盾状态最明显的莫过于权属分配这一领域。

## 复活的文学财产之争：惠顿诉彼得斯案

18世纪末以来，将版权视为文学财产（literary property）已成为一种传统观念，这一观念使人们在概念层面面临着巨大的挑战。威廉·布莱克斯通在其颇具影响力的评论中，曾将财产描述为"一个人对外部事物的唯一和专制的统治，排除世界上其他个人对该物的权利"[45]。要想将版权融入这个财产模式，至少需要一个所有者和由其所有的外部事物。事实证明，界定版权的财产客体比确定其所有者要难得多。版权所有者行使"唯一和专制的统治"所依托的外部事物究竟是什么？在19世纪早期，关于版权性质的哲学或理论讨论也很少给出这一问题的答案。相反，美国人在处理版权的实用性问题时，所实施和发展的法律规则中隐含了这一问题的答案，即主要解决权利范围和侵权问题。

在此种背景下，1834年的惠顿诉彼得斯案（Wheaten v. Peters）引起了社会极大的关注。[46]美国最高法院首次对版权纠纷作出的判决，让我们能够以一种独特的视角看到美国人在这个罕见的理论问题上，如何实现无形物权属（ownership of intangibles）的概念化。惠顿诉彼得斯案是第一个同时也是最重要的一个"伟大的案例"，因为它击中了问题的要害。亨利·惠顿（Henry Wheaton）是最高法院的第三任判例报道官，小理查德·彼得斯（Richard Peters Jr.）是第四任。大家都说，彼得斯编撰发布的判决质量不如他的前任。然而，他以发达的商业敏感弥补了自己在学术倾向和分析精准方面的不足。彼得斯发现了新的商机，便着手以简明扼要、低成本的方式重新编撰发布最高法院以往的判决。此前的最高法院官方判例汇编由三位判例报道官——达拉斯（Dallas）、克兰奇（Cranch）和惠顿编撰发布。在双方协商无果后，惠顿和他的出版商罗伯特·唐纳森（Robert Donaldson）起诉了彼得斯和他的出版商约翰·格里格（John Grigg）。[47]在这场诉讼中，诉讼当事人、辩护人和法官都来自同一个法律精英社交圈。惠顿和彼得斯除了在职场上有关系，在某些场合还与法官们有私人来往。争议中的问题涉及最高法院的工作，并与整个法律界有直接关系。[48]法官们对于实质性问题的严重分歧造成了他们之间紧张的人际关系，而这种紧张关系在法官意见发表后变得更加明显。[49]在最高法院，版权法的首次亮相可谓充满了戏剧性。

这个案子涉及三个主要的法律问题：一是，作品的法定形式要件要求是否有效。即惠顿是否在适当时间遵守了有效的法定形式——登记、向国务卿交存副本以及在报纸和扉页上刊登版权声明，如果他未遵守这些法定形式要求将会对版权保护的效力产生致命影响。大法官麦克利恩撰写的多数派意见书以及另外三名大法官都认为，遵守法定形式要件要求是获得有效版权保护的必要条件，尽管这让版权保护的核心问题变得有些模棱两可。[50]

二是，相关材料是否属于版权保护的客体。最高法院的判决意见受版权保护吗？这一问题引发了双方的广泛争论，他们对版权法中公、私之间的划分作出了不同的解释。惠顿的律师将这些法官的意见视为私人财产的极端情况。他们认为，法官们提出的判决意见是"他们自己的，可以送人"，他们也这样做了，从而将他们的财产权转移给了判例报道官。[51] J. R. 英格索尔（J. R. Ingersoll）为彼得斯辩护时，提出了截然相反的意见。他将这些法官的判决意见描述为"一国之法"（"the law of the land"），并呼吁一种公民共和主义价值观（civic-republican values）。"法律不能也不应该成为任何个人的囚犯或奴隶，"他争辩说，"如果存在暴政和压迫，圣殿的入口就会被关闭，通往圣殿之路也会被堵塞。"[52] 这成为所有大法官唯一能够达成一致意见的问题。多数大法官的意见认为，"对于本院发表的书面意见，任何判例报道官都不能享有版权"[53]。两年后，斯托里法官在《衡平法法学评论》中解释道，法院的真正意思是，虽然法官意见本身不存在版权，但判例报道官可以对其准备的补充材料进行版权保护，比如双方律师论点的笔记或摘要等。[54]

　　三是，普通法版权问题，即提出了将版权概念化为无形财产权的挑战。其中基础的法律逻辑很简单。由于惠顿所享有的版权的有效性受到了质疑，有人声称他没有遵守制定法要求的法定形式要件，他的律师便采取了与之前一个世纪英国出版商相同的做法。他们认为版权独立于制定法之外，受到普通法保护。普通法上的版权不仅不受法定期限的限制，而且不论是否符合制定法的规定，均可得到普通法和衡平法的救济（与制定法的补救处罚正好相反）。

## 3 财产的客体：智力作品的权利归属

关于第三个问题的争论主要围绕一些比较法律技术性的问题展开，即英国当时是否承认普通法版权？[55]英国法规则是否为美国本地的普通法所采纳，是宾夕法尼亚州的普通法还是联邦的普通法？[56]然而，在普通法财产权之争被提起的那一刻，就无法回避一个更具理论性的问题——无形物中的财产。在这一问题上，当事人和法官的争论论据均来自那场英国的文学财产之争。一个世纪前，英国书商首次引用普通法，绕开《安妮法令》所规定的有限版权期限；半个世纪后，在唐纳森诉贝克特这一标志性案件中这一问题得到解决。不过此时，美国人还需要经历他们自己版本的文学财产之争。[57]英国的先行者为美国人提供的不仅仅是先例，这场长达数十年的法律冲突还留下了一系列关于无形财产在哲学和理论上的争论，正是这些争论构建了美国这场后续的法律辩论的基本框架。[58]

其中，最基本的问题在于：传统上财产权被认为是对有形客体的绝对控制，在这种情况下，版权如何能够符合普通法财产权的模式？对当代人来说，普通法权利的概念不仅仅是法官造法之法（judge-made law）。它是由一系列相互关联的特征所定义的，并能够与制定法相区分开来的另一种法律形式。制定法被认为是政治性的，而普通法是前政治性的（prepolitical）。这意味着普通法的权利来源于客观的自然法原则，而制定法在反映人类的主观政策判断方面是"武断的"（arbitrary）。最后，制定法是由立法机关"创设"的，而普通法则是由法官"发现"（discovered）的，他们通过普通法的制定过程揭示了来源于前政治性的、自然法原则的法律规则。[59]普通法这一概念在财产领域的体现就是以某种劳动价值论为基础的自然法财产权（natural property rights）。

普通法版权的支持者和反对者都开始讨论这样一个命题：对于是否存在这种权利的问题，只能通过引入一般性财产理论来回答。正如乔治·蒂克纳·柯蒂斯在惠顿诉彼得斯一案判决13年后所说，"众所周知，人类赋予了财产权一些伟大的特征"。他写道，只有在回答了"是什么构成了财产"的问题之后，我们才能够讨论"某一权利主体是否具备一般财产所有者的特征，以及这样的结论是否应该符合公平合理的标准"[60]。双方达成的共识是接受以劳动价值论为基础的自然权利理论并将其作为财产权的基础。伊莱贾·佩因（Elijah Paine）是惠顿的律师及前律师事务所合伙人，他引用了爱德华·克里斯蒂安（Edward Christian）对布莱克斯通的《英国法释义》的评论："确定道德权利的真正方式，是去探究它是否合理，是否符合人类普遍认可的教养（cultivated reason）。这一标准是再合适不过的：人人都应享有劳动报酬，收获自己播种的庄稼，获取自己树上的果实。"[61]普通法版权的争论就从这一点开始，近一个世纪以前，英国的威廉·沃伯顿（William Warburton）在他的关于文学财产基本观念的宣传小册子中，颇具策略性地提出：智力劳动及其产品等同于体力劳动及其产品。[62]持不同意见的法官汤普森对此论点的解释是："作者拥有的权利是基于他的劳动，源于自己的劳动成果。而劳动不仅可以通过身体能力（faculties of the body），也可以由思想能力（faculties of the mind）来设定财产权。"[63]

## 3 财产的客体：智力作品的权利归属

自然财产权利观点面临的最大的一项挑战就是文学财产的新颖性主张。他们主张的论点是，无形财产"具有普芬道夫（Puffendorf）所认为的、赋予任何主体财产特性所必需的一切特征"[64]。但是，17世纪的自然权利理论家从未将文学财产纳入他们的研究范围，他们的理论仅针对体力劳动和实体物对象。佩因对此置之不理，并再次引用克里斯蒂安的观点："道德权利和自然平等制度源于文明建立之前的野蛮状态，而在这种野蛮状态中，文学创作（literary composition）及其权利是不可能存在的。这种将道德权利来源作为版权正当性依据的做法显然是完全错误的。"[65]换句话说，自然权利的基础是理性，而不是伪历史（pseudo-history）。柯蒂斯在他的专著中进行了详细的论述：

> 当然，不可能仅仅从自然角度来解决这个问题，也不可能通过对想象中的人类自然状态的猜测，得出答案……值得注意的是，思想以符号的形式被置于有形物体中，以及由此产生的复制和交付中，这种价值思考只有在社会和文明发展到高级阶段之后才能发生……人类已经达到了一种人为雕琢的状态，在这种状态中，不再仅仅依靠自然对人类进行指导。我们必须依赖正义和权利的一般原则，这些原则本应是最初人类在自然状态中的产物，但它们已受到文明状态的约束，并得到了修改、扩大和加强。[66]

这一论点把自然权利的重点从静态的、可追溯至自然状态的古老原则，转移到动态的进步过程中。在这个过程中，随着人类从野蛮上升到文明，理性逐渐显现出来。

另一方面，普通法版权的反对者改变了辩论的基调。虽然他们接受劳动价值论作为财产的基础，但他们仍然声称，自然法财产权的存在还需具备其他必要条件。麦克利恩大法官在撰写多数派意见时，借鉴了耶茨（Yates）大法官在1769年米勒诉泰勒案中的异议，这是英国承认普通法版权的主要案件。"必须承认的是，每个人都有权享受自己的劳动成果，"他写道，"但是，除法律规定外，他只能在管理社会的财产规则下享受这些权利，这些规则确定了一般事物的权利。"[67] 英格索尔为彼得斯的辩护也依赖耶茨的异议（dissent），但提供了更多细节：

> 普通法的个人财产概念建立在自然法（natural law）基础上，在物质上依赖占有，而在财产的性质和主张上则依赖非物质性的占有。把个人财产投入给公众使用，如何限制或定义它的用途？除了一个微妙而富有想象力的特征，你怎么能把它和"占有"联系起来呢?[68]

这一言论把两种不同立场的观点无差别地捆绑在一起。其中一部分论点，就是所谓的"思想非独占性特征"。至少一经发表，阻止其他人使用和享有思想成果几乎是不可能的，这一点与实体物客体不同。这就剥夺了假定的财产客体作为财产权中心标志的权利。已被发表的思想永远处于一种和被抛到路上的物品一样的状态，不属于任何人，而且在一般性的论述观点看来，发布这些思想的人的本意就是向所有人公开。汤普森在异议中驳斥了这一论点，认为这是不合逻辑的。他解释说，在这方面，思想同其他财产权客体相比没有什么不同。经济发展所要求的公共用途，并不意味着放弃所有者的控制，而他人对该思想的侵犯正是法律进行干预并恢复独占性的原因，而不能证明思想不适用与其他财产对象相同的法律规则。[69]

然而，第二种论点对思想财产（property in ideas）提出了不同的质疑。物质占有似乎为财产客体提供了一种自我定义的特性。可以说，物体具有内置的财产权标记。由于物体的存在，它有一个既成的界定：什么是所有物（owned），什么构成侵权，以及在拥有一个物体的情况下，所有者和所有物之间存在的表面上的自然联系是什么。当财产客体是难以捉摸的、无形的思想时，以物质性为基础的自定义特征似乎消失了，就像英格索尔所说的，消失在"微妙而富有想象力"的迷雾中。这种质疑触及了一个核心概念，即普通法财产权是一种自然的、前政治性权利。财产权应该是对客观的、自然理性世界的反映，而不是人为的创造。法官应该发现这一点，并客观地执行预先确定的权利，而不是像立法者那样，根据武断的政策呼吁而制定法律。英格索尔根据这个逻辑得出了结论：

> 如果你可以阅读，那么你也可以印制。就占有而言，阅读和印制在程度上没有高下之分。这种区分在本质上就是一种人为武断设定的任意规则；而为了使印制和阅读被同样对待，就必须在法律中明确地将它们规定出来。[70]

从这个角度来看，思想财产问题并非是否独占，而是缺乏客观的、自我定义的界限（objective, self-defining borders）。当然，在没有自然的物质界限存在时，法律可以设置合法的界限。例如，法律可以规定某些书可以免费阅读，但不能重印。然而，若把政治意愿付诸实施，这种划分就是武断的，没有考虑世间万物的自然状态。简而言之，无形思想中的权利属于立法机关的传统领域，而不是由法官发现并执行的、前政治性财产权的一部分。

就在美国普通法版权的支持者想要回应对无形思想财产观点的第二次质疑时，他们发现英国前辈已经给出了答案。更准确地说，他们发现了"复本"（copy）的概念。佩因认为，否定"将具有流动性和不确定性的思想看成客观财产"的看法有一个致命的缺陷：思想不是文学财产权的客体。版权是作者对其使用的特定语言和表达方式的所有权，而不是对其思想的所有权。而这正是耶茨时期的学者们所忽略的。他们所犯的错误在于"忘记了书籍不仅仅是由思想构成的，而且，并且必须是，以语言为修饰、以一种赋予它们个性和特性的形式体现出来的，这种形式使它们比其他任何个人财产都更易于区分"。因此，"手表、桌子、几内亚币，可能很难辨认；但是书籍从来不会出现难以辨别的情况"[71]。通过主张"问题不在于思想中的财产，而在于书籍中的财产"[72]，佩因构想出一个更符合自然法财产权理论的客体所有物。他借鉴了布莱克斯通的策略，后者在英国早期的文学财产案件——汤森诉柯林斯案（Tonson v. Collins）[73]中首次运用了这一策略，然后在《英国法释义》[74]中使用了更长的篇幅进行论述。佩因引用了布莱克斯通的观点："文学创作的特征在于情感和语言的表达；用同样的语句描述同样的思想（conceptions）。"[75]

从思想所有权到特定语言所有权的这一转变，似乎恢复了财产客体的物质性，而普通法财产权的争论正是因物质性的缺失而受到影响。书籍、复制品或"情感与语言"构成了一项"半物质实体"（semi-material entity），它是一个看似固定且稳定的客体，以此作为财产权的基础。事实上，正如梅雷迪思·麦吉尔所主张的那样，佩因对文本的描述将其提升到了一个新的物质性层次，一个比普通的实物具有更高个体性的层次。[76]"手表、桌子、几内亚币，可能很难辨认；但是书籍从来不会出现难以辨别的情况。"这种构想的超物体财产权在证明文学财产权的正当性方面具有两大优点。特定语言的稳定性所起的作用相当于物体的稳定性。它赋予所有权一个固定的、预先确定的界限，这样就没有必要再任意划定边界。同样重要的是，这种财产客体的概念表达出了一种世界观。在这种世界观中，文本自身带有它们原创的、不可磨灭的标记，并且与它们的作者有着不可分割的联系。佩因解释说，书籍"可能会被复制或盗版，但没有人会偶然创作出与原作者的作品相同的作品。甚至连写出同样的段落都不可能"[77]。幸运的是，独创性标志——作者写入文本中的个人标记——也成了一种财产权工具：这是一枚向世界展示所有者和所有物的永久印章。

在汤普森的异议中，他明确地表达了对物质性的全新感受，这种感受是通过将财产客体固定在特定的表达中而产生的。他写道，被告论点的谬误之处在于，假设"该主张只是一种思想，没有以任何有形的形式体现出来"。但文学财产仍然存在。"作者的语言和情感,构成了他的作品的身份特征"[78]。几年后,柯蒂斯解释了他自己认为的半实物财产客体。他解释说,作者在书中所追求的财产权,是"对特定的特征组合进行独占性的复制,以向他人展示他所要表达的思想"[79]。

惠顿诉彼得斯案是将版权视为无形物所有权这一古老观念框架的最后一个伟大时刻。本案中关于文学财产的争论主要围绕着将特定语言作为财产客体的概念而展开——曼斯菲尔德法官称之为"某种以文字为媒介的思想交流"[80]。这符合传统上对版权的理解,即出版商有权印制特定的文本或复本。具有讽刺意味的是,在这一时期,主张普通法版权的多数派成员对这一狭隘的所有权概念的研究投入最多。复制品作为一种建构出来的财产客体,与传统的自然权利理论顺利契合,并且还设定了所有权的限制性范围。

这一切很快就会改变。惠顿诉彼得斯案的判决将普通法版权限制在未出版的作品上,并拒绝将其扩展到已出版的作品上。希望将出版后的版权也确认为普通法财产权的愿望此后还持续了一段时间。[81]但这种争论在实际的法律中逐渐消失了,只是作为一个关于版权起源和性质的思想观念故事流传下来,这个故事主要出现在国际版权的辩论中以及法律著作的开篇章节中。[82]一般来说,无形财产和一般财产理论之间的关系会发生逆转。惠顿案构建了无形财产客体,并且还契合了传统的自然法财产理论。在后来的几十年里,人们对无形财产的认识不断加深,莫顿·霍维茨(Morton Horwitz)称之为"财产的非物质化"(the de-physicalization of property),这对一般理论提出了挑战。[83]在这种压力下,到了20世纪初,普通法的自然权利理论崩塌了，取而代之的是法律实证主义理论。最终，无形物并没有被纳入自然权利模式，而是导致了这一理论的衰落。在版权法的范围内，惠顿案中的财产争议所依据的复制品概念很快就会受到抨击，并逐渐被摒弃。版权领域的扩张没有通过对普通法财产权的承认来实现，这种财产权的基础是狭义的财产客体概念。相反，它采取的方法是将版权中的财产客体概念进行扩展。

## 这就是法律术语"复制"的含义

1853年3月11日，哈里特·比彻·斯托（Harriet Beecher Stowe）和她的丈夫卡尔文·埃利斯·斯托（Calvin Ellis Stowe）在宾夕法尼亚州东区联邦巡回法院（federal Circuit Court of the Eastern District of Pennsylvania）对宾夕法尼亚州的德国报纸《自由新闻报》（*Die Freie Presse*）的出版人F. W. 托马斯（F. W. Thomas）提起衡平法诉讼。随着一年前出版的《汤姆叔叔的小屋》（*Uncle Tom's Cabin*）成为畅销书，斯托夫人也声名鹊起。这是一个广受关注的案件。从1853年1月1日起，托马斯在报纸上以连载的形式发表了这本小说的德文译本，并以小册子的形式出版。这个时间只比斯托和她的出版商约翰·P. 朱伊特（John P. Jewett）打算发行他们自己的授权德文译本早了几周。托马斯还计划出版自己的译本全集。斯托夫人认为，作为这本书的版权所有者，她"曾经有，并且现在仍然拥有翻译、印刷、出版和销售该书的唯一和专有的权利，这是她自己的个人利益和优势"[84]。托马斯说,"哈里特·比彻·斯托在翻译上述作品时并不具有唯一和专有的权利",他只是做了"他在美国法律下已经并且仍然有权做的事情"[85]。主持此案的是美国最高法院的大法官罗伯特·格里尔（Robert Grier），他担任巡回法院法官。格里尔是《逃亡奴隶法》（the Fugitive Slave Act）的积极而坦率的实施者。他、斯托夫人和她的《汤姆叔叔的小屋》在法庭上的相遇，在当时不乏讽刺意味。[86]格里尔判决斯托夫人败诉。他在判决中写道，作者拥有的"唯一财产"是"将特定文字组合的复制品进行复制的专有权……这就是法律术语的复制或版权"[87]。从这个意义上来说，译本显然不是一份复制品，所以未经授权的翻译并不能构成对这本书的版权的侵犯。

在现代人看来，格里尔的推理可能显得有些古怪。然而，在当时，这是对传统版权架构的精准表述，尽管这个架构已经受到冲击，而且很快就会崩塌。作者自己对其文学作品的翻译与完全商业化的翻译，两者之间的直接竞争不会侵犯版权，这种观点怎么可能说得通呢？在对于版权的传统理解的范围内，出版商具有印刷文本的特权，这是完全合理的。这种理解出现在书商权利的时代，反映了它作为一种贸易特权的属性：这项权利赋予出版商在其核心经济活动中的专属性，即印刷和销售所印刷的文本。这意味着版权的核心范围只包括逐字重印。一直以来存在着一种压力，要求扩大这一权利的范围，并防止通过对复制品稍加改动来规避法律。在版权制度的萌芽时期，这个问题主要是通过书商同业公会组织的内部规则和临时性协调，以及偶尔获得王室印刷专利的便利来解决的。[88]但是，版权保护的核心及其依赖的中心概念，仍然是逐字印刷（verbatim reproduction in print）。

1710 年《安妮法令》就遵循了这一架构，它只赋予版权所有者"印刷和翻印书籍的独家自由"[89]这种非常有限的权利。这就把扩大和重新定义版权范围的压力转移到了法院。在 18 世纪，法院审理了各种针对版权次要用途（如翻译或删节）而产生的侵权纠纷案件。然而，18 世纪的英国法院不仅坚持版权的狭义概念，而且发展和解释了一种早期的潜在理解（latent understanding）。规制判例法的基本规则是，版权保护的核心限于逐字复制或重印同一文本。为了防止通过规避法律而使权利丧失其意义，该规则增加了一种狭隘保护的范围：当且仅当所作的修改只是"稍加改动"并构成对版权保护防止重印的"纯粹规避"时，对作品的非逐字复制才应当被视为侵权。[90]

该规则有三个相互关联的特征。首先，对版权范围的核心作了狭义的定义，即要求在受保护的文本和侵权复制品之间进行准确区分。例如，在 1740 年的盖尔斯诉威尔科克斯案（*Gyles v. Wilcox*）中，大法官哈德威克（Hardwicke）将关键问题框定为："被告所出版的这本书是否与马修·黑尔爵士（Sir Mathew Hale）的《英格兰诉讼史》（Histor. Placit. Coronce）相同？而其复制品现在是原告的财产。"[91]其次，保护的附加范围被狭义地定义，并与强烈的过错或恶意内涵交织在一起。没有明确的正式规则要求必须举证证明单独的主观意图要素（element of intention），但是"规避"版权这一关键问题的框架与"善意的"二次使用形成鲜明的对比，这使得侵权分析带有强烈的过错追究色彩。如果一件作品与原作的差异仅仅是为了逃避禁止翻印的规定，我们有理由认为这是侵权的。埃伦伯勒法官（Lord Ellenborough）在1802年的凯里诉基尔斯利案（*Cary v. Kearsley*）的法官附带意见中阐明了自己的态度，他解释道，对于涉嫌侵权的案件，要进行的最基本的质询是，出版物的目的是"合理地向公众传达对原始文章的注释和阅读收获，还是仅仅对原始文章稍加改动，并以此作为盗版的借口"。这一标准基于一项更为广泛的原则：

> 一个人可以合理使用他人的作品：他可能会利用他人的劳动促进科学发展和保障公共利益，但是，在这样做之后，所要面对的问题是：合理使用他人作品的做法是否真的符合这种目的，而不是带有我所称的"偷的意图"？[92]

直到1844年，理查德·戈德森（Richard Godson）仍然在他的论著中引用这一规则，并将"偷的意图"作为分析的关键因素。[93]第三个特征是，该学说反对将原始创作和派生创作进行严格区分的制度。对受保护文章的二次使用，即使大量使用原文，也不能简单地看作用来当作借口的违法行为。只要这些被二次利用的作品没有越界到仅仅是为了规避禁止翻印的规定，它们就会被视为"新的优秀作品"[94]。就它们自己的权利而言，它们的创作者被视为作者，就像那些创作画作的人一样。正如威尔斯（Willes）大法官在米勒诉泰勒案中所说："当然，善意的模仿、翻译和删节是不同的，从财产的角度来看，这些可以被视为新作品；但稍加改动和具有欺骗性的文章变体是不能被视为新作品的。"[95]这句话最引人注目的是"善意的模仿"——这个说法在一个世纪后变成了一个不可调和的矛盾。

对于二次使用受版权保护的作品（secondary uses of copyrighted works），这些规则给予了他们强有力的豁免，如翻译、删节或通过更正和评论加以改进的作品，都不被视为侵权。米勒诉泰勒案中的阿斯顿（Aston）法官写道，无论谁在阅读一本书时，"都可以改进它，模仿它，翻译它，也可以反对它的观点，但他没有出版同一作品的权利"[96]。在这一主张中隐含着一种概念，即财产受保护的客体是一项半物质客体。"复制品"是想象出来的非物质实体，它与实体书不同，但它仍然受到严格的约束。正如布莱克斯通所描述的，"用同样的语句描述同样的思想"[97]。财产客体的狭义定义与版权的严格定义相吻合，即"销售印刷复制品唯一和专有的权利"[98]。英国的普通法版权的支持者以及美国的惠顿诉彼得斯案的支持者在寻求文学财产固定和客观的界限时，依赖于财产客体的概念。而这个概念正是版权限制性侵权规则的基础。

美国继承了这一架构。1790年的法案遵循了《安妮法令》的基本结构。它涵盖了"地图、图表和书籍"，并将版权所赋予的专有权定义为"印刷、重印、出版和出售此类地图、图表和书籍的唯一权利和自由"[99]。从一开始就存在扩大版权范围的压力。杰迪代亚·莫尔斯在最早提交给国会的版权请愿书中，曾要求对他的作品提供具体的立法保护，"可以有效地保护请愿者本人的利益，使其作品不受任何损毁、修改和删节……就像对他本人造成的伤害"[100]。但这一诉求从未得

150 到回应。1802年版权法修正案增加了对印刷品的保护，该修正案的起草者显然意识到了规避法律的问题。该修正案明确禁止"通过改变、增加或减少主体设计，在整体或部分上复制印刷品"[101]。但这并没有违反英国的法律。事实上，在这个制度实施的头几十年里，美国在这个问题上没有现成的案例。而造成这一局面的原因是，在不发达的美国市场，这个问题的经济风险很低，以及人们对英国传统架构的想当然耳。

到了19世纪中叶，既定的规则开始瓦解。主要的触发因素是出版业的深刻变革：全国性图书市场的出现，以及集中出版业的兴起，它的模式是大规模生产、分销和营销。首先这意味着风险更高了。到了19世纪50年代，图书销量急剧上升，这意味着图书的一级市场变得更有价值，而国内的翻译图书等二级市场也更值得投资。[102]与此同时，市场竞争变得更加激烈，这导致许多出版商在贸易过程中面临的主要挑战是"生产过剩"（overproduction）。[103]出版行业越来越倾向于发现和刺激市场需求。出版商开始将书籍视为商品，他们必须从中榨取所有可用的市场价值。这意味着投资者会倾向于有效的分销网络、产品差异化战略和广告。[104]1854年，乔治·帕特南（George Putnam）发行了同样的出版物——15卷欧文的作品，但它们的封面不尽相同：布面（19美元）；羊皮面（20美元）；半小牛皮装订面（30美元）；半摩洛哥皮面，镀金面（33美元）；小牛皮，放大版（37.50美元）；小牛皮，复古版（40美元）；摩洛哥皮面，超级放大版（48美元）。[105]封面品种与版权几乎没有关系，但靠一些策略可使图

151 书商品的市场价值最大化，这就要依靠开发二级市场：翻译、

改编为戏剧、连载、删节、注释和修订本。所有二级市场都成为潜在的收入来源;为保障这些利润来源,版权制度采取了相应的措施;对二级市场豁免的旧规则成了绊脚石。

经济压力的推动和把书籍作为商品的观念,使公众对作者的权利有了相应的认识。渐渐地,人们普遍认为,享有作者智力劳动成果的权利就意味着享有所有来自二级市场的盈利。在出现这一趋势的早些时候,柯蒂斯在他的1847年的论著中写道:"尽管公众享有阅读这本书并汲取知识的权利,但对于这本书以任何形式从出版中获得的利润,作者都享有专有权。"[106] 18世纪以来,一直流传着关于作者有权占有其作品的市场价值的说法。[107] 最显著的变化就是对"利益的任何形式"的强调。1847年柯蒂斯承认赋予翻译权这一法律问题是开放的。基于对版权专有权客体的新理解,他给出了这个法律问题的答案。他说:"原则上,翻译人员仅仅将书中的内容与他在行业内的成果结合起来……就能完全吸收原著作者的权利,这是难以置信的。"[108]

斯托诉托马斯案(*Stowe v. Thomas*)就是这些经济形势和思想观念变化的缩影。《汤姆叔叔的小屋》是美国第一本真正意义上的畅销书。这本书的销量在市场上取得了空前的成功,它在出版后的第一年就售出了30多万册,在美国南北战争前可能售出了100多万册。[109] 斯托夫人写道:"我从来没有想过通过写一本书来赚钱,只是当灵感来的时候我情不自禁地想要写下来。"[110] 然而,在文学市场上,她却是一个精明的参与者。与其他许多人不同,她表现得很有远见,在《汤姆叔叔的小屋》早期出版之前,她就完成了版权登记,并以连

*152*

载的形式进行出版，避免了版权的丧失。[111]斯托夫人起初对商业一无所知，她后来指责她的出版商约翰·P. 朱伊特因此而利用了自己，但斯托夫人很快就意识到了这一点。19世纪50年代，她成为一名成熟的商业参与者，意识到有计划地使用版权法所带来的商业可能性。[112]朱伊特是通过完善新的途径以使图书商品利润最大化的出版商之一。[113]在该书大获成功之后，朱伊特和斯托夫人发现了美国翻译市场的价值。在该书出版不到一年的时间里，他们开始着手抓住这个市场，安排了一个德文译本。从起诉书来看，他们还授权了一个威尔士语译本。[114]享有从这些二级市场获得的利润的权利意识是明确的。在证词提交给法院时，斯托夫人宣称，"她的唯一专有权受到了极大的损害，而且，正如她所担心的那样，她本可以合理期待通过出售"自己翻译的作品"获得丰厚的利润，而现在她的获益受到了极大的损害"[115]。

斯托赞助出版的译文遭到了当地德国出版社的嘲笑，他们称其质量不佳：这一译文被指出有许多明显的错误，读后使人认为译者既不了解英语，又不能正确书写德语。[116]因此，即使是那些善意的旁观者也认为托马斯先生的译文要优于斯托夫人的版本。但斯托夫人的道德主张得到了大多数旁观者的支持。例如，《纽约论坛周刊》（*New York Weekly Tribune*）的一篇评论指出："至于绝对的道德权利，我们在事物的本质上看不到任何限制作者专有权的东西。这是他的作品，因此他有权规定在什么时候、什么地点、以何种语言、以什么条件让他人阅读他的作品。"[117]然而，即使有这类支持者的说法，斯托夫人胜诉的机会也仍然相当渺茫。该案的审判引用了美国判例法，该判例法规定，对版权作品的删节并不属于侵权范围，并由此得出结论，该法律规则对"绝对财产权"设置了"非常大的限制"，"非侵权的范围很容易被扩大解释到翻译之上"[118]。

托马斯的论点深深植根于这一传统的版权规则。其逻辑很简单：版权法"在重印的意义上使用'复制'一词"；"'复制'与'翻译'，无论在日常还是在法律意义上，都不是一回事"。"版权法仅仅禁止他人对'此类书的任何复制品进行印刷、出版或进口'"[119]。被告辩称，翻译所属的范围既不是"逐字复制"，也不是"对文章稍加修改的变体"或"无主见的机械模仿"[120]。传统上的对原文和译文之间森严的作者等级制度（authorial hierarchy）的排斥，正是该论点的基础。译文以"译者原创"的形式呈现，因此它不是"像零售商或机械师订制出来的作品那样，那些作品基本上都是一样的形状"，而是"天才的创作"[121]。

塞缪尔·H. 珀金斯（Samuel H. Perkins）和塞缪尔·C. 珀金斯（Samuel C. Perkins）组成了斯托的费城父子律师团队。他们一开始就承认，自己的说法很新奇，同时缺乏这方面的制定法或判例法的指导。因此，他们的许多论点略微偏离了传统的理念，即版权是一种狭义的翻印权。他们的策略是将翻译呈现为逐字复制的形式："译者应该致力于将原作者的思想传递给读者，不仅如此，译文更应该是原文思想的投影，应采取与原文一致的表达方式，甚至精确到每一个字词，都应该以与原语言结构相同的新的语言形式表达出来。这些环节中出现任何变动，哪怕是细节的变动，对于翻译而言都是失败，都需要加以防范。"[122]有一种语言理论认为，词语对于表达特定思想而言，仅仅是一个无关紧要的、透明的符号而已。在这种理论的指导下，该论点提到了"纯粹翻译"（mere translation）的理念，翻译并不是"将散文释译成诗歌"，而是将原书译为一本"完全相同的书"[123]。直到最后，原告才开始热切地将版权的新概念作为论点。该论点通过引用柯蒂斯六年前出版的专著，提出了构成侵权的标准："原作者是否因被控诉的行为而遭受或即将遭受损害？"接着又反问道："国会的本意是在全国范围内确保作者从他们的作品中获得利润，难道有人怀疑这件事吗？"并断言，未经授权的翻译"将剥夺他们的利益，这种利益涉及广大公民"[124]。损害潜在市场利润这一现象的发现，成为对版权概念作出全新理解的标志，这种理解不再局限于翻印领域。

格里尔并不接受这个观点。他提出了"什么构成文学财产"这一法律问题，并给出了一个四座皆惊的回答。他写道，作者"在思想创造过程中获得的专有财产"，"不能以抽象的形式表现出来，只能通过作者赋予它们具体的形式，以语言为载体……他为自己保留的，或法律赋予他的唯一财产，是一种专有权利，即将呈现给他人的特定文字组合的复制品大量印刷的权利"。他将受保护的"复制品"定义为"穿着作者思想外衣的语言文字记录"[125]。文字记录与新的二次作品的对比也使得人们反对原作与派生作品之间的作者等级制度。"在侵犯版权的问题上，"格里尔解释说，需要调查的是"被告的作品是否可以被认为是一部新作品，在创作过程中需要创造、学习和判断，还是该作品仅仅是原作的全部或部分的文字记录，只对原作进行了细微的改动"[126]。不言而喻的是，在这个体制下，一般的翻译，特别是托马斯的译本是一个全新的作品，并且没有侵犯原作的版权。格里尔是这样说的："彭斯（Burns）的诗被译成法国散文；但如果把它称作原作的复制品，那就和译文本身一样可笑了。"[127]斯托诉托马斯案中的观点很好地证明了版权是一种有限的翻印权的旧观点。这也成了这种观点的绝唱。格里尔发表这种观点时就受到了抨击。这种观点很快也就被摒弃了，17年后，美国国会推翻了该判决建立起的法律规则。[128]

## 美国版的删减骗局

1860年，英国作家、剧作家查尔斯·里德（Charles Reade）狠狠地痛斥了他所称的"删减骗局"的规则。[129]他把允许未经授权而进行删减的"骗局"规则描述为和其他二次使用一样，是"可怕的、愚蠢的、无情的、非法的、不公正的"[130]。在美国，支持作品二次使用的版权规则受到了攻击，其中一个主要方面就是删减规则。1847年，柯蒂斯在他的专著中宣称："需要修正英国法律中关于删减的一般原则。"[131]柯蒂斯认同传统上对于删减行为的正面评价：它是一项具有"创造、学习和判断"过程的工作。然而，他认为，对作品进行删减的权利仍然是"原所有者的财产"，不能因"侵夺他人财产的人做了具有学识、判断或发明的工作"就为其辩护。[132]

对18世纪的英国法官来说，未经授权的删减行为明显是合理和值得提倡的，可是为什么它备受谴责？主要原因是删减最明显地暴露了新旧版权专有权概念之间的矛盾。从定义上讲，删减是对原作的市场替代。对大多数消费者而言，这种做法将使他们不再对阅读原著有需要，这可能不仅降低了版权所有者在二级市场上可获得的利润，也降低了原著在一级市场上的利润。[133] 从概念的角度看，版权专有权与市场利润控制的概念相同，允许未经授权而进行删减的规则当然令人厌烦。

柯蒂斯的论述表达了向市场价值分析的转变。对柯蒂斯来说，显而易见的是，"对于先前作品的一些使用……禁止对作者造成直接和明显的损害，法律赋予作者唯一的权利就是从自己的作品和作品的每一部分中获得利益"。因此，在每一个案件中，"最重要的调查"变成了"作者是否受到或可能受到来自被控告的出版物的损害"[134]。这个问题的架构注定是关于原作删减的。柯蒂斯明确指出了无形财产所有权作为市场价值控制的概念和他对作品二次利用进行攻击之间的联系：

> 当我们提到文学财产的非物质性质时，如果无法从属于他人的文学财产中获得利益，那么任何作者都不会进行删减并出版。[135]

柯蒂斯认为，删减"必然会损害到真正的版权人的利益"，因为"大多数删减的真正结果是低价出售原作"[136]。在某种程度上，柯蒂斯把他攻击的焦点从这本书在一级市场的不利影响转移到了二级市场。"无论是那些以低廉的价格和缩减的形式购买作品的人，还是那些以更广泛和更昂贵的形式购买作品的人，作者的版权必须保障他有权从各种类型的读

3 财产的客体：智力作品的权利归属

者那里获得收益。"[137] "出版经过删减的作品"是"版权的宝贵组成部分"，因此，"在版权存续期间，作品被他人删减，版权也因此被意外地剥夺，这种损失可能会极大地影响该作品作为财产的价值"[138]。对于由每一个"事件"产生的市场利润，版权具有控制这些利润的权利，保护未经授权的删减行为的规定对一级市场和二级市场都会产生损害，因此不得不取消这种规定。

斯托里诉霍尔库姆案（Story v. Holcombe）[139]的判决比斯托夫人案早了 6 年，这一年柯蒂斯的著作首次出版，它揭露了当时美国版权专有权法律持续的短暂性。在作出判决的时候，约瑟夫·斯托里已经去世两年了，但他的影响仍然改写了美国版权法。斯托里的遗产管理人对詹姆斯·菲利蒙·霍尔库姆（James Philemon Holcombe）提起诉讼，霍尔库姆是弗吉尼亚大学（University of Virginia）的法学教授，后来成为南方联盟的一名政客，也是奴隶制的辩护者。争论的焦点是霍尔库姆 1846 年出版的《衡平法导论：依据斯托里的评论》（*An Introduction to Equity Jurisprudence: On the Basis of Story's Commentaries*）。霍尔库姆将这本书描述为"实质上是对斯托里著名的《衡平法法学评论》的删减"，其目的是为"先前对科学原理一无所知、在错综复杂的细节中感到困惑的年轻人"提供"引言、指南和补充"[140]。

法院委任的一名特别法官在"对这两部作品进行了非常精准和艰苦的审查"后，报告说："霍尔库姆的作品是对法官斯托里的评论（the Commentaries of Judge Story）的合理删减。"[141]根据英国已有的先例，这一争议本应很容易解决。然

157

而，麦克利恩法官发现解决这个案子绝非易事。他以痛苦的自白方式陈述了自己的意见："这场争论给我带来了极大的焦虑和尴尬。"[142]造成这种焦虑的原因是现有规则与麦克利恩所认为的版权专有权逻辑之间的矛盾。他说，这个判决必须涉及"删减的问题"。他宣称："如果这是一个开放性的问题，我就不会觉得判决这个案子是一件难事了。"[143]麦克利恩的意思是，他会判定删减是一种侵权行为。可惜的是，他也不得不承认："一种相反的原则在英国早已确立……而在美国，与此相同的原则也很盛行。"因为"受到先例必须遵守原则的约束"，他不得不"将其作为一种法律原则，而非理性或正义的准则"[144]。

出现这种法律与理性之间的矛盾的原因是，麦克利恩已经理所当然地将版权视为对作品市场价值的控制权。从定义上说，删减后的作品在市场上是原著的替代："删减应该是被删减作品的一个缩影——原则上，以原著的浓缩形式呈现出来。"因此，"很难断言这样的作品没有影响原著的销售"[145]。麦克利恩解释说："删减，在绝大部分案件中，都在很大程度上损害了作者的权利。因此，在我看来，对删减行为进行保护的理由实际上是错误的。"[146]对18世纪的法学家来说，同样的性质构成了删减的价值——它对读者的价值——而这正是麦克利恩所认为的巨大阻碍。一旦公众价值被视为市场价值，这种价值界定了作者权利的范围，这种情况就会发生："现在，如果合理做出的删减包含了原著的原则，那么这就构成了原著的价值。"[147]

麦克利恩采用了迂回的办法来摆脱困境。他说："删减就是为了保留作品的实质和精髓,并用能够达到该目的的语言表现出来。"[148]然而,霍尔库姆的作品不仅称不上"删减版",而且也没有完成以浓缩的形式保留原作全部主旨的任务。麦克利恩抓住了霍尔库姆在作品前言的声明中的漏洞,即这本书并不是要取代斯托里的作品,也不会成为对原作不利的作品。他发现这本书的至少前三分之一仅仅是摘要的"汇编",而这并不受删减规则的保护。[149]因此,在斯托里诉霍尔库姆案中删减规则并没有被否认,但是,由于版权法律过分重视市场价值,这一点显然使它丧失了正当性,使人们开始逐渐反对这些规则,这侵蚀了它的实际效果。斯托里诉霍尔库姆案从未被后来的法院或国会正式推翻。当然也没有必要这么做。由于判决所遵循的规则(尽管是呆板的)的概念架构失去了效力,这些规则及其对善意删减的保护也失去了意义,最终走向了解体。

**文学作品本质和价值的构成:知识商品**

自1830年开始,文章作者、法官和律师共同创建了新的版权专有权概念框架,这一框架在内战后得到加强。这个框架将对版权专有权即拥有市场利润的权利的理解、以多种具体形式表现作品作为一种智力本质的形而上学,以及扩展和抽象了版权保护范围的法律规则三者融合在了一起。

攻击传统框架的第一步是清除错误。柯蒂斯提道:

意图的问题并不直接涉及是否盗版的问题。法律赋予作者的独有特权，也同样可能受到侵犯，不管所控诉的作品是否带有偷的意图——只要意图拿走他人的东西，就会对他人造成伤害。[150]

159 　　只要将版权的范围理解为重印的作品和一部分为逃避版权规则而出版的副本，那么追究过错就是完全合理的。但在当时人们将重心放在市场损害的事前预防上，事后追索似乎便不合时宜。柯蒂斯认为："根据被指控侵权的一方的动机来决定是否构成盗版，将会使法律赋予作者的专有权的价值和效率大大低于法律的本意。"[151]因此，他指责英国作家戈德森在引言中使用"偷的意图"规则："侵权行为发生后，人们并没有机会证明该行为的意图……当一本书的一部分抄袭了另一名作家的作品时，人们要考虑的问题是，它会产生什么影响？而不是它是否带有恶意。"[152]在斯托里诉霍尔库姆案中，法官麦克利恩同样表明他无法理解意图是如何"影响这个问题的"。他说，调查中必须涉及该行为的影响。如果二次使用使受保护的作品"因替代使用而降低了价值，无论是何种程度，这都侵犯了作者的权利；而该侵权行为是出于什么目的并不重要"[153]。在伊顿·德罗纳1879年出版的论著中，有一节叫作"非必要的盗版意图"，其主旨是在版权侵权中，"侵权行为及其影响，才是重点需要考虑的事情，并非做出该行为的意图"[154]。在版权原则中过错因素直到19世纪末都一直存在。[155]然而，随着人们关注的焦点逐渐转移到作品价值的保护上，对市场造成的损害这一要素也取代了过错，成为界定版权侵权的构成要件。

然而，过错因素的消失只是一个小插曲。版权改革的核心是"复制"观念的衰落，取而代之的是一个更为广泛的概念。德罗纳这样写道：

> "复制品是原作品（语言）的文字记录"这一定义在我们所涉及的法理中并不存在。文学财产，正如它所表现出来的那样，不仅仅是语言本身。但在某种情况下，语言仅仅是一种交流手段。它在于实体之中，而不仅仅是形式之中。构成文学作品的本质和价值……可以用不止一种（不同于原文的）语言来表达。[156]

版权新架构的组成部分包括：拒绝重印复制品，关注市场价值的保护，以及受保护作品的多态知识本质的概念。最后两个因素相互吻合。各种具体的"形式"（forms）是同一知识"实质"（substance）的表现，因为它们创造了提供潜在利润的二级市场。作者有权获得这些利润，因为二级市场是作者不同形式的智力工作场所。这种逻辑是循环的，但很有力。

这一架构的教义结果是坚决反对庇护作品次要用途的判例。对这些规则的批评始于19世纪中期的柯蒂斯作品的两个版本，而德罗纳在1879年出版的论著更是将这一批判推向顶峰。"以下这些情况都是无法抗辩的盗版行为，"德罗纳写道，"有权受到保护的作品没有被逐字复印，而是被翻译成另一种语言，或是被戏剧化了，或是它呈现出来的并不是原作的全部，或是被删减了，或是以一种新的、更有用的形式被复制。"相反，"最关键的问题始终是，作品的实质内容是否在未经授权的情况下被窃取了"[157]。在德罗纳的创作过程中，国会已经通过法令创立了一项翻译和改编的权利，尽管可能存在对作者必须"保留权利"的限制。[158]德罗纳认为这是必要的，必须表明翻译的权利源自版权法的"既定原则"（established principles），而不是一种武断的法律干预。[159]这一问题的前提是"文学财产不限于精确的文字形式，在作品中使用相同语言来表达"，以及"一个文学作品无论以何种语言或文字的形式来表达，该作者都可以声称这是他自己的作品"[160]。因此，德罗纳得出的结论也就不足为奇了："未经许可而翻译受保护作品不被认定为侵权，如斯托诉托马斯案的判决结果，违反了司法正义、公认原则和美国版权法规。"[161]作品的知识本质包含了许多具体的形式这一观点，蕴含了另一个含义：在原作和派生作品之间出现了越来越明显的等级区分。因此，根据德罗纳的说法，"译者并没有创作什么"，而只是"给另一个人的整体创作，简单地换上了新衣"[162]。同样地：

> 剧作家没有发明什么，也没有创造什么。他只是简单地对已经存在的部分进行了安排，或者对其进行了修改……他利用了不属于自己的作品，利用了不属于自己的天赋和勤奋的成果，而把属于别人的收益据为己有。[163]

次要作品的作者是一个拥有自己权利的原创作者这一旧前提已经不复存在了，30年前，就连柯蒂斯也觉得不得不说些什么。

判例法向这种新的版权专有权模式的转变始于19世纪40

年代。到了 19 世纪 60 年代末，版权保护范围的扩大和抽象化愈加明显。这与格里尔在斯托诉托马斯案中描述的复制权形成鲜明对比。在提及所有财产的客体时，法官通常会回避该问题的理论，相反，他们关注的是更实际的方面，比如判定是否构成侵权的法律公式。然而，在法律规则中隐含着这样一种概念，即受保护的作品是一种抽象的知识商品，这与在作品中明确阐述的概念类似。

1845 年，斯托里法官对埃默森诉戴维斯案的判决标志着这一进程的开始。这场诉讼是由弗雷德里克·埃默森（Fredrick Emerson）对查尔斯·戴维斯（Charles Davies）及其出版商提起的。埃默森是该案所涉图书的作者，该书是一本颇受欢迎的数学教科书。埃默森没有控告戴维斯复制了他的作品，但声称"被告在同一页上模仿原告的书，采用了相同的平面图、布局、表格、按单位标记排列的例子和插图"[164]。

斯托里为原告的控告写了一份精妙的法官意见。它没有直接攻击英国古老的先例。为了规避法律而稍加修改所出版的复制品与一种全新的、诚信的次要作品两者之间的区别已为人们所熟知，但是斯托里运用一种新的推理方式逐渐淡化了这两者之间的区别。他将"盗版面临的真正考验"描述如下：

> 事实上，被告是否曾以原告的平面图、布局及插图作为其书的范本，并作出了细微的修改，以掩饰其使用；或者是否他的作品是他自己付出了劳动、技术和使用了向所有人开放的一般素材和常识的结果，以及这些相似

之处是偶然的还是由主题的性质引起的。换句话说，无论被告的书是对原告作品卑屈的模仿，还是基于其他共同或独立来源的真实的原始汇编，都是盗版。[165]

但是斯托里开始改变了传统口号的意义。限制版权范围的先例允许对受保护的作品进行二次使用，只要它们不构成变相翻印。但在斯托里给出的公式中，后续真正的原创作品只能借鉴"其他常见的或独立的来源"。换句话说，即使在非文字层面上，造成相似性的原因或者是根本不能归因于借鉴原作，或者就是被定义为"卑屈的模仿"。由于"一个作品构成侵权，并不要求在整个过程中完整地对原作进行复制或模仿；而只针对重要且有价值的部分，这一部分会对原告的复制权造成损害"[166]。因此，从重印到保护市场价值的转变显得尤为明显。其结果是抛弃了"复制品"的概念，转而对版权保护的智力客体下了一个更宽泛的定义："事实上，如果一本书的内容是原创的并且是新颖的，那么每位作者在其素材的布局、安排和组合上，以及阐述其主题的方式上都享有复制权。"[167]这与以前使用特定的符号组合来标识受保护的复制品有很大的不同。斯托里暗自地，几乎是悄无声息地，开始对智力作品的版权范围进行提炼和拓展。

两年后，由于在处理既定的删减规则时遇到了重重困难，麦克利恩大法官发现了这个淡化"复制品"概念的过程，并称这一过程与专利法（patent law）的趋势相似。麦克利恩在其文章中写道："任何机器的构造，无论其结构如何变化，都是基于同样的原理……如果一个机器的构造遵循了第一个获得专利的机器所应用的原理，那么该专利就是被侵犯了。"他反问道："那么，从理性和正义的角度来看，为什么在版权问题上没有应用与专利机器相同的原则呢？"[168] 麦克利恩认为，作为专利保护对象的"原则"为发明提供了一个抽象的本质，在随后的每次使用中，无论具体的设计如何变化，某种身份都被保留了下来。将其与版权相提并论，可以预见德罗纳后来将重点放在了"事物本身"上，而非具体的"沟通方式"上。

内战之后，这种趋势加剧了。法官们使用稍加修改以规避法律的复制品这一概念，他们不断地偏离翻印的概念，扩大版权的范围。其中一些案件属于印刷文本的成熟领域。[169] 而其他案件涉及非文本媒体，如戏剧表演、照片或平版印刷。[170] 扩大版权保护范围的意义有两方面。其中最重要的是，对于版权范围扩张的需求而言，其所依靠的经济基础正在扩大。不仅仅是图书出版商看到了拥有版权可以从他们的知识产品中获取利润的潜力。在戏剧、广告、摄影、音乐以及后来的电影等其他行业（其中许多是新兴行业），许多公司开始依赖版权并将其作为在一级和二级市场上实现利润最大化的工具。在概念上，超越文字本身促进了其扩展和抽象的过程。复制的旧观念与版权传统上侧重于印刷文本和出版商的重印权相吻合。可以肯定的是，即使是在文本环境下，版权的概念也只是涵盖了特定的一系列文字，这一概念已经衰落。将版权的焦点扩展到印刷文本之外，加速了这一衰落的进程。随着版权可以存在于文本之外的其他事物——图像、戏剧效果、表演音乐——这一想法的萌生，人们更自然地把财产的对象看作一种多态的实体——一种可以以多种具体形式或媒介表现的知识本质。

1868年的戴利诉帕尔默案（*Daly v. Palmer*）是这方面的一个重要里程碑。原告奥古斯丁·戴利（Augustin Daly）是美国戏剧界的杰出人物，他创作、制作了戏剧《煤气灯下》（*Under the Gaslight*）并拥有该剧的版权。该剧的特色在于后来被称为"铁路场景"的一幕，其中一个角色被绑在铁轨上，被从疾驰而来的火车上救走。美国戏剧史和版权史上的另一个重要人物迪翁·布西科（Dion Boucicault）创作的《天黑之后》（*After Dark*）中也有类似的场景。而该场景中的各个细节，尤其是对话，都是不同的。因此，当《天黑之后》的制片人亨利·帕尔默（Henry Palmer）被戴利起诉时，他似乎有着强有力的辩护理由。由于本案涉及新设立的公共表演权利，因此被告必须承认，版权在该案件中的影响已经超出了原本严格限定为重印的范围。尽管如此，早期对戏剧版权的一些理解仍然将其限制在一个狭窄的语言领域中，比如在一本专著中，戏剧受保护的本质被定义为"对话的传递"[171]。尽管两部戏剧在对话和其他细节上存在差异，但是布拉奇福德（Blatchford）法官认为这一场景构成了侵权。他依据的是一个新出现的英国案例，在这个案例中，法官将歌剧改编成舞曲的行为判决为侵权。英国法院认为："此处的盗版是指盗用音乐，虽然改编的目的有所不同，但人们仍然可以听出该音乐出自的原作。增加的变化在原则上没有造成不同。"[172]这个案例的推理逻辑"非常合理、公正，而且……是适用于戏剧创作案件的"。布拉奇福德的结论是："原告的'铁路场景'中所有实质性和重要的东西都被应用在了被告的场景中……

当被告的场景呈现给观众时,就像在原告的戏剧中一样,人们感受到了相同的情感和印象。"他明确地将版权的所有权客体描述如下:

> 在改编的过程中,发明的原始对象,仍然保持不变,它需要灵感来构建和排列。仅仅是戏剧的机械创作就能作出这样的改编——如果把一系列被挪用的事件呈现在舞台上,尽管由不同的新角色来表演、由不同的语言来表达,观众仍能通过表演所触发的感觉来唤起对原作的印象,这便是盗版。盗版作品被认为是以相同的顺序或次序向头脑中传达了实质上相同的印象,并激起了相同的情感。[173]

这种抽象具有双重性。首先,这个公式不仅将版权从印刷文本中分离出来,还将版权从对话语言中分离出来。就戏剧而言,商品化的对象是"一系列事件"或代表人类的行为。[174]其次,这种智力实体是在抽象和晦涩的层面上被定义的。即使经过"改编",这种实体依然存在,并由传达给观众心灵的"印象"和"情感"组成,而不是以任何具体的表现形式组成。

1869年,帕尔默的代表人T. W. 克拉克(T. W. Clarke)发表了一篇简短的评论,强调了这一判决的新奇之处。他认为,这是法院第一次认识到"事件中的财产",并迅速对其与专利法发展的并行性进行了判断。克拉克认为,这一判决紧跟埃默森诉戴维斯案的脚步,"可以说是在文学史上推进了浪漫主义对等原则(the doctrine of romantic equivalents),这类似于专利或技术领域中的机械对等原则"[175]。

## 法律上的形而上学：平衡机制

如今，为防止版权过度扩张，有两条现代版权规则被普遍视为最重要的安全阀：合理使用原则，即允许对受版权保护的作品进行除侵权外的使用，以及版权只适用于具体领域而非抽象思想的原则。然而，从历史上看，这两条规则却是版权扩张和抽象化过程中的核心部分。虽然这两个原则的历史作用在现代人看来可能令人惊讶，但在19世纪版权概念发生变化的背景下，我们还是应秉持理解这两个原则的历史作用的态度。随着狭义的重印概念被摒弃，取而代之的是保护难以捉摸的智力作品市场价值的新理念，其整体的边界设定机制也随之被摒弃。如果将版权范围扩展到保护任何形式和任何市场的智力作品的价值，那么就会像卡姆登勋爵（Lord Camden）在1774年担心的那样，没有什么能阻止私人所有权把知识和科学的传播束缚在"蜘蛛网链"上。[176]逐渐出现的新原则在应对这一挑战上扮演了双重角色。其中一个角色是功能性的。当旧的限制机制衰退时，新规则在管理版权的外部边界的过程中，提供了替代性分析和概念工具，以避免出现对版权的绝对控制，这种绝对控制是不能为人们所接受的。这些规则确保了"蜘蛛网链"不会像原本那样紧密。另一个角色是意识形态。正当它们成为法律这一领域的基础部分时，合理使用和思想表达两分法就像影子一样，抑制了伴随现代版权而来的焦虑。在这样一种环境中，个人对思想的控制正获得前所未有的力量,这些原则使人确信"蜘蛛网链"根本不存在,所有的知识都像空气一样自由。

与1841年福尔瑟姆诉马什案(*Folsom v. Marsh*)判决中提出的关于合理使用原则的普遍观点相反[177],马修·萨格(Mathew Sag)最近辩称,18世纪的英国判例法与现代的合理使用原则之间存在"惊人的连续性",并存在着将两者联系起来的"常量"[178]。这种观点蕴含了许多道理。正如萨格所说,构成美国合理使用原则一部分的许多法律公式,起源于18世纪的英国判例法。[179]然而,这种观点淡化了普通法的精妙技巧。正是这种技巧使得法官们能够引用古老的英国判例,并宣誓效忠于它们,同时逐渐改变它们的含义。这一过程掩盖了与过去决裂的过程,但其最终结果是旧版权架构的根本性改变。如果存在这种精妙的技巧,约瑟夫·斯托里法官就是运用这种普通法技巧的大师。1847年,麦克利恩对毫无意义的合理删减行为进行了谴责和抗议,他认为自己被这些先例束缚着。相比之下,斯托里却表现出了普通法技巧大师的水平。他引用了所有18世纪的旧公式,并将它们与更古老的英国先例混合在一起,形成了一个看似连贯的整体,仿佛不存在任何矛盾。与此同时,他以旧瓶装新酒,为彻底背离版权的总体结构奠定了基础。只有理解了这一精妙技巧在普通法中的运用过程,才能解释为什么法院在合理使用案例中提出的问题"基本上保持不变",而结果却"发生了显著变化"[180]。只有理解了这一过程的逻辑,才能理解现代版权中合理使用的含义,这一含义相对于18世纪的版权法而言,是一种全新的理解。

在《衡平法法学评论》中，斯托里表达了对现有规则的矛盾心理。他在引用英国关于保护二次用途的先例的同时，还指出，善意地使用这类作品"往往是最令人尴尬的问题"[181]。斯托里发现，区分一部作品究竟是"一项通过脑力活动的运作生成的新作品"，还是"仅仅通过对原作品作出细微的删减而被认为是具有欺诈性的规避"，并没有一个清晰可行的评判标准，反而从另一个角度说明了区分两者困难重重。[182]

1839年，格雷诉拉塞尔案[183]提供了第一个重塑这些范畴的机会。这个案子涉及了《亚当拉丁语法》的两个美国修订版，正如斯托里在意见书末所陈述的，根据传统规则，该案可以很容易地作出裁决，因为主笔的报告发现，本杰明·古尔德在第一个美国版中添加和修改的所有内容都被被告的版本复制了，而且"大部分内容都是逐字逐句地复制"[184]。然而，斯托里用了很长一段篇幅来阐释这样一种观点："对于删减并不侵犯原始版权的原则，尽管已经作了明文规定，可是这一原则的适用必须满足许多条件。"[185]他解释说，"在这种情况下，必须综合考虑各种因素"，包括"该作品究竟是善意的删减，还是仅仅为了规避法律而省去了原作一些不重要的部分；该作品是否会因目前的表现形式而损害或取代原作；该作品的受众是否是与原作同一类别的读者；还有许多其他类似的考虑，在确定是否构成侵权时，可以把这些考虑作为要素"[186]。斯托里以一种巧妙的而又几乎不引人注目的方式引用了旧的公式，但又转移了分析的重点，即不再明确地关注作品随后的修改是否只是一种伪装重印的企图。在这一过程中，斯托里引用了一些相似的英国新案例，尤其是布拉姆韦尔诉哈尔科姆案（*Bramwell v. Halcomb*）[187]，它代表着这样一种观点："在许多情况下，问题可能会自然而然地转向所选材料的价值，而不是数量。"[188]

1841年，在福尔瑟姆诉马什案中，斯托里奠定了他在格雷案中确立并引入美国版权法的合理使用原则的基础。争论的焦点是查尔斯·W. 厄珀姆（Charles W. Upham）的一份出版物，"在这本书中，华盛顿主要是通过在其中插入他的信件、信息和其他书面文件，讲述他自己的生活"[189]。这本书广泛使用了华盛顿以前出版的11卷的信件和他的传记。就像惠顿诉彼得斯案一样，此案的影响也很深远。乔治·华盛顿信件的继承人是他的侄子，最高法院法官布什罗德·华盛顿（Bushrod Washington）。华盛顿文件的汇编者、已出版传记的作者贾里德·斯帕克斯（Jared Sparks）与首席大法官约翰·马歇尔（John Marshall）一起获得了这些信件，而后者在判决时已经去世。[190]

根据斯托里的说法，"整个争议的真正关键点"在于，这些信件的后续使用只是对原著进行了删减和选摘，这涉及其本身是否就是一部新作品的问题。在英国的判例中是允许这样做的。[191]斯托里以他著名的观点开始论述："专利和版权的案件，比任何其他属于法院讨论的案件更接近于所谓的法律形而上学，它们之间的区别是，或者至少可能是非常微妙和精炼的，有时几乎是没有区别的。"[192]版权的确切范围一直是一个难以捉摸的问题，长期以来人们都认为，对作品善意的二次使用需要进行个案分析。但是，只有当法官们超越了规避重印的概念之后,质询的"形而上学"本质才得以有力地浮出水面。尽管界线模糊,传统的"复制权"概念为版权的范围提供了一个相对固定的定义。斯托里清楚地表明,他是在把保护范围扩大到这些边界之外,而形而上学的问题正是在这个扩大的区域中产生的:

> 因此,就版权而言,如果一件作品的全部内容很明显都是从另一件作品中复制过来的,只有轻微的遗漏和形式上的差异,这就会被认为是所谓的规避,除此之外,没有别的说法。然而,在其他情况下,两种作品在本质上的同一性和盗版问题,往往取决于在两种素材中一种素材与另一种素材的比较使用之间能否取得良好的平衡,以及所用素材的性质、范围和价值,每部作品的客体,还包括每一位作者在选择和安排素材时可能在何种程度上被公平地假定为具有共同信息来源或付出了相同的努力。[193]

169 很显然,斯托里关注的是"盗版问题"依赖于"一种良好的平衡",而不是像传统规则那样关注变相重印。这一全新开辟的领域打破了相对清晰的传统规则。为了重新定义合理使用规则,斯托里考虑了更为具体的事项,这些事项后来被规范化为构成合理使用的因素:所使用材料的性质、范围和价值,原作品和二级作品的客体和特点,以及对原作品市场的影响。所有这些因素都能在英国判例法的先例,尤其是19世纪的新判例中找到。在斯托里看来,把这些因素联系在一起的关键点是最后一个考虑因素,即对版权作品的市场价值的影响。斯托里否认了重印的概念,他写道:"将重印定义为侵犯版权是完全没有必要的，一件作品的全部，甚至大部分，无论是在形式上还是在实质上，都应该被复制。"重要的问题是"原作品的价值明显地减少了，或是原作者的劳动成果在很大程度上被挪用了"[194]。当时的形式问题与18世纪案件中的情况非常相似。然而，他们的分析被版权概念的转变彻底改变了。二级作品是否对原作内容攫取过多？二级作品是否代替了原作？是否体现了独立的作者权利？这三个问题的答案深受对知识本质的市场价值的保护的影响。这种市场价值可以用各种形式表现，但并非变相重印。

福尔瑟姆诉马什案在当时的判例法中的地位并没有像如今这样权威。[195]在19世纪，法院很少引用这一判例。与现代学说不同的是，合理使用并没有被视为一种抗辩理由以免除被认定为侵权行为的责任。相反地，合理使用的问题被应用在了侵权分析上。[196]在福尔瑟姆诉马什案和格雷诉拉塞尔案中，斯托里应用合理使用的意义在于，从根本上以一种微妙的手段改变了版权的结构。在18世纪，版权的核心内容延伸到了翻印领域，并且法律规则允许二次使用，除非二次使用会导致不公，意即恶意规避翻印禁令。从斯托里早期的决定开始直至19世纪后期，版权结构被颠覆了。现在的基线是：所有的二次使用都是侵权的。正如德罗纳在1879年所说的那样："以下这些情况都是无法抗辩的盗版行为：有权受到保护的作品没有被逐字复印，而是被翻译成另一种语言，或是被戏剧化了，或是它呈现出来的并不是原作的全部，或是被删减了，或是以一种新的、更有用的形式被复制。"[197]经过形而上学的和"最困难的"质询证明某一特定用途是公平的，只有出现了这种例外情况，二次使用才被排除在侵权范围之外。[198]1869 年，一个法院将这个全新的而又具有限定性的合理使用概念描述为"后续作者合理利用原出版物的特权"，这种特权必须加以限制，后续作者在行使该特权时，"不得实质性地伤害版权法律保护下的产权"[199]。这一新学说现在被誉为"知识发展至关重要的一环"，因为"如果每一部作品对于所有的后续作者来说都是封闭的，那么这显然会成为学习知识的障碍"[200]。但是，在版权结构普遍变化的情况下，合理使用在很大程度上限制了法律以前给予二次使用的自由。[201]

就像合理使用一样，现代的思想表达两分法似乎至少可以追溯到 18 世纪中期。英国早期的司法意见书中有很多这样的陈述："如果所有的知识都可以从一本书的内容中获得，那么这本书就可以免费供每个人使用。"[202]这些意见通常是对关于版权的，特别是普通法版权的诉求的回应，因为版权造成了一种令人憎恶的垄断：对知识的垄断。法院对这种诉求的回应是，版权只是阻止翻印，它允许所有的想法不受束缚，因此它既不构成垄断，也不构成对知识的约束。正如前面所描述的，美国后来在惠顿诉彼得斯案中关于文学财产的争论也遵循了完全相同的模式。普通法版权的支持者对垄断知识的警告作出了回应，他们指出，争论的焦点是翻印文本的狭隘的权利，而不是思想上的财产。这种早期的回应与 19 世纪末开始出现的现代思想表达两分法有根本不同。该原则的早期声明是基于这样一种假设，即版权仅限于对印刷复制品的翻印。这种理论上的观察通过一些学说获得了意义，而这些学说就是对版权狭义概念的实例论证。相比之下，现代思想表达两分法出现时，正是版权是翻印文本的权利这一框架崩溃的时候。因此，传统和现代对思想表达区分的意义和功能是截然不同的。

在 19 世纪的最后 25 年里，作者在论文中加入粗体文字变得很普遍，这些粗体文字表明"想法、思想、感情等，无论它们是否之前出自其他文章，都可以被任何人盗用"[203]。当时，这种说法没有被普遍地引用，但人们却花费很长时间去讨论这个说法，在讨论过程中人们阐述了扩展版权范围的新方法。很快，负责分析版权范围的法院开始作出类似的声明。[204]随着实际的版权范围被扩大到越来越抽象的层次，越来越多的人主张版权应被限制在具体的表达方式上，而不应该限制任何思想。这种紧张的局势在世纪之交的几个案例中表现得尤为明显，在这些案例中，一些诉讼当事人抓住了思想和表达的区别，恳求法庭兑现关于版权仅限于具体表达的承诺。在这些案件中，被告援引了思想表达区别的旧含义，他们辩称："一个作家所表达的思想、情感或想象力的创造都没有固有的产权。但是作家写的手稿，或是他赋予它们的具体形式，以及他表达它们所使用的语言都具有固定的产权。"[205] 法院一再驳回这些论点，因为这种论点企图将旧的理论原则转变成一种有效的法律规则。[206] 无论最终是否认定被告侵权，他们都强调："一部文学作品的作者可以以任何一种语言或文字形式声称这是他自己的作品。"[207] 1917 年，一个论著的作者清楚地认识到，他所称的"思想表达两分法的经典定义"不能与现代版权法学相符合。他用不动产作比喻，把作品的具体表达比作"地契"，"地契不能与它们所指的财产相比较"[208]。在研究版权的广义范围时，该作者指出："变体权、再创造权……仅仅体现了版权是思想而非表达的观念。"[209]这种说法是一个例外。典型的做法是宣称版权仅限于具体的表达，但与此同时又使"变体权"充分发挥了自身的作用。

这种矛盾的核心来源于一种深度的焦虑，即个人如何控制具有流动性的知识。"鼓励学习"是自 1710 年《安妮法令》颁布以来，或是在这更早以前，版权的主要目标之一。[210]在 18 世纪晚期的美国，这一想法被共和价值观赋予了新的含义。在传播知识的过程中着重强调政治和道德两个方面，这两方面是提高公民美德和参与政治的先决条件。[211]与鼓励学习的精英主义概念相反，这一想法有一种新的平等主义倾向，它强调知识的广泛传播和对全体公民的启蒙。[212]伴随这些信念而来的是对传播知识的新信心，人们认为这是物质和智力的进步之路。[213]知识自由地传播并以各种形式呈现的理想在整个 19 世纪仍然是一种主要的意识形态力量。到了 19 世纪中叶，它推动了美国的普通学校的建立和通识教育运动。[214]它还激发了世纪中叶知识传播社团的涌现和各种倡议，例如使用寿命短暂的美国实用知识图书馆。[215]重要的是，这种想法与图书行业紧密相关。在工业革命时代，人们认为印刷是使信息流通更为广泛和畅通无阻的重要渠道，这种认知到了 19 世纪被注入了新的理解。[216]在这个行业中，流行的自我形象是技术进步和民主进步的混合体。[217]1855 年，一位作家指出："廉价报刊的重要性是无法估计的！它使每个平凡的思想都能与最伟大的思想直接沟通……它是伟大的平等主义者、进步者和民主化者。它使这个巨大的联邦,统一用一个思想去思考,用一个心灵去感受,用一种语言去交谈,如果没有廉价报刊,这个国家的公民的思想就会走向异质和分裂。"[218]

版权的转变严重影响了所流行的自我形象。到了19世纪晚期,版权的内在张力——为了最大限度地获取信息而对信息私人所有进行排斥——变得越来越明显。随着版权保护逐步扩大到以前狭窄的范围之外,它对信息自由流动的限制不再限于逐字抄袭者或翻印出版商。它们扩展到了一个稳步扩大的信息交流领域,这一领域现在被视为衍生品市场。美国坚定地致力于打造一个使信息流动不受限制的理想社会,这种理想促使国家建立了大量的机制来管制信息流动。为促进知识的发展而建立的法律机制可能阻碍知识的传播,这种危险比以往任何时候都更加明显。

对于这些相互冲突的事项,新的思想表达两分法是化解其矛盾的一种机制。这一机制通过确定版权保护不会延伸到思想,使得法院能够声称,版权能够保护以各种形式呈现的所有作品的全部市场价值,知识的自由流动仍然完全不受限制。两分法协调并抑制了两个命题之间存在的内在矛盾。在20世纪早期,有个法院清楚地表达了思想表达两分法背后的隐患。"如果一个作者通过创造一种新的表达形式,来表达一定的思想或概念,"法院提道,"那么该作者可以从利用这些思想或概念作为写作素材的其他作者手中,收回这些思想或概念,每一项版权都将缩小可供开发和利用的思想领域。科学、诗歌、叙事、戏剧小说和其他文学分支将受到版权的阻碍,而不是得到促进。"[219] 幸运的是,版权没有扩展到"思想、概念或事实",并且"其他作者有权利用事实、经验、思想领域和一般思想,只要他们没有大量复制具体的形式"[220]。

新的思想表达两分法既不是错误的,也不是毫无实际意义的。在世纪之交的几十年里,法院制定了一组新的规则,用以在旧规则消失后划定版权的界限。1879年贝克诉塞尔登案(Baker v. Selden)是一个重要的里程碑。被告被指控从原告的书中复制使用了新记账系统所必需的图表,法官约瑟夫·布拉德利(Joseph Bradley)宣称:"科学真理或艺术的方法是全世界的共同财产,作者有权以自己的方式表达,或者解释和使用它们。"[221]布拉德利对"书"和"它所要说明的艺术"的区分,成为现代原则的基础,即版权不延伸到方法、系统和其他功能主题。[222]在这一点上,法院开始更普遍地使用抽象的思想或主体与具体之间的区别,并以此为手段调整版权范围。[223]之前人们试图将旧的思想表达两分法解释为将版权限制为精确复制,这种尝试很明显是行不通的,与其不同的是,这些判决实际上是与版权范围的扩大同步进行的。它们所依据的原则是,虽然版权远远超出重印的范围,但一些一般的信息元素仍然没有受到保护。新的概念词汇并不是空洞的修辞,而是被翻译成具有实际效果的法律理论。

尽管如此,思想表达两分法在意识形态方面有一个重要的作用。它在一个对信息控制日益加强的世界里,减轻了对知识垄断的焦虑。这一策略依赖于表达方式和知识之间的一条清晰的、本应明朗的界线。将两者描述为两个完全独立的领域,可以在这两个互不接触的领域锁定财产和自由获取知识。个人可以在适当的"表达"范围内行使控制力,而完全不影响自由的"知识"被获取。[224]这一构想是有意义的，因为它赋予了表达和思想的概念相当大的灵活性，这种灵活性允许思想表达两分法与版权范围的不断扩大和抽象共存。仅1930年，在法律现实主义的前端，勒尼德·汉德法官以一种新的形式重塑理论，即用一种绝对领域的边界清晰的两分法来代替抽象的连续统一体，并利用司法手段将版权的边界界定在正确的层面。[225]

## 保护作者不受任何形式的盗版侵害

1897年，《布维尔法律词典》(*Bouvier Law Dictionary*)将"版权"一词描述为："限于一种专有权利，这种权利保护文字或绘画的作者或所有者的利益不受侵害，这些作品可由作品的印刷机构的任何分支组织进行复制。"[226]在彼时，这个定义已经过时了。因为它不仅将范围定义得很狭窄，而且还强调了版权与图书贸易的传统联系。从历史上看，由于图书贸易的独特规制，受版权保护的文本仅仅是文本的形式。版权的核心模式仍然是要防止印刷复制品。半个多世纪以来，美国的版权制度一直坚持这一模式。尽管1790年的法案中包括了地图和图表，1802年还扩展到了印刷品和版画，早期美国版权仍是保护印刷材料，禁止印刷复制品。[227]然而，在19世纪下半叶，这种模式的运行面临着越来越大的压力。压力来自两个相互交织的因素：经济利益和意识形态的变化。

非印刷作品越来越有价值，对其主张法律上的独占性使用的各种要求也在增加。文本可以改编成其他的文本用途，如戏剧或翻译作品，或转换成产生利润的非文本形式，如戏剧表演、音乐表演和后来的录音或电影。随着这些用途在市场上变得更加有利可图，要求将它们纳入版权范畴的呼声也越来越高。因此，经济寻租与版权概念转型的趋势相契合。强调"印刷作品"（"the art of printing"）元素并以图书贸易为中心的版权概念，逐渐被一种一般权利的概念所取代，这种权利可以从任何形式或媒体的抽象智力作品中获得市场利润。这两个因素相互影响。随着经济需求的增长达到一定程度，版权范围扩展到非文本作品，传统的印刷版权概念失去了其连贯性，在法律制度的细节中可以体现出更为广泛的版权新模式。与此同时，将版权从印刷文本中脱离出来的新概念赋予了经济需求相当程度的合法性。当版权的概念不再与印刷作品相联系，将版权范围延伸到多种非文本作品领域似乎越来越自然。

这一过程的展开是通过法定的发展来实现的。自1870年开始，对不同的权利作品进行戏剧化和翻译的法定认可是一个重要的里程碑。[228]新的权利承认以多种形式保护智力作品的原则，但仍然限于文本领域。在这方面，公共表演权的出现是版权摆脱印刷限制模式的具有决定性的一步。为戏剧作品争取公共表演权的首次尝试出现在19世纪40年代初，但以失败告终，并在1841年产生了一项失败的法案。[229]国会议员查尔斯·贾里德·英格索尔在1844年提起的版权法案中，又涉及了这个问题。[230]有趣的是，该法案在后期的发展中涵盖了戏剧和音乐作品的表演权利，但前提是这些作品没有出版。[231]这项在许多方面都超前于时代的法案在很短的时间内就中断了。最后，在 1856 年，经过几位剧作家的广泛游说，国会为戏剧作品增加了公共表演权，无论作品是专门用于表演的，还是仅仅适合于公开展示的。[232]

音乐作品的公共表演权是后来才出现的。在《英格索尔法案》（Ingersoll bill）中曾规定过该项权利，不过没多久便被废止了。53 年后，1897 年的《卡明斯法案》（Cummings bill）才正式确立了这一权利。[233]该法案的重点是在侵犯戏剧公共表演权的行为发生后，加强对此的补救措施，其中包括实施刑事制裁。增加音乐表演权是在后来的一项修正案中在事后才提出的。新成立的音乐出版商协会（Music Publishers Association）的参与可能是这项权利提出的推动力。1895 年，该协会的成立证明了行业的发展，也体现了行业寻求法律保护的意愿日益强烈。[234]委员会关于该法案的报告表明，将版权范围扩大到印刷领域之外这一逻辑，往往会增加其自身发展的动力。为了支持音乐表演权的设立，报告简单地指出："没有理由不将对一种文学财产的保护扩展到……另一种文学财产。"它的结论是，对音乐公共表演权的"遗漏""无疑是监管疏漏的结果"[235]。

一项原则主张将版权范围扩大到所有产生利润的智力作品领域，公共表演权的发展并没有使这项原则成为法律。首先，公共表演权本身被理解为对特定主题领域的有限立法延伸。德罗纳将版权和被他称为"播放权"（playright）的戏剧公共表演权描述为"两个独立的和独特的权利"，前者适用于所有印刷出版物，后者只适用于戏剧作品。他写道："印刷出版物可能侵犯版权，但公开表演不会侵犯版权；'播放权'通过表演来发挥其应有的作用，而不是通过印刷剧本。"[236]德罗纳一贯主张版权必须保护智力作品，而不管其形式如何变化，但他也不得不承认法律没有充分反映这一观念。虽然他阐述了一些令人印象深刻的观点，旨在将戏剧音乐作品中的音乐纳入表演权的范畴，但最后他还是无奈地说："法律并没有赋予作曲家演奏一首音乐的专有权。"[237]1897年，表演权扩展到了音乐，并且延续了这一模式，即只是简单地增加了另一个特定的领域，在这个领域，版权扩展到了印刷品的再生产之外。到1909年《版权法》颁布之时，这种扩展的累积效应已相当显著，但其总体格局仍未被打破。该法案并没有列出一组普遍适用的综合权利，而是列出了一个包含一长串具体主题的清单，例如音乐作品、演讲或照片，以及每一项权利所附带的各种权利。[238]

　　对于未发表的作品，适用情况则有些不同。惠顿诉彼得斯案之后的规则是，普通法版权保护未出版的作品，但只有在出版后才适用法定保护。19世纪70年代，以德罗纳为首的学者们开始断言："一个作家对其大脑所产生的智力作品有无限的控制权，无论是在文学、雕塑、绘画中，还是在任何需要创造力的部门，直到其作品被公众抛弃。"这意味着作者"有权以不干涉他人权利的所有方式使用他的作品，并且他可以禁止他人使用该作品，以防止自己的权利被侵犯"[239]。这是一个自我实现的预言，而不是对永恒原则的重述。美国内战前的案件将普通法版权的范围仅限定为印刷复制品，没有扩大到除此以外的任何东西。19世纪60年代，人们开始认可未出版的戏剧作品中的公共表演权利，这与学者们想象的

"无限控制"完全不同。起初,法院援引英国判例法对普通法上的公共表演权的存在和范围进行了种种限制。[240]同样的事情也发生在音乐领域。几十年后,有关公共表演权的诉讼陆续出现了。[241]这是一个渐进的过程,在世纪之交,作者对其未出版的作品的控制加强了,他可以控制其作品的用途和形式。19世纪90年代,法院开始倾向于这种想法:"每一个新的脑力劳动的产物都是作者的独有财产",所有这些产品"在未公开前都是神圣不可侵犯的,这些产品的所有者和其他任何种类的财产的所有者一样,可以对其产品行使最高统治权"[242]。在这一点上,普通法上的版权比对已出版作品的法定保护更接近于体现一项原则,即对智力作品的所有有价值的使用进行普遍控制,而无论其采取何种形式。

如何解释已出版作品和未出版作品之间的差异?最重要的一点是,普通法版权对新原则的实施所构成的障碍较少。当然,也有一些前后矛盾的先例。但与法定版权不同的是,普通法版权对法律文本的约束要少得多。几个世纪以来,版权的概念一直是由其与印刷作品的联系来定义的。评论者和法院可以简单地解释为何前后矛盾的判例是错误的,并将新规则表述为普通法的永恒的原则。普通法版权也提供了一种思想环境,能够更自然地适用整体控制原理。未出版作品的权利被视为文学财产,这成为普通法财产权的一个分支。这些仍然与自然权利理论紧密相关,自然权利理论强调权利的绝对性,或者按照布莱克斯通的观点,是所有者对财产客体的"绝对统治"。在惠顿诉彼得斯案中,绝对权利只是意味着该权利是永久性的,不受法定先决条件或手续的约束。然而,在半个世纪后，随着新概念的出现，也出现了一种绝对权利，用来表示对以各种具体形式呈现出来的智力作品的所有用途的控制。普通法上的版权援引了自然财产权，而自然财产权理论也很容易给"绝对统治"的新含义提供正当性依据。[243]

在20世纪初，学说中所应用的原则——版权涵盖了多形态的智力作品所有的盈利用途——是不完整的。从这个意义上说，版权永远不会成为绝对的控制权。但从概念和理论的发展趋势来看，它们总体都朝着广义控制的方向发展。在20世纪早期，由最高法院相隔三年作出判决的两起案件表现出了这种动态：怀特-史密斯音乐酒吧公司诉阿波罗公司案（*White-Smith Music Pub. Company v. Apollo Company*）[244]和卡莱姆公司诉哈珀兄弟案（*Kalem Company v. Harper Brothers*）[245]。

怀特-史密斯案（*White-Smith*）围绕着音乐的非印刷复制问题展开了讨论。怀特-史密斯音乐公司控告阿波罗公司以穿孔卷纸的形式复制了其受版权保护的音乐，这种穿孔卷纸曾用于自动演奏钢琴。一个迫在眉睫的问题是，版权是否会在构建利润丰厚的新兴唱片市场方面发挥重要作用。在过去的几十年里，两起类似的版权诉讼案件都以败诉告终，而现在的风险就更高了。[246]很明显，在整个诉讼过程中，怀特-史密斯只是一个棋子。这起诉讼的真正策划者和幕后推手是总部位于纽约的奥丽安公司（Aeolian Company），该公司是全球最大的自动钢琴和卷纸制造商。奥丽安公司支持诉讼，因为它与大多数主要音乐出版商签订了独家授权协议，其中一些合同在审判期间作为证据提交给了法院。这些授权协议只有在确定版权涵盖钢琴卷纸中的音乐复制品之后才会生效。换句话说，奥丽安公司追求的目标就如同阿波罗公司的律师所描述的那样，"利用合法的版权垄断制造"音乐录制业务的"非法垄断"[247]。

现代学者通常把怀特-史密斯案归为技术中立的问题。最高法院拒绝承认这些卷纸是乐谱的侵权复制品，学者认为法院的判决是基于这样一个前提，即版权的范围取决于复制技术之间的区别。这样描述的判决听起来似乎是奇怪的、无法理解的，带有历史的痕迹。技术中立的问题当然是怀特-史密斯案的一个重要方面，但在版权模式不断变化的更为广泛的背景下，人们更容易理解这个案例。这一判决是即将被淘汰的旧的印刷装订模式的最后一场后卫战。

在阿波罗公司递交最高法院的冗长的答辩状中，包含了许多论据，其中大部分都为现代版权律师所熟悉：从在颁布法律时，国会还没意识到这尚且不存在的技术所具有的解释性意义，到自动钢琴市场实际上增加了版权持有者在受保护的乐谱市场的销量的主张。然而，该答辩状的核心内容是对传统版权的核心观点，即与印刷的联系的详尽阐述。这份答辩状认为，版权仅限于"增加的复制品"（"multiplication of copies"）。它的范围从未扩展到"附属的、次要的或派生作品的领域"，如翻译、戏剧或公开表演，除非这些作品能够有限制地进行法定扩展。[248] 答辩状同时否定了多形态智力作品的概念，声称受版权保护的是某些"有形的和可读的作品"，而不是诸如"无形智力产品"类的成果。[249] 因此，该答辩状的结论是：在没有特别的立法扩展的情况下，版权的领域并

*182*

没有延伸到"记录",即智力作品的任何有形表现形式。版权只涵盖了"复制",即在图书贸易中以印刷文本的形式存在的传统客体。[250]相比之下,怀特-史密斯的诉状是建立在版权新模式之上的,该模式强调版权是对所有盈利形式的多形态智力作品的保护。简而言之,它认为"法律的政策是保护作者不受任何形式的盗版侵害",复制和销售音乐作品"和任何其他侵权形式一样,都应该受到追究"[251]。

最高法院大法官威廉·戴(William Day)撰写的意见书是对第一种观点及其赖以存在的传统印刷版权模式的全面认可。威廉·戴在意见书中呼应了阿波罗公司的答辩状,写道:"国会处理的是实体作品,而不是观念或精神概念中的抽象财产权。"[252]虽然他承认穿孔卷纸可以代表音乐作品,但他裁定版权仅限于"以印刷或其他方式复制这些乐谱的独占性权利,例如乐谱上的小节、音符和其他印刷的文字和符号"[253]。戴对传统的版权印刷模式的坚持并不是盲目的形式主义。他非常清楚,将音乐作品嵌入穿孔卷纸中,就会让"音乐作品的制造商可以在不花费任何费用的前提下使用音乐作品"[254]。制度能力理论可以支持他的观点:法院的作用是贯彻他所支持的版权概念的核心,即印刷复制;国会的作用是在它认为合适的条件下,可以通过法令加以干预,并根据具体情况额外增加有限制的保护,就像增加公共表演权一样。

霍姆斯法官虽持赞同意见,但理由却完全不同。出于对权威分量的考虑,霍姆斯觉得有必要表示同意,但他明确表示:"这会导致版权的范围小于其理性意义和其赖以存在的依据。"[255]在接纳新的版权模式的同时,他开始阐明一种新的产权理论以支持这种模式。从19世纪70年代开始，文章作者和评论者倾向于在自然产权的设想下，建立一种广泛的、多形态的版权。相比之下，霍姆斯强调版权的实证主义特征。他写道，最初的财产概念的定义被表述为"确定权利人拥有一个有形的物体，并包括排除他人干涉的权利，在一定程度上以个人意志自由地使用它"，在版权领域"财产已然是一个更为抽象的表达"。正是由于版权缺乏有形的客体，它才成为一种"处于真空"中的权利，这种权利抑制"人类的自发性，如果没有版权，就不会有任何东西阻碍人们做自己认为合适的事情"，并且这项权利"被侵犯时它的所有者可能远在千里之外，而侵权者却从未意识到自己的错误"。这显然使版权成为一种实证主义，而不是一种自然权利。在这一点上，霍姆斯仍然认为版权是"法规的产物"[256]。十年后，霍姆斯在国际新闻社诉美联社案中将这一见解又向前推进了一步，这一起知识产权案件并非偶然。[257]在他的异议中，霍姆斯认识到所有的财产都是法律的产物。[258]

霍姆斯产权思想的演进，体现了知识产权对产权理论影响的变迁过程。19世纪中期的美国人，像他们18世纪的英国前辈一样，努力发展一种自然产权理论，以适应无形资产的新概念。到了19世纪晚期，对于自然产权意味着绝对统治这种观点，评论者们将其作为版权多形态模式的一个支柱。在怀特-史密斯案中，霍姆斯努力地应对拥有无形财产的影响，他得出的结论是，所有财产都是人类的实证主义创造。在这一新兴的产权实证主义基础上，霍姆斯嫁接了新的版权模式。他认为，表达性元素的配置是版权的财产客体，必须"根据其本质"加以保护。因此,版权保护范围的延伸"不仅要与发明的范围相同……而且要与复制结果赋予发明意义和价值的结果的可能性相同",除非"一些不相干的政策考虑加以反对"[259]。构成版权产权理论基础的主导性因素正在从自然权利理论向实证主义理论过渡。实证主义模式需要政策为创造权利和设定其边界提供正当理由,但它仍然受到自然权利环境中形成的设想的影响,在这种环境中,法律规则能为所有有价值的智力作品形式提供保护。事实证明,多形态智力作品的基本概念是非常有弹性的,因为它既涉及自然权利,也涉及版权的实证主义理论。

在判决形成一年后,1909年《版权法》的出台推翻了怀特-史密斯案的判决,该法案赋予音乐作品版权所有人制作录音制品的专有权,但受到强制许可的限制。[260]又过了两年,霍姆斯利用一次机会将他的观点付诸实践,即版权保护作品的本质,而本质能以各种可能的形式呈现。卡勒姆案(Kalem)所涉及的学说问题与怀特-史密斯案的不同,但基本的概念问题是相同的。卢·华莱士(Lew Wallace)的《本·胡尔》(Ben Hur)的出版商哈珀兄弟(Harper and Bros.),以及改编戏剧权的独家授权方克劳和厄兰格(Klaw and Erlanger)起诉卡勒姆公司侵犯版权。卡勒姆仿照许多早期电影制片人的做法,这些制片人经常在电影中借鉴已有的作品,尤其是戏剧、小说或短篇故事,渴望以此获得新的素材。本案中卡勒姆制作了一部15分钟的电影,表现了《本·胡尔》中的几个场景,并在广告中宣传:"一部讲述罗马奇观的电影,改编自卢·华莱士的名著《本·胡尔》。"[261]卡勒姆不仅是仿照一种非常普遍的做法，而且他有充分的理由认定这种做法没有违反法律。事实上，哈珀兄弟早些时候曾试图控制《本·胡尔》的视觉化改编的权利，但以失败告终。1896年，哈珀兄弟与华莱士一起在纽约对赖利兄弟（Riley Brothers）提起诉讼，赖利兄弟制作并出售了一组展示《本·胡尔》故事的幻灯片，用于幻灯片演示。[262]法院驳回了起诉，对于小说的版权赋予了作者排除他人使用基于它而形成的图片的权利这一论点，法院也概括地予以驳回。[263]摄影新闻报道针对该案件指出："法院的判决具有协调性，因为它不仅符合美国法律，而且符合常识的要求。"[264]更通俗地说，早期与电影有关的版权判例法，可能仍然对新媒体持怀疑态度，倾向于限制版权在这一领域的范围。1905年，新泽西联邦地区法院裁定，爱迪生公司翻拍的传记电影《私人生活》（Personal）并不构成侵权。[265]如果电影的翻拍和从文本中衍生的幻灯片版本没有侵犯版权，为什么电影改编会侵犯版权呢？

然而到了1911年，版权思想的风向发生了变化。卡勒姆担心其败诉的可能性很大是有理由的。1908年，卡勒姆在一审和上诉法庭都败诉后，《纽约时报》解释说："这个判决将对全国的电影行业产生至关重要的影响。"[266]电影专利公司——爱迪生公司，该公司控制着大多数电影公司的资金——支付了卡勒姆的上诉费用。[267]在递交给最高法院的答辩状中，卡勒姆以印刷装订的版权模式为主要抗辩理由。答辩状中有一节题为"书和图片在本质上是不同的"，这一节用大量篇幅阐明了这一命题。[268]论据再次诉诸"复制品"和"记录"之间的区别，"复制品"指的是作品基于印刷的物理体现,而"记录"指的是智力作品的任何形式的体现。答辩状中抗辩道:"经过艺术家的智力创作,作者的思想被转化为肉眼可见的想法,不是作为华莱士作品的样本复制,而是作为另一个人脑海中产生的艺术思想的记录。"[269]

由霍姆斯作出的最高法院的判决维持了原判,裁定卡勒姆侵犯了版权,但是没有裁定电影版本直接侵犯了书的版权。相反,推理过程遵循了一种更为迂回的方式,这种方式是由上诉法院的意见书和被上诉人的答辩状所策划的。[270]法官意见所给出的理由是,这部电影的放映侵犯了该书的戏剧改编的权利,卡勒姆作为电影的制作者,对电影放映者的主要侵权行为负有责任,因为它在销售和宣传电影时完全意识到了电影放映者的侵权行为。现代读者常常对这种复杂的法律推理过程感到困惑。为什么法院不能简单地判定制作电影是一种直接侵犯版权的行为呢?确实,这种推理不仅迂回曲折,而且使人心存疑虑。一篇法律评论文章很快指出,在戏剧改编权产生时,戏剧改编"严格意义上是在戏剧中使用或准备使用故事或小说,让活生生的人出现在戏剧的舞台上"[271]。将这一观点适用于电影放映领域可以看作是一种延伸。

卡勒姆案之所以要运用如此复杂的法律推理,是因为相关法庭面临的困境与霍姆斯三年前在怀特-史密斯案中遇到的困境相同。包括霍姆斯在内的许多人都已经内化了新的版权模式,在这种模式下,智力作品必须受到保护,因为它在各种不同的表现形式中具备有价值的"本质"。[272]电影包含了同样的智力本质,它只是另一种盈利形式,但霍姆斯不得不承认,在这一点上,法律原则还没有完善。霍姆斯在这一点上保持了沉默,但上诉法院的意见是,他明确表示,电影"没有侵犯受保护的图书或戏剧的版权",并援引了怀特-史密斯案中的话。[273]法律似乎不承认对文本作品的一般控制权,而不论其媒介或形式如何,因此需要诉诸复杂的推理过程:首先将放映定位在有限的法定扩展范围内,即戏剧化,然后通过共同侵权的架构将责任归于电影制作者。

因此,卡勒姆案作出判决的时候是一个至关重要的时刻。该判决的理由已经基于新的版权模式,但法官仍然通过植根于传统的印刷装订模式的理论来进行法律推理。通过在学说和实践中实例化新的版权多形态概念,最高法院的判决巩固并加强了这一理论。[274]类似卡勒姆案这样的复杂推理,不久就没有人会为了证实跨媒体侵权的可能性而费心去作了。很明显,侵犯版权的复制行为会涉及跨媒体和表达形式,并不局限于文本领域。[275]在20世纪早期,版权法并没有对所有形式的受保护的知识产权作品进行绝对的控制。在原作的基础上创作衍生作品的权利是有限的。但是,版权确实成了一种广义控制权。尽管该原则尚未得到全面贯彻,但衍生作品的逻辑——版权专有权应涵盖具有多种形式和媒介的知识本质这一基本原则——成为该领域的一个基本前提。

### 注释

[1] Richard Peters, *Report of the Copy-right Case of Wheaton v. Peters Decided in the Supreme Court of the United States* (New York: James Van Norden, 1834)(以下简称 *Wheaton v. Peters*), 19。

[2] *Pierpont v. Fowle*, 19 F. Cas. 652, 660 (C. C. D. Mass. 1846)。

[3] *Colliery Engineer Co. v. United Correspondence Schools Co.*, 94 F.

152，153 (C. C. S. D. N. Y 1899).

［4］许多大陆法系国家最终将对作品进行经济开发的权利与旨在保护作者个人利益的权利区分开，并且大大限制了后者的可转让性。关于这类个人权利在法国和德国的发展历史，参见 David Saunders, *Authorship and Copyright* (London: Routledge, 1992), 75-121。

［5］See Oren Bracha, "The Ideology of Authorship Revisited: Authors, Markets, and Liberal Values in Early American Copyright," 118 *Yale L. J.* 186, 256 (2008).

［6］在联邦版权制度确立的最初十年中，46.6%的版权登记由所有者完成。B. Zorina Khan, *The Democratization of Invention: Patents and Copyrights in American Economic Development, 1790—1920* (Cambridge: Cambridge University Press, 2005) 236.

［7］See e. g. *Heine v. Appleton*, 11 F. Cas. 1031 (C. C. S. D. N. Y. 1857).

［8］See e. g. *Binns v. Woodruff*, 3 F. Cas. 421 (C. C. D. Pa. 1821); *Atwill v. Ferrett*, 2 F. Cas. 195 (C. C. S. D. N. Y. 1846); *Little v. Gould*, 15 F. Cas. 612 (C. C. N. D. N. Y. 1852).

［9］See e. g. *Binns v. Woodruff*, 3 F. Cas. 423; *Atwill v. Ferrett*, 2 F. Cas. 197-98; *Heine v. Appleton*, 11 F. Cas. 1033; *Little v. Gould*, 15 F. Cas. 613; *De Witt v. Brooks*, 7 F. Cas. 575 (C. C. S. D. N. Y. 1861).

［10］*Boucicault v. Fox*, 3 F. Cas. 977, 980 (C. C. S. D. N. Y. 1862).

［11］19 F. Cas. 659.

［12］*Atwill*, 2 F. Cas. 198.

［13］Catherine L. Fisk, "Authors at Work: The Origins of the Work-for-Hire Doctrine," 15 *Yale J. L. & Human.* 1, 26-27 (2003).

［14］Khan, *The Democratization of Invention*, 236; James Gilreath, "American Literature, Public Policy, and the Copyright Laws before 1800," in *Federal Copyright Records, 1790—1800* (Washington, D. C: G. P. O., 1987), xxiii. 关于所有者登记是否涉及与作者的真实交易以及有多少登记涉及真实交易的问题无从得知。登记前转让作为常见做法的主要依据在于，在大多数（尽管不是全部）所有者登记版权的情况下，记录中明确提到了作者的名字。尽管提及作者名字和真正的有偿交易之间存在差距，但前者提供的迹象表明，作者的利益并没有被完全忽视。See generally Joseph F. Felcone, "New Jersey Copyright Registrations, 1791—1845," 51 *Proceedings of the*

*American Antiquarian Society* 104（2004）.

［15］See e. g. *Keene v. Wheatley*，14 F. Cas. 180（C. C. E. D. Pa. 1861）.

［16］Id.，186－87. 法院认为，对现有剧本的补充不具有可版权性。但是，法院判决原告拥有衡平法权利以对抗第三方从雇佣演员（创作内容的人）处获得新增内容。

［17］Id.，187.

［18］Id.，186.

［19］*Lawrence v. Dana*，15 F. Cas. 26，51（C. C. D. Mass. 1869）. 在本案中，作者所有权的分配是法官的个人意见，因为有合同明确了委托方同意在没有作者授权的情况下不进一步使用该作品。

［20］*Callaghan v. Myers*，128 U. S. 617，647（1888）；*Root v. Borst*，36 N. E. 814，814（N. Y. 1894）；*Donaldson v. Wright*，7 App. D. C. 45，58（D. C. Cir. 1895）.

［21］版权默示转让意图的功能与邓肯·肯尼迪（Duncan Kennedy）描述的默示意图在"前古典"美国私法中的核心作用有着非常类似的结构。根据肯尼迪的观点，南北战争前私法中的默示意图经常被用来模糊政府强制决策和私人、个体选择之间的边界。See Duncan Kennedy，*The Rise and Fall of Classical Legal Thought*（Washington，D. C.：Beard Books，2006），157.

［22］"Stenographic Report of the Proceedings of the Librarian's Conference on Copyright，Held at the New York City Club，New York，N. Y.，May 31－June 2，1905 Inclusive," in E. Fulton Brylawski and Abe Goldman，eds.，*Legislative History of the 1909 Copyright Act*（South Hackensack，N. J.：Rothman，1976），vol. 1，56.

［23］版权法这一领域的混乱在伊顿·德罗纳 1879 年论著的相关章节中显而易见。虽然该论著在其他方面非常连贯，但与此相关的章节是混乱的。在五页的篇幅中，它至少陈述了三个相互冲突的规则：雇佣关系不改变作者所有权的默认规则；雇主通常拥有其雇员作品的版权；在每一种情况下，所有权均由当事人从全部具体情况推断出的默示转让意图决定。See Eaton S. Drone，*A Treatise on the Law of Property in Intellectual Productions in Great Britain and the United States*（Boston：Little，Brown，1879），255－60. See also Fisk，"Authors at Work,"48－50.

［24］See *Schumacher v. Schwencke*，25 F. 466，468（C. C. S. D. N. Y. 1885）；*Mut. Adver. Co. v. Refo*，76 F. 961，963（C. C. D. S. C. 1896）；*Colliery*

*Eng'r Co. v. United Correspondence Sch.*, 94 F. 152, 153 (C. C. S. D. N. Y. 1899); *Dielman v.* White, 102 F. 892, 894 (C. C. D. Mass. 1900); *Edward Thompson Co. v. Am. Law Book Co.*, 119 F. 217, 219 - 20 (C. C. S. D. N. Y. 1902); *Nat'l Cloak & Suit Co. v. Kaufman*, 189 F. 215, 217 (C. C. M. D. Pa. 1911). 后来，法院开始区分雇员和独立承揽人，并仅对前者适用剥夺作者所有权的默认规则。See *W. H. Anderson Co. v. Baldwin Law Publishing Co.*, 27 F. 2d 82, 88 (6th Cir. 1928).

［25］"Stenographic Report of the Proceedings of the Librarian's Conference on Copyright," 41. 关于以工代赈原则的立法历史，参见 Fisk, "Authors at Work," 62 - 67。

［26］Act of March 4, 1909, ch. 320, § 62, 35 Stat. 1075, 1088.

［27］Bernard Edelman, *Ownership of the Image: Elements for a Marxist Theory of Law* (London: Routledge & Kegan Paul, 1979), 58 (emphasis in original).

［28］"Stenographic Report of the Proceedings of the Librarian's Conference on Copyright," 56 - 57.

［29］Catherine Fisk, *Working Knowledge: Employee Innovation and the Rise of Corporate Intellectual Property 1800—1930* (Chapel Hill: University of North Carolina Press, 2009), 219.

［30］188 U. S. 239 (1903). See Fisk, *Working Knowledge*, 237.

［31］*Edward Thompson Co.*, 119 F. 219.

［32］Id.

［33］25 F. 466.

［34］关于代理机构的隐喻，参见 Gerald E. Frug, "The Ideology of Bureaucracy in American Law," 97 *Harv. L. Rev.* 1276, 1297 - 98 (1984)。

［35］25 F. 466.

［36］Id., 468.

［37］See W. M. Geldart, "Legal Personality," 27 *L. Q. Rev.* 90, 97 (1911); Morton J. Horwitz, *The Transformation of American Law 1870—1960: The Crisis of Legal Orthodoxy* (New York: Oxford University Press, 1992), 94 - 100.

［38］"Stenographic Report of the Proceedings of the Librarian's Conference on Copyright," 41, 56.

［39］立法建议最初文本的第 26 条规定："提议并出资制作编辑作品或集合

作品（'系列'、'丛书'或百科全书）的出版商，可以主张对该作品享有版权。"
"Memorandum Draft of a Bill to Amend and Consolidate the Acts Respecting Copyright," in *Legislative History of the 1909 Copyright Act*, vol. 2, xxxvi.

[40] "Stenographic Report of the Proceedings of the Librarian's Conference on Copyright," 40 - 41.

[41] Id., 54.

[42] Id., 34, 41, 45, 56, 85.

[43] "Stenographic Report of the Proceedings of the Second Session of the Conference on Copyright, Held at the New York City Club, New York, N. Y., Nov. 1 - 4, 1905 Inclusive," in *Legislative History of the 1909 Copyright Act*, vol. 2, 146.

[44] Id., 143. 鲍克试图为"作者"提出一个明确全面的定义，但与会者无法达成一致。最终，没有任何法定释义被纳入雇佣作品规则，只是将雇主定义为作者，而没有界定这一术语中还包括哪些人。

[45] William Blackstone, *Commentaries on the Laws of England* (Oxford: Clarendon Press, 1766), vol. 2, 2.

[46] 33 U. S. 591 (1834).

[47] See Craig Joyce, "The Story of *Wheaton v. Peters*: A Curious Chapter in the History of Judicature," in Jane C. Ginsburg and Rochelle Cooper Dreyfuss, eds., *Intellectual Property Stories* (New York: Foundation Press, 2006), 42 - 49.

[48] 关于对该案背后复杂的私人关系和机构之间故事的全面描述，参见 Edward G. White, *The Marshall Court and Cultural Change*, 1815—1835 (New York: Macmillan 1988), 408 - 24; Craig Joyce, "The Rise of the Supreme Court Reporter: An Institutional Perspective on Marshall Court Ascendancy," 83 *Mich. L. Rev.* 1291, 1364 - 86 (1985)。

[49] See White, *The Marshall Court*, 421 - 22; Joyce, "The Story of *Wheaton v. Peters*," 64 - 65.

[50] 33 U. S. 663 - 64. 关于围绕形式要件核心问题的讨论，参见 Joyce, "The Story of *Wheaton v. Peters*," 68 - 69。

[51] *Wheaton v. Peters*, 71.

[52] Id., 74, 77.

[53] 33 U. S. 668.

[54] Joseph Story, *Commentaries on Equity Jurisprudence as Administered in*

*England and America*, 2nd ed. (Boston: Hilliard, Gray, 1839), vol. 2, 247-48.

[55] 麦克利恩撰写的多数派意见书认为,英国的普通法版权令人"极度费解和困惑",上议院在唐纳森诉贝克特案中的最终裁决反对这种权利的存在;33 U. S. 660。

[56] 麦克利恩撰写的多数派意见书否认联邦普通法,斯托里和马歇尔是否认同这一主张令人怀疑。即使普通法版权在英国得到承认,这一权利也从未在宾夕法尼亚州被采用;33 U. S. 658-60。

[57] *Donaldson v. Becket*, 98 Eng. Rep. 257; 1 Eng. Rep. 837; 17 Parl. Hist. Eng. 953 (1774 H. L.)。

[58] 关于英国文学财产之争,参见 Mark Rose, *Authors and Owners: The Invention of Copyright* (Cambridge, Mass.: Harvard University Press, 1993), 67-112; Brad Sherman and Lionel Bently, *The Making of Modern Intellectual Property Law: The British Experience, 1760—1911* (New York: Cambridge University Press, 1999), 11-42。

[59] Morton J. Horwitz, *The Transformation of American Law 1780—1860* (Cambridge, Mass.: Harvard University Press, 1977), 4-9. 霍维茨 (Horwitz) 将对普通法反映自然权利的理解描述为 18 世纪的概念,这种概念在 19 世纪被普通法的工具主义概念所取代。See also Willard J. Hurst, *The Law and Conditions of Freedom in the Nineteenth-Century United States* (Madison: University of Wisconsin Press, 1956); William E. Nelson, "The Impact of the Antislavery Movement upon Styles of Judicial Reasoning in Nineteenth Century America," 87 *Harv. L. Rev.* 513 (1974). 然而,在 19 世纪中期的文学财产之争中,传统的自然法对财产权的理解发挥了重要作用。

[60] George Ticknor Curtis, *A Treatise on the Law of Copyright* (Boston: C. C. Little and J. Brown, 1847), 4.

[61] *Wheaton v. Peters*, 20. 该引文摘自 William Blackstone, *Commentaries on the Laws of England by the Late Sir W. Blackstone: to which is added an analysis by Barron Field Esq.: A New Edition with Practical Notes by Christian, Archbold, and Chitty* (New York: E. Duyckinck, 1827), vol. 1, 306, n. 14。

[62] See William Warburton, *A Letter from an Author to a Member of Parliament Concerning Literary Property* (1747), reprinted in Stephen Parks, ed., *Horace Walpole's Political Tracts 1747—1748* (New York: Garland,

1974).

[63] *Wheaton v. Peters*, 110.
[64] Id., 24.
[65] Id., 20.
[66] Curtis, *A Treatise on the Law of Copyright*, 2-3.
[67] *Wheaton v. Peters*, 100.
[68] Id., 79.
[69] 33 U.S. 673-77.
[70] *Wheaton v. Peters*, 79.
[71] Id., 18.
[72] Id., 19.
[73] 96 Eng. Rep. 169, 189 (K.B. 1761).
[74] Blackstone, *Commentaries*, vol. 2, 405-6.
[75] Id.
[76] Meredith L. McGill, "The Matter of the Text: Commerce, Print Culture, and the Authority of the State in American Copyright Law," 9 *Am. Lit. Hist.* 1, 7-11 (1997).
[77] *Wheaton v. Peters*, 27.
[78] Id., 114.
[79] Curtis, *A Treatise on the Law of Copyright*, 12-13.
[80] *Wheaton v. Peters*, 18, citing *Millar v. Taylor*, 98 Eng. Rep. 201, 251 (K.B. 1769).
[81] See Oren Bracha, "The Statute of Anne: An American Mythology," 47 *Houston L. Rev.* 877, 900 (2010).
[82] Id., 902-5, 914.
[83] Horwitz, *The Transformation of American Law 1870—1960*, 139.
[84] *Stowe v. Thomas*, Complainant's Bill.
[85] *Stowe v. Thomas*, Defendant's Answer.
[86] See Melissa J. Homestead, *American Women Authors and Literary Property, 1822—1869* (New York: Cambridge University Press, 2005), 129-44; Melissa J. Homestead, "'When I can Read my Title Clear': Harriet Beecher Stowe and the *Stowe v. Thomas* Copyright Infringement Case," 27 *Prospects* 201 (2002).
[87] *Stowe v. Thomas*, 23 F. Cas. 201, 206-7 (C.C.E.D. Pa. 1853).

[88] 关于书商同业公会组织的内部规则和临时性协调,参见 Oren Bracha, "Owning Ideas: A History of Anglo American Intellectual Property," S. J. D. diss., Harvard Law School (2005), 140 – 43; Lyman Ray Patterson, *Copyright in Historical Perspective* (Nashville, Tenn.: Vanderbilt University Press, 1968), 33. 关于印刷专利中的权利范围,参见 Ronan Deazley, "The Statute of Anne and the Great Abridgment Swindle," 47 *Hous. L. Rev.* 793, 810 – 15 (2010)。

[89] 8 Ann., c. 19, sec. 1.

[90] *Gyles v. Wilcox*, 26 Eng. Rep. 489, 490 (Ch. 1740). See also *Tonson v. Walker*, Eng. Rep. 1017, 1019 – 20 (Ch. 1752); *Sayre v. Moore*, 102 Eng. Rep 139, 140 (K. B. 1785); *Cary v. Kearsley*, 170 Eng Rep. 679, 680 (K. B. 1802).)

[91] *Gyles v. Wilcox*, 26 Eng. Rep. 490.

[92] *Cary v. Kearsley*, 170 Eng Rep. 680.

[93] Richard Godson, *A Practical Treatise on the Law of Patents for Inventions and of Copyright*, 2nd ed. (London: W. Benning, 1844), 477.

[94] *Newbery's Case*, 98 Eng. Rep. 913 (Ch. 1773).

[95] 98 Eng. Rep. 205.

[96] Id., 226.

[97] Blackstone, *Commentaries*, vol. 2, 406.

[98] Francis Hargrave, *An Argument in Defence of Literary Property* (1774), reprinted in Stephen Parks, ed., *Four Tracts on Freedom of the Press, 1790—1821* (New York: Garland, 1974).

[99] Act of May 31, 1790, ch. 15, §1, 1 Stat. 124.

[100] Charlene Bangs and Helen E. Veit, eds., *Documentary History of the First Federal Congress, Legislative Histories* (Baltimore, Md.: Johns Hopkins University Press, 1972), vol. 4, 511.

[101] Act of April 29, 1802, ch. 36, §3, 2 Stat. 171, 172.

[102] 在 19 世纪 30 年代,美国平均每年出版 100 本书。1859 年,这一数字上升到 1 350 本。1820 年,在美国印刷和销售的图书价值为 250 万美元。1856 年,这一价值为 1 600 万美元。John Tebbel, *A History of Book Publishing in the United States* (New York: R. R. Bowker, 1972), vol. 1, 221.

[103] A. D. Van Nostrand, *The Denatured Novel* (Indianapolis, Ind.: Bobbs-Merrill, 1960), 14.

[104] Susan Geary, "The Domestic Novel as a Commercial Commodity: Making a Best Seller," 70 *Bibliographical Society of America Papers* 365, 371 (1976).

[105] Ronald J. Zboray, *A Fictive People: Antebellum Economic Development and the American Reading Public* (New York: Oxford University Press, 1993), 11.

[106] Curtis, *A Treatise on the Law of Copyright*, 237–38.

[107] See e. g. *Tonson v. Collins*, 96 Eng. Rep. 169 (K. B. 1761).

[108] Curtis, *A Treatise on the Law of Copyright*, 291.

[109] Homestead, *American Women Authors*, 108. 关于这部小说在南北战争前售出数百万册的说法最近受到了质疑。See Michael Winship, "'The Greatest Book of Its Kind': A Publishing History of Uncle Tom's Cabin," 109 *Proceedings of the American Antiquarian Society* 309 (1999). 然而，毫无疑问的是，该书在美国市场上的销售量是相当大的，而且是前所未有的。

[110] Harriet Beecher Stowe to Eliza Follen, February 16, 1853, in Annie Fields, ed., *Life and Letters of Harriet Beecher Stowe* (Boston: Houghton Mifflin, 1897), 176.

[111] E. Bruce Kirkham, *The Building of Uncle Tom's Cabin* (Knoxville: University of Tennessee Press, 1977), 70.

[112] See Susan Coultrap-McQuin, *Doing Literary Business: American Women Writers in the Nineteenth Century* (Chapel Hill: University of North Carolina Press, 1990), 89.

[113] See Geary, "The Domestic Novel as a Commercial Commodity," 375–76.

[114] *Stowe v. Thomas*, Complainant's Bill.

[115] *Stowe v. Thomas*, Affidavit of Harriet Beecher Stowe.

[116] "'Uncle Tom' at Law," *New York Weekly Tribune*, April 16, 1853, 10.

[117] Id.

[118] Id.

[119] 23 F. Cas. 205.

[120] Id.

[121] Id.

[122] Id., 202.

[123] Id.

[124] Id., 204.

[125] Id., 207.

[126] Id.

[127] Id.

[128] Act of July 8, 1870, ch. 230, § 86, 16 Stat. 198, 212.

[129] Charles Reade, *The Eighth Commandment* (Boston: Ticknor and Fields, 1860); see generally Deazley, "The Great Abridgment Swindle."

[130] Reade, *The Eight Commandment*, 152.

[131] Curtis, *A Treatise on the Law of Copyright*, 265.

[132] Id., 271.

[133] 柯蒂斯认为,"未经授权的删减没有减少甚至还增加了一级市场利润"的观点不应该存在,就像生产逐字复制品的被告不被允许辩称他的行为事实上没有减少授权复制品的销售一样。Id., 276-77.

[134] Id., 240.

[135] Id., 275-76.

[136] Id., 276.

[137] Id., 278.

[138] Id., 279.

[139] 23 F. Cas. 171 (C. C. D. Oh. 1847).

[140] Joseph Holcombe, *An Introduction to Equity Jurisprudence: On the Basis of Story's Commentaries* (Cincinnati, Ohio: Derby, Bradley, 1846, iii-iv.

[141] 23 F. Cas. 172.

[142] Id.

[143] Id.

[144] Id., 173.

[145] Id., 172.

[146] Id., 173.

[147] Id.

[148] Id., 174.

[149] Id., 174-75.

[150] Curtis, *A Treatise on the Law of Copyright*, 238.

[151] Id., 238 - 39.

[152] Id., 252, n. 3.

[153] 23 F. Cas. 173.

[154] Drone, *A Treatise on the Law of Property in Intellectual Productions*, 401. See also *Lawrence v. Dana*, 15 F. Cas. 60.

[155] See Anthony Reese, "Innocent Infringement in U. S. Copyright Law: A History," 20 *Colum J. L. Arts* 132, 154 - 75 (2007).

[156] Drone, *A Treatise on the Law of Property in Intellectual Productions*, 451.

[157] Id., 385.

[158] 16 Stat. 198, 212, § 86.

[159] Drone, *A Treatise on the Law of Property in Intellectual Productions*, 446.

[160] Id., 384 - 85.

[161] Id., 454.

[162] Id., 451.

[163] Id., 464.

[164] *Emerson v. Davies*, 8 F. Cas. 615, 620 (C. C. D. Mass. 1845).

[165] Id., 624.

[166] Id., 625.

[167] Id., 619.

[168] *Story v. Holocombe*, 23 F. Cas 173.

[169] See *Lawrence v. Dana*, 15 F. Cas. 58; *Simms v. Stanton*, 75 F. 6, 10 (C. C. N. D. Cal. 1896); *Gilmore v. Anderson*, 38 F. 846, 849 (S. D. N. Y. 1889).

[170] See e. g. *Daly v. Plamer*, 6 Fed. Cas. 1132 (S. D. N. Y. 1868); *Falk v. Brett Lithographing Co.*, 48 F. 678 (S. D. N. Y. 1891); *Falk v. Donaldson*, 57 F. 32 (S. D. N. Y. 1893); *Maxwell v. Goodwin*, 93 F. 665 (C. C. N. D. Ill. 1899).

[171] T. H. Lacy, *A Handy Book on the Law of the Drama and Music* (London: T. H. Lacy, 1864), 20.

[172] *D' Almaine v. Boosey*, 160 Eng. Rep. 117, 123 (Ex. 1835).

[173] *Palmer v. Daily*, 6 Fed. Cas. 1138.

[174] See Derek Miller, "Judicial Criticism: Performance and Aesthetics in Anglo-American Copyright Law 1770—1911," Ph. D. diss., Stanford University, (2013), 108-25.

[175] "Copyright," 3 *Am. L. Rev.* 453 (1869).

[176] *Donaldson v. Becket*, 17 Parl. Hist. Eng. 1002.

[177] 9 F. Cas. 342 (C. C. D. Mass. 1841).

[178] Mathew Sag, "The Prehistory of Fair Use," 76 *Brook. L. Rev.* 1371, 1393 (2011).

[179] Id., 1393-409. 萨格确定了合理使用的不变因素：分析的个案性质、取自原作数量的作用、对使用的市场效果的重视，以及二次使用的转换性质的重要性。

[180] Id., 1411.

[181] Story, *Commentaries on Equity Jurisprudence*, vol. 2, 242.

[182] Id.

[183] 10 F. Cas. 1035 (C. C. D. Mass. 1839).

[184] Id., 1039.

[185] Id., 1038.

[186] Id.

[187] 40 Eng. Rep. 1110 (Ch. 1836).

[188] 10 F. Cas. 1038.

[189] 9 F. Cas. 345.

[190] 关于该案背景，参见 R. Anthony Reese, "The Story of *Folsom v. Marsh*: Distinguishing between Infringing and Legitimate Uses," in Ginsburg and Dreyfuss, eds., *Intellectual Property Stories*, 261-71。

[191] 9 F. Cas. 347.

[192] Id., 344.

[193] Id.

[194] Id., 348.

[195] 里斯（Reese）讨论了福尔瑟姆诉马什案后来被法院引用的各种情况，并将其在合理使用中不断上升的重要性追溯到1954年首席法官莱昂·扬克维奇（Leon Yankwich）在《芝加哥法律评论》中的评论。See Reese, "The Story of *Folsom v. Marsh*," 292; Leon R. Yankwich, "What Is Fair Use?," 22 *U. Chi. L. Rev.* 203 (1954).

[196] See L. Ray Patterson, "*Folsom v. Marsh* and Its Legacy," 5 *J. Intell. Prop. L.* 431 (1997 – 98); Reese, "The Story of *Folsom v. Marsh*," 288 – 90.

[197] Drone, *A Treatise on the Law of Property in Intellectual Productions*, 385.

[198] Id., 387.

[199] *Lawrence v. Dana*, 15 F. Cas. 60.

[200] Drone, *A Treatise on the Law of Property in Intellectual Productions*, 386.

[201] 对于这一论点, 参见 Patterson, "*Folsom v. Marsh* and Its Legacy," 431; Bracha, "The Ideology of Authorship Revisited," 229; John Tehranian, "Et Tu, Fair Use? The Triumph of Natural Law Copyright," 38 *U. C. Davis L. Rev.* 465, 481 (2005)。

[202] *Millar v. Taylor*, 98 Eng Rep. 216.

[203] Drone, *A Treatise on the Law of Property in Intellectual Productions*, 385. See also James Appleton Morgan, *The Law of Literature* (New York: J. Cockcroft, 1875), vol. 2, 669.

[204] *Holmes v. Hurst*, 174 U. S. 82, 86 (1899).

[205] *Maxwell v. Goodwin*, 93 F. 666.

[206] See e. g. *Falk v. Donaldson*, 57 F. 35; *Maxwell v. Goodwin*, 93 F. 665 – 66; *Kalem Co. v. Harper Bros.*, 222 U. S. 55, 63 (1911).

[207] *Maxwell v. Goodwin*, 93 F. 666.

[208] Arthur W. Weil, *American Copyright Law with Especial Reference to the Present United States Copyright Act* (Chicago, Ill.: Callighan, 1917), 379.

[209] Id., 380. 韦尔 (Weil) 提出了一个没有说服力的公式, 以解决他承认版权不限于表达与版权不对思想产生垄断的观点之间的矛盾。他写道: "财产价值体现在思想中, 但垄断不是, 它是在'作者对思想的表达'的某些使用中。" Id., 384.

[210]《安妮法令》的全称是《于法定期间授予被印图书原稿作者或购买者复制原稿权以促进知识之法》。该法案的序言部分用很长的篇幅提到了"鼓励有识之士创作和撰写有用的书籍"这一目标。8 Ann., c. 19. 讨论版权正当性的前因, 参见 Bracha, "Owning Ideas," 178 – 83。

[211] Michael Warner, *The Letters of the Republic: Publication and the Public Sphere in Eighteenth-Century America* (Cambridge, Mass.: Harvard

University Press, 1990), 63-67.

[212] Id.; Carl F. Kaestle, *Pillars of the Republic: Common Schools and American Society 1780—1860* (New York: Hill and Wang, 1983), 91-92.

[213] Michael D. Birnhack, "The Idea of Progress in Copyright Law," 1 *Buff. Intell. Prop. L. J.* 3, 17-21 (2001).

[214] Kaestle, *Pillars of the Republic*, 4-8, 78-81.

[215] Tebbel, *A History of Book Publishing in the United States*, vol. 1, 241-42.

[216] 关于共和主义意识形态中印刷与公共领域的联系，参见 Warner, *The Letters of the Republic*, 4; Richard D. Brown, "The Revolution's Legacy for the History of the Book," in Robert A. Gross and Mary Kelly, eds., *A History of the Book in America: An Extensive Republic: Print, Culture, and Society in the New Nation, 1790—1840* (Chapel Hill: University of North Carolina Press, 2011), vol. 2, 59。

[217] Zboray, *A Fictive People*, 4-5.

[218] J. Parton, *The Life of Horace Greeley, Editor of the New York Tribune* (New York: Mason Brothers, 1855), 138-39.

[219] *Eichel v. Marcin*, 241 F. 404, 408 (S. D. N. Y. 1913).

[220] Id., 408-9.

[221] *Baker v. Selden*, 101 U. S. 99, 100-101 (1879).

[222] See Pamela Samuelson, "The Story of *Baker v. Selden*: Sharpening the Distinction between Authorship and Invention," in Ginsburg and Dreyfuss, eds., *Intellectual Property Stories*, 180-92; Pamela Samuelson, "Why Copyright Law Excludes Systems and Processes from the Scope of Its Protection," 85 *Tex. L. Rev.* 1921, 1924-36 (2007).

[223] See e. g. *Holmes v. Hurst*, 174 U. S. 82; *Eichel v. Marcin*, 241 F. 404; *London v. Biograph Co.*, 231 F. 696 (2d Cir. 1916); *Stodart v. Mut. Film Corp.*, 249 F. 507 (S. D. N. Y. 1917).

[224] 思想表达两分法的这种绝对和独特的结构，与邓肯·肯尼迪所描述的公共/私人区分非常相似，后者是19世纪末古典法律思想的基本组织概念。See Kennedy, *The Rise and Fall of Classical Legal Thought*, xi. See also Morton J. Horwitz, "The History of the Public/Private Distinction," 130 *U. Pa. L. Rev.* 1423 (1982).

[225] *Nichols v. Universal Pictures Corp.*, 45 F. 2d 119 (2nd Cir. 1930).

[226] John Bouvier, *Bouvier's Law Dictionary: A New Edition Thoroughly Revised and Brought Up to Date* (Boston: Bostob Book Co., 1897), vol. 1, 436.

[227] 1 Stat. 124, § 1; Act of April 29, 1802, ch. 36, § 2, 2 Stat. 171.

[228] 16 Stat. 198, 212, § 86.

[229] S. 227, 26th Cong. (1841).

[230] H. R. 9, 28th Cong. (1844) as amended January 18, 1844 (hereinafter H. R. 9). See Zvi S. Rosen, "The Twilight of the Opera Pirates: A Prehistory of the Exclusive Right of Public Performance for Musical Compositions," 24 *Cardozo Art Ent. L. J.* 1157, 1159–67 (2007).

[231] H. R. 9, § 19.

[232] Act of August 18, 1856, 11 Stat. 138, 139, § 1. See Oren Bracha, "Commentary on the U. S. Copyright Act Amendment 1856," in *Primary Sources on Copyright* (1450—1900), ed. L. Bently and M. Kretschmer, www. copyrighthistory. org (hereafter *Primary Sources on Copyright*).

[233] Act of March 3, 1897, ch. 392, 29 Stat. 694. See Rosen, "The Twilight of the Opera Pirates," 1200–216.

[234] 罗森讨论了该法案归因于音乐出版商协会的影响的可能性,并得出了结论,即这个问题仍未可知。See Rosen, "The Twilight of the Opera Pirates," 1210.

[235] Report to accompany H. R. 1978, 54 Cong., 1st Sess., Rep. No. 741 (1896). Available in *Primary Sources on Copyright*.

[236] Drone, *A Treatise on the Law of Property in Intellectual Productions*, 601.

[237] Id., 640.

[238] 35 Stat. 1075–77, § 2.

[239] "Authors' Rights before Publication: The Representation of Manuscript Plays," 9 *Am. L. Rev.* 236 (1874–75). See also Drone, *A Treatise on the Law of Property in Intellectual Productions*, 102.

[240] See e. g. *Keene v. Wheatley*, 14 F. Cas. 180; *Crowe v. Aiken*, 6 F. Cas. 904 (C. C. N. D. Ill. 1870). See generally Jessica Litman, "The Invention of Common Law Copyright," 25 *Berkeley Tech. L. J.* 1381, 1403–10 (2010).

[241] See e. g. *Thomas v. Lennon*, 14 F. 849（C. C. D. Mass. 1883）；*Carte v. Ford*, 15 F. 439, 442（C. C. D. Md. 1883）；*Carte v. Duff*, 25 F. 183, 186（S. D. N. Y. 1885）. See generally Rosen, "The Twilight of the Opera Pirates," 1169-78.

[242] *Aronson v. Baker*, 43 N. J. Eq. 365, 367, 12 Atl. 177, 180（Ch. 1887）. See also *Tomkins v. Halleck*, 133 Mass. 32, (1882); *Frohman v. Ferris*, 87 N. E. 327, 328（Ill. 1909）, affirmed by 223 U. S. 424（1912）. See generally Litman, "The Invention of Common Law Copyright," 1412-15.

[243] 对于普通法中的戏剧作品版权，也有类似的解释，参见 Litman, "The Invention of Common Law Copyright," 1415-16。

[244] 209 U. S. 1（1908）.

[245] 222 U. S. 55.

[246] See *Kennedy v. McTammany*, 33 F. 584（C. C. D. Mass 1888）；*Stern v. Rosey*, 17 App. D. C. 562（C. A. D. D. C. 1901）. 关于怀特-史密斯案的背景和案件历史，参见 Stuart Banner, *American Property: A History of How, Why and What We Own*（Cambridge, Mass. : Harvard University Press, 2011）, 111-13。

[247] *White-Smith Music Pub. Company v. Apollo Company*, Appellee's Brief, 4-5.

[248] Id., 61.

[249] Id., 82.

[250] Id., 82.

[251] *White-Smith Music Pub. Company v. Apollo Company*, Appellant's Brief, 32.

[252] 209 U. S. 16.

[253] Id., 13.

[254] Id., 18.

[255] Id., 19.

[256] Id.

[257] 248 U. S. 215（1918）.

[258] Id., at 246.

[259] White Smith, 209 U. S. 19-20.

[260] 35 Stat. 1076, §2（e）. 关于该条款出台前的游说过程的描述，参

见 Banner, *American Property*, 113 - 19。

[261] *The Billboard*, December 7, 1907, 100.

[262] 此案未被报道。See "To Restrain a Magic-Lantern Lecture of 'Ben-Hur,'" 49 *The Publisher's Weekly* 768 (May 2, 1896).

[263] "Infringement of Copyright. *Wallace and others v. Riley Bros.*," *The Photographic News*, September 25, 1896, 618.

[264] Id.

[265] *American Mutoscope & Biograph Co. v. Edison MFG. Co.*, 137 F. 262 (C. C. D. N. J. 1905).

[266] "Must Pay Royalties on Moving Pictures," *New York Times*, May 6, 1908, 5.

[267] Kerry Segrave, *Piracy in the Motion Picture Industry* (Jefferson, N. C.: McFarland, 2003), 47.

[268] *Kalem Co. v. Harper Bros*, Brief for Appellant, 12.

[269] Id., 17.

[270] See *Harper & Bros. v. Kalem Co.*, 169 F. 61 (2d Cir. N. Y. 1909).

[271] "Copyright: Moving Pictures as Dramatization," 73 *Central L. J.* 442, (1911). See also later correspondence in regard to the note in 74 *Central L. J.* 36 (1912).

[272] 关于霍姆斯在怀特-史密斯案和卡勒姆案中的类似论点都是基于同一逻辑，参见 Peter Decherney, *Hollywood's Copyright Wars: From Edison to the Internet* (New York: Columbia University Press, 2012), 53。

[273] *Harper & Bros. v. Kalem Co.*, 169 F. 63.

[274] 卡勒姆案改变了法律实践，推动了电影业严格遵守电影文本材料的许可模式并用于电影。See Decherney, *Hollywood's Copyright Wars*, 55 - 56.

[275] 关于在文学作品的电影改编方面作出该假设的案例，参见例如 *Photo Drama Motion Picture Co. v. Social Uplift Film Co.*, 213 F. 374 (S. D. N. Y. 1914); *London v. Biograph Co.*, 231 F. 696 (2nd Cir. 1916); *Brady v. Reliance Motion Picture Corp.*, 229 F. 137 (2nd Cir. 1916); *Bobbs-Merrill Co. v. Equitable Motion Pictures Corp.*, 232 F. 791 (S. D. N. Y. 1916); *International Film Serv. Co. v. Affiliated Distribs.*, 283 F. 229, 234 - 35 (S. D. N. Y. 1922)。

# 4

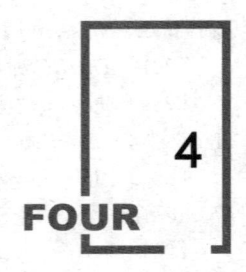

# FOUR

# 发明人权利

美国第一届国会早在第一次会议上，就通过了《版权与专利权联合法案》（joint copyright-patent bill），旨在运用宪法赋予的权力将科技进步和实用技艺上升至具体的立法层面。1790年4月，《版权与专利权联合法案》一分为二，其中的一部就是国会通过的美国第一专利法案（the first U. S. Patent Act)[1]，该法形成的制度体系常被誉为"第一个现代专利制度"[2]。事实上，同版权一样，1790年专利制度既有所保留，又有所创新，最重要的创新之处在于它创造出了一套普遍的、将立法权和行政权相结合的制度框架。以往各州都采用特别法令的方法授予专利，而这套制度制定了统一的实质标准，并将整套行政程序系统化。1790年的制度承继了殖民地后期以及各州的制度实践，并坚决维护技术创新，将技术创新视为政府鼓励经济活动的一种独特方式。不过，这套制度并未发展出一些现代专利框架要素，因而，1790年专利制度与其说是保护发明人的权利，倒不如说授予发明人传统技工的经济特权。

专利新概念框架的统一主题是专利是发明人在其精神创造物上所享有的财产权利。然而，从特权的角度考虑，这个主题会不会改变发明人向国家申请特权的性质，我们不得而知。技术改进和应用推广的范围越大，就越没有清晰的标准来认定究竟哪类发明可以获得特权。发明人现在被挑选出来作为技术领域的一个独特的群体，并成为唯一合法的专利权所有人。但问题是：究竟哪些人可以成为发明人？哪些东西可以被认定为发明？这些关键问题现在几乎还没有指导性的答案。同样，有人还重新将专利定义为对信息产品（发明）的所有权，但这个说法也很难解释，很难操作。专利权人究竟能占有什么，不能占有什么？对于非物质的、难以触摸的财产对象，如何确定其专利边界？拥有这样一个无形财产到底意味着什么？

这些基本问题将逐渐在19世纪得到答案。就像在版权领域一样，答案不是通过预先确定的逻辑线性展开得到的。19世纪的专利法及其背后的理念是一套全新的发明所有权框架，它不仅体现了在18世纪末起主导作用的抽象概念，比如发明人财产，还提供了各式各样的参数与概念。代理人可从这个知识库中调取任一参数去探讨具体问题，为抽象的概念赋予具体的含义。代理人的利益、他们的经济活动的限制因素和他们的思想观念的信仰共同影响着具体含义的构成。由于物质基础和思想观念的推动力量往往是相似的，19世纪末的发明所有权制度与版权中的作者财产所有权制度有许多相似之处。当然，它们也都含有因思想观念和物质基础发生冲突而产生的内在矛盾。然而，在某些关键节点上，在涉及无形财产的制度安排时，版权和专利权则分道扬镳。以下两章论述了现代发明所有权制度的发展过程，本章探究了人们认识发明人这个概念的具体路径，以及发明人向国家申请奖助的性质，下一章的重点是梳理发明是专利的无形财产客体以及对这种客体享有所有权的含义。

## 是一种财产，还是一种权利

1790年《专利法》（1790 Patent Act）颁布后不久，一些美国人开始认为，该法案及其所依据的宪法权力从根本上改变了专利的性质。约翰·菲奇（John Fitch）是一个发明人和商人，他曾参加了一场有关蒸汽船专利的激烈讨论，并简要地表明了自己的看法。他说："现在的问题是，专利算是一种财产还是一种权利。"[3] 1792年，詹姆斯·拉姆齐（James Rumsey）的律师兼妹夫约瑟夫·巴恩斯（Joseph Barnes）将这个观点又向前推进了一步。詹姆斯·拉姆齐是菲奇在蒸汽船专利纠纷上的竞争对手之一。"每个美国公民都有宪法赋予的权利，通过他的聪明才智创造出的产品是他的一项财产，该财产应受国家立法机关的保护。"[4] 从特权到权利的转变确实是根本性的转变，殖民地时期以及各州所采用的专利授予方式建立在专门特设的基础之上，是一种酌情决定的政治性授予，不给任何人宣告权利的权利。这种做法牢牢地建立在英国专利传统的基础上。在这个传统中，专利是王室根据特权酌情授予的。英国专利法的里程碑是 1624 年《垄断法令》及相关普通法规则。然而这些法规仅规定了英国王室专利特许授予的外部限制，而没有在允许的范围内改变专利授予任意性的内在特征，也没有主张专利是个人权利。到 18 世纪末，英国也没有改变这一基本局面。尽管当时授予专利只是例行公事，但行政程序复杂昂贵，想要拿到专利的人没有其他选择。事实上，这一直是欧洲早期所有专利授予制度的通病，行政程序中授予专利的酌情审查与专利理念背道而驰。除了三百多年前在威尼斯发生的一次事件，18 世纪末期，完全承认专利权是件很稀奇的事。[5]

正是基于这样一种个人和国家关系重构的核心观点，即将专利视为一种可以不通过国家，仅凭权利人自己就可独立实施的要求，1790 年《专利法》创造出了第一个现代专利制度。1793 年，美国国会议员威廉·万斯·默里（William Vans Murray）向众议院指出了一项特权和一项权利之间的差别，这也是将美国全新的专利立法体制与其沿袭的旧有的英国体制区分开来的基础。谈到"英国的专利立法原则"时，他说：

> 英国的专利立法原则与我们必须采用的专利立法原则有一个很大的不同，英国专利都是来自君主的恩惠。对发明成果独占性的享有，与其说是一种权利，不如说是一种特权和施恩的体现。与他们不同，美国的公民在他的发明成果中享有一种权利，法律只能是公民享受其

发明利益的一种方式。[6]

默里的话很有见地，但为时过早。如果进一步分析美国第一个专利制度就会发现，虽然当时有些人强烈主张让专利制度转向以权利为基础，但是其提出的基础假设不准确，想法也过于一厢情愿。[7]这也证明了当时的专利权有了强有力的思想观念支持，并得到了进一步的巩固，但实践当中相应的体制形式尚未得以落实。

巴恩斯显然太热衷于宣布让专利权成为宪法确认的权利，然而，宪法条款仅赋予了国会立法权，没有谈及个人专利权的问题。此外，尽管宪法条款提到了发明人的"权利"，但没有任何迹象表明专利授予要从特权转向权利，宪法未说明专利从性质上讲是一项权利还是一项特权。当时，很多人一开始只是简单地认为，这一条款赋予了国会在全国范围内发布与州立法机关相同的专利授予的特权。与版权一样，在《专利法》立法之前，国会就收到了大量的个人专利申请。[8]上文提及的约翰·菲奇曾称，现在的专利应该"作为一种权利"由发明人取得，可菲奇就在第一批专利特权申请人当中，他还积极请求立法机关特别授予专利。[9]就像菲奇试图为他的蒸汽船争取国家保护一样，早期申请人都是对州的申请程序驾轻就熟的老手，他们遵循自己熟悉的程序。早期向国会提交的专利申请详细说明了相关发明为国家带来的具体公共利益，如提高生产力、减少劳动力需求或预防假冒等。他们呼吁制定私法，给予个案独有的专利特权，以作为对公共利益所做贡献的鼓励。有时，除了申请独家授权，他们还会连带请求其他"鼓励",如委托官方印刷公司,以及资助科学考察。[10]对申请者而言,除了特别专利授予从州一级转移到国家一级,没有任何改变。

国会议员们似乎并不这么认为,在具体案件当中,有人会质疑宪法是否赋予国会权力,去实施其他鼓励行为,如资助科学考察,但没有人质疑国会实施特别立法权来授予专利。[11]专利特权申请书由一个特别委员会依法提交审议。谈到这儿,就不得不提起历史上约翰·彻奇曼提交的第一份申请书。当时众议院某委员会建议通过一项法律来保障彻奇曼从航海方法发明中获得不定期的"唯一金钱报酬"(exclusive pecuniary emolument)[12]。后来到了弗朗西斯·贝利(Francis Bailey)的申请案,贝利申请保护一项与印刷相关的发明,该委员会同样提出了立法建议,众议院通过了立法建议。眼看一部私法要呱呱坠地,却在参议院这一步遗憾夭折。[13]此后,国会决定寻求普遍的版权和专利权立法,以简化个人申请书处理程序。[14]至此,个人专利申请即将迎来统一制度。[15]

然而,1790年法案是不是认定专利是个人权利的决定性法案?仔细研究第一个专利法及其实践运作,我们发现其实并非如此。在某些方面,1790年法案确实打破了传统,它首次为专利制度建立起总体框架,它规定了可专利性的一般实质性标准,其中最重要的是发明的新颖性和保存相关说明的要求。[16]这些标准根植于英国专利法传统,虽然在某些细节上有所不同。[17]该法案还规定应授予所有专利一般性、统一性权利:"制造、建造、使用和销售"发明的"唯一的、独占性的权利和自由"[18]。在行政程序方面,它建立了授予专利的标准化、统一化程序。这些都是专利法走向普遍化和标准化的重要发展,专利不再是有针对性的立法性授权,该法案首次为可称得上"美国专利体系"的制度奠定了基础。

但 1790 年法案并未确认专利权利。新专利制度的核心是后来叫作"专利委员会"的机构[19],其成员包括国务卿、国防部部长和司法部部长。法案规定,对于任何两个专利委员会成员而言,"如果他们认为该发明足够实用和重要,就可以合法地以美利坚合众国的名义授予专利特许证"。该许可证的有效期不超过 14 年。[20] 该制度通常被称为"审查制度"[21],但它不同于现代意义上的审查。可以肯定的是,委员会在证明满足了标准的可专利性要求方面发挥了一些作用,这也是法律的要求,也就是司法部部长需要证明每项专利"适合本法案",并在发布专利时提供初步证据,证明其已满足可专利性要求。[22] 然而,与现代审查意义不同的是,委员会的作用不限于确定是否满足了可专利性的要求。虽然立法史并没有作出任何明确的说明,但法规背后的逻辑是清晰的,就是赋予了专利委员会充分的自由裁量权,以权衡公共政策,并决定申请人提供的利益是否值得授予专利。几十年后,美国国务卿托马斯·杰斐逊(Thomas Jefferson)深入参与了专利委员会的工作。杰斐逊指出,专利委员会的任务是在个案中确定这项发明所提供的社会福利"是否值得为一项独家的专利特权而使公众处于尴尬地位"[23]。

专利委员会被赋予政策决定的自由裁量权,这突出表现在其内部的人员构成上,法律特别将高官任命为专利审查员。不过,要求他们独善其身似乎是极不现实的。也就是说,让高官把自身行动严格限定在证明标准专利性要求上，以及当这些要求得到满足时履行义务，授予专利，这很不现实。更合理的解释是，专利委员会被赋予了广泛的自由裁量权，法律并不是规定委员会有义务授予专利，而只是规定如果委员会认为发明"足够重要和实用"，那么授予专利"应该而且可能是合法的"[24]。跟英国的《垄断法令》一样，专利法案甚至没有规定专利的标准期限，只是把专利的最长期限限制在 14 年。[25]另一个没有考虑到的制度设计是，当政府决定不授予专利时，申请人没有相应的应对机制。对于已颁发的专利而言，其有效性可能会受到法院的质疑，法院有权审查专利委员会认证的已满足专利要求的许可。[26]然而，相比之下，对于政府直接拒绝授予专利却没有可以适用的复审程序。在拒绝授予的情况下，如果没有补救办法或执行程序，申请就失去了获得专利的有效权利。

1790 年法案的逻辑就是参照英国传统的专利制度。在美国的版本中，专利委员会其实就相当于英国皇室。因为没有皇室特权，所以就由高级行政官员来行使特别决定的自由裁量权。和英国一样，这些都是基于权衡每一专利申请背后的社会成本和社会福利而作出的公共政策决定，政府既没有义务授予专利，个人也没有权利获得专利。遵循古老的英国《垄断法令》的模式和普通法，美国 1790 年专利法案的逻辑不是要保护一项取得专利的权利，而是要保证授予专利的公共权力不被滥用，对授予专利的权力进行外部限制。换句话说，这部法案规定了允许授予专利的范围，但并未触及一个问题，即作为一项自由裁量的政治决定，授予专利的权力本身是什么性质的。

　　书中关于法律的论述已经够多了,那么在实践中该法案是如何运行的呢?专利委员会成员和专利申请人在实践中又是如何互动的?在实践中,他们的行为表现出的逻辑是基于申请人在满足标准可专利性要求的情况下,有权利获得专利,还是基于一种截然不同的假设,即专利委员会拥有完全自由裁量权,授予专利只是一种专门的、特别的政策决定?不幸的是,从1790年到1793年,能够重新建构专利委员会运行期间具体实践的材料极其有限。[27]现存的残缺证据显示,专利委员会和申请人都认为专利委员会具有完全的自由裁量权,专利委员会授予专利时并没有参照一定的要求。事实上,它在受理期间否决了一半以上的申请。[28]目前也不清楚这些否决是不是基于发明是否"足够实用和重要"的考量。因为专利委员会没有提供驳回理由,所以答案无从知晓,但专利委员会的这种做法也表明了其成员是如何定位自己角色的。[29]

　　专利委员会经常要求申请人提供额外材料,有时会通知他们亲自来办理。专利委员会和申请人之间的沟通方式很特别,最后通过的专利数量也很少,这给调查人员留下了深刻的印象。这表明双方都认为专利委员会具有完全的自由裁量权,而申请人并不具有一种获得专利的权利。比如,内森·里德(Nathan Read)在为其蒸汽机进行专利申请的漫长的过程中,提道:"我的发明改进可获得多长时间的独占性使用特权,谨请尊敬的专利委员会领导裁定。"[30]里德的申请书可能与另外3份有关蒸汽机专利的申请书存在冲突,涉及人员包括约翰·菲奇、约翰·拉姆齐和约翰·史蒂文斯(John Stevens)。[31]6个月后,里德收到了专利委员会工作人员亨利·雷姆森(Hennery Remsen)的通知:"经过4月份的工作会议讨论决定,委员们同意对所有的蒸汽机专利申请人授予专利。"[32]

专利委员会的自由裁量权不仅体现在申请者的谦卑态度上,还体现在申请书解释的重点上。大部分论述详细的申请书并没有努力证明这些发明的新颖性,甚至没有讨论发明的技术细节,而是证明这些发明有望产生的重大社会效益。给人的感觉就是,跟之前的州的和殖民地的特权时代一样,申请人用大部分精力让专利委员会相信其发明所带来的社会福利值得上一项专利。例如,威廉·波拉德(William Pollard)在1790年7月申请了一项专利,他认为其发明是对阿克莱特(Arkwright)纺纱机的改进,但现在看来可能只是一种进口货。[33]他的申请书长篇大论、不厌其详地描述了他的发明将给国家带来多么重大的社会效益,波拉德引用了一份简短的数据汇编,名为《英国棉纺厂的账目和该国棉花生产的估计》("An account of the Cotton Mills in Great Britain and an Estimate of the Cotton Manufacture of the Country")。[34]里面的统计数字表明,1781年至1787年期间,生产力获得了大幅提高,以此推测,阿克莱特的机器功不可没。以下摘录自波拉德的申请书:

> 当前,南方诸州有很多年轻黑人、身体不好的残疾人,给家庭带来了沉重的负担,但是他们到棉花厂工作倒是颇有优势的。因此,如果能够推而广之,我们可以

在所有大城市为家徒四壁的白人提供同样的脱贫措施……一个8到14岁的孩子可以看管30到50个纺锤，每10个孩子有必要安排1个成年人来维持秩序，这些成年人在纺织厂内不用耗费体力……因此，您的申请人祈求，考虑到他支付的费用和遇到的麻烦……以便完善机器，这种机器将保证为美国带来不计其数的发展优势……希望尊敬的专利委员会领导能批准他获得专利……拥有对他人制造、建造、使用和销售机器的唯一的、独占性的权利和自由……为期14年。

对此，波拉德附加了一项承诺，即对这台机器收取合理的费用，并将这笔费用提交给专利委员会进行审查。1792年，在获得专利之后，波拉德写信给杰斐逊建议专利委员会（也可能是"我们尊敬的总统"）来视察他的发明，看看"它带来了多大程度的影响，以及它在我们这个国家起了多大的作用"[35]。

约翰·菲奇在1790年6月为他的蒸汽船引擎申请专利时也采取了相似的套路，申请书的大部分内容极尽所能地展示了该发明所带来的"巨大的、立竿见影的效果，以及不仅对美国，而且对整个世界未来将会产生的重大的促进作用"。菲奇洋洋洒洒地列举了这些公共福利，包括"将会带动西部地区增值"，因为"美国西水东运迄今为止困难巨大、花费甚巨，现在可以更加安全、便捷，速度也将大大提升"。除此之外，他还说："这大大节省了人力和马匹，也节省了游客的开支"；作为回报，他请求"公众的支持和鼓励"[36]。

1792 年，奥利弗·埃文斯（Oliver Evans）为他的发明申请专利，这项发明旨在"不依靠牛力推进陆运"。申请书较为简明扼要，然而，埃文斯也强调说明了"这些引擎的结构非常简单，它们可以很方便地带动任何机器做圆周运动或者进行振动，大大降低了载重较大的陆运成本，有利于推动陆运行业的发展"。埃文斯祈祷道，专利委员会"将会很高兴地……将专利授予申请人、他的继承人、遗嘱执行人、管理人和受让人，期限为 14 年，让他们享有用蒸汽推动陆地车辆的单独的和唯一的权利和自由"[37]。他最终并未获得这项涵盖范围极广的专利权。

1793 年，新专利制度出台。经过一段时间的过渡，少数获批的申请显示出类似的趋势，即详细描述这项发明所带来的社会效益。[38]尽管在 1793 年的新制度下，专利是按需注册的，专利委员会也不复存在，但在一定时期内，制度惯性似乎继续影响着申请书的措辞。

与 1790 年制度性质相关的最引人注目的事件可能是威廉·皮尔斯（William Pearce）的吸引移民事件。托马斯·迪格斯（Thomas Digges）是马里兰州一个著名天主教家庭的后裔，同时也与乔治·华盛顿（George Washington）有点交情。1791 年 4 月，他写信给杰斐逊，内容是"对我国制造业有重要影响的问题"[39]。信里提到，在海外，人们把约克郡（Yorkshire）的技工威廉·皮尔斯称为"第二个阿基米德"（second Archimedes）[40]。皮尔斯对自己未能获得爱尔兰议会的资助感到非常失望，因而"最终决定把发明带到美国"。迪格斯保证说，皮尔斯会带上一个箱子，事先将其运到纽约，里面装着新发明的双织机的材料和说明书，目的是"让总统先生和您检查一下，以便给发明人皮尔斯和麦凯布（McCabe）授予一项专利，或者根据某部美国法律，为实用新型发明人提供法律规定的那种独占性权益"。诚然，该方案公然违反了英国禁止技术工人移民的禁令，迪格斯提到，这个计划"对有关人员来说是非常危险的"。后来他向华盛顿报告说，他不得不换着法儿地逃避追捕。[41]

这一事件最引人注目的地方是，它与英国早期的专利发展历程有着惊人的相似之处。英国早期常常采取吸引外国工匠移民的专利政策，与此同时也引进他们的技能和知识。时光兜兜转转三百年后，在美利坚合众国这片土地上，美国总统和他的国务卿，也是后来财政部的部长，勠力同心，在一定程度上通过承诺授予专利的方式也推出了吸引外国工匠的计划。那时候，所有专利从业人员似乎都想当然地认为，专利是一种自由裁量的工具，是在追求特定产业政策目标时给申请人分配的政府资助。

7月12日，皮尔斯带着迪格斯写的推荐信拜访了华盛顿和杰斐逊。华盛顿给杰斐逊写了一个便条，说如果皮尔斯的情况真如迪格斯所说，他"将确定无疑地值得鼓励"，并指示杰斐逊"你可以让他获得专利"[42]。杰斐逊收到便条后，感觉很是不安。因为作为美国政府高级官员，总统这是参与了一项根据英国法律具有犯罪性质的工业间谍计划，是严重的不当行为。几个月前他曾就这一计划向华盛顿提出过警告。[43]后来，杰斐逊巧妙地避开了"鼓励"皮尔斯的责任，让亚历山大·汉密尔顿（Alexander Hamilton）和坦奇·考克斯

(Tench Coxe)帮忙关照皮尔斯。因为他们最近出版了一份《制造业报告》(*Report on Manufactures*),并由此成为普通群众支持制造业创新发展的先行者。[44]不过,杰斐逊在这件事上的所作所为也没有表现出他反对此种专利政策方案。华盛顿作出指示的第二天,考克斯写信告诉杰斐逊,他已经收到了关于皮尔斯发明的通知,并会"说服他立即把东西存入专利委员会"。存入专利委员会的是皮尔斯保存在纽约的发明模型和说明书,考克斯承诺第二天就会拜访杰斐逊,并"提交申请程序,在这种情况下似乎很合适"[45]。考克斯代表皮尔斯起草了一份专利申请。[46]目前还不清楚这项专利申请是否曾经提交或获得批准。然而,众所周知,1792年6月,华盛顿、杰斐逊和汉密尔顿视察了皮尔斯在费城的"棉花制造厂"。[47]6个月后,杰斐逊写信给皮尔斯,表达了对他最近发明的轧棉机的兴趣。杰斐逊没有提到专利问题,但他表示,希望"它能如您预想的那样方便,在合适的时间内,这项发明惠及我们全社会的时间节点和方式都会使您满意",并邀请皮尔斯去费城拜访他。[48]1792年12月31日,皮尔斯、托马斯·马歇尔(Thomas Marshall)和皮尔斯的一个英国移民开发伙伴回复了一些技术细节上的问题。他们表示希望避免讨论"细节",并告诉杰斐逊,他们"诚恳而恭敬地"想"征求"他的意见。[49]如果皮尔斯和马歇尔曾经申请过专利,那很可能是根据后来1793年的法案申请的。

总之,现存的文件展现了一幅清晰的图景:在1790年的制度下,专利授予过程的每个参与人都认为,专利委员会的作用是对发明的社会效益作出判断,并在决定这些效益是否值得政府资助时行使其自由裁量权。在某些其他方面，专利委员会的管理方法确实打破了以往作为个案特权授予的专利模式。渐渐地，实践中出现了标准化的迹象。尽管还是有些差别，但专利授予在形式和措辞内容上都相当一致。与殖民地和州政府的授予不同，联邦专利没有特别的限制条件，也不要求将发明付诸实践。即使法案只明确规定了一个上限期限，其期限也是一致的，最长为14年。即使在法案规定的自由裁量范围内，专利委员会也开始在杰斐逊的指导下制定统一的可专利性规则。我们尚不清楚1793年法案在多大程度上表现和应用了这些自我强加的统一性规则。1813年杰斐逊在写给艾萨克·麦克弗森（Isaac McPherson）的信中描述了三条这样的规则，但他接着说："仍然有大量的案件不能纳入规则当中。"[50]因此，在专利委员会运作的三年期间，实践似乎是朝着专利标准化方向发展的，包括程序性规范和实质性规范。这些都增加了个案申请得到相似处理的可能性。尽管取得了上述进展，但还没有出现正式的专利权。在1790年制度下，专利仍然是一种政府提供任意赞助（discretionary government patronage）的形式。无论正式法律还是行政实践，皆是如此。

## 公众可从发明中得到的好处

1790年的专利制度存续时间很短。虽然专利权人频频抱怨，但正如杰斐逊多年后所言，该制度消亡的主要原因是专利委员会的工作人员不堪重负。[51]想让本身就很忙碌的政府高级官员用临时审查的方式受理源源不断地从全国各地递交的专利申请，这种方法不切实际。1793年通过了一项新的专利法案却走向了另一个极端。1790年，制度是自由裁量的审查制，而1793年法案将其修改为注册制。这意味着，只要申请人遵循一定的程序要求，并"声称"他符合实质专利标准，就可以按要求颁发专利。虽然1793年法案的文本仍然只是简单地规定"国务卿推动签发专利授予同意函……应该是而且可能是合法的"，但专利申请参与人都清楚，专利肯定会按要求颁发下来。[52]专利委员会及其高级官员掌舵的时代已经过去了，国务院的人在新制度框架下负责专利事务。从1802年起，由麦迪逊设立的专利局作为国务院分支机构来处理专利案件。专利局的第一任主要负责人是威廉·桑顿（William Thornton）。他很乐于为自己的一亩三分地争取更多的权力，但即便是他也不得不承认风向变了。在1811年的专利申请指南中，他指出，"目前没有拒绝专利申请的自由裁量权"[53]。几十年后，国会特别委员会在1836年发现"授予专利……只是部长的义务，每个提出申请的人都有权利获得一项专利"[54]。新制度不仅取消了政府的自由裁量权，还取消了对法定专利要求的任何审查。在缺乏有意义的事先审查的情况下，决定专利有效性的任务就落到了法院的肩上，并被完全推迟到专利发布后的阶段。法院有权审查专利的有效性，并可在从专利发布之日起的3年内，通过撤销程序宣布其无效[55]，或者由被告在侵权诉讼中提出异议。[56]杰斐逊后来说，他其实更赞成之前的由"学术教授委员会"进行审查的制度，并质疑现在的制度安排。因为"要从卷帙浩繁的法律文献当中为机械工程师或者数学家申请专利找到一丝证据，将是徒劳无功、一无所获的"。他写道，建立以法院为中心的制度的原因是，"英国把确定专利的任务交给了法官们，我们也承袭了它们这种法院主导的惯常做法"[57]。具有讽刺意味的是，1790年的专利制度是由政府来酌情审查。这部正式颁布的法律与英国的制度框架极为相似，不过，1793年法案更多地因循了英国专利制度在18世纪晚期的实际运作方式。此时，授予之前的程序已主要成为一套烦琐的例行公事，枢密院（从前是专利政策审查的重要官方平台）的事后专利审查也已退化。[58] 杰斐逊不是唯一注意到1793年的专利体制是模仿英国制度的人。在立法讨论中，国会议员威廉姆森（Williamson）解释说，拟议中的法案是"对英国专利制度的模仿"，其目的是"将作出决定的官员的职责限制在非常狭窄的范围内"[59]。

新注册制度在一定程度上解决了专利权的权利问题，在这个新制度下，只有在诉讼中受到质疑的一小部分专利的有效性受到了严格审查。在这些案件中，法院的体制特点和意识导向决定了法院要求高度重视适用统一的可专利性标准，而不是对一项具体发明所提供的社会公共利益作特定评价。不过，这也只是在一定程度上转向了正确的轨道，因为即使法院在专利制度中占据了关键地位，其政策导向也并未完全接纳专利权利之说。半个多世纪以来，一些法院继续把专利视为一种特权，根据其所涉社会成本和利益进行具体评估，法院行使广泛的自由裁量权，作出专利无效的裁定。

在1793年法案颁布几十年后，许多人认为法院被赋予了与以前的专利委员会类似的权力，1821年在麦高诉布赖恩案（*McGaw v. Bryan*）的判决意见中，法官威廉·范内斯（William Van Ness）正是用这样的措辞来论述这一转变。[60]他将美国的专利制度与英国的专利制度进行了对比，并指出在英国申请专利的过程是"冗长乏味的"，申请人有大量的机会质疑专利的驳回决定，并反复掂量其专利可带来的利益（这个时候，衡量利益仅在理论上是正确的）。[61]同样，1790年美国建立了专利委员会，并"规定这些官员有责任在拟议专利发布前调查其效用和重要性"[62]。但在新制度下，范内斯写道："在我看来，当废除所有初步调查后，面对所有发明人或发现人的申请时，要想随性自由地授予垄断和专利，应该有一套简便易懂、提纲挈领的模式来判断发明的价值和有效性，在这个过程中同样要考虑一些权宜之计和公共安全的问题。"[63]三年前，曾代理奥利弗·埃文斯的铣削技术专利的律师查尔斯·贾里德·英格索尔提出了几乎相同的观点，不过也有一个关键的区别。他认为，根据1793年法案，"1790年的制度是由委员会来决定相关发明是否'足够实用和重要'，从而判断其是否有资格取得专利，1793年的法案就是让陪审团取代了委员会的地位和作用"[64]。范内斯和英格索尔认为，法院，即法官或陪审团，填补了委员会废除后留下的空白，在专利授予后的诉讼中，法院既要审查是否满足标准的可专利性要求，又要考察某项发明的社会利益是否值得授予专利。

这一观点的法定依据是，该法案规定，一项可取得专利的发明必须具有"实用性"[65]。19世纪初，一系列具有说服力的裁决表明实用性其实是可专利性的重要要求，这其实等于授权法院来评估专利发明的社会效用。因此,在 1810 年的惠特尼诉卡特案(*Whitney v. Carter*)中,当伊莱·惠特尼(Eli Whitney)的轧棉机专利被质疑时,出示的证词中提到了"证明发明这种机器的缘由以及对社会的推动作用"[66]。在讨论实用性问题时,惠特尼的律师巧舌诡辩地反驳说:"法院会认为你在这个问题上纠缠太久是浪费时间。"然后他自己又在这个问题上发表了长篇大论的演说,并这样夸张地描述了轧棉机的公共利益:

> 南方各州的内部已经没落了,那里的人们都在移居,因为没有什么东西可以吸引他们的注意,也没有什么能够吸引他们就业。就在此时,轧棉机应运而生了,立刻为他们打开了新天地,并使整个国家活跃起来。从孩童到老人,它给我们提供了一份新的赚钱的工作,无论是因贫穷而一筹莫展的人,还是因懒惰而消沉堕落的人,他们突然腰缠万贯,受人尊敬。我们的债务还清了,我们的资产增加了,我们的土地的价值是原来的 3 倍。这样看来,现在我们也无法明确我们国家对这项发明到底亏欠了多少责任。在制造业中,棉花正迅速取代羊毛、亚麻、丝绸,甚至毛皮;这种情况可能会让我们微微预感到,也许有一天,在我们与东印度的贸易中,(棉花)能有利地提供所需的货币。我们的姊妹州也受益于这项发明的推动,因为,除了为工厂提供原料,货物的体积和质量也能让他们在运输的时候再雇不少人,这种就业机会是难得的。[67]

当时这种报告的案例就表明,实用性受到重视并不是例外,当实用性问题出现时,法院经常收到有关发明对社会产生积极作用的实质性证据和论证。[68]

1822年的兰登诉德格鲁特案(*Langdon v. De Groot*)的判决让我们有机会一窥此种方法的内在假设,即实用性是法庭评估发明社会价值的工具。本案涉及的是对陪审团裁决的质疑。根据陪审团的讨论,本案中的专利发明没有实用性,因此不能获得专利。此项专利发明是把棉花包装零售,使产品更具吸引力,这也确实增加了销量。最高法院大法官亨利·布罗克霍斯特·利文斯顿(Henry Brockholst Livingston)主持巡回法庭,他强烈支持"缺乏实用性"的结论。[69]"如果需以公众可以从中得到的好处来考量发明的实用性,"他说,"我们不知道他的这部分权利是如何确定的。"[70]利文斯顿的基本假设是,法院现在需要做的是评价发明的社会价值,从而决定它是否可获得政府支持。因此,他把实用性调查描述为这项发明的"社会价值是否能带来充足的福利以获得政府部门的保护"[71]。

这一推理中内含了进一步的假设,即发明具有不同于主观市场需求的内在价值,法官或陪审团能够识别、评估这种价值。有人说:公众愿意为新包装的棉花支付"巨大的额外价格",这不也是一种好处吗?利文斯顿在进行反驳时写道,整个权衡过程"几乎没有考虑到"消费者的利益,我们正是要保护消费者免受"过度的溢价"的损害。[72]换言之,作出实用性评价的法院应是一个负责保护公共利益的法院,而不是保护市场利益的法院。这正是关于发明的社会价值假设与法院制度作用的结合点。拒绝完全用市场利益衡量公共利益的大小，正是这种世界观将法院认定为唯一有权力和义务判断客观社会价值的自由裁量的仲裁人。用利文斯顿的话说就是："当国会通过一项法案以鼓励发现、发明（如果他们有权这样做），而且，这些发明也不需要再做改进就可以提高销售价格或市场份额时，法院就有必要考虑扩大这项发明的保护措施。"[73]

## 文学和科学的供给将与其需求成比例

纵观涉及实用性的专利案件，裁判标准在于法院对发明所作的客观社会价值的评估。不过这种方法并非没有受到挑战。从一开始，就出现了截然不同的审判思路，这些思路是基于完全不同的假设。早期具有里程碑意义的案件是1817年的洛厄尔诉刘易斯案（Lowell v. Lewis）。审判法官不是别人，正是约瑟夫·斯托里。[74] 温斯洛·刘易斯（Winslow Lewis）是该案被告。原告指控被告侵犯了他的新型水泵设计专利，被告认为该专利不符合实用性标准。被告律师进一步主张这项专利设计在任何方面都比不上已普遍应用的水泵。以传统的实质实用性观点来看，这一论证是很有意义的。如果该发明没有产生有效的公共福利，法院就有权认定它不值得拥有独占性特权，不值得让公众面临任意使用与特权垄断之间的"困境"，并且法院有权宣布该专利无效。然而，斯托里法官对法律的理解与之大相径庭。他写道，专利权人只需证明，"该发明不是无关紧要的，或者无害于人类、社会福利政策或好的风俗"[75]。这种道德评判方法常使现代研究者们误以为洛厄尔案和其他早期实用性案件一样，赋予法官广泛的自由裁量权来评估发明的社会价值。[76]不过斯托里法官不是按照这种正统观点给出审判意见的，而是在创造一种非常不同的对实用性的理解。他解释说："实用性，是与有害的或不道德的行为形成对比的行为。"[77]这意味着，法官不能自由地评价发明的社会价值，只能在少数极端情况下取消专利。斯托里列举了一些有害的或不道德的例子，比如"毒害他人，或鼓吹荒淫无度，或为暗杀提供便利"的发明。他显然认为这些发明是伤天害理、使人腐化堕落的。[78]这种观点跟斯托里对版权法的看法很相像，他拒绝根据独创性规则对作品的实质性价值（substantive merit）进行任何评价，而只是基于内容，不情愿地对煽动性和亵渎性这一狭窄的材料类别适用司法否认制度。[79]

斯托里版本的实用性标准挑战了两个相互吻合的正统假设。根据斯托里的新版本，法官不再是专利委员会成员的继任者，这些专利委员会成员拥有广泛的自由裁量权，根据发明的社会价值决定是否扩大政府的支持。现在，他们的角色转换成了只需识别出突破了"有害"或"不道德"底线的少数发明即可。斯托里说，这项发明"有多大用"无关紧要。[80]那由谁来判断发明的价值，并且保护公众不受无用发明的侵扰呢？斯托里将这个角色赋予了市场。他在另一份涉及实用性的判决意见中写道，如果这项发明的"实用价值非常有限，那它对发明人的好处将微乎其微，甚至没有任何好处；如果它是微不足道的，它就会被完全忽视"[81]。这就降低了市场主观需求的价值,并限制了政府在确定和执行专利性通用标准方面的作用,将所有评价判断留给了市场。这与利文斯顿法官的观点背道而驰,他认为要对发明的客观价值谨慎审视,以期保护公众不受无缘无故的主观偏好影响。

这两种相互矛盾的实用性观点在美国的专利法中相互竞争,在19世纪持续了大半个世纪。1837年,威拉德·菲利普斯在他的专利著作中提出了对实用性迥然不同的理解:"斯托里法官的解释现在在美国普遍适用。"[82]但是,斯托里的底线理论在当时还远远没有达到被普遍接受的程度。1823年,法官范内斯在一份未报道的判决中明确否定了斯托里的"单薄版本"的实用性解释。他倾向于一种"更广泛、更全面的意义",这个意义"可以安全地、恰当地归到这个术语上"。他写道,"实用性"的意思是"不阻碍国家发展,不抑制发展建设"[83]。这句话摘自17世纪的英国《垄断法令》,其语境是法院和枢密院基于政策导向评估发明的社会效用,审查专利的有效性。[84]在17世纪上半叶,这种正统的实用性观点已获得普遍接受,法院经常听取关于专利发明能不能提供社会福利的详细的辩论,法院还会对这些福利进行实质性评价。[85]只要这种方法继续存在,专利作为政府赞助的观念就会稀稀落落地存在,而普通权利观念就不会一统天下。即使以特权为导向的专利制度非常短命,最终消失了,但授予专利后,法院也会酌情审查其有效性,法院的事后审查又为特权制度的存在提供了基本前提。在17世纪下半叶,传统的实用性理论日渐式微。几十年后,斯托里的观点赢得了彻底胜利。17世纪末,专利特权概念仅剩下了一个微弱的回音。

## 4 发明人权利

1836年的法制改革是专利发展的重要里程碑。[86]长期以来，人们对专利制度怨声载道，因而1836年《专利法》应运而生。对注册制的怨言各不相同，但大多数都和其存在的不安全性和模糊性有关。在没有事先审查的情况下按需发放专利，使人们极其怀疑专利的有效性。专利权人经常发现自己的专利无效，或者专利局已经授予了与自己权利相冲突的其他专利。

专利产品的购买者频频受到可疑专利（dubious patents）产品的侵扰，或者在支付专利许可费后才发现原来所购产品已经被其他专利覆盖。[87]根据专利主管（the Superintendent of Patents）亨利·L. 埃尔斯沃思（Henry L. Ellsworth）的一份报告，实践中存在一些"恶行"，比如先从专利局陈列室里仿制模型，然后再到隔壁办公室为类似的发明模型申请专利。[88]而确权诉讼往往又在专利权人获得专利或公众信赖专利之后，具有滞后性，可这却是拨开迷雾，减少不确定性的唯一办法。

1836年的改革方法是恢复审查制，完善相关规定。与1790年的审查制不同，这是一种现代意义上的审查制度。专利局依法正式成为国务院的直属分支机构，明确了结构设置，设立了审查小组。它还规定"对声称的新发明进行审查"[89]，"如果政府专员认为该发明足够实用和重要，则他有责任颁发专利"[90]。尽管有"足够实用和重要"的措辞，但新成立的专利局显然不打算像旧的专利委员会那样操作。因为它不是一个半政治性的论坛，不享有授予专利特权的自由裁量权；它是一个官僚机构，其作用是证明是否满足标准的可专利性条件，其潜在的思想是要有普遍性和一致性。另外，驳回申请的决定可以被上诉。很明显，这表明一个事实，即申请人有权利获得符合"可专利性标准"的专利。起初，上诉是向审查员委员会提出的，这是一个特设法庭，由"三个无利害关系的人"组成，其中一人拥有"特定技艺领域的知识和技能"[91]。但是1839年修正案规定，美国哥伦比亚特区地方法院的大法官（Chief Justice）取代审查员委员会[92]，同时联邦法院负责审查"所有驳回专利申请的案件，无论驳回原因是什么"，也包括大法官作出判决的案件。[93]

新的审查制不仅是对注册制弊端的有效应对，也是当时杰克逊主义（Jacksonian）思想观念的一种制度表达，它强调形式平等，对特权阶级反感。辉格党（Whig）的理想是以政府支持的形式看待专利，其理想的基本假设是政府可以确定所有社会成员共同的客观利益，通过将特权赋予能为这一利益服务的个人来促进这种客观利益。[94]殖民地和州的专利实践深深植根于这种"联邦传统"[95]。就像公司特许证制度一样，它们是政府给予特定个人的特权，用以鼓励促进公共福利的活动。[96]这种对专利的理解影响了联邦制度，甚至依然存在于正统的实用性注册制的司法实践当中。

特权专利的基本假设形成于19世纪20年代和30年代，与杰克逊主义理想背道而驰。杰克逊主义的核心观点是承诺均等分配财富和权力机会。[97]考虑到新兴的美国资本主义日益严重的不平等现象，杰克逊主义者认为政府的作用是确保所有社会成员（当时指白人男性）有条件平等地享有经济和社会的繁荣成果。正如杰克逊在有关银行否决案的演讲中所说的，政府必须"像天上降下的雨一样，把它的恩惠同时洒在富人和穷人身上"，而不是"授予头衔、赏金和特权，让富人更富，让有权有势的人更强"[98]。由于担心"有钱贵族"组成根深蒂固的寡头政治，杰克逊主义者反对任何形式的"特殊阶级"立法。他们谴责公司特许证制度、免税、补贴、垄断特权和保护主义关税，称它们是鼓励腐败和偏袒的不平等法律，注定会巩固少数富人的统治地位。[99]反对特权的根本原因还在于，人们越来越不相信社会各阶层拥有明确一致的利益或者政府可以辨识出这些利益。[100]他们认为，政府的作用不是鼓励最能促进公共福利的少数人，而是在平等的基础上帮助所有人，让他们有能力追求和扩大个人福祉；为了实现这些理想，必须制定与传统的特权理念截然不同的专利制度。

约翰·拉格尔斯（John Ruggles）是来自缅因州的杰克逊派参议员，同时也是一个未来的专利权人。他推动了1836年《专利法》的制定。作为审查《专利法》的参议院委员会主席，他撰写的报告影响很大，完美地反映了杰克逊主义者在专利领域的信条。该报告开篇将英国、法国和德国的科技进步归因于它们对天才的鼓励，并指出这些国家"有钱的行会的赞助"在很大程度上"补充了政府慷慨行为中所缺失的东西"。然而，报告接着指出，"这种赞助在实践中必然显示出其不足"，因为赞助"即使不限于特定个人，也限于特定物品"，因此更好的选择是创建一种对所有人开放的普遍的标准化制度：

> 除了用一般性的立法确保所有人不受歧视地陈述申

请，确保发明获得独占性使用和销售，似乎没有更好的方法来估量实用发明的适当回报。[101]

1836年的法案创制官僚机构进行标准化审查就是为了实现这个目标。报告仍然使用了一些传统术语，用"可容忍的垄断"来指代专利，这些垄断因对公共利益做出贡献而被认为是正当的。但这里蕴含了更深的观念转变：在杰克逊主义者看来，标准化专利不再是令人反感的、少数特权人物才享有的特殊垄断，而是已经正式成为向所有人开放的普遍财产权，就像后来公司特许证制度转向普通公司立法一样，新的定位使专利从饱受质疑的特权转变为广为接受的权利。[102]小阿瑟·施莱辛格（Arthur Schlesinger Jr.）指出，讽刺的是，杰克逊主义的普通公司立法最终却适得其反，因为他们"向公司洒下圣水，取消了公司的法律垄断地位，让公司成了自由竞争的慈善机构"[103]。杰克逊主义对传统专利制度的攻击也是这么一个过程，只是在专利制度中杰克逊主义者从未认真考虑过取消专利。

面对攻击，杰克逊主义者进行了公开辩护。《科学美国人》（Scientific American）立于潮头，无出其右。《科学美国人》杂志创刊于1845年，专注于科技领域，其所有者是Munn & Co.专利代理公司。1850年，它指责专利审查员是"各自领地上的封建贵族"，并宣称："我们在各方面拥护公正、制度和公平交易……我们不在乎申请人是谁，不管他是犹太人还是非犹太人。"发表这些声明的理由是要求"专利局对待所有案件都要执行统一的规则和条例"[104]。《科学美国人》引起了别人的警惕，由于它主张通过对发明实质价值进行审查来确定法律权利，这样的主张持续了几十年。例如，1834年发表的一篇题为《无用专利》（"Useless Patents"）的文章就指责越来越多的"毫无意义的机器"进入了专利局的审查程序。作者建议，当发明是"不适当的或无用的"时，"由12个技工组成的陪审团"拥有"拒绝授予专利证书的自由裁量权"[105]。19世纪50年代初，这种建议又出现了，让一个专门评估发明的专家小组用金钱奖励的方式完全取代专利；1850年，《科学美国人》的一位读者提议，"在华盛顿建立一个拥有科学知识、奋战在一线的审查队伍"，他们检查每一个提交上来的发明，"审查其实用性，为发明人或其代表发放同样的酬金，并基于此目的设立一个基金，审查后要马上公布信息"。该作者承诺这一制度"将是彻底共和的，不受贵族和垄断的束缚"[106]。但该杂志对这些提议一直愤愤不平，说那些人都"不知道自己在说些什么"，并警告说，他们"可能会用他们的诡辩欺骗人民"[107]。杂志社坚决反对的原因是，无论专家们如何保证技术官员的公正性，这类建议似乎都是回到以社会价值的实质性评价为基础的任意决断，这与杰克逊所倡导的标准的普适性权利背道而驰。《科学美国人》坚决反对特权和不公待遇，他们提出的这段异议成了经典的陈述：

> 这种委员会耍阴谋诡计的制度是为了让山姆大叔蒙受经济损失，也是为了获得我们所憎恶的特殊垄断特权。因此，让我们获得普遍公正和切实可行的法律吧，并使其得到忠实的执行——而不是你们提出的、让特定的当

事人以特定的方式寻求好处的任何特殊制度。[108]

214　　如果不信任政府官员和专家去审查发明的社会价值并给予发明人奖励，那么谁有资格去做这件事呢？杰克逊主义者对这个问题有现成的答案：在一个支持普遍权利的体制中，市场是社会价值和报酬的恰当的仲裁人。1836年的委员会专利报告建议建立一种标准化的审查制度，因为它可以很好地判断发明奖励的适当性，委员会承诺此体制可以让发明人"获得与其发明价值相称的公正的、适当的鼓励"[109]。然而，和版权一样，人们的观念在经济和法律领域发生了转变，偏离了价值的客观概念（objective concept of value），这种转变导致了对"把专利重新限制在对发明作任何实质性评价上"的反对。[110]那么，斯托里的实用性极简主义方法就胜利了吗？威拉德·菲利普斯在1837年的一部关于专利的论著中称，就这样宣告胜利怕是为时过早。在经济学领域，他是反对"商品具有独立于主观市场需求的内在价值"的作家之一，他在他的政治经济学论著中写道，一个事物除了市场需求，"它几乎不能说存在任何内在价值"[111]。这两种想法交织在一起，突显出了向专利权的转变：在一个所有价值都降低到市场需求的世界里，普遍财产权（universal property rights）被视为获取市场价值的工具，并且把政府的合法作用限制在对普遍财产权的管理上是很自然的。1825年发表在《大西洋月刊》（Atlantic Magazine）上的一篇以"知识经济"为主题的匿名文章明确指出了经济观念和政治理想之间的关系。文章倡导的原则"现已被广泛认可，并且关于纯物质工业各部门的相对价值"有必要"推广到更精细、更不易触及的智力结构中去";在这样一个系统中,"人类产业活动的任何部门所带动的发展都比不上自然需求所创造和维持的增长活力",结果就是"文学和科学的供给将与其需求成比例,它们的需求与它们的有用性成比例"[112]。

因此,杰克逊主义者攻击的不是专利,而是作为特权的旧有专利制度。专利作为一种普遍财产权,似乎既可废除对特殊阶级的偏袒,保证机会平等,又可保证人们通过市场获得相应回报。然而,废除传统特权制度并非一蹴而就。在1836年的审查制度下,法院仍然保留着对专利实用性的审查权力,几十年来许多法院坚持严格地执行这一标准。它来源于这样的双重假设:发明要想获得专利,必须具有真实的可证明的社会价值,并且人们能够客观地独立于市场需求判断这种价值。1846年的某一法律期刊拒绝注释斯托里对传统实用性的攻击,明确以特权制度为基础来支持传统理论。考虑到"家长式作风的政府"和宪法的总体目标是"逐步进步",其作者认为,很明显,知识产权条款的目的是在科学和实用技艺领域促进"逐步的和连续的改进"。它遵循了专利法中实用性的含义:"有些发明,在设计之初就是用来填补发明领域的空白的,如果没有这种设计本意,该发明在总体上对社会有用才称得上是'实用';或者如果发明人不为社会着想,他就没有资格为发明的无用物或所付出的无用功获得任何东西。"结论是:如果实用性要求再少一点儿,"专利授予将是一种由美国印章予以承认的、具有信誉和强制执行力的合法欺骗行为"[113]。

直到内战前后,传统的实用性理论和特权制度的残余才逐渐从专利法中淡去身影。[114]法院很少要求提交证明发明专利具有积极的社会价值的具体证据,许多法院明确引用斯托里的理论,拒绝由于发明的社会价值微乎其微而宣布专利无效,除非属于那种越来越少的极度不道德的案件类型。[115]这反映出司法部门越来越不愿意酌情授予特权,而愿意做普遍权利的推动执行人。法院采取这种态度的理由往往是重视市场价值。在1822年,利文斯顿大法官可能会毫不犹豫地拒绝市场销售因素的影响,但后来他逐渐将这项因素纳入对实用性考量的证据当中。[116]同时,这种理论还有一个流行的观点,侵权人永远不能说发明没用,因为他使用这项发明本身就证明了存在某种需求,因而发明也就具有某种价值。[117]1886年,一个法院简明扼要地总结了这个办法:"任何增加一件物品销量的因素都可以说包含了实用性因素。"[118]

经过一定时期的发展,实用性原则后来不再是专利的核心定义特征了,但它并未完全消失。19世纪末,除了赌博设备[119]、蛇油药品[120]和爆炸机器[121]这三种产品,实用性已经处于专利法的边缘地位。阿尔伯特·沃克(Albert Walker)的1889年的专利著述讨论了对实用性审查的要求,证实了这一根本转变。早在70多年前,斯托里大法官就举过这样一个例子:完成一项发明的全部目的是毒害他人,这是一个道德沦丧的极端案例,在这种情况下,必须基于实用性而驳回专利申请;但是一项以射击他人为目的的发明呢?沃克把柯尔特式自动手枪作为一个例子,这项发明对社会道德、人民健康和社会秩序既有好处,也有坏处。他问道:"通过什么样的测算方法……在这种案件中确定实用性?"他的回答毫不含糊:"在法律意义上,一切都是有用的,只要它能用来实现一个好的结果就行,尽管事实上坏结果更为常见。"沃克坚定地认为不可能"把有益功能和有害功能平衡起来",实用主义标准"站不住脚,因为如果可以的话,它将使专利的有效性取决于一个事实问题,而这往往是不可能给出一个可靠答案的"[122]。这个假设突显出专利已经取得的进展。在确定发明是否为公共利益服务的问题上权衡"善恶"是以前主权国家授予专利时的最基本的职责,而现在却变成了禁区;以前认为专利的取得是基于对社会成本和效益进行的特别计算,而现在公理认为进行这些分析是不可能有可靠答案的。19世纪末,特权制度的最后一点儿痕迹也消失了,专利变成了权利。这个过程重新定义了主权和专利所有者之间的关系,然而谁有资格成为专利所有者呢?

## 天才的产品

1793年,约瑟夫·巴恩斯写道:"如果财产有两种,那就是局部有形的和智力无形的。"前者指的是个人实物财产和不动产,后者包括"天才的产品,由科学和实用技艺的发现组成,利用这些产品,农业、航海、制造业和体力劳动不仅更为便利,而且得到了极大的提升"[123]。巴恩斯曾怀着特定目的写了一本小册子,雄心勃勃地声称:"专著将讨论建立一种有关正义、政策和效用的制度,通过保护天才创造的产品来保护该类财产,促进实用技艺的进步。"当时美国国会正在修订《专利法》，巴恩斯深入参与了早期的专利立法活动，对如何做这件事有一些强烈的意见。尽管这些意见出于维护个人利益，但是巴恩斯还是捕捉到了这个时代对专利的理解，以及专利与发明人这个新形象之间的紧密联系。

在殖民地时期的大部分时间里，技术革新与社区福利、社会进步并没有密切的联系。[124]发明和发明人还没有像后来那样拥有英雄地位，很少引起公众的注意，通常还会让人觉得很稀奇。[125]这种态度反映在了殖民地的准专利制度里。殖民地实行个别特权授予，它并没有把技术创新列成一个单独的领域来颁发有针对性的专利，而是将专利颁发给商人或工匠，以奖励他们从事有益于公众的经济活动。技术革新只是充当偶然的背景因素，而不是特权授予的基本特征。[126]殖民地时期的特权授予也不曾想要囊括知识或信息技术方面的革新。市场需求大的熟练技工并不是以智力或发现能力来定义的，虽然他们也经常创新，但认定工匠的积极的关键性因素是技术技能和实际有用的活动。[127]

在美国大革命前后，这种看法开始转变。科技逐渐吸引了美国人的注意力，并成为国家繁荣和国家实力的关键。在科技转让、制造业扩张和实用技艺团体的问题上，美国与英国发生了冲突，这加速改变了美国人的观念。[128]随着科技领域逐渐发展成为一个独特而重要的领域，发明人作为一个新的群体逐渐分化出来，技术创新能力成为发明人的关键特征。以具有推动新型技术发展的智力能力为标志，发明人逐渐得到承认甚至声名大振。[129]这些发展反映在了国家的专利特权上，许多特权开始强调技术革新，将发明视为一种特殊的类别，并偶尔关注独创性或优先性。[130]从各州的专利实践当中也可以找到发明人的法律权利得到重视的渊源。令人不安的是，这些渊源掺杂了自然权利和实用主义两种观点，它们取代了早年强调鼓励商人或工匠从事有益的经济活动的观念。一种观点将维护正义的关键落在保护发明人的智力成果的自然财产权上，另一种观点支持鼓励发明人从事创造性的思维活动，并将其有益成果惠及社会。[131]两者的共同之处在于发明人站在了全新的中心位置。到第一个联邦专利制度建立之时，专利已牢牢地建立在这个新的观念框架内。宪法条款和1790年的法案为"实用技艺"划定了特殊界限，并将专利的焦点放在了"发明人"的权利上。[132]现在，专利是发明人独有的专属领域，发明人已成为技术领域的创新者。

在专利制度发展的头几十年里，作为一种新形象出现的发明人有多种表现形式，而且往往明确地与独占性的法律权利联系在一起。这证明了发明人概念的重要性，也证明了发明人的新地位还具有脆弱性。在关于发明人的精神财产的小册子中，巴恩斯洋洋洒洒地讨论了阿基米德（Archimedes）和他为叙拉古（Syracuse）的国王提供的服务。[133]托马斯·费森登（Thomas Fessenden）用大段的篇幅介绍了美国第一篇专利论文。这篇论文是他在1810年发表的，叙述了从古埃及到文艺复兴时期不同文化背景下的发明人取得的科技成就。[134]《实用陈列柜》（*Useful Cabinet*）杂志经营了不久就维持不下去了，它的特色在于刊登过一系列冗长的伪历史性文章，题为《艺术的起源》。该系列文章"以年代顺序简要记叙了科学和技艺领域不同发明发现的发展历史，它们可以让人

**美国**
知识产权制度的观念起源（1790—1909）

类享受文明以及一切有价值的成果，包括财富权力的增长、平等法律的出台和人民政府的成立"[135]。文章声称，这个系列的目的是纠正一个史学上的错误："我们常常惊叹于历史学家介绍的旷世奇才和辉煌成就，为了纪念那些雄心勃勃的冒险家，我们建立了不朽的纪念碑缅怀他们，然而冒险家的探索也会为人类带来灾难；几乎没有人提到另一类奉献者，他们与冒险家不同，他们用发明发现赋予人类真实而永久的利益。"[136] 纠正的预期目的是"使人们对那些增加人类生活福祉的人心怀感激之情，并可以促进支持和赞助精神的涌现"[137]。《实用陈列柜》的编辑是本杰明·迪尔伯恩（Benjamin Dearborn）。他于 1806 年成立了新英格兰实用技艺发明人和赞助人协会，该协会的章程写明，其成立的一个主要目标就是"毫不吝啬地保护和赞助天才创造出来的产品"[138]。

天才发明人之于美国专利，犹如浪漫主义作家之于版权。从美国专利制度创立的那一刻起，这一强大的意识观念就占据了专利思想的核心。然而，就像在版权领域一样，无条件地接受发明人身份（inventorship）这个新的抽象概念与该概念在专利法的实际制度细节中的具体体现之间存在着差距。美国早期的专利法确实在某些方面表述了其立法基础是发明人身份，其中一个例子就表现在进口专利的问题上。以现代的角度来看，这些技术专利称不上是发明。它们其实是进口到这个国家的产品，传统的英国法律规定，新技术的进口商和开发人员一样都是发明人。[139] 但这与上述天才创造者（genius creator）在意识观念中的新地位很难相容。英国一直到 19 世纪还遵循着承认进口专利的传统规则。相比之下，美国的 1790 年法案及后继法案并没有将技术进口方列为潜在的专利权人,这显然是由于起草者有意排除此类专利。[140]尽管人们在这些含糊不清的话题上连续争论了几十年[141],但早期的主要观点是,专利制度的唯一受益人是"真正的发明人",而不是纯粹的进口商。[142]在实践中,联邦早些时候有可能授予技术进口商专利,但后来出台了正式的规则,打破了英国的传统,这清楚地表明了发明人身份的全新的重要地位。

当讨论到发明的优先次序时,也碰到了类似的情况,这可以多多少少称得上是一个更含混的问题。人们可能会认为,一个重视发明人的专利制度会更关心发明的优先次序,更喜欢原始的第一发明人。虽然立法过程会涉及这个问题,但 1790 年的法案却对此完全保持沉默。[143]看来,专利委员会尽力避免裁决优先争议。[144]相比之下,1793 年的制度包括一个详细的仲裁制度,用于在争议案件中确定发明的优先次序。[145]这种安排毫无执行力而且很可能无效,制定法(statute)对实质优先规则(substantive rule of priority)仍完全保持沉默。[146]直到 1836 年,一个有效的"干预"制度才建立起来。立法明确地支持第一发明人规则,并使之成为美国专利法的特色。[147]尽早处理优先次序问题,建立详细的制度机制,表明现代社会的发明人的概念日益重要。英国与美国形成鲜明对比,尽管 1624 年的《垄断法令》规定专利只能授予"真正的第一发明人"[148],但到 18 世纪晚期,英国还没有明确的规则和程序来确定优先次序。[149]19 世纪,当优先次序规则在英国生根发芽时,他们优先考虑的是第一个申请专利的人,而不是第一发明人。[150]

然而针对发明人这个新概念还有一种学理反思，它没有摒弃英国传统，反而效仿英国的做法。英国17世纪的传统规则规定，合法的专利只能授予新的制造商，而不能授予对现有产品进行改进的制造商[151]，理由是后者"只不过是在旧外套上加了一颗新纽扣"[152]。17世纪初，专利的概念被引入新工业或新行业的思想主导，全新的技术创新只起到了陪衬的次要作用，这条规则对当时的人来说非常有意义。到了18世纪晚期，当技术创新统领专利思想后，它已经变得难以理解了。从那时起，英国案例摒弃了反对改进的规则，将这种区分称为一种空洞的学术问题，如果将其认真对待，将使任何已授予的专利失效。[153]不过，美国根本就不存在这个问题。1790年的法案及其后继法案明确将任何"改进"都视为可专利性事项。[154]此时，英国法律刚刚摒弃了几个世纪以来区分引入新行业和单纯改进的传统。美国专利制度生长在发明人身份的意识观念当中，上述区分永远不会在美国生根发芽。

## 天才和技工

美国早期专利法在某些方面反映了确立发明人身份的官方理想，但理想的核心要义没有在法律中表现出来。天才发明人（genius inventor）的形象已经无数次在有效的措辞使用中树立起来，他们拥有的远不只是单薄的修补技术。1787年，乔尔·巴洛曾写道，"腾腾飞云流转，宛如天马行空的才思；机巧精湛的发明，引来拍案惊奇的称赞"，就好像他们就应该是心灵手巧、才高智深、才识过人的人。[155]1807年的一个小册子中还提到了另外一种说法,发明人"站在人才塔的顶端","排在第二、第三的是农民和技工,这三个行业里的人工创造出的财富惠及整个世界"[156]。当然,在这个时期,大部分从事技术创新的人是"技工",他们在那种小型车间里工作,偶尔也会改进机器。[157]发明人和技工的显著区别在于他们的智力能力和劳动产出不同,主要表现在思想上。整个19世纪,天才发明人在人们的认识当中树立起来的鲜活形象、在法律中呈现出的样态,以及与普通技工之间的差别,都会使法学家先入为主,并且为利害关系人提供大量的语言上的和法律上的策略。

早期,不时有人试图调整专利原则以反映更完善的发明创造的标准。比如,1791年的那份后来成为1793年《专利法》的法案否决了对某发明的专利保护,因为该发明"毫不重要、平淡无奇,不应该获得独占性保护的权利"[158]。这段文字未列入法案的最终版本。直到1825年,天才发明人才在专利原则中争取到了被认可的机会。然而这是一次彻底的失败。厄尔诉索耶案(*Earle v. Sawyer*)的被告面临着一个艰难的困局,他不得不承认原告获得专利的制瓦机是新产品。[159]当该案在约瑟夫·斯托里的巡回法庭中审理时,律师们可能也意识到挑战机器的实用性并不是一个稳赢的策略,打这场官司的另一个策略是否认专利权人是发明人。实质上,抗辩意见是"作为一个发明人,其责任比仅仅创造出一个新东西要多得多",而专利权人的唯一贡献就是在现有设计上用圆锯取代了垂直锯。意见提到,这是普通技工的小修小补,而不是发明人的匠心独运,"配不上'发明'这两个字"[160]。

224 因此"针对圆锯在旧机器上的应用是否是一项发明的问题，控辩双方有着相当大的争议（这个问题由陪审团来决定），科学界的相关证人在这个问题上也是莫衷一是"[161]。

斯托里法官在判决中重申了他的观点，他清晰地捕捉到了普通的修补匠和发明人之间的潜在区别：

> 仅因创造的事物新颖有用，是不能授予创造人一个专利的。要想获得专利，他该做的还有很多，他必须是通过脑力劳动和智力创造来发明发现这个事物。对于所有希望创造出同样结果的行业技工而言，这种成果的得出肯定不是轻而易举就能做到的。除了运用普遍的知识技能，还必须付出其他的东西，不能仅仅是对已知事物的第一次使用……一项发明是通过进一步深化人类的理解认知力而得出的。仅仅把两种东西放在一起，即使以前从来没用过，也不能称之为一项发明。[162]

然后斯托里直截了当地给出了否定意见，他写道："这件物品在首次问世时其结构无论是简单还是复杂，其过程无论是无心插柳、长思苦虑还是灵光乍现都是无关紧要的。"相反，法律"只给第一发明人或发现人授予独占性权利，至于他们在构思和制造的过程中，怎样运用或运用了多少天资，法律在所不问"[163]。法律只是干巴巴地写明申请专利的产品需要具有新颖性和实用性。但是法律在涉及发明和发明人时，可参照的案例有很多，因此这种文本推理几乎是不可避免的。究竟是什么原因使厄尔案不能适用独立的发明人身份的标准，目前仍不清楚。自1817年以来，斯托里苦心经营，让专利法不再受任何实质性价值判断的影响。如果在判断一项发明的时候要考察它的发明质量，这将可能对现有的专利法构成威胁。这么说并非牵强附会，判断一个科技开发人员是不是真正的发明人似乎会重蹈覆辙，再次踏入对发明质量或智力劳动作实质性价值评价的危险地带。斯托里更倾向于将法定要求（statutory requirements）限制在两个看似中立的参数上，即新颖性和被他简化的实用性，而将所有的价值判断留给市场。

19世纪上半叶，厄尔案的判决方法一直占主导地位。偶尔有人会争辩说，发明只有在具有特殊品质时才能被授予专利，而得到的回复往往是"法律所有的要求似乎就是新颖性和实用性"[164]。这一时期，发明人身份的问题被人遗忘了，但它并没有消失。登上舞台的是新颖性问题。与后来的规定有所不同，此时并没有把新颖性狭隘地限制在专利发明与现有技术完全或几乎完全一致的标准中。一致性问题在新颖性标准和侵权案件中经常出现。法院当时采用了同样的测试方法来判断产品是否属于发明：先把它跟以前的机器或者技艺相比，看看它可不可能构成一项发明；然后看它是不是被后来的产品所侵犯。这两个步骤都主要依靠实质一致性（substantial indentity）标准。这种标准的理念来源于1793年法案，"仅仅改变任何机器的形式或比例，或物质的组成，在任何程度上都不应被视为一种发现"[165]。这段文字可能摘自1791年法国的一部法律，但它在美国却有了脱胎换骨的新含义。[166]法院基于这个理念规定，法律上的技术一致并非要求完全一致，如果两个设备在原理上相同，不需要精确地复制彼此的形式，就构成一致性了。[167]

实质一致性理念为人们施展斡旋策略留下了余地，斡旋中常常充满着对发明本质的讨论。讨论者自然会在两个问题之间来回转换：一是专利设备是否在原理上不同于早期设备，而不仅仅是在形式上具有不同；二是专利设备是否是发明人的发明，而不仅仅是对现有设备的改造。1837年菲利普斯关于实质新颖性的讨论就是这种倾向的典型代表。"简单地改变任何机器的形状或比例，或在任何程度上改变物质的组成，都不应被视为一项发现。"他接着说，这"只是法律一般性规则中的一个分支，任何对机器或其他可申请专利的产品进行的更改或修改，而这些更改或修改对任何熟悉使用该等产品的人来说都是显而易见的，并且它的运行方式和原理没有实质性的改变，也没有添加其他任何的材料，都不能是申请专利的理由"[168]。

然而，菲利普斯也认为，"构成一项完整发明并非依赖于应用或投入的劳动、技能、研究或者成本"[169]。如果技能和劳动与发明毫不相关，那么什么是真发明的品质呢？一些法院和评论人士简单地将这种品质等同于发明在机械操作或规划设计上存在的实质性差异（substantial differences）。[170]因此，定义实质性差异的是发明品质（inventive quality），实质性差异反过来又定义发明品质。另一些人试图用更多的内容来填充这个公式，最后往往转向发明的实质价值。1854年，针对实质一致性、发明品质和实质价值如何融合在一起的问题，乔治·蒂克纳·柯蒂斯在专著中的处理方法非常经典，柯蒂斯首先讨论了厄尔案形成的正统的处理方法。在该方法下,"无论投入多少思想、智慧、技能、劳动或实验,都无关紧要"[171]。然而,他紧接着又提出了一个重要的条件:"并不要求必须提供证明设计思考或者独创性的积极证据;有必要指出的是,不应因假定发明的性质而排除已运用这些品质的可能性。"[172]这个隐藏的独创性标准非常奇怪,是什么意思呢?当柯蒂斯把发明人身份等同于实质性进步的时候就豁然开朗了:

> ……改变的效用和由此产生的后果可能表明创新能力已经在起作用;在这种情况下,尽管事实上改变是意外的结果,但它的实用性价值和重要意义在于将为涉及变化的发明提供必要的试验。[173]

柯蒂斯解释说,在很多情况下,"这种变化的重要性和新颖性只能通过结果产生的影响来判断,实际改进的情况又是验证影响的参考标准"[174]。对于柯蒂斯来说,新颖性已等同于"优于以前产品的有益结果"或"改变的实用性情况"[175]。

在美国南北战争前,很多法院的判决中出现了类似的推理方法。只要现有的形式改变能带来新的实质性的或者不是微不足道的价值,就存在实质新颖性。虽然这不是唯一的推理方法,但法院还是经常把新颖性与"新的更大的优势"[176]或"更优质、更便宜或更快捷的方法"[177]联系起来。一致性问题和增值大小在此时逐渐统一。正如某法院说的那样:"为了让旧发明的改进取得足够的重要性以获得专利,它必须包含一些独创性,必须能产生更有益的效果和更便捷的操作,必须在变化当中包含一些实质性的东西。"[178]具有讽刺意味的是，斯托里为避免判断实质性的价值而制定的厄尔案规则，往往导致法院直接进行此类调查。

## 创新能力

人们普遍认为，1851年最高法院的霍奇基斯诉格林伍德案的判决标志着发明人身份的独立要求（independent requirement of inventorship）进入美国《专利法》。[179]本案的争议发明是一个门把手，它的唯一超过现有设计的改进就是把原来的木质或金属材质换成了黏土或陶瓷材质。初审法院指示陪审团，如果"用这种方法制造旋钮所需要的独创性和技巧，并不超过一个熟悉这门手艺的普通技工所拥有的，那么这项专利是无效的"[180]。上诉法官塞缪尔·纳尔逊支持这一指令（instruction）和下级法院作出的专利无效的判决。他的意见改变了分析的重点，把视野从增加价值转移到了智力技能上。他认为智力技能才是一项真正发明的标志，此分析的前提是假定新的门把手是一个实质性的改进。"用黏土或陶瓷旋钮连接金属柄，这种模式清楚明白，它生产出来的产品也确实比木头或金属旋钮的质量更好、价格更便宜。"[181]然而，纳尔逊的结论是：这个东西"就其本身而言，永远不可能成为专利的主体"，因为"它们仅仅在形式上有区别，它缺乏独创性或创造性"[182]。判断的关键并不在于新门把手是否质高价优，而在于它是否是一位发明人创造出来的产品。为了解释这个观点，纳尔逊借鉴了独创发明人与纯粹的技工之间的差别，这个差别大家会更为熟悉："比一个熟悉这一行的普通技工……需要……更多的独创性和技巧，每项发明的基本的构成要素是技巧和独创性，而这项发明缺少那种程度的技巧和独创性。换句话说，改进是能工巧匠的工作，而不是发明人的工作。"[183]

利维·伍德伯里法官对此表示强烈反对。他呼吁将厄尔案及其后续判例作为审查的权威先例，因为"初审法院和上诉审法院均将技巧视为构成发明的必要条件，但考察技巧其实是无关紧要的"[184]。作为一名狂热的杰克逊主义者，伍德伯里支持民主的专利制度，他很可能把发明的独创性要求（inventive ingenuity requirement）视为一种精英主义式的可疑威胁。具有讽刺意味的是，当年厄尔案的判决就是以评估所称发明的实质社会价值为基础的。在此后的几十年间，法院发展起来了实质新颖性的概念。伍德伯里因为反对发明的独创性要求，所以把视角转向寻求实质新颖性的具体含义。伍德伯里反复呼吁的关键事实是，新的门把手无疑是"更优质、更便宜"的。"可专利性的真正考验"，伍德伯里说，并非在于是不是"所称发明由一个普通的技工制作或改进"，而在于"这项发明是不是一个全新的产品，它是不是比之前的设计更优质、价格更便宜"[185]。如果说发明"没有投入高超的技巧，但其本身仍然具有新颖性和实用性"，他写道，"它们就有资格受到专利的保护，因为它们为社会增进了福利，带来了方便，创造了财富"[186]。

伍德伯里担心区分发明人和技工会成为获得专利的一种精英主义式的障碍，所以被迫采纳了实质社会价值的判断方法，而杰克逊主义者通常不赞成价值判断。相比之下，纳尔逊受到了其他观点的影响。他把发明人和普通技工区别开来，似乎是由于他真正相信发明人的内在含义。他认为智力上的独创性是一个发明人具有的最典型的特征。三年后，纳尔逊又写了一份判决意见，这份判决意见可称为霍奇基斯案的版权界孪生兄弟。该意见的前提假设是版权只能颁发给真正的作家，因为他具有精神上的独创性，在相关的表现艺术中，仅具有普通技能的技工是不能获得版权的。[187]

霍奇基斯案并没有马上成为美国专利法领域的一件扭转乾坤的大事。法院在之后的案件审理中，遵循的仍然是传统的实质新颖性方法，似乎也没有认为该判决创造出了一种新的创造性要求。[188]甚至当霍奇基斯案的审判思路开始站稳脚跟时，人们也认为它仅能适用于有限的物质财产案件，还总是忽略它与厄尔案的规则并不相容的事实。[189]直到内战后，新标准才得到普遍承认。在过去的25年里，一般的规则是"专利的主体必须具有创造性和实用性；但仅凭这些不足以让任何东西都获得专利……要申请专利的东西必须是发明出来的东西，同时也得是全新的、实用的东西"[190]。正如版权的独创性一样，发明人身份逐渐成为获得专利的一项基本要素，并内含于发明人的概念之中。一些法院甚至认为这项发明的要求是来源于宪法的。例如，在1885年的汤普森诉布瓦瑟利耶案（*Thompson v. Boisselier*）中，法官塞缪尔·布拉奇福德（Samuel Blatchford）称："《宪法》第1条第8款第8项规定，国会有权'为鼓励科学和实用技艺的进步，保障作家和发明人在一定期限内对其作品和发明享有专有权利'。受益人必须是一位发明人，而且他必须有所发现。"[191]

## 4 发明人权利

发明人身份原则姗姗来迟，又是什么契机让它在专利法中一夜绽放？19世纪70年代，专利泛滥，合法商业遭受负面影响，引起人们的不满。虽然以前也有过斗争，但这次有一个重量级的斗争者站在了反专利的阵营中：铁路公司。19世纪60年代，专利权人针对铁路公司的技术系统提起了一拨又一拨的侵权诉讼，使用的维权策略也日益复杂，铁路公司开始将专利视为发展进程中的一大威胁。[192]为了维护自身利益，铁路公司在国会和法院采取了双管齐下的反击专利的战略，其提倡反专利的一个主要理由是市面上鸡毛蒜皮似的创新林林总总，财产权支离破碎，制约了经济的发展。正如铁路公司的一位律师在1878年的国会听证会上所说的那样，现有的专利数是"应该发放专利数的15倍"[193]。他认为，专利的激增妨碍了创新"路线"的"进步和稳步推进"，这与现代对专利灌木丛现象的批评极为相似。[194]在描述一项技术创新如何受到众多交叉专利的影响时，他指出，"那些世界上最微不足道"的专利会"始终地、不断地产生""麻烦的令人尴尬的"侵权索赔。[195]

在反对滥发专利的案件中，铁路公司的律师颠覆了传统观点。他们说专利已经成了经济创新和进步的桎梏，而非驱动力。可能也正如赫伯特·霍温坎普所说的，这些论证也含蓄地借鉴了新兴的边际主义经济思想，从这个角度来说，当专利数量大幅增加时，专利的边际效益价值在递减，潜在的负面效应也在翻倍。[196]

在论辩专利的经济效应（economic effects）时，铁路公司选择的工具是发明人形象。考虑到专利深深植根于发明人身份的理念，因此影射专利缺乏发明质量（inventive quality），就自然而然地成为展示问题的有效方式。当法院开始执行有意义的发明要求（inventiveness requirement）时，他们确实转而利用关于经济效应和发明质量的论点的融合。最高法院1882年的大西洋工厂诉布雷迪案（*Atlantic Works v. Brady*）的判决意见就是一个典型的例子：

> 除了明显体现出发明实践的情况，即发明超过了普通技工或普通工程师的技术，授予专利申请一方在每个细微的进步上的垄断性权利，在原则上是不公平的，也会带来不良后果……专利法的制度设计是为了回馈那些作出实质发现或发明的人，他们的发明增加了我们的知识，使我们在实用技艺方面向前推进了一步。这样的发明人值得所有的支持。法律的目标绝不是给每个微不足道的装置、每个闪现的念头都授予垄断权利，因为它们是在制造业的发展过程中，任何熟练的机械师或操作员都会自然而然地想到的。那种不加区分地授予独占性特权的做法会阻碍而非促进发明创造，并且会催生一群投机策划人。这些人的工作就是专门盯着技术改进所泛起的每一层涟漪，以专利垄断的形式收集经济利益的泡沫。他们给国家的相关产业造成了沉重的课税负担，对技艺的真正进步却毫无贡献。[197]

这篇引用几乎以完全相同的文字反映了铁路公司的反专利之争。其作者是约瑟夫·P. 布拉德利（Joseph P. Bradley）法官。他是一名专利法专家，撰写过几份具有决定性意义的关于新发明人身份的意见。在法院就职之前，布拉德利担任了卡姆登和安博伊铁路公司（Camden and Amboy Railroad）多年的总法律顾问。[198]布拉德利的专利审判规程（patent jurisprudence）非常复杂，远非对专利都持敌对态度。[199]然而，在这里，他把自己多年来在实践中内化或领悟到的经验智慧清晰地展示了出来。

天才发明人迟迟不能重焕生机并非偶然。虽然这个概念本身是非常重要的理念，但它也是一种方便的工具，用来显示当时的经济关切和利益集团的担忧并将这些关切和担忧纳入法律原则中。不管原因是什么，专利法似乎终于开始认真对待发明人在思想观念中的形象了，而这是它一个世纪以来赖以存在的基础。现在的论著会专门不厌其详地讨论"发明"，新的可专利性的基本要素被描述为"一件事物必须是运用某些创造性才能制作出来的产品"，才值得授予专利。[200]威廉·罗宾逊（William Robinson）解释道："一项发明，既然是一项发明，它就具有某些属性，没有这些属性它就称不上是一项发明，这些属性是法律不能改变，也不能忽视的属性。"[201]

然而，在应用和解释发明要求上，人们既没有达成共识，也没有作出清晰明确的划分。1891年，亨利·布朗（Henry Brown）法官承认："这个词无论怎样被定义，都不能提供任何实质性帮助，以判断一个特定装置中是否投入了创新能力。"那种"把发明和简单的技工产品区分开来的无形的东西"，他写道，可能只能以一种特殊的方式进行判定。[202]在1893年芝加哥世界博览会上，一个心灰意冷的评论员哀叹

| 美国
| 知识产权制度的观念起源（1790—1909）

道，创新标准的不确定性致使"发明人受到了极大的不公平待遇"；他呼吁回归到"1825年斯托里法官在厄尔诉索耶案中确定的简便的法律规则"[203]。这其实是个白日梦，因为当法院认定专利是发明人的权利，区分发明人和技工已成为授予专利的一个最基本的概念性的、宪法性的考量时，回到厄尔案的规则已经不复可能。

在新的专利要求还含混不清的时候，还是可以发现一些模式的。最重要的趋势是，人们不再明确接受对发明增值的判断。有时，法院判决意见里仍会明确地把发明与价值联系起来。[204]但新兴的主流看法是将"创新能力"与实质价值或实用性问题分开。例如，1885年在霍利斯特诉贝内迪克特案（*Hollister v. Benedict*）中，最高法院发现，这项获得专利的系统可以非常有效地防止与"蒸馏酒征税有关"的欺诈行为。然而，法院认为，这套系统并不是一项真正的发明，因为它不是"来自在寻找新结果或新方法时所产生的直觉能力，创造出以前不存在的东西，或揭示出隐藏在视觉之外的东西"。法院认定，案件所涉发明，不管它的价值为何，"它仅仅展现出了期待的预期技巧，而需要运用特殊知识进行处理的材料，也仅需运用普通的推理能力和从习惯性、智力性实践的操作能力中即可获得。它绝不是运用创新能力（inventive faculty）得到的创造性成果，创新能力才是宪法和专利法提供奖助的目的所在"[205]。另一个法院简要地总结了这个观点："作为专属财产，法律保护的是那种全新的发明，而不是相较于之前的产品具有比较优势或者更高性能的东西；新产品本身无须比较就可以获得专利的保护。"[206]该领域的一个新格言是：

"并非所有的改进都是发明。"[207] 罗宾逊表示同意。1890年,他写道:"发明行为产生的结果大小并不是决定其优势的检测标准。"[208] 因此,"虽然发明人推动的发展可能微不足道,给公众做出的贡献可能微乎其微,这最终会影响到他获得的报酬,但并不影响创造行为的内在特征"。唯一重要的是要"运用创新能力"[209]。

因此,检测是否"投入了创新能力"意味着不用把专利的有效性建立在审查其所保护的发明的社会价值上。创新能力本身恐怕就已经成为发明和发明人的一个特征,人们可以不用从价值的角度考量。正如罗宾逊所说:"我们法律中的'发明人'这个词……仅限于那些投入了创造技能和创造天资的人。这仅仅是对这种创造技巧的运用,这里我们将它认定为一种发明行为,由这种行为制作出的产品……就构成一项发明。"[210] 继霍奇基斯案之后,在法律语言中常用来表达这一观点的措辞是发明人与技工之间的区别,两者之间的实质性区别是:一个是智力创造,一个是纯粹的技术技能。[211] 按罗宾逊的话说就是:"创造行为运用智力是创造性的,不是模仿性的。"[212]

然而,人们刚把实质价值判断(substantive value judgments)标准从前门扔出去,它又从后门爬了进来。一系列判例形成了一个原则,即实用性可以成为一项用来证明发明人身份的证据。比如,1882年最高法院规定:"实用性可以作为一般性规则,虽然也许不是一成不变的,但是如果已知元素的新组合和排列产生了前所未有的有益结果,它就构成认定一项发明的证据。"[213] 法院接着阐释道:"一台织布机以前一天从

*234*

未织过 40 码以上，而现在一天可以织 50 码，这当然是一个全新的、有用的发明。"[214] 许多其他案件也形成了同样的原则。[215] 在某些情况下，从否定实用性作为发明的衡量标准，到承认实用性的证据推定规则，这一变化的速度是惊人的。因此，1898 年第七巡回上诉法院裁定："仅仅具有新颖性是不够的；从某种意义上说，在它产生现有的形状或形式之前，人们不应该知道它，并且它还得是有用的，即在宪法和制定法的规定之下，它可以称得上是一项发明或发现。"接下来的话提供了进一步的解释："在确定旧元素的新组合是否构成发明时，最重要和决定性的考虑因素是是否具有本质上的新颖性，以及具体的发明是否具有实用性。"[216]

然而，与实质新颖性（substantive novelty）规则不同，实用性被推到了边缘。法院不情愿地接受了通过考虑是否增值来审查发明的频繁的需求，所以常带着怀疑和谨慎的态度。[217] 1891 年，最高法院评论说："尽管该法院在许多案件中都认为……在一个存疑的案件中，一件专利物品得到广泛使用是其具有效用的证据，但目前的状况是，它甚至不能作为结论性证据使用，更不用说该物品的新颖性了。"[218] 1896 年，另一个法院指出，一项专利发明"实际上可能在很大程度上具有了实用性和新颖性，但它仍只是运用普通技工性技能制造出来的，而非运用发明的创造技巧"[219]。然而，还有一个法院警告说："发明认定标准仅停留在精神层面，而不是去考察它是不是打开了销路，有改进作用，或者对人类有益。"[220] 沃克在他的专著中主张，只有当你"心里拿不准"，以及"案件中的其他事实让发明问题存疑"时，才能去考虑发明的实用性问题。[221]

重要的是，当用实用性来衡量发明时，几乎总能与市场需求这样的主观术语挂上钩。法院在考虑一件物品是否构成一项发明的时候，不再努力评价该物是否能提供足够的内在价值，而是考量这项发明是否有"普遍的公众需求"[222]或者是否"销量很大"[223]。在这方面，利用市场需求判断发明与19世纪晚期清除专利法中实质性社会价值的判断趋势是一脉相承的。从这个角度来看，社会价值是存在真正发明人身份的有力证据；反过来，主观市场需求就反映着社会价值。

正如19世纪后期的发展情况，发明的学理要求在后来常被称为具有非显而易见性，因为它容纳了所有的不同要素以及它们之间的冲突，这着实让人有些不安。新的明确要求表现出人们在这一领域的思想观念方面力图构建那种神话般的理论基石——天才发明人，因而假定创新能力是决定一个发明人的关键特征。它为我们寻找这个世界上的发明人提供了可供追寻的线索，如果理想的话，这些线索能将专利界定在发明人和发明的适当范围内，而无须借助实质社会价值的判断标准。不过很快，创新能力标准在适用的时候也有些不好拿捏、模棱两可，这些困难常常迫使法院，无论多么不情愿，重新在认定过程中评估发明的价值。创新能力的概念包括了这些矛盾。虽然不断有人提出相反的主张，但创新能力往往意味着市场对创新的巨大需求。

到了20世纪初，专利法中出现了具体的制度结构。这些结构将发明人权利这一抽象概念的两个要素分别加以精心设计，甚至有时是以令人费解的方式加以具体化。发明人在其发明中享有的权利是财产权,这又意味着什么呢?接下来,我们将讨论美国专利法中的无形财产所有权以及作为财产权客体的无形财产的演变过程。

### 注释

[1] Act of April 10, 1790, ch. 7, 1 Stat. 109.

[2] B. Zorina Khan and Kenneth L. Sokoloff, "History Lessons: The Early Development of Intellectual Property Institutions in the United States," 15 *J. Econ. Persp.* 233, 235 (2001).

[3] Cited in F. D. Prager, "The Steamboat Interference 1787—1793," 40 *J. Pat. Off. Soc'y.* 611, 633 (1958).

[4] Joseph Barnes, *Treatise on the Justice, Policy, and Utility of Establishing an Effectual System for Promoting the Progress of Useful Arts, by Assuring Property in the Products of Genius* (Philadelphia: Francis Bailey, 1792), 16.

[5] 威尼斯1474年的专利法经常被称赞其不仅预见了现代专利法的所有原则,而且承认每个发明家都拥有"实质性权利,源于他的发明事实本身,而不仅仅是一种特权"。Giulio Mandich, "Venetian Patents (1450—1550)," 30 *J. Pat. Off. Soc'y* 166, 180 (1948). See also B. W. Bugbee, *Genesis of American Patent and Copyright Law* (Washington, D. C.: Public Affairs Press, 1967), 23; Christopher May, "The Venetian Moment: New Technologies, Legal Innovation and the Institutional Origins of Intellectual Property," 20 *Prometheus* 159, 162 (2002). 然而,其他学者认为,威尼斯法的主要意义是宣示性的,且并未改变个别特权。See Joanna Kostylo, "Commentary on the Venetian Statute on Industrial Brevets (1474)," in *Primary Sources on Copyright (1450—1900)*, ed. L. Bently and M. Kretschmer, www. copyrighthistory. org.

[6] 3 Annals of Cong. 855 (1793). 以此表意为例,参见 George Ramsey, "The Historical Background of Patents," 18 *J. Pat. Off. Soc'y.* 7, 16 (1936)。

[7] 关于类似的论点,参见 Edward C. Walterscheid, *To Promote the Progress of Science and Useful Arts: American Patent Law and Administration, 1798—1836* (Littleton, Colo.: F. B. Rothman 1998), 170。

[8] 关于早期向国会提出专利申请的情况，参见 Walterscheid, *To Promote the Progress*, 82 – 87, 115 – 16; Bugbee, *Genesis of American Patent and Copyright Law*, 131 – 41。

[9] L. G. De Pauw et al., eds., *Documentary History of the First Federal Congress of the United States* (Baltimore, Md.: Johns Hopkins University Press, 1992), vol. 3, 59 – 60; vol. 4, 512 – 13.

[10] 在约翰·彻奇曼于1789年4月15日提交的专利申请中，他提出了对其磁变技术定位法进行资助的请求，并提出前往巴芬湾探险的资金需求。*Documentary History*, vol. 3, 22. 而弗朗西斯·贝利在申请与印刷相关的专利中，还要求任职官方印刷商职位。See House Journal, 1st Cong., 2nd Sess., January 29, 1790. The petition is reproduced in "Proceedings in Congress during the Years 1789 and 1790, Relating to the First Patent and Copyright Laws," 22 J. Pat Off. Soc'y. 352, 353 (1940).

[11] See *Documentary History*, vol. 10, 213 – 14, 220; Walterscheid, *To Promote the Progress*, 77 – 79.

[12] *Documentary History*, vol. 3, 28 – 29.

[13] Walterscheid, *To Promote the Progress*, 77 – 79. The text of H. R. 44——众议院通过的贝利的专利法案见 *Documentary History*, vol. 3, 353 – 55。

[14] *Documentary History*, vol. 3, 29.

[15] 显然，1790年法案并没有自动延续提交给国会的请愿书。感兴趣的请愿人必须重新申请，而这样的案例很少。Walterscheid, *To Promote the Progress*, 173.

[16] 法案规定的主要的专利实质性标准包括可申请专利主体、发明的优先权、发明的新颖性和授权公开。See 1 Stat. 109, §§ 1 – 2.

[17] 关于详细的讨论，参见 Walterscheid, *To Promote the Progress*, 109 – 43。

[18] 1 Stat. 109, § 1.

[19] 它被称为"促进有用艺术委员会"或"专利委员会"。See P. J. Federico, "Operation of the Patent Act of 1790," 18 *J. Pat. Off. Soc'y.* 237, 238 (1936).

[20] 1 Stat. 109, § 1.

[21] Khan and Sokoloff, "History Lessons," 236 n. 3; Bugbee, *Genesis of American Patent and Copyright Law*, 144.

[22] 1 Stat. 109，§ § 1，6.

[23] Thomas Jefferson to Isaac McPherson，August 13，1813，in J. Jefferson Looney，ed.，*The Papers of Thomas Jefferson*，*Retirement Series* (Princeton，N. J.：Princeton University Press，2009)，vol. 6，379.

[24] 1 Stat. 109，§ 1.

[25] Id.

[26] 1 Stat. 109，§ 6.

[27] 1836年，专利局发生了一场火灾，损毁了所有原始记录。后来，一些与早期专利有关的记录从各种碎片来源中被重建起来。See B. M. Federico，"The Patent Office Fire of 1836," 19 *J. Pat. Off. Soc'y.* 804（1937）.

[28] 根据1790年法案，一共签发了57项专利。目前还不清楚拒绝了多少申请。然而，一份1792年的国务院内部报告显示，当时有114个申请在审。这样看来，国务院拒签了大量专利申请。See Federico，"Operation of the Patent Act,"244.

[29] Walterscheid，*To Promote the Progress*，174.

[30] Nathan Read to Thomas Jefferson，January 8，1791，in David Read，*Nathan Read：His Inventions of the Multi-Tubular Boiler and Portable High-Pressure Engine，and Discovery of the True Mode of Applying Steam-Power to Navigation and Railways*（New York：Hurd and Houghton，1870），53.

[31] See Prager，"The Steamboat Interference"；Walterscheid，*To Promote the Progress*，184-94.

[32] Hennery Remsen to Nathan Read，July 1，1791，in Read，*Nathan Read*，115.

[33] See National Archives，Records of the Patent Office，Record Group 241，Copies of Specifications for "Name and Date" Patents，Volume 1，1790—1803（hereinafter Patent Records）. 关于波拉德是否对阿克莱特的设计有任何改进的讨论，参见 A. F. C. Wallace and D. J. Jeremy，"William Pollard and the Arkwright Patents," 35 *Wm. & Mary Q.* 404（1977）；Walterscheid，*To Promote the Progress*，164，n. 61。

[34] 4 The American Museum or Repository of Ancient and Modern Fugitive Pieces &c. Prose and Political 346（1788）.

[35] William Pollard to Thomas Jefferson June 26，1792，in John Catanzariti，ed.，*The Papers of Thomas Jefferson*（Princeton，N. J.：Princeton Univer-

sity Press, 1990), vol. 24, 126.

［36］The petition is reprinted in William Thornton, *Short Account of the Origin of Steam Boats* (Washington, D. C. : Rapine and Elliot, 1814), 13 – 14.

［37］"Copy of Oliver Evans's Petition presented Dec 1st 1792," *The Papers of Thomas Jefferson*, vol. 24, 683.

［38］伊莱·惠特尼（Eli Whitney）于1793年6月提交的轧棉机专利申请书中写道：该机器"可以通过马或水力转动，非常容易"，且"除了将棉花放入漏斗之外，无须他人照料"，"它的明显优势是能将黑籽棉净化为绿籽棉"，并且"它能减少49%的劳动力"。Unnumbered Cotton Gin Eli Whitney, June 20, 1793, in *Patent Records*. 雅各布·珀金斯（Jacob Perkins）在1795年提交的有关制钉机的申请书中承诺"可以节省大量劳动力"，指出"一个十岁孩童也可轻松控制6台机器，一个孩童大概每分钟可切割3 000枚钉子"。Unnumbered, Machine for Making Nails, Jacob Perkins. Id.

［39］Thomas Digges to Thomas Jefferson, April 28, 1791, *The Papers of Thomas Jefferson*, vol. 20, 313. 相关讨论参见 Doron Ben-Atar, *Trade Secrets: Intellectual Piracy and the Origins of American Industrial Power* (New Haven, Conn. : Yale University Press, 2004), 143 – 47。

［40］Thomas Digges to Alexander Hamilton, April 6, 1792, in Harold C. Syrett, ed., *The Papers of Alexander Hamilton* (New York: Columbia University Press, 1966), vol. 11, 241.

［41］Thomas Attwood Digges to George Washington, November 12, 1791, in Mark A. Mastromarino, ed., *The Papers of George Washington, Presidential Series* (Charlottesville: University Press of Virginia, 2000), vol. 9, 182.

［42］George Washington to Thomas Jefferson, July 12, 1791, in *The Papers of George Washington*, vol. 8, 335.

［43］这份警告是在弗吉尼亚制定鼓励纺织业计划的背景下提出的，该项计划旨在吸引外国工匠及奖励本地制造业。杰斐逊起初很支持这项计划，但后来他与司法部部长埃德蒙·伦道夫（Edmund Randolph）一起对该计划的合理性表示质疑。See Jefferson's "Opinion on Proposal for Manufacture of Woolen Textiles in Virginia," December 3, 1790, in Julian P. Boyd, ed., *The Papers of Thomas Jefferson*, (Princeton, N. J. : Princeton University Press, 1971), vol. 18, 120 – 24, editor's note.

[44] 杰斐逊致考克斯的文书并未被发现,但在考克斯的回信中提及了该文书。See Tench Coxe to Thomas Jefferson, July 13, 1791, id., vol. 20, 623.

[45] Id.

[46] See Thomas Digges to Thomas Jefferson, April 28, 1791, editor's note.

[47] Gazette of the United States, June 9, 1792.

[48] Thomas Jefferson to William Pearce, December 15, 1792, *The Papers of Thomas Jefferson*, vol. 24, 745.

[49] A letter to Thomas Jefferson from William Pearce and Thomas Marshall, December 31, 1792, id., 805.

[50] Thomas Jefferson to Isaac McPherson, August 13, 1813.

[51] Id.

[52] Act of February 21, 1793, Ch. 11, 1 Stat. 318, §1.

[53] William Thornton, *Patents* (1811), reprinted in 6 *J. Pat. Off. Soc'y*. 98 (1923).

[54] John Ruggles, *Select Committee Report on the State and Condition of the Patent Office*, S. Doc. No. 228 (1836), reprinted in "1836 Senate Committee Report," 18 *J. Pat. Off. Soc'y*. 853 (1936).

[55] 1 Stat. 323, §10. 这部分赋予了法院在废除程序中撤销专利的权力,如果该专利"是通过欺骗手段、基于虚假陈述获得的"。

[56] 1 Stat. 322, §6. 这部分规定了被告可以挑战专利有效性的具体理由,然而,后来法院将其视为被赋予的权力,可以根据任何公认的理由使专利无效,扩大了原来规定的理由。

[57] Thomas Jefferson to Isaac McPherson, August 13, 1813.

[58] Christine MacLeod, *Inventing the Industrial Revolution: The English Patent System, 1660—1800* (New York: Cambridge University Press, 1988), 40-55; Oren Bracha, "The Commodification of Patents 1600—1836: How Patents Became Rights and Why We Should Care," 38 *Loy. L. A. L. Rev.* 177, 200-206 (2004).

[59] 3 Annals of Cong. 855 (1793).

[60] 16 F. Cas. 96 (S. D. N. Y. 1821).

[61] Id., 98.

[62] Id., 102.

[63] Id., 99.

[64] *Evans v. Eaton*, 16 U. S. 454, 488 (1818).

[65] 1 Stat. 319, § 1.

[66] 29 F. Cas. 1070, 1071 (C. C. D. Ga. 1810).

[67] Id., 1072.

[68] See e. g. *Langdon v. De Groot*, 14 F. Cas. 1099 (S. D. N. Y. 1822); *Stanley v. Whipple*, 22 F. Cas. 1046, 1048 (C. C. D. Ohio 1839). 在他1830年的专著中，威拉德·菲利普斯提到了"宾夕法尼亚州与马萨诸塞州的早期案例"，这些案例对发明的实质性问题进行了研究。Willard Phillips, *The Law of Patents for Inventions* (Boston: American Stationers' Co., 1837), 137.

[69] 然而，利文斯顿认为，关于实用性的决定本应由陪审团作出，因此驳回了对初审法院决定的质疑。

[70] *Langdon v. De Groot*, 14 F. Cas. 1100.

[71] Id.

[72] Id., 1100-101.

[73] Id., 1101.

[74] 15 F. Cas. 1018 (C. C. D. Mass. 1817). See also *Earle v. Sawyer*, 8 F. Cas. 254, 256 (C. C. D. Mass. 1825).

[75] Id., 1019.

[76] 即使是乔治·阿姆斯特朗（George Armstrong）也敏锐地意识到效用要求的转变，但其错误地将洛厄尔案视为保守派案例。See George M. Armstrong Jr., "From the Fetishism of Commodities to the Regulated Market: The Rise and Decline of Property," 82 *Nw. U. L. Rev.* 79, 91 (1987).

[77] 15 F. Cas. 1019.

[78] Id.

[79] 参见第2章。

[80] 15 F. Cas. 1019.

[81] *Bedford v. Hunt*, 3 F. Cas. 37 (C. C. D. Mass. 1817).

[82] Phillips, *The Law of Patents for Inventions*, 142. See also George Ticknor Curtis, *A Treatise on the Law of Patents for Useful Inventions in the United States of America*, 2nd ed. (Boston: Little, Brown, 1854), 37. 关于遵循斯托里的方法的早期案例，参见 *Kneass v. Schuylkill Bank*, 14 F. Cas. 746 (C. C. Pa. 1820); *Whitney v. Emmett*, 29 F. Cas. 1074, 1077 (C. C. E. D. Pa.

1831)。

［83］ *Thompson v. Haight*，unofficially reported in "Law of Patents: Decision of Judge Van Ness," *United States Law Journal and Civilian's Magazine*, April 1823, 563.

［84］ See Bracha, "The Commodification of Patents," 203 - 6.

［85］ See e. g. *Stanley v. Whipple*, 22 F. Cas. 1046, 1048（C. C. D. Ohio 1839）; *Parker v. Stiles*, 18 F. Cas. 1163, 1175（C. C. D. Ohio 1849）; *Many v. Sizer*, 16 F. Cas. 684, 685 - 86（C. C. D. Mass. 1849）; *Wilbur v. Beecher*, 29 F. Cas. 1181, 1185（N. D. N. Y. 1850）; *Judson v. Moore*, 14 F. Cas. 17, 20 - 21（C. C. S. D. Ohio 1859）; *In re Corbin*, 6 F. Cas. 538（C. C. D. C. 1857）; *Colt v. Massachusetts Arms Co.*, 6 F. Cas. 161, 165（C. C. D. Mass. 1851）; *Carr v. Rice*, 5 F. Cas. 140, 145（S. D. N. Y. 1856）; *Wayne v. Holmes*, 29 F. Cas. 473, 476（C. C. S. D. Ohio 1856）. 在佩奇诉费里案（*Page v. Ferry*）中，18 F. Cas. 979, 982 - 83（C. C. E. D. Mich. 1857），法庭使用了斯托里公式，但随后宣布"服饰新发明，如撑裙或腰篮，是轻浮的"，因此不具有可专利性。

［86］ Act of July 4, 1836, ch. 357, 5 Stat. 117.

［87］ See Walterscheid, *To Promote the Progress*, 424 - 25.

［88］ "Report from the Hon. Henry L. Ellsworth to the Secretary of State, and Transmitted to the Select Committee on the Patent Laws," reprinted in 8 *Mechanic's Magazine* 175, 177 - 78（1836）.

［89］ 5 Stat. 119, § 7.

［90］ Id., 119 - 20.

［91］ Id., 120.

［92］ Act of March 3, 1839, ch. 88, 5 Stat. 353, 354 - 55, § 11.

［93］ Id., 354, § 10.

［94］ Oscar Handlin and Mary Flug Handlin, *Commonwealth: A Study of the Role of Government in the American Economy: Massachusetts 1774—1861*（New York: New York University Press, 1947），53 - 54; Harry N. Scheiber, "Government and the Economy: Studies of the Commonwealth Policy in Nineteenth Century America," 3 *J. of Interdisciplinary Hist.* 136（1972）.

［95］ 关于美国的联邦传统，参见 Oscar Handlin and Mary Flug Handlin, *Commonwealth: A Study of the Role of Government*; Louis Hartz, *Economic Policy and Democratic Thought: Pennsylvania 1776—1860*（Cambridge,

Mass.: Harvard University Press, 1948); Carter Goodrich, *Government Promotion of American Canals and Railroads 1800—1890* (New York: Columbia University Press, 1960); L. Ray Gunn, *The Decline of Authority: Public Economic Policy and Political Development in New York 1800—1860* (Ithaca, N. Y.: Cornell University Press, 1988)。有关总体概况,参见 Robert A. Lively, "The American System: A Review Article," 29 *Bus. Hist. Rev.* 81 (1955); Scheiber, "Government and the Economy"。

[96] 关于公司特许证制度,参见 Ronald E. Seavoy, *Origins of the American Business Corporation 1784—1855: Broadening the Concept of Public Service during Industrialization* (Westport, Conn.: Greenwood Press, 1982); E. Merrick Dodd Jr., *American Business Corporations until 1860* (Cambridge, Mass.: Harvard University Press, 1954); John W. Cadman Jr., *The Corporation in New Jersey: Business and Politics 1791—1875* (Cambridge, Mass.: Harvard University Press, 1949); Oscar Handlin and Mary Handlin, "Origins of the American Business Corporation," 5 *J. Econ. Hist.* 1 (1945)。

[97] Arthur M. Schlesinger Jr., *The Age of Jackson* (Boston: Little, Brown, 1946), 306-7; Joseph Fishkin and William E. Forbath, "The Anti-oligarchy Constitution," 94 *Boston U. L. Rev.* 671, 674 (2014). 诚然,杰克逊时代的"平等"愿景与州权、奴隶制度交织在一起。See Richard E. Ellis, *The Union at Risk: Jacksonian Democracy, States' Rights, and the Nullification Crisis* (New York: Oxford University Press, 1987), 198.

[98] Andrew Jackson, Veto Message (July 10, 1832), reprinted in James D. Richardson, ed., *A Compilation of the Messages and Papers of the Presidents, 1789—1897* (Washington, D. C.: G. P. O., 1896), vol. 2, 590.

[99] Lawrence Frederick Kohl, *The Politics of Individualism: Parties and the American Character in the Jacksonian Era* (New York: Oxford University Press, 1989), 215; Harry L. Watson, *Liberty and Power: The Politics of Jacksonian America* (New York: Hill and Wang 1990), 34-35; Schlesinger, *The Age of Jackson*, 334-39.

[100] Schieber, "Government and the Economy," 136; Handlin and Handlin, *Commonwealth*, 182-202.

[101] Ruggles, "1836 Senate Committee Report," 855.

[102] 关于普通公司立法的转向,参见 Seavoy, *Origins of the American*

*Business Corporation*，191 - 224。威拉德·赫斯特（Willard Hurst's）指出，随着公司制的推行，公司制度将普遍存在，这一观察同样适用于专利。See Willard Hurst, *The Legitimacy of the Business Corporation in the Law of the United States 1780—1970*（Charlottesville：University Press of Virginia，1970）.

[103] Schlesinger Jr., *The Age of Jackson*, 337.

[104] "Patent Office and Reform of the Patent Laws," 5 *Sci. Am.* 317 (1850).

[105] "Useless Patents," *The Mechanic* (November 1834), 344, 345.

[106] H. Baker, "Parker's Reaction Water Wheels," 5 *Sci. Am.* 315 (1850).

[107] "The Benefits of Patents," 7 *Sci. Am.* 293 (1852).

[108] "Government Rewards for Discoveries," 7 *Sci. Am.* 221 (1852).

[109] Ruggles, "1836 Senate Committee Report," 855.

[110] 参见第2章。

[111] Willard Phillips, *A Manual of Political Economy with Reference to the Institutions, Resources and Conditions of the United States* (Boston: Hilliard, Gray, Little, and Wilkins, 1828), 29.

[112] *Atlantic Mag.* (February 1, 1825), 272, 273.

[113] "Thoughts upon the Rights of Patentees," 3 *Western L. J.* 471, 472-73 (1846).

[114] 关于传统的实用性观点的衰落，以及它与新的市场价值观念的联系，参见 Armstrong, "From the Fetishism of Commodities to the Regulated Market," 93 - 96; Bracha, "The Commodification of Patents," 234 - 35。

[115] See e. g. *Roberts v. Ward*, 20 F. Cas. 936 (C. C. D. Mich. 1849); *Wintermute v. Redington*, 30 F. Cas. 367, 370 (C. C. N. D. Ohio 1856); *Lee v. Blandy*, 15 F. Cas. 142, 145 (C. C. S. D. Ohio 1860); *Tilghman v. Werk*, 23 F. Cas. 1260 (C. C. S. D. Ohio 1862); *Seymour v. Osborne*, 78 U. S. 516, 549 (1870); *Crouch v. Speer*, 6 F. Cas. 897, 898 (C. C. D. N. J. 1874); *Gibbs v. Hoefner*, 19 F. 323, 324 (C. C. N. D. N. Y. 1884).

[116] See *Lorillard v. McDowell*, 15 F. Cas. 893, 894 (C. C. E. D. Pa. 1877); *Magowan v. New York Belting & Packing Co.*, 141 U. S. 332, 343 (1891); *Gandy v. Main Belting Co.*, 143 U. S. 587, 593 (1892). See also William C. Robinson, *Law of Patents for Useful Inventions* (Boston: Little,

Brown, 1890), vol. 1, 467.

［117］ See *Lehnbeuter v. Holthaus*, 105 U. S. 94, 97 (1882); *Vance v. Campbell*, 28 F. Cas. 956, 958 (C. C. S. D. Ohio 1859); *Smith v. Prior*, 22 F. Cas. 629 (C. C. D. Cal. 1873).

［118］ *Nebury v. Fowler*, 28 F. 454, 460 (C. C. D. Ill. 1886).

［119］ See e. g. *Schultz v. Holtz*, 82 F. 448 (N. D. Cal. 1897); *National Automatic Device Co. v. Lloyd*, 40 F. 89 (C. C. D. Ill. 1889).

［120］ See *Richard v. Du Bon*, 103 F. 868, 873 (2nd Cir. 1900).

［121］ See *Mitchell v. Tilghman*, 86 U. S. 287 (1874).

［122］ Albert H. Walker, *Text Book of the Patent Laws of the United States of America*, 2nd ed. (New York: L. K. Strouse, 1889), 64 - 65.

［123］ Barnes, *Treatise on the Justice, Policy, and Utility*, 4.

［124］ Neil Longley York, *Mechanical Metamorphosis: Technological Change in Revolutionary America* (Westport, Conn. : Greenwood Press, 1985), 6; Hugo A. Meier, "American Technology and the Nineteenth-Century World," 10 *American Quarterly* 117 (1958).

［125］ York, *Mechanical Metamorphosis*, 44 - 46.

［126］ See Oren Bracha, "Geniuses and Owners: The Construction of Inventors and the Emergence of American Intellectual Property," in Daniel W. Hamilton and Alfred L. Brophy, eds., *Transformations in American Legal History: Essays in Honor of Professor Morton J. Horwitz* (Cambridge, Mass. : Harvard Law School, 2009), 372.

［127］ Id., 372 - 73.

［128］ 关于科技转让，参见 Ben-Atar, *Trade Secrets*, 34 - 43; John F. Kasson, *Civilizing the Machine: Technology and Republican Values in America, 1776—1900* (New York: Grossman, 1976), 8 - 11。关于制造业和实用技艺团体，参见 Ben-Atar, *Trade Secrets*, 93 - 103; York, *Mechanical Metamorphosis*, 163 - 71。

［129］ See York, *Mechanical Metamorphosis*, 183 - 206.

［130］ Bracha, "Geniuses and Owners," 373 - 74.

［131］ Id., 374 - 75.

［132］ U. S. Const. art. I, sec. 8, cl. 8; 1 Stat. 109, § 1.

［133］ Barnes, *Treatise on the Justice, Policy, and Utility*, 6 - 7.

[134] Thomas G. Fessenden, *An Essay on the Law of Patents for New Inventions* (Boston: D. Mallory, 1810).

[135] "Origin of Arts," *Useful Cabinet*, January 1808, 21.

[136] Id., 21-22.

[137] Id., 22.

[138] *Rules and Regulations Adopted October 22nd, 1807 by the Association of Inventors and Patrons of Useful Arts* (1807), section 15.

[139] *Edgeberry v. Stephens*, 91 Eng. Rep. 387 (K. B. 1691).

[140] 在 1790 年《专利法》立法过程中,"进口专利"被添加到草案中,后来被划去了。See Walterscheid, *To Promote the Progress*, 121, 125-28, 137. 这一历史表明,"进口专利"曾被考虑过但被否定了。

[141] See also id., 379-82.

[142] See *Reutgen v. Kanowrs*, 20 F. Cas. 555, 556 (C. C. D. Pa. 1804); *Dawson v. Follen*, 7 F. Cas. 216 (C. C. Pa. 1808); *Evans v. Eaton*, 8 F. Cas. 846, 853 (C. C. D. Pa. 1816). 可能美国早期专利授权中有一些是进口专利。See id., 379.

[143] 在立法过程中,还是考虑到了发明优先权的程序性问题,但法案对程序和实质性标准都保持了沉默。See E. C. Walterscheid, "Priority of Invention: How the United States Came to Have a 'First to Invent' Patent System," 23 *AIPLA Q. J.* 263, 283-91 (1996).

[144] 当专利委员会面对蒸汽船专利时,涉及至少四名申请人——约翰·菲奇、詹姆斯·拉姆齐、内森·里德和约翰·史蒂文斯——的优先权问题。该委员会很可能避免作出优先权判断,而只是简单地发了四项专利。Walterscheid, *To Promote the Progress*, 184-94; Walterscheid, "Priority of Invention," 296-97.

[145] 1 Stat. 319, §9.

[146] Walterscheid, "Priority of Invention," 309-13. 1816 年,斯托里大法官裁定,"拒绝参与优先权仲裁"不是废除专利的理由。*Stearns v. Barret*, 22 F. Cas. 1175 (C. C. D. Mass. 1816).

[147] 5 Stat. 119-21, §§7-8.

[148] 21 James I cap. 3., §6.

[149] See Walterscheid, "Priority of Invention," 265-69.

[150] See Richard Godson, *A Practical Treatise on the Law of Patents for In-*

*ventions and of Copyright*（London：J. Butterworth and Son，1823），54 – 55；W. A. Hindmarch，*A Treatise on the Law Relative to Patent Privileges for the Sole Use of Inventions*（Harrisburg，Pa.：I. G. M'Kinley and J. M. G. Lescure，printers 1847），19 – 20。

[151] 该规则的来源是未公开的马西和布里科特案（Mathey and Bricot cases）。布里科特案由财政部决议，被爱德华·科克引用在专著中而广为之播。See Edward Coke，*The Third Part of the Institutes of the Laws of England*（London：E. and R. Brooke，1797），183。马西案在特权理事会决议中被讨论，并被达西诉艾伦案（*Darcy v. Allen*）引用。See *Allen v. Darcy*，74 Eng. Rep. 1131（K. B. 1603）。本案的节选参见 Charles Viner，*A General Abridgment of Law and Equity*，2nd ed.（London：G. G. J. and J. Robinson，1793），201 – 11。

[152] Coke，*Institutes*，183.

[153] 分水岭是1776年未公开的莫里斯诉布拉姆森案，被博尔顿和瓦特诉布尔案引用。126 Eng. Rep. 651，664（C. P. 1795）。

[154] See 1 Stat. 109，§1；1 Stat. 318，§§1 – 2.

[155] Joel Barlow，*The Vision of Columbus*（Hartford，Conn.：Hudson and Goodwin，1787），203.

[156] *Remarks on the Rights of Inventors and the Influence of Their Studies in Promoting the Enjoyments of Life and Public Prosperity*（Boston：E. Lincoln 1807），8.

[157] See Paul Israel，*From Machine Shop to Industrial Laboratory：Telegraphy and the Changing Context of American Invention，1830—1920*（Baltimore，Md.：Johns Hopkins University Press，1992），18；Nathan Rosenberg，"Technological Change in the Machine Tool Industry，1840—1910，" 23 *J. Econ. Hist.* 414 – 43（1963）.

[158] H. R. 121. Reprinted in Walterscheid，*To Promote the Progress*，470.

[159] *Earle v. Sawyer*，8 F. Cas. 254（C. C. D. Mass. 1825）.

[160] Id.，255.

[161] Id.，254.

[162] Id.，255.

[163] Id.，256.

[164] *McCormick v. Seymour*，15 F. Cas. 1322（C. C. D. N. Y. 1853）. See also *Adams v. Edwards*，1 F. Cas. 112，113（C. C. D. Mass. 1848）.

[165] 1 Stat. 321, § 2.

[166] See John Duffy, "Inventing Invention: A Case Study of Legal Innovation," 86 *Tex. L. Rev.* 1, 36 (2007); Phillips, *The Law of Patents for Inventions*, 135.

[167] *Evans v. Eaton*, 8 F. Cas. 846, 852 (C. C. D. Pa. 1816); *Gray v. James*, 10 F. Cas. 1019, 1020 (C. C. D. Pen. 1817); *Evans v. Eaton*, 20 U. S. 356, 431 (1822); *Davis v. Palmer*, 7 F. Cas. 154, 159 (C. C. D. Vir. 1827); *Whitney v. Emmett*, 29 F. Cas. 1078. See generally Kenneth J. Burchfiel, "Revising the 'Original' Patent Clause," 2 *Harv. J. L. Tech.* 155, 191–202 (1989).

[168] Phillips, *The Law of Patents for Inventions*, 125–26. See also *Hovey v. Stevens*, 12 F. Cas. 609, 612 (C. C. D. Mass. 1846).

[169] Phillips, *The Law of Patents for Inventions*, 127.

[170] See e. g. *Whittemore v. Cutter*, 29 F. Cas. 1123, 1124 (C. C. D. Mass. 1813); *Gray v. James*, 10 F. Cas. 1020; *Davis v. Palmer*, 7 F. Cas. 159; Phillips, *The Law of Patents for Inventions*, 126.

[171] Curtis, *A Treatise on the Law of Patents*, 27.

[172] Id., 28.

[173] Id., 29.

[174] Id., 30.

[175] Id., 31, 36.

[176] *Hovey v. Stevens*, 12 F. Cas. 612.

[177] *Whitney v. Emmet*, 29 F. Cas. 1078. See also *Treadwell v. Bladen*, 24 F. Cas. 144, 146 (C. C. E. D. Pa. 1831).

[178] *Hall v. Wiles*, 11 F. Cas. 280, 283 (S. D. N. Y. 1851).

[179] 52 U. S. 248 (1851).

[180] Id., 265.

[181] Id., 266.

[182] Id.

[183] Id., 267.

[184] Id., 269.

[185] Id., 268.

[186] Id., 269.

[187] *Jollie v. Jaques*, 13 F. Cas. 910 (S. D. N. Y. 1850).

[188] See Burchfiel, "Revising the 'Original' Patent Clause," 204-8.

[189] Id., 204. 这有助于解释为什么在霍奇基斯案之后，尼尔逊法官认为维持专利只需要新颖性和实用性。See *McCormick v. Seymour*, 15 F. Cas. 1323.

[190] Walker, *Text Book of the Patent Laws*, 21.

[191] *Thompson v. Boisselier*, 114 U. S. 1, 11 (1884). See also *Gardner v. Herz*, 118 U. S. 180, 191-92 (1886); *Johnston v. Woodbury*, 96 F. 421, 434 (C. C. N. D. Cal. 1899).

[192] Steven W. Usselman, "Patent Politics: Intellectual Property, the Railroad Industry, and the Problem of Monopoly," 18 *J. Policy Hist.* 96, 107-9 (2006).

[193] *Arguments before the Committee on Patents of the Senate and the House*, 45 Cong., 3rd Sess. (1878), 110.

[194] Id.

[195] Id., 111.

[196] Herbert Hovenkamp, *The Opening of American Law: Neoclassical Legal Thought, 1870—1970* (New York: Oxford University Press, 2015), 189-91.

[197] 107 U. S. 192, 200 (1882).

[198] See Usselman, "Patent Politics," 116-17.

[199] Id., 117-18; Christopher Beauchamp, *Invented by Law: Alexander Graham Bell and the Patent That Changed America* (Cambridge, Mass.: Harvard University Press, 2015), 83.

[200] Walker, *Text Book of the Patent Laws*, 21.

[201] Robinson, *Law of Patents*, vol. 1, 114.

[202] *McClain v. Ortmayer*, 141 U. S. 419, 427 (1891).

[203] Benjamin F. Lee, "What Constitutes a Patentable Subject Matter," 3 *Counsellor* 191, 199 (1894).

[204] See e. g. *Atlantic Works*, 107 U. S. 192.

[205] *Hollister v. Benedict*, 113 U. S. 59, 72, (1885).

[206] *Smith v. Elliott*, 22 F. Cas. 529, 530 (S. D. N. Y. 1872). See also *Klein v. Seattle*, 77 F. 200, 204 (9th Cir. 1896); *Grant v. Walter*, 148 U. S. 547, 556 (1893); *Christy v. Hygeia Pneumatic Bicycle Saddle Co.*, 93 F. 965,

969 (4th Cir. 1899); *Lettelier v. Mann*, 91 F. 909, 915 (C. C. S. D. Cal. 1899).

[207] Walker, *Text Book of the Patent Laws*, 21. See also *Pearce v. Mulford*, 102 U. S. 112, 118 (1880); *Slawson v. Railroad Co.*, 107 U. S. 649, 653 (1882); *Rosenwasser v. Berry*, 22 F. 841, 843 (C. C. D. Maine 1885).

[208] Robinson, *Law of Patents*, vol. 1, 130.

[209] Id., 130-31.

[210] Id., 105.

[211] See e. g. *Pickering v. McCullough*, 104 U. S. 310 (1881); *Vinton v. Hamilton*, 104 U. S. 485, 492 (1881); *Morris v. McMillin*, 112 U. S. 247 (1884); *Pearl v. Ocean Mills*, 19 F. Cas. 56, 59 (C. C. D. Mass. 1877).

[212] Robinson, *Law of Patents*, vol. 1, 116.

[213] *Loom Co. v. Higgins*, 105 U. S. 580, 591 (1882).

[214] Id., 591-92.

[215] See e. g. *Smith v. Goodyear Dental Vulcanite Co.*, 93 U. S. 486, 495 (1877); *Washburn & Moen Mfg. Co. v. Haish*, 4 F. 900, 909 (C. C. N. D. Ill. 1880); *Hill v. Biddle*, 27 F. 560 (C. C. E. D. Pa. 1886).

[216] *Kelly v. Clow*, 89 F. 297, 303 (7th Cir. 1898).

[217] See e. g. *Stanley Works v. Sargent*, 22 F. Cas. 1054, 1055 (C. C. D. Conn. 1871); *Smith v. Goodyear Dental Vulcanite Co.*, 93 U. S., 495-96; *Christy v. Hygeia Pneumatic Bicycle Saddle Co.*, 93 F. 965, 969-70 (4th Cir. 1899); *Lovell Mfg. Co. v. Cary*, 147 U. S. 623, 636 (1893); *Grant v. Walter*, 148 U. S. 547, 557 (1893).

[218] *McClain v. Ortmayer*, 141 U. S. 429.

[219] *Klein v. Seattle*, 77 F. 200, 204 (9th Cir. 1896).

[220] *American Laundry Machinery Mfg. Co. v. Adams Laundry Mach. Co.*, 161 F. 556, 563 (N. D. N. Y 1908).

[221] Walker, *Text Book of the Patent Laws*, 38.

[222] *Hill v. Biddle*, 27 F. 560.

[223] *Eppinger v. Richey*, 8 F. Cas. 741, 744 (S. D. N. Y. 1877). See also *Washburn & Moen Mfg. Co. v. Haish*, 4 F. 900, 909 (C. C. N. D. Ill. 1880); *Magowan v. Packing Co.*, 141 U. S. 332, 343 (1891). 一些裁决在质疑市场作为实用性指标的可信度。See *McClain v. Ortmayer*, 141 U. S. 428; *Duer v. Corbin Lock Co.*, 149 U. S. 216, 223 (1893); *Fox v. Perkins*, 52 F. 205, 213 (6th Cir. 1892);

*Billings & S Co. v. Van Wagoner & W Hardware Co.*, 98 F. 732, 734 (C. C. N. D. Ohio 1899). 然而，法院认为，这些质疑有待思量。因为他们不需要直接判断市场反映的社会价值，而是在分析创新时，给予效用较小的权重或者不考虑效用的权重。

# FIVE 5

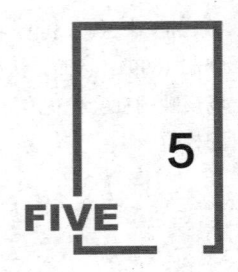

# 拥有发明

1808年1月发行的《实用陈列柜》杂志的封面上印有新近成立的新英格兰实用技艺发明人和赞助人协会（New England Association of Inventors and Patrons of the Useful Art）的徽章。徽章显示一个人在浇灌一棵硕果累累、生长在围墙花园内的树。徽章上有句格言："**在它自己的土壤里，保护和滋养它。**"（IN ITS OWN SOIL, PROTECT AND NOURISH IT.）该杂志为那些可能错过了这个不那么微妙的比喻的慢读者提供了一个解释：

> 这棵硕果累累的树代表了社会可以从发明人的劳动中获得的利益，前提是用一堵保护墙加以妥善保护。从时间之手所获得的滋养，象征着成功实现有用改进所需的长期而辛勤的培育。[1]

正如马克·罗斯所述，在 18 世纪的英格兰，财产的形象，尤其是土地所有权，发挥了至关重要的作用。因为其有助于将对作者主体身份的新理解与对合法权利的要求联系起来。[2]在美国，对于作者和发明人都采用了同样的语言措辞策略。除了以促进技术创新的社会效用为理由将专利描述为政府的授权，还有一种广泛流传的说法，即将专利描述为发明人在其智力劳动产品中的自然财产权利。[3]1845 年，利维·伍德伯里法官在一个专利案件中写道：保护"知识产权、思想的劳动、生产和利益的必要性与保护一个人自身一样，与保护他诚实劳动的成果、保护他种植的小麦或者他饲养的牲畜一样"[4]。

在版权发展过程中，关于作者在其思想产品中的自然权利的争论导致了普通法权利的主张；与此不同，发明人权利的主张通常缺乏绝对主义财产的要求。1806 年向国会提交的一份请愿书典型地反映了这一脱节，即"发明人作为自然产权所有者的雄心勃勃的理论解释"与"代表他们提出的法律保护的实际要求"之间的脱节。《专利权人拥护者的演讲》大胆宣称："精神财产……与任何不动产和动产一样，是那些获得它的人的正当的和真实的财产。"[5]然而，在讨论了这一主张的必要含义是"专利的永久期限"之后，请愿书承认这实际上是不可能的。因此，它继续争辩说，"利益受损者"可能对一个较短的专利期限感到满意，"比如在发明人及其继承人和受让人的有生之年，至第三代人的有生之年；或者在确定的 50 年内"[6]。

发明中财产权利的抽象形象与其转化成的实践操作之间

的差异有着深刻的原因。几个世纪以来,专利在英国传统上被视为国家创造出来的垄断。一个常见的叙述(common narrative)是庆祝《垄断法令》遏制滥用国王特权以授予"可恶的垄断"[7]。在这种情况下,与普通法紧密联系的不是保护发明人的财产权利,而是限制不受制衡的君主权力和保护英国人自由从事其职业的权利。英国出现了一些将专利视为自然财产权的正当理由,但与主张普通法版权的斗争或由此引发的关于著作财产权的辩论相比,还没有专利能相提并论。[8]事实上,英国的普通法版权倡导者拼命地区分专利和版权,因为前者是无可争辩的国家创造出来的特权。[9]在美国,在描述这两个领域时,一种说法变得更加普遍,即这两个领域都基于脑力劳动(mental labor)中自然财产权的共同原则。但是,由于缺乏法律先例或者在制定法之前就存在的关于古老普通法权利的神话故事——二者在版权领域都存在,要充分遵循这些主张的含义还面临巨大的障碍。基于自然权利的普通法版权的正式解释并没有出现在专利领域。

除普通法权利外,美国早期专利思想所采用的一般财产框架包含了一个更为重要的差异。专利通常被视为发明人在无形财产所有权意义上的财产。但在19世纪初,发明中财产要素的具体含义和具体制度表达要么缺失,要么还处于萌芽阶段。在殖民地时代,专利可以涵盖任何有用的经济活动,但究竟什么可以归属于新设想的、作为一种财产形式的专利,以及什么可以超出私人独占控制的范围?在18世纪末,这些问题的答案才开始出现在英国,并且往好了说,这些答案是粗略的。同样,如何理解新的无形财产也不清楚。这个难以捉摸的实体的边界是什么？授予其所有者的权力范围是什么？侵犯它意味着什么？美国专利法只会逐步形成一个概念框架（conceptual framework），并在这个框架内回答和辩论这些关于发明所有权（ownership of inventions）的具体含义的问题。与版权的作者主体身份一样，新出现的框架并不是发明人财产的预定逻辑展开的结果。通过经济压力、利益拉动和一系列其他思想观念的影响，早期抽象的发明创造思想被转化为具体的法律概念。20世纪初出现的结果往往充满矛盾以及悬而未决的紧张关系。

## 利益之油

发明人财产的抽象思想观念与塑造专利理论（patent doctrine）的经济压力之间存在紧张关系，这种紧张关系在雇员发明的所有权（employee ownership of inventions）领域最为明显。早期专利法反映了发明所有权最基本的原则。发明人——那些事实上创造了智力财产的人——是唯一的专利初始所有者。发明人所有权原则得到了美国法律的支持，美国法律强调专利限于"最初的真正的发明人"并且拒绝进口专利。[10] 然而，在19世纪下半叶，由于雇主对其雇员的发明的主张，这一原则受到了越来越大的压力。到20世纪初，雇员发明人名义上仍被认为是初始所有权人。但实际上，在大量的案例中，他们不再拥有自己发明的专利，甚至从一开始（ab initio）就没有。凯瑟琳·菲斯克在论及这一过程时改写了亚伯拉罕·林肯（Abraham Lincoln）的名言，即："'从天才之火'中移除'利益之油'。"[11]然而，雇员发明人如何失去他们专利权的故事反映了真正的利益之油（fule of interest），它影响了现代专利法很大一部分内容：大企业在不断变化的社会背景下的利益，在这一社会背景下，大部分技术创新转移到了大型的、等级化的商业组织上。

半个世纪以来，发明人的所有权规范一直保持不变。毕竟，在一个发明人权利体系中，还有什么是比发明人是初始所有权人这一原则更无可争辩的呢？可以肯定的是，与其他财产权一样，专利可以自愿转让，并且许多专利已被转让。[12]但是，初始所有权归属于发明人。对这一普遍原则施加压力的最初迹象出现在进入19世纪后的几十年中。最初，典型的案件不涉及雇员和雇主之间的直接纠纷，而是涉及第三方。他们辩称，雇主拥有的专利是无效的，因为雇主秘密获得的发明，事实上是由其雇员创造的。法院使用熟悉的发明人术语来分析这些主张。[13]他们推断，真正的发明人是"提出发明原理"的人，无论他是雇主还是雇员。[14]在雇佣案件中，正如涉及非雇员方投入的案件一样，一个人不仅仅因为从另一方获得了"暗示"[15]或利用了"他人的机械技能来实际实施他的发明"而停止作为发明人。[16]简言之，发明人也就是专利所有权人，是其智慧产生了创造性思想的策划者。这完全符合发明人的思想观念框架。

然而，很快，在坚持发明人所有权原则方面出现了第一个裂缝，即后来被称为"雇主使用权"（shop right）的形式。雇主使用权授予雇主使用其雇员所创造并获得专利的发明的特权。这一理论起源于麦克勒格诉金斯兰案（*McClurg v.*

Kingsland); 1843年, 最高法院对该案的判决并不是基于对雇员发明的特殊处理。[17]该案判决并非基于衡平法, 并且判决部分依赖于对《专利法》(Patent Act)某些条款的解释, 但是判决的逻辑是衡平法的禁反言原则(equitable doctrine of estoppel)。[18]根据这一原则, 如果一个人明知地默许另一个人的某些行为, 而另一个人又依赖于这种默许, 那么他以后就不能反对这种行为并将其作为对他权利的侵犯。基于这一原理, 法院在麦克勒格案中判决, 专利受让人不能对发明人的前雇主提出侵权索赔。原因是在雇佣期间, 发明人已经允许雇主使用他的发明。

几十年来, 这种在雇佣背景内外同样有效的原理一直得到遵循。[19]然而, 在19世纪80年代后期, 法院逐渐改变了他们的推理, 创造了现代雇主使用权。新的判决依赖于假定的雇佣关系的内在逻辑, 而不是发明人给予的许可。现在, 雇主被视为有权使用其雇员在工作中所做的发明, 无论其是否获得最初的许可, 因为雇主拥有用于发明的材料、工具和设备。[20]因此, 最高法院在近半个世纪后对这一原则进行总结时认为, 这是与禁反言原则完全不同的"衡平原则": "由于雇员利用其雇主的时间、设备和材料以获得具体结果, 后者有权根据衡平法使用体现自己财产的发明并且尽可能多地复制它, 以便有机会在其业务中使用类似的设备。"[21]

早期典型的雇主使用权在一定程度上承认了雇主的利益, 但它与发明人拥有自己的发明并最终保留授权使用它们的权力的原则是完全一致的。相比之下, 基于雇主为发明提供设备和资金而享有的新的雇主使用权直接削弱了发明人所有权的原则。如果碰巧在工作中做出了发明，那个通过其智力劳动创造了此发明的人就不再享有对其发明的完全支配权。可以肯定的是，新的雇主使用权并没有完全剥夺雇员的发明。但它创造了一种截断所有权（truncated ownership）的形式，其中不包括排除雇主的权力。这是一种缓和传统的发明人所有权原则与雇主对其雇员的智力产品日益增长的利益要求之间紧张关系的方法。在某些情况下，这种所罗门式的解决方案是有效的。例如，只要没有被排除在外的风险，铁路公司常常甘愿给他们的一些雇员留有很大的余地，让他们在工作中进行发明创造并利用这些发明。在某些情况下，这样的雇员创新是受到鼓励的，少量的费用偶尔也会支付，以获得使用这种创新的权利。[22] 随着雇佣环境中的发明创造变得越来越重要，其他雇主开始要求在其雇员的脑力劳动产品中拥有更大份额的所有权。

对于员工发明完全所有权的直接冲突是通过"受雇发明"（hired to invent）的法律概念来处理的，这种法律概念很快被证明是极其不稳定的。基本的规则是，被雇佣来开发特定创新的雇员不能对其中的专利主张所有权。有时，法院将"受雇发明"作为谁是发明构思的实际创造者的传统分析或作为分配所有权的明示协议的关键字。[23] 但"受雇发明"规则的核心是基于隐含意图的构建。隐含意图是缓和竞争性所有权主张之间紧张关系的一种方式。这一概念掩盖了雇员发明人的实际同意与强加于他们的默认所有权规则之间的差异。[24] 因此，最高法院在所罗门斯诉合众国案（Solomons v. U.S.）中解释道，当"一个人被雇佣来设计或完善一种工具……雇员受雇并获得报酬以实现某一发明时，这一发明实现之后则应当属于雇主的财产。无论是雇员个人拥有的权利，还是他的创造力，以及他们能够实现的发明，他都已经提前卖给了他的雇主"[25]。这似乎只是发明人所有权原则伴随权利自愿转让的一种应用。但"受雇发明"的全部意义在于，当没有实际的转让协议存在时，它可以将所有权转移给雇主。法院将当事人推断出的"意图"视为他们之间特定雇佣关系的某种固有特征。在所罗门斯案中，政府的主张是具有说明性的。该案纠纷涉及一项专利，该专利是财政部雕刻印刷局局长在任职期间开发的一种"自动注销"的邮票。政府在其诉讼要点中承认："雇主和雇员之间的普通关系并不要求后者向前者交出自己智慧的成果。"尽管如此，它主张："雕刻印刷局的性质和目标是这样的，因此在政府和该局局长之间产生了不同的含义。"简言之，政府对他人发明的所有权的主张不是基于实际的转让，而是基于具体雇佣关系的性质所产生的"默示合同"（implied contract）[26]。

　　"受雇发明"在一段时间内抑制了发明人所有权原则与越来越愿意接受雇主主张之间的紧张关系，但最终它被证明是一种不可靠的工具。早期的最高法院的判决在法官意见中承认了在这一原则下雇主的全部所有权。[27]最初，许多法院都采用这一规则，这使得很难将所有权从发明人手中转移出去。[28]其他法院，特别是在后来的判决中，更愿意发现雇员是被雇佣来发明的，并因此丧失了其专利权。[29]这一原则是不稳定的，因为法院可以关注雇佣关系的不同方面，并在寻求隐含意图时得出不同的适用结果。[30]到了20世纪初，在雇员发明人和他们的雇主相互矛盾的所有权主张的压力下，"受雇发明"的概念逐渐瓦解。与版权法不同的是，在类似的程序中，雇佣作品原则下的所有权原则发生了明显的转变。在专利法中，雇主的利益通过合同获得了优势地位。

在20世纪初，雇员发明的所有权转移到了雇主手中，这是通过雇佣合同中的明确的转让条款和法院对这种安排的日益宽容来实现的。在严格的形式层面上，合同转让似乎与发明人所有权原则完全一致。转让自由是从一开始就将所有权分配给发明人的必然结果。如果更近距离地观察转让协议是如何被使用的，以及它们在法律待遇上的变化，就会得出不同结论。

到了19世纪末，包括未来发明的转让在内的专利转让的有效性已经很好地确立了。[31]然而，当法院在雇佣案件中遇到全面的未来转让时，他们通常会对这些转让抱有怀疑和敌意。1887年，约瑟夫·布拉德利大法官的意见中记录下了这种态度：

> 一项裸转让或一项整体转让一个人未来作为作者或发明人的劳动力的协议——换句话说，对一个人的大脑进行抵押以约束其所有未来的产品——并不符合我们的考量。[32]

19世纪末，法院很好地理解了对具体的现有的或未来的发明的转让，与作为雇佣关系固定特征的对未来创新的权利全面放弃之间的区别。后者相当于一个人的创造性能力的异化——布拉德利称之为"对人的大脑的抵押"，因此它与发明人所有者的思想观念相矛盾。这是对新出现的雇主合同策略的早期司法抵制的根源。尽管有布拉德利的法官意见，但没有一般规则表明未来整体的转让是不可行的。[33]法院通过更微妙的手段表达了对此类合同安排的敌意。他们采用了两个主要策略：一是在没有明确的、确凿的证据时拒绝承认有效协议的存在[34]，二是对已有协议进行狭义解释。[35]

与此同时，当地的实践开始发生变化。随着企业研发（R&D）实验室的出现，杜邦（Du Pont）、西屋（Westinghouse）、通用电气（General Electric）和美国贝尔（American Bell）等公司越来越关注加强对员工智力产品的控制。雇员创新正在成为必须合理管理的企业核心资源。实现这一目标的方法是新的全面转让条款，这些条款开始出现在公司的雇佣合同中。[36]正如娜奥米·拉莫罗（Naomi Lamoreaux）和肯尼思·索科洛夫（Kenneth Sokoloff）所指出的，这类政策的渗透是渐进的。在世纪之交，大多数公司在雇员发明方面没有严格的政策，雇佣合同中的全面转让条款也是例外。[37]然而，在20世纪初，一些公司开始加强对雇员创新的控制。第一次世界大战后，这成为主导趋势。[38]

埃德温·普林德尔（Edwin Prindle）是这一进程中的前沿人物。作为一名机械工程师和著名的专利律师，普林德尔是1897年成立的美国专利法协会（American Patent Law Association）的首批成员之一。普林德尔的著作《专利是制造业的一个因素》（Patents as a Factor in Manufacturing），由《工程杂志》（Engineering Magazine）作为一系列文章的一部分发表，其中包括"雇主和雇员的专利关系"一章。他在其中向雇主提供了以下建议：

> 很明显，与每一个有可能做出与雇主业务有关的发明的雇员签订合同是可取的，因为法院将维持这些合同；即使这些合同中除规定支付普通工资外没有关于发明回报的进一步规定，雇主也应该与每一个这样的雇员签订这样的合同。在制造业中，制图室和销售部门的每个人，以及每一个熟练的员工，都要签订这样的合同。[39]

为了克服阻力，普林德尔建议公司管理人员"通过签订这样一份合同来树立榜样"。尽管"这通常只是形式问题"，但他还是急于让读者平静下来，因为管理人员通常"不具有创造性"，或者乐于以分红的形式分享股份。[40]在一篇更具哲学意义的文章《发明的艺术》（"The Art of Inventing"）中，普林德尔评论道："许多大公司都会不断地雇佣大量的发明人。"[41]这个比喻不是偶然的。尽管普林德尔认识到了"自由职业者"的存在，但他认为，现代创新的典范是一支由公司组织、控制和分级拥有的有创造力的员工队伍。作为一个言行一致的人，普林德尔艰难地将他的理论付诸实践。作为杜邦的法律顾问，他深入参与了公司关于雇员发明的全面合同转让的积极政策的变革。[42]

不断变化的现实和企业创新观念逐渐改变了法院的态度。企业集中创新的出现、科学管理的方法和雇佣关系的官僚化，推动了雇员创新全面合同转让的规范化。[43]法院开始看到这种安排的经济"需要"。发明观念焦点的改变——从个人天才到有管理的集体过程——促进了这种转变。创造能力的整体转让不再是"对人的大脑的抵押",而是被视为通过对企业"发明人团队"的监管来合理地管理发明的一个组成部分。逐渐地,法院对雇主对雇员发明所有权的主张变得更加友好。在20世纪早期,关于发明人身份的雇主—雇员争议案件中的规则成为有利于雇主的可反驳的推定。[44]然而,关键的发展是法院越来越愿意执行全面的转让合同。早在1895年,法院就宣称即使在没有具体的难以确定的考虑因素的情况下,雇佣协议中的这些条款也是可执行的。[45]在20世纪的前几十年,先前的司法敌意消散了,合同转让逐渐被接受和规范化。

尽管不是典型的雇佣案件,1911年第七巡回法院在国家接线盒公司诉希利案(National Wire Bound Box Co. v. Healy)中作出的判决表达了这一广受关注的转变。[46]法院认为,根据信托责任的衡平原则,由公司两名董事和股东转让未来发明的口头协议是可执行的。发明人的律师试图将发明创造描绘成独特的个人创造力,因此超出了管理一般商业关系的理论范围。"未来的发明,"他争辩道,"不是委托人自己能够获得的东西——是那些如果没有发明人的创造能力就根本不可能存在的东西,它们属于通过信托关系进行托管的原则下的可能主题范围。"[47]但法院对发明的概念的态度却截然不同,认为它是另一种普通的商业资产:

> 在商业和工业上,同样的原则适用于未来的发明……用于探索自然和力学定律,用于帮助特定商业或商业目的的东西,在实际上和商业上,与为类似的商业目的勘探矿产或天然气矿床没有什么区别。在获得之前,

两者都没有任何价值。两者都创造了一种在获得之前不存在的价值。一个是从地球上开发有益于商业和工业的东西；另一个是根据力学或自然定律开发有益于商业和工业的东西。对两者而言，一旦确定了边界，法律就赋予其法律所有权的质量和保护。同样，两者都可以买卖，并以其他方式进入商贸。以这些商业目的来处理它们，为什么衡平法要在纯粹的心理上区分它们；因为必须要记住，作为商业和工业的一部分，我们正在处理的是发明，而不是作为历史科学的一部分的发明；通过将发明和体现发明的专利纳入其真正的商业环境，法院可以最好地实现我们的宪法和法律赋予的保护发明的目的。[48]

具有讽刺意味的是，不动产的比喻现在转向了发明人。它将对创造性的独特个人维度的要求降低到了不可靠的"纯心理"区隔上。

然而，真正的重点是发明的"真正的商业环境"。在这里，人们越来越认识到专利作为核心控制和战略规划的商业工具的作用。对于法院来说，案件中的关键事实是当事人之间的交易目的，该交易被法院描述为"在整个美国统一制作这种盒子的业务"。为此，"这类盒子的专利所有权和控制权要统一；公司要组织起来，授予具有共同特征的许可证；为此，所有这一领域的未来和过去的发明都要保持在一起"。法院坚持认为，只有掌握专利在这一商业计划中的战略作用，才能理解双方关系的恰当性质。一旦将这一更广泛的背景铭记于心，就很明显，正如矿产开采一样，"在这里，统一是一

种经济必要性",而"巩固占有的财产"也是如此。法院明确指出了它所认为的集中所有和创新管理的经济必要性:

> 一个合法的企业要想成功,往往取决于它获得每一项改进带来的利益的权力。对未来的保护意味着已经被控制的发明不能被同一领域的其他发明破坏和转移……在商业企业的发展中,前瞻是必要的,对周围的洞察也是必要的;未来的发明可以成为信托关系(fiduciary relationship),就像未来发现的天然气矿床一样。[49]

所有这些结果都是发明的非人格化(depersonalization of invention):"发明不依赖特定的发明人或发明人群体,没有这些人,发明照样存在。发明的出现就像天然气矿床的发现一样,源于某个特定的人对世界知识的贡献,但如果没有那个人,那么,在一段时间内,通常是在很短的时间内,会由另一个人完成。"[50] 这完全颠覆了传统的"发明人财产"的观念(ideology of inventors' property)。发明不再是英雄天才的独特智力的产物(mental product)。它变成了对计划中的工业规划的另一种非个人的单独投入,就像工厂工人的体力劳动一样。个人天才发明家陷入了公司自由主义的境地。

13年后,在标准零件公司诉佩克案(*Standard Parts Co. v. Peck*)中,最高法院对包容全面转让员工创新(blanket assignment of employee innovation)的趋势表示赞同。[51] 最高法院撤销了上诉法院的判决,将合同中的雇员的"将其时间用于为雇主开发流程和机器"的义务理解为创造一种对未来发明的专利的转让。从理论上讲,这一判决结合了一种倾向有利于雇主进行"受雇发明"分析的方法和对明确的转让的认可。标准零件公司案是这样一类案件,即早期的法院可以很容易地发现,在雇佣关系中没有隐含的转让意图,并且在没有明确的书面义务(written obligation)的情况下,不存在明确的合同转让(contractual assignment)。最高法院驳回了这种推理,认为模棱两可的协议创造了可执行的对未来发明的转让。

然而,法院关于专利在现代商业环境中的作用的背景假设远比其确切的法律裁决重要。法院认为,对于谁拥有这些发明的问题,答案是"必然的、没有争议的"。是雇主"提供服务并为其支付费用"。重要的是,这些发明"不是临时使用,而是永久使用,是一项业务、一项设施和一项资产"。约瑟夫·麦肯纳(Joseph McKenna)法官发现,雇员将专利许可给他人的意图尤其令人震惊,以此"使公司面临竞争对手的竞争"[52]。他写道,该员工"似乎对自己的权利主张有些着迷",因为他"实际上声称……除了从事的工作和付酬的工作,他什么也不做;因为这种服务的产品完全是他的财产,以至于他可能会给予机械世界的任何成员与雇佣他并给付他薪资的人同样大的权利——一种被用来与雇佣他并给付他薪资的人竞争的权利"[53]。一旦被认为是雇佣劳动者妨害了公司保护自己免受市场竞争的能力,以前对发明人财产权的常识性主张就会令人感到愤怒。

雇佣背景下专利所有权的变化情况与版权的对应领域的情况相似。这两个领域在早期都严格遵守创作者所有权原则,中间经历了一个在隐含意图框架(implied intent framework)

下的不稳定时期，最终完全接受了雇主所有权。然而，它们有一个明显的区别。在雇佣作品原则（work-made-for-hire doctrine）下，版权转变成了初始雇主所有权的明确规则。相比之下，专利法从未正式放弃"发明及其初始所有权必须追溯到实际创造者"的想法。这很明显地反映在这样一个事实上：在所有的情况下，即使专利是自始转让的，专利申请和专利也必须指定一个具体的个人作为实际的发明人。在专利领域，雇主的所有权是通过各种合同结构来实现的，其中最重要的是接受全面的、标准化的转让。为什么会有此区别？主要原因是版权公司迫切希望获得完全的初始所有权，而不仅仅是转让。版权的保护期分为两个期限，第二个期限要求作者或其法定继承人续展。这些版权续展技术规则意味着寻求第二期转让的雇主必须找到大量潜在的作者利益的继承人，并与其签订合同。即使这样，他们也只能得到部分担保，以防止续展利益（renewal interest）归还给一些下落不明的寡妇或孤儿。解决这些困难的唯一方法是确保雇主获得初始所有权。专利不涉及这样的复杂问题。转让使雇主在整个专利期内拥有完全和确定的所有权。因此，全面的合同转让与初始所有权同样适用，尤其是对持股比例最高、最有实力的公司而言，这种公司将雇员发明的全面转让作为其雇佣合同的标准特征。

作为额外收获，依靠合同转让缓解了与发明人所有权的基本原则之间的紧张关系。标准化的、全面的转让使雇主成为事实上（de facto）的初始所有者。而这样的安排可以被描绘成公平交易，从而保留了赋予发明人对其智力产品的财产

> **美国**
> 知识产权制度的观念起源（1790—1909）

权和转让权的传统框架的外观。1909 年，著名的专利律师、美国电话电报公司（AT&T）前总裁弗雷德里克·菲什（Fredrick Fish）在美国电气工程师协会（American Institute of Electrical Engineers）的年会上向听众解释说："除了真正的发明人，没有人能获得有效的专利。"他进一步解释说："到目前为止，这一论点是有依据的，在现代条件下，发明人本人并没有得到从其工作中所应得到的一切；争论的基础不是专利制度或法律，而是占主导地位的社会和工业条件。"[54] 在这一叙述中，雇员发明人仍然是专利所有者。他们的雇主拥有他们的创造力产品的事实不是强制性法律的结果，而是"社会和工业条件"的经济必要性所要求的自由合同选择的结果。

早在 20 世纪初，在雇佣背景下管理专利所有权的规则就变成了一种奇怪的模式。在表面上坚持发明人所有权的同时，该原则通过合同和半合同的安排促进了所有权向雇主的大规模转移。在这个领域，专利法下的个人主义理念的发明人所有权，与官僚化、集体化、商业组织环境下的技术创新所产生的经济利益之间产生了严重的摩擦，并导致了这种模式的产生。把天才发明人置于企业自由主义的新机器中，会产生一些奇怪的声音。

## 从欺诈到机械等同

18 世纪末，专利作为发明人财产权的范式产生了许多有待解决的问题，不仅包括所有者的问题，也包括所有权客体

(owned object of property)的问题。发明作为无形财产客体这一新概念开始出现在这一时期的英国判例法中。在17世纪传统的特权框架内,专利不被视为对所拥有的"客体"的法律控制。专利授权以更具活力的术语被理解成实施某种经济"行业"或"技艺"的专属经济权利。[55]在18世纪70年代,在曼斯菲尔德法官的几项判决的引领下,英国法院发展出了一种完全不同的专利理论,将专利作为一种信息客体的所有权。[56]他们将这一理论建立在既定的行政实践之上,要求专利权人提交一份说明书,即对其发明的详细的书面描述。[57]针对这种实践,英国法院宣布了专利权人与公众之间的"专利协议"的新版本。在这一新版本中,专利权人为换取专利的法律独占性而支付的对价不再是在实践中引入有用的经济活动,而是对信息的披露。[58]到1795年,"说明书是专利权人为垄断所支付的对价"成为标准。[59]

专利授权交易的新形象对理解专利所有权具有重要意义。作为对价提供给公众的信息现在也是专利权人在专利期间享有专有权的信息。专利开始被看作对信息客体的控制,这种客体"独立于一切物质存在",也就是发明。[60]专利成为知识产权的时刻,只是一场长期斗争的起点,这场斗争是要就所拥有的信息客体的确切含义、性质和范围达成一致。这场将延伸到下个世纪的辩论常常被用强烈的形而上学的术语加以界定。然而,它的含义绝不是形而上学的。关于"专利创造的经济力量的范围"的商业斗争包含在无形发明的边界这些抽象问题中。

布拉德·舍曼(Brad Sherman)和阿兰·波塔奇(Alain

Pottage)将19世纪的发明形象描述为工业革命背景下的发明形象。他们认为,发明被概念化为一个知识模板(intellectual template),从中可以复制出一个装置的许多相同的物理实施方式。[61]但这留下了巨大的策略空间。在该框架内,可专利的发明可以在非常不同的抽象层次上被定义。1795年的博尔顿和瓦特诉布尔案[62]在随后的几十年里界定了英国和美国在这一领域的概念版图。该案中,詹姆斯·瓦特(James Watt)意在获得对其蒸汽机专利保护的广泛范围,途径是声称他的可以"减少发动机中蒸汽和燃料消耗"的方法是一般原理,而没有详细描述任何特定的发动机设计。[63]该案中四位法官的意见各执一词。[64]这种分歧界定了对专利所有权范围的两种相互对抗的态度,它们将在19世纪初占据这一领域的主流。保守派阵营试图从狭义角度来定义可专利的发明。虽然勉强接受无形财产中的权利概念,但这种观点认为可专利的发明仅限于具体物理实施方式上的一系列细微变化,一位法官称之为"机器的组织结构"[65]。另一个阵营主张更广泛的发明概念,即"对机械的改进,而不是对形式的改进"[66]。

19世纪初,最有影响的英国评论者的观点倾向于保守派阵营。该领域的主要论著的作者理查德·戈德森将他所称的可专利的"制造"狭义地解释为"物质或制造物"。他阐述了一系列可专利性要求,如"物质性"和"可售性",这些要求合在一起创造了发明的半唯物主义概念并限制了其范围。[67]为了避免专利的琐碎化,那些持这种立场的人解释说,以微小的改变复制发明构成了一种逃避专利的欺诈企图,因此被认为是一种侵权行为。正如戈德森所说:"法律不能被任何形式的欺诈或欺骗所规避。"[68]因此,当有人创造的物品"带有微小的、非实质性的改进,或替换了某些不同的东西……然而,如果产品真的是相同的并且实质上相同",那么专利就会受到侵犯。[69]一个英国法院本着这种精神,将侵权定义为"仅为侵权目的而与说明书略有不同",这"当然是对专利的欺诈"[70]。同样地,当欣德马奇(Hindmarch)在 1847 年的论著中讨论侵权时,他写道,这"意味着只有似是而非的不同"。他接着写道:"要构成对专利权的侵犯,被告的行为必须要么是对专利权人发明的技术的使用,要么是为了规避专利权而对其进行的欺诈性模仿。"[71]

尽管没有受到英国专利法中一些较为古老的先例的影响,早期的美国专利法继承了这种将发明概念化(conceptualizing inventions)的基本框架。当面对关于专利范围的竞争性主张时,美国法院最初使用的概念来自较为保守的英国发明观的词语。在这种方法中,发明被确定为具体设计,典型的案例是关于机器的设计。可以预见的是,这引发了一个问题,即其他人可能会通过引入微小的变化来复制一项专利发明,以逃避惩罚。为了避免这一问题,法院也加入了英国评论者的队列,并将专利保护领域定义为包含受保护设计版本的额外半影(additional penumbra),这些半影包含仅有的似是而非的差别,这些差别可以被故意用来规避专利。在 1814 年的一个判决中,大法官约瑟夫·斯托里提道:"仅仅是似是而非的差别,或者说是轻微的改进,都不能动摇原有发明人的权利。"[72]六年后,大法官布什罗德·华盛顿(Bushrod Washington)分析了发明与涉嫌侵权的实施方式之间的同一性问题，他解释道："如果它们之间的区别仅仅是形式或比例上的区别，那么它们在法律考量中是相同的；因为允许被告仅以形式上的差别为掩护，将会鼓励对原告权利的欺诈性的逃避。"[73]。斯托里和华盛顿大法官审理了19世纪初几十年里的大多数的专利案件。[74] 在戴维斯诉帕尔默案（*Davis v. Palmer*）中，首席大法官约翰·马歇尔以同样的精神指示陪审团："毫无疑问，专利仅包括准确描述的改进。但是，如果出发点是为了使陪审团满意，这种模仿是如此近乎准确，以至于模仿者试图复制模型，并为了规避专利权人的权利，做出一些几乎难以察觉的改变，这在法律上可能被认为是一种欺诈行为，并且这种微小的改变是可以忽略的。"[75]

在这种思维模式下，一项发明被视为有形的物理模板的无形等同物，拥有具体的设计，并用于以其精确的图像制作许多样本。似是而非的变动的半影（penumbra）是一项谨慎的指标，增加这项指标的目的是防止通过欺诈使专利变得毫无意义。以下正是1830年《富兰克林研究所学报》（*Journal of the Franklin Institute*）的编辑所提供的描述：

> 机械力量的改变是多方面的；一种力量可以很容易地被另一种力量所取代，而不必对发明提出最微小的权利要求。如果一个人设计了一台机器，他的邻居就可以这样不受惩罚地剥夺他应有的权利，专利法就变成了一种虚伪的光，引诱人们去自我毁灭……长期以来海关宣誓是一个代名词，但事实上，当那些只将杠杆弯曲或用螺丝代替楔子的人发誓他们发明了一种机器，人们就几

乎感觉不到这种誓言的神圣性,它的荒谬就像证明虚假发票一样明显。[76]

在 19 世纪 30 年代,重点开始转变。规避或欺诈(evasion or fraud)的术语在 19 世纪后期并未完全消失。在未来的几十年中,这些概念有时会被纳入有关专利覆盖范围和发明身份的调查中。[77]但规避和欺诈失去了它们的界定作用并被边缘化。法院开始明确指示陪审团,认定侵权行为的目的与动机或知情无关。[78]关于发明性质的讨论逐渐转向对发明的形而上学的理解,认为发明是一种能够以多种具体的物质形式表现出来的智力本质。

与在其他领域一样,斯托里处于重新定义这一领域术语的最前沿。强调专利只能"在特定结构或部件的组合中将理论付诸实践"的同时,斯托里也强调专利不是保护一个具体的结构而是保护"机器的原理"[79]。部分依赖于法定语言,他解释说:"仅仅改变任何机器的形式或比例本身(per se)不能被视为一项新发明。"[80]但是这种"机器的原理"具体是什么?在斯托里的观点中有两个相互交织的概念。一个概念是将受保护的发明描述为一组物理结构上的非实质性的变化。因此,斯托里提到了"一个特定的结构或部件的组合"或"仅仅是形式上的改变,在实际结构上没有任何实质性的改变",并得出结论,"专利必须针对特定的机器"[81]。发明的第二个概念更为抽象。它将发明描述为"产生任何特定效果的实施方式(modus operandi)、特殊装置或方式"[82]。这里的同一性检验是指"在两台机器中,给定的效果是否实质上是由相同的实施方式和相同的力量组合产生的"[83]。这种实施方式是机器的灵魂。它是一种假定的智力本质，尽管物理结构发生了变化，但仍然保持不变。几十年后，一位在最高法院辩论的律师提出了一个"思想实验"来"证明"以下主张："很明显，如果发明是在机器中，那么这种机器所体现的实施方式必须构成产生结果的手段的本质。如果有人不这么认为，让他假设从机器上移走实施方式来测试它，然后看看会留下什么。为了强调这个事实，想象一下，如果可能的话，一台没有任何实施方式的机器，它是什么？显然，它只包含木头和金属。"[84]通过打破与任何特定物理结构的联系，实施方式的观点为发明概念的急剧扩展奠定了基础。

斯托里的观点得到了其他人的支持，标志着超越了欺诈和规避这种狭义的概念。这种新方法很快就被正式地称为机械等同原则（doctrine of mechanical equivalents）。"机械等同"一词最早出现在 19 世纪 40 年代的美国专利法中。起初这一原则是在新颖性的背景下使用的。法院解释说，仅仅是现有装置的"机械等同"的机器不能被视为新发明，因此也没有资格申请专利。[85]很快，同样的术语被用于侵权的情况。到 19 世纪 50 年代，"机械等同"测试已经取代了对专利侵权的司法分析。同一性问题被一致地确定为被告的机器是否构成专利发明的"机械等同"，尽管在具体设计上有所改变。[86]

机械等同的概念具有相当大的灵活性。1868 年，一篇发表在《美国法律注册》（American Law Register）上的文章宣称："到目前为止，只有在被告被发现对专利权人指定的构造使用了机械等同物时，他才被认为涉嫌侵权。"然而，专利权人为了扩大保护范围而不断施加的压力也使作者注意到:"法院很有可能给予等同原则更大的范围,以确保新实物财产的发现者对其独创性有足够的回报。"[87] 等同测试的开放性允许在不同的抽象层次上进行解释和应用。一位感到困惑的《科学美国人》的读者请求帮助:

> 什么是"机械等同"?我知道什么是等同,并且我对应用于机械的术语有一些了解,但我想知道的是法庭会给它怎样的说明要件。在这一点上,我发现发明人之间的意见分歧很大,并且非常渴望解决这一问题。[88]

编辑对这个问题的回答远不能令人满意。运用机械等同测试的法院在不同的抽象层次上对其进行了解释。摩根诉西沃德案(Morgan v. Seaward),这个有时被美国人援引以支持等同原则的1836年的英国案例,用接近于早期的较为狭义的保护发明的概念来表述。它将这种测试描述为"被告的机器是否只有似是而非的不同,也就是说,它仅仅在是否用所谓的机械等同物替代专利权人所采用的发明上有所不同"[89]。当后来的美国法院适用等同原则时,他们倾向于改变重点并超越狭义的似是而非的"不同"的概念。对测试的具体表达并不统一。从1889年开始往回看,阿尔伯特·沃克认为,"定义等同是目前一项重要而艰巨的任务。它很重要,因为现在的许多财产权依赖于并且总是取决于定义。这是困难的,因为最高法院在这个问题上的判决是不协调的,而且因为这些判决中没有对该问题的价值的基本推理"[90]。总的趋势仍是抽象和扩张。

1854年最高法院的一项重要判决,怀南斯诉邓米德案(*Winans v. Denmead*)很好地展示了等同原则的灵活性和抽象特征。[91]在形式上,该案中的问题是关于专利权利要求的具体构成。但讨论很快扩展到了发明的同一性和等同性问题(identity of inventions and equivalence)。涉案专利是圆形货运铁路车厢,其形状被证明比现有设计更安全、更有效。被告制造了具有类似优势的八角形和金字塔形的车厢。专利权人的发明是一种圆形车厢还是具有类似优势的任何形状的车厢?根据包括摩根诉西沃德案在内的一连串英国案件,原告的律师认为被告的设计明显等同于专利设计。相比之下,被告方辩称:"可以毫不犹豫地承认,机械或化学等同物的替代物,正如他们所说,不会影响专利权人的权利,但这一原则所适用的情况是,为了达到理想的结果,实施方式包括了不止一种单一方式。发明包含了以单一形式体现的原理,形式是原理,原理是形式,未使用形式就未违反原理。"[92]

五位大法官以微弱多数认为等同。法院以5:4的比例对该问题进行了判决。撰写多数意见的大法官本杰明·R. 柯蒂斯(Benjamin R. Curtis)和专利著作的作者乔治·蒂克讷·柯蒂斯是兄弟关系,同时也是忠心的辉格党人。根据后来的一篇论文的作者,他的意见中至少20次提到了短语"实施方式"。大法官柯蒂斯发现,"物质是一种新的实施方式,通过这种方式获得了新的结果。正是这种新的实施方式赋予了其发明的性质,赋予了发明人专利权;并且根据专利法,这种新的实施方式是有权得到保护的客体"。在目前的情况下,

"通过这种形式的改变,专利权人引入了一种以前的运输车厢没有使用过的实施方式,也就是说,整个负载在各个方向上的压力几乎相等"[93]。柯蒂斯在这一高度抽象的层次上定义了这项发明,自然地得出结论:它涵盖了各种形状,而且发明人并不局限于一种几何形式。柯蒂斯明确表达了他选择这种高度抽象的动机:"如果被告有足够的理由说,你的改进在于形式的改变;你只描述和声称一种形式,那么发明人的财产将是没有价值的。"[94]对于柯蒂斯来说,最根本的关注点是保护发明的市场价值。这使得他通过等同这个便利工具扩大了发明的范围。

大法官约翰·坎贝尔(John Campbell)提出了强烈的异议。坎贝尔是一位质疑政府支持工业家和企业利益的杰克逊主义者,另外三位南方的法官也加入了他的异议。他写道,专利权人"声称已经发现了最适合目前物体的精确形式。他把这种形式描述为他的发明,他发现的原理不适用于任何其他形式"[95]。与柯蒂斯相比,坎贝尔在更具体的层面上定义了发明的本质:"专利中所述的原理仅适用于圆形。在煤炭运输中,除了从直线图形转变为圆形,来自原告的技能的实施方式没有发生任何变化。"[96]坎贝尔也明确了他的动机。他认为,广泛的等同概念潜在的无限灵活性会对竞争和创新构成威胁:

> 这是对权利要求的限制吗?谁能说出国家机械工业可以自由发挥的界限?这项专利对这个机械艺术分支施加了什么限制?为了避免每个工业部门不断的、激烈的竞争,人们应该为任何有益的发明或结构寻求专利法的

保护，这并不奇怪；也不应该经常使用专利来阻碍发明，并阻止对技能和创造性的合法实施。[97]

因此，关于无形本质和物理形式的形而上学辩论与实际的政策问题融合在了一起。新的产权客体没有任何自然界定的边界，使得产权的可延展边界与相互冲突的政策的关系非常明显。正如怀南斯诉邓米德案所证明的那样，机械等同是关于发明的适当范围的不同观点的竞争战场。渐渐地，在保护市场价值观念的推动下，更广泛、更抽象的发明观点赢得了这场战斗。

## 原理问题

在南北战争（Civil War）前的美国专利法中，主要的争论是可专利性原理（patentability of principles）。1835 年，《威斯敏斯特评论》（*Westminster Review*）的一位作家写道："在专利领域还有一个词，它被用来作为已被放弃的'制造'（manufacture）一词的反义词，但其含义仍然较为含混不清，而且在这种含混不清的状态下，被频繁地使用。这个词是'原理'（principle）。"他接着说："为了制造法律幻象（law-phantom），律师们使用的伎俩包括将三种不同的含义混合在一起，并借助于某种专业的庄严仪式，产生一个神秘的词，能够将一个想法扭曲成多种形式。"[98] 同样的"法律幻象"困扰着美国专利法。不时就会有法官或评论者评论说，关于可专利性原理的辩论根源于语义混乱。在这种情况下，对立的意见是完全可以调和的，因为他们使用"原理"一词来表示不同的东西。[99]然后辩论将更加激烈。可专利性原理的辩论具有磁性，因为它是形成19世纪专利法的三大力量的汇合点：扩大专利保护范围的经济压力、对知识垄断的对抗性焦虑，以及将发明作为一种包含许多具体形式的智力本质（intellectual essence）的新概念。

辩论围绕着两个相互衔接的法律问题展开：专利可以包含什么样的客体？以及怎样构成侵权？至少回到博尔顿和瓦特诉布尔案，该案有两个被普遍接受的主张。一个是专利权包含的不仅仅是对特定设计的精确复制。另一个是自然界的知识不能被拥有，并且必须自由地供所有人使用。很明显，这两个主张有很大分歧。在1854年的判决中，柯蒂斯陈述了第一个主张："侵权是指模仿，并且与之前的在说明书中确定的原理一致。"[100]这一主张有时仅仅是对机械等同原则的阐述。1850年，《科学美国人》中的一篇关于"专利权的性质"的文章解释说，发明的"本质、精神"是"适用所涉自然规律的方式，而且都只是等同的方式"，并认为发明是"实践中体现的原理"（a principle embodied in practice）。[101]但经常要求对原理进行保护的论点是将专利范围扩大到等同原则所涵盖的结构变化范围之外。一份1868年的《美国法律注册》的记录（note）概述了在这个问题上的分歧。它用两个相互冲突的阵营来描述"观点的多样性……就权利的范围而言"。一个阵营认为，专利权人"有权独占专利原理，无论使用何种工具以实现其目的；该观点主张专利申请应当明确声明，其不仅包括专利持有人所使用的工具，还应包括该原理使用的方式，无论用于何种目的"[102]。另一个阵营认为，专利权人"有权获得他所设计的方法、工艺或机制的专利，并且他不能再提出其他权利要求，也不能再维护其他权利"[103]。

1831年，《富兰克林研究所学报》上发表了一篇文章，提出了"原理专利"（Patents for Principles）的理论，即"新原理可能被没有看到它们的任何有用的应用的人发现；但是一旦它们被知晓，其他人很快就会提出这种申请"。作者推测，"如果第一个发现蒸汽能够施加巨大膨胀力的人已经获得了该发现的专利，并因此公开了这一事实，很可能……蒸汽机和许多与蒸汽力有关的其他发明在几个世纪前就已经得到了有益的利用"[104]。这种由第一个发现的人对自然规律直接主张的所有权是罕见的。更常见的情况是，在确认正统观点（orthodox view）的同时主张对原理的所有权，正统观点是指自然规律和基本真理不得被财产化。但是，如何区分给不考虑"手段"的"原理"授予专利和给抽象的真理授予专利？美国法学家在解决这个问题时花费了很多笔墨。

被设计用来解决这个问题的一个典型的策略是区分原理与对原理的应用（application of a principle）。是柯蒂斯在1854年的专著中提供了这一区别的最早版本之一。柯蒂斯在开始讨论可专利性时引用了一个大家都熟悉的公理："有效专利的客体……不能仅仅是一个基本原理，或者说是智力发现。"他向读者保证，这一规则解决了对知识垄断的担忧："当认为原理是科学的要素时，允许将专利用于抽象艺术或原理的后果是显而易见的；如果可以为新发现的科学原理申请专利，它将涵盖可以适用该原理的每一个对象，因此整个艺术领域将立即被一些垄断者占据。"[105] 同时，柯蒂斯强调："对发明行为的任何定义或描述……如果排除了发明人用来产生新效果的自然规律、自然力量或物质属性的应用，以及这种应用的对象，并将其限制在他可能聚集在一起的物质颗粒的精确排列上，那必然是错误的。"[106] 相反，保护范围涵盖了许多具体的形式。正如柯蒂斯所解释的："如果专利权人发明了一些实施该原理的方法，那么他就有权保护自己不受其他所有的实现相同原理的方法的影响。"[107] 在关于侵权的讨论中，这一举措的含义变得很明确：

> 当一方发明了一种应用自然科学或实践规则的方法时，"应用"才是该发明的核心……因此，发明人有权保护自己免受相同应用方法的侵权……在此类案件中，需要考虑的实质同一性指向发明的核心，即原理的应用。如果被告采用的方式可以被证明是采用多种形式或装置以实现相同的应用，陪审团有权认定该行为属于对原始发明的剽窃。[108]

因此，对"原理的应用"的保护意味着专利范围的扩展超出了细微结构变化的界限。

柯蒂斯正在走钢丝（Curtis was walking a thin line）。他煞费苦心地抽象出专利的范围，同时坚持认为基本的科学真理没有被占用。正如他所说："事实上，这样说是完全错误的，即在这种情况下，发明人因为其专利包含这样一项一般性的权利要求而垄断了法律、财产或物质的性质，而这些是他通过特殊的手段达到的某一目的。他的专利权将法律、财产或物质的性质作为共同财产，确切地说在发现它的地方，留给任何人使用，以产生新的目的，通过新的改进，具有不同的性质。它只适用于发明人应用法律、财产或物质性质的客体、方法和目的，而这种应用构成发明的实质和本质。"[109]

发明作为智力本质的概念交织在这些论点中，尽管仅仅是"形式"的变化，但它仍然存在。"这是显而易见的，"柯蒂斯写道，"每一项发明都有一个特征、本质或目的，在我们的法律中，这些特征、本质或目的被法学家称为其原理（principle）；这通常可以被思想所感知和理解。"[110]被运用的正是这种难以捉摸的"本质"，而不是短暂的"形式"，或者，用柯蒂斯的话说，"发明是独立于形式的"[111]。这种论点的结果是，发明从任何具体的设计中剥离出来，并将其范围扩展到机械等同的概念之外。

这场争论在判例法中展开，只是稍微少了一些形而上学的术语。与柯蒂斯所主张的观点类似的观点开始在法院中聚集力量，对专利权的范围产生了实际的影响。宾夕法尼亚州东区的法官约翰·金蒂辛·凯恩（John Kintizing Kane）是给原理授予专利的声援者。1849年，他维持了泽布伦（Zebulon）和奥斯汀·帕克（Austin Parker）的反作用水轮专利的有效性，专利声称："反作用水轮中的水涡流运动的推进效应，由其离心力作用。"在他的意见中凯恩写下了以下宣言：

> 所有的机器都可以被视为仅仅是装置，通过它使得自然规律可适用、可操作，以产生特定的结果。首先发现自然规律如此适用的人，设计了使其有效运作的机械

装置，并以实际的形式将其引入同伴的知识，这是最高等级的发现者和发明人——不仅仅是机械装置，铁、黄铜和木材的组合，以杠杆、螺钉或滑轮的形式表现出来——而且通过机械媒介操作的力量——原理……作为发现者，他可以合法地断言，并通过专利证书来保护自己；因此，创建自己的财产，不仅仅是在正式的设备中，这些设备的机械智慧可以立即，只要原理是知晓的，就想象出一千个替代品——一些是同样好的，另一些是更好的，也许是完全不同的，但都说明了同样的原理并且取决于它——而是在他的机器第一个被体现、举例、说明、操作，并向人类宣布的基本原理中。[112]

凯恩否认对原理的这种保护是"对抽象概念授予专利"。他写道："而是像发明人将其给予全人类那样，在其全部的维度和范围内，对发明授予专利；不比这少，但也不比这多。"[113]

1853年，据透露，最高法院在是否给原理授予专利的问题上存在严重分歧。在勒罗伊诉泰瑟姆案（Le Roy v. Tatham）中，争议问题是一项制管机的专利。[114]这台机器的设计是否新颖令人怀疑。创新之处在于应用了一个新发现，即固态铅在高温高压条件下可以凝结。在这种情况下，这台获得专利的机器使用的是固态铅，而不是熔融铅。作为巡回法院的法官，大法官塞缪尔·纳尔逊指示陪审团不要考虑机器结构设计的新颖性，因为"机器的使用和应用与新发现的原理的实际发展有关，产生了一个新的、有用的结果"已经足够了。[115]被告反对说，这相当于是新发现的原理的专利。大法官约翰·麦克利恩在撰写的最高法院的多数意见中表示同意。他抱怨道："原理这个词是初级作家用来描述专利客体的，有时是在法院的判决中使用的，在其应用中如此缺乏精确性，以致误导了他人。"[116]麦克利恩尝试亲自定义，他把一个原理描述为"一个基本的真理、一个初始的原因、一个动机"，并明确表示"这些不能获得专利，因为没有人可以对其中任何一个主张专有权"。任何人，包括第一发现者，都不能对自然抽象的"力量"主张专有权，如蒸汽、电力或"任何其他自然力量，这对所有人都是一样的"[117]。对于大多数人来说，为了避免私人拥有自然原理这一不可接受的结果，需要将可专利的发明定义为某些物理装置的具体设计。为了防止原理专利，法院将原告的专利解释为对特定机器结构设计的权利要求，因此推翻了下级法院关于该设计的新颖性是非物质性的指示。

为三位持反对意见的法官撰写意见的正是大法官纳尔逊，他在下级法院制定了被质疑的陪审团指令。他的异议是对给原理授予专利的有力辩护。纳尔逊坚持认为，发明和获得专利的东西不是机器结构设计的任何方面，而是应用新发现的铅的特性来制造管道，而不管所使用的设备如何。他解释说："这项发明的主要特征在于发现了铅制品中的一种新特性。"[118]纳尔逊区分了发明的本质和应用它的附属方面："发现这种新的元素或性质自然地导致了装置的诞生，通过它产生了新的、最有用的结果。这种装置只是附带的，是发明的新颖的主导思想的附属物。"[119]这自然得出了这样的结论：被发明并被授予专利的东西"不仅仅是……专利权人所使用的装置，而是……新发现的性质在金属中的体现或运用，以及实际的适应性（原文如此。——原书原注），通过这些手段，产生出一种新的结果，即用固态铅制造锻造管"[120]。

他的推理使纳尔逊面对了一个不可避免的问题："这是专利的恰当客体吗？"纳尔逊用自己的反问回答道："为什么这不应该是法律呢？"他说，将专利限制在"新应用的方式或手段"上是不当的，"因为任何人都能看到，最初的构思远远超出了这些"[121]。对他来说，机器的结构设计是"附带的，并且自然地从最初的构思中产生；因此就没有什么价值了"[122]。纳尔逊表示，多数人的做法将限制本杰明·富兰克林为他的风筝、线和钥匙申请专利。纳尔逊一定已经意识到，他关于富兰克林本可以因其"伟大的最初构思"获得专利这一不合时宜的建议正在引起大多数人的警惕。他不是在提倡"自然要素"中的专利吗？纳尔逊说不是。他写道，专利权人"只有在应用符合特殊目的和目标时才受到保护，这些目的和目标因发明人的天才和技能才得以获得新应用。为了其他的任何目的，这一原理是全人类都可以自由使用的"[123]。

最高法院关于泰瑟姆案的判决被解读为支持抽象的"原理"不能被授予专利的坚定的主张。[124]自然规律甚至不可能由最先发现它们的人拥有，并且必须对所有人保持开放。事实上，泰瑟姆案表现出了辩论术语中相当大的灵活性。所有人都同意自然规律和科学真理是不能被拥有的。然而，在这个共同框架内，可以保持截然不同的立场。大多数人将狭义的发明概念表述为具体结构设计上的一系列密切变化，并将更广泛的概念描述为自然规律的属性化。持不同意见的人坚持认为,发明的真正本质包含了更广泛的范围,尽管如此,仍然没有触及自然元素。狭义的概念目前赢得了胜利,但事实证明,这些话语的措辞极具可塑性。

关于原理能否被授予专利的辩论的高潮,是后来所谓的大电报案(Great Telegraph Case)。事实上,这是一系列在不同的联邦法院提起诉讼的不同的案件,涉及各种装置。这股推动力是与塞缪尔·莫尔斯(Samuel Morse)新生的电报帝国(Telegraph Empire)有关的公司试图通过专利侵权诉讼来打压竞争。这些案件涉及一系列复杂的商业关系和法律论据,而在所有这些案件中,可专利性问题都很突出。问题的核心是莫尔斯试图尽可能广泛地定义他的发明,这就像半个多世纪前的詹姆斯·瓦特一样。莫尔斯专注于强调他的技术贡献,并避开竞争对手和他们的各种设备。在他的著作中,他不断阐述和重新阐述了他的发明的本质。他尝试过诸如"电力电报",甚至"用任何力量在任何距离上标记或打印可理解字符的可能性"这样的公式。据他的传记作者说,莫尔斯一直专注于这个问题,直到他生命的尽头。[125] 在诉讼中,让律师们头疼的正是莫尔斯的 1848 年被重新颁发的专利中宽泛的第八项权利要求。如果该项权利要求有效,将使电报设计与莫尔斯的明显不同,该权利要求如下:

> 我不打算将自己局限于上述规范和权利要求书中所述的特定机器或机器的部件;我的发明的本质是利用电或电流的动力,我称之为电磁,无论其如何发展,用于

在任何距离上制造或打印可理解的字符、字母或符号，都是这种力量的新应用，我声称我是其第一个发明人或发现者。[126]

这就是试图授予"原理"专利的一次尝试，如果曾有一次的话。

诉讼活动产生了不一致的结果。第一个发布的判决涉及"哥伦比亚"（Columbian）电报，这是由塞缪尔·祖克（Samuel Zook）和爱德华·巴恩斯（Edward Barnes）发明并由亨利·奥赖利（Henry O'Reilly）使用的一种电报装置。亨利·奥赖利是莫尔斯之前的助手，后来变成了一个强劲的竞争对手。肯塔基州联邦法院支持莫尔斯的广泛的权利要求，并且认为发生了侵权。[127]两年后，在马萨诸塞州的一个涉及国会电报的案件中，大法官利维·伍德伯里强烈反对这样的论点，即一个人可以对一项"纯粹原理"享有有效的专利。他写道："专利必须是为了拥有有效性，不是针对原理，而是针对方法、机器或制造，以实施这一原理并将其运用到实践中。"他警告说，对原理授予专利将"使第一个改进者成为垄断者，并且使现有的一切僵化，使人类遭受巨大损失，并损害促进人类进步和人权的私人的和公共的权利"。[128]又过了一年，宾夕法尼亚州的凯恩法官提出了同样有力的意见，支持莫尔斯的广泛的权利要求，并强调对一般原则授予专利是正当的。[129]这次是贝恩（Baine）的自动电报被指控侵权。在他的意见中，凯恩发展了发明和专利"技艺"的概念。技艺是可专利客体的法定类别之一，但凯恩松散地使用这个术语作为发明的定性层次结构的基础。他区分了仅限于特定机器或方法的普通发明和建立一门全新技艺的基础性创新。他认为,技艺的发明人应该得到和普通发明同样多的保护。他问道:"为什么印刷品、墨水或印刷机本身,要比它们以如此卑微的从属地位所辅助的技艺更为庄重,而没有技艺,它们就成了垃圾?"[130]凯恩的等级很明确。毫无疑问,在他的叙述中,普通改进的创造者是"巧妙而出色地努力改进或美化一门已有的技艺"的发明人。但是,这些发明人"在技艺本身的发现中没有任何贡献,也不能再要求分享这项发现可能赋予另一人的财产,就像为宝石设计了合适的装置的人一样,该装置可以维护宝石本身的利益"[131]。相比之下,莫尔斯显然是宝石的制造者。凯恩写道:"莫尔斯宣布了一种新技艺的存在,主张他作为其发明人和拥有者的权利,并充分公布它的性质和优点,换来法律持续的保护。从那时起,他就被授权作为这项技艺的专利权所有人。"[132]

到1853年,莫尔斯的专利已经产生了广泛的关于可专利的发明的性质和范围的司法意见。同样的情况也发生在公开辩论中。《科学美国人》强烈反对给原理授予专利。该杂志称凯恩的观点为"一份非同寻常的文件",并称赞伍德伯里的观点。它宣称"除了一个过程之外,不可能有技艺这样的东西",并得出结论"记录信息而不提及记录信息的方法,只是一种抽象概念"[133]。在《科学美国人》的另一篇文章中,作者把关于发明人的公平回报的论点抛在脑后。他认为,凯恩法官的判决导致了"将中国印刷模式置于谷登堡的辉煌发现之上"的"悲惨结论"。他总结道,"这是对发明家的一般权利的大胆假设",并且"许多贫穷和诚实的发明人被这些判决不公正地剥夺了权利"[134]。该杂志允许莫尔斯的亲密商业伙伴、邮政局前局长阿莫斯·肯德尔（Amos Kendall）就此事发表自己的看法。肯德尔认为,发现了一个新的原理并将其付诸实践的人应该"确保这一原理",包括"运用原理或元素（agent）的每一种方式,以产生特定的结果"。他呼吁的论点现在已为人所熟悉:"发现一个原理并使其对社会有价值的人"是"所有发明人中最有用、最有价值的",并且任何其他的规则都会"允许一个如果不是我的发现（可以用上千种方法使用它）绝不会想到这个问题的人,以一种新的方法从我这里进入并从我这里拿走它"[135]。《科学美国人》回答说:"发明人的政策是为他已经发明出的东西申请专利,而不是用广泛的权利要求来保护自己。"[136]

这个问题最终在肯塔基州判决的上诉中被提交到最高法院。[137]到目前为止,这些论点已经得到了充分的演练。代表奥赖利的 R. H. 吉利特（R. H. Gillet）戏剧性地提出了可专利性问题:"这是本案提出的最重要的问题。它的决定将确定我们的专利法是否真的促进了有用的技艺的进步……非人类发明的自然规律是否可以被一个人垄断而排除他人。"吉利特认为莫尔斯试图宣称"宇宙统治者提供的一种力量可以被其他人获得专利或垄断",并称之为"对人类共同财产的恣意入侵"[138]。

最高法院再次出现了分歧。首席大法官罗杰·塔尼（Roger Taney）撰写了多数意见,认为莫尔斯的权利要求过于宽泛并且是无效的。他的意见把这一判决的两个理由混为一谈。其中一个是,莫尔斯试图主张一种不属于专利的客体——不是一种具体的设计,而是一种抽象的自然原理。另一个理由是,这项广泛的权利要求没有达到法定要求,即提交一份足够详细的发明的书面说明,以使其他人能够制造和使用该发明。莫尔斯的权利要求包含了许多使用电磁学进行通信的方法,可能还包括许多尚未知晓的方法。但他的描述教会了公众如何只使用他的具体设计,而不是他的权利要求涵盖的所有的其他潜在方法。虽然塔尼在确切的法律推理上含糊其词,但他的结论是明确的:与具体的设计分离的抽象原理不能获得专利保护。他写道:"没有人会坚持认为富尔顿(Fulton)本可以因其发明的蒸汽推进船、描述的使用方法和机械而获得专利,并且声称其拥有使用蒸汽动力的专有权;然而无论如何发展,都是为了推进船只……即使蒸汽可以通过适当的机械配置,作为研磨玉米或纺棉花的动力,最初发现蒸汽的人也不能对作为动力、旨在产生这种效果的蒸汽主张专有使用权。"[139]

大法官罗伯特·格里尔为三位异议者撰写意见,坚持认为莫尔斯的权利要求是有效的。他将这一结论建立在一个广义的发明概念的基础上,认为发明是一种可以采取多种形式的智力本质。与凯恩的发明技艺的概念相呼应,格里尔认为,在某些情况下,"原理的应用是发明中最重要的部分,在这种情况下,应用原理的机械、装置或其他手段只是附带的,而不是其发明的本质"。在这种情况下,"发明的基本元素"不是"机械装置的应用",而是"操作元素的新应用"。格里尔并不否认抽象自然规律不能被授予专利。但他坚持认为莫尔斯的情况不同，因为"从哲学家的实验室里拿走这种尚且无用的、新的元素或力量，并使之为人类服务的人，把它应用于完善一门新的、有用的技艺，或改进一门已知的技艺的人，是专利法向其提供保护的贡献者。"格里尔说，限制这样一个发明人获得具体设计的专利权是"通过显微镜观察雕像或纪念碑"[140]。

奥赖利赢了这场辩论，却输了官司。尽管他无效掉了莫尔斯广泛的权利要求，但塔尼发现哥伦比亚电报在传统的机械等同理论下足够相似，侵犯了专利中其他更狭义的权利要求。[141]不管结果如何，奥赖利诉莫尔斯案的遗产是自然规律不能被授予专利。[142]为原理授予专利的论点并没有在该案判决后完全消失，但它们也几乎没有得到司法上的同情。在1864年伯尔诉杜里埃案（Burr v. Duryee）中，格里尔大法官，即在奥赖利案中反对意见的撰写者，以一致的法院的名义谴责了专利权人试图广泛地提出权利要求的行为，他将其描述为"通过模棱两可的权利要求扩张技艺的第一次实验，这种权利要求可以解释为对机器的结果或产品的权利主张，或者对其原理的权利主张"[143]。他还将这种权利要求描述为"试图将改进后的机器转换为抽象概念、原理或实施方式，或通常在辩论中使用的更模糊、更不确定的实体和一个'想法'"，它"可以像在说明书中使用的词语一样成功地使一个简单的事物变得令人迷惑"[144]。格里尔没有正式地放弃他之前的观点。他区分了"包含在某种自然力量的新应用中以产生某种以前它们从未被应用过的结果"的基础发明，以及采用"省力机器"（labor-saving machine）形式的较为逊色的发明,"它仅仅是某些机械装置的组合"[145]。大概只有在前一种情形下才允许对原理授予专利。然而,这一判决的不朽方面并不是格里尔的合理化,而是他强烈表示反对的通过抽象概念来令人迷惑。几十年后,一位评论员评论伯尔案道:"从那时起,最高法院就有一种积极的倾向,即在侵权问题上无视任何抽象的和无形的东西,并将其结论建立在审判中的问题的具体特征之上。"[146]其他法院以同样的精神回应了对原理进行权利要求的直接企图。[147]

因此,关于给原理授予专利的辩论以拒绝这样的专利的观点的胜利而告终,因为这种观点认为这类专利过于抽象,并且试图垄断知识。但这远非故事的结尾。南北战争之后,专利律师的多产思维将设计出新的方式来撰写专利,就像莫尔斯的第八项权利要求一样广泛,而不明确地对原理主张权利。在接下来的几十年里,这些策略逐渐获得了认可。通过求助于这些实践,法院扩大了专利的授权范围,同时始终坚持知识就像空气一样是自由的。这一过程的基础是重要的经济参与者在如何使用和构思专利方面的重要发展。

## 在他的领域内,专利权人是垄断者

在 19 世纪末和 20 世纪初,塑造专利所有权的最重要的推动力量来自大公司旨在扩大和抽象专利范围的压力。一个重要的基本问题涉及这一压力的根源。商业公司可能会发现当他们准备使用专利时受制于专利的独占性权利。对于每个莫尔斯都存在一个奥赖利。事实上,一些占主导地位的经济利益——最好的例子是铁路公司——更关心的是在使用必要的技术时被排除在外的风险，而不是有兴趣通过专利将其他人排除在他们自己的技术创新之外。因此，这种追求宽泛的专利的经济推动力不仅仅是一种相对于承担专利使用的成本，所获得的创新回报不成比例的期望。而最重要的因素是，专利的兴起是稳定、协调和管理自由竞争的不确定性的重要工具。在 19 世纪末，美国经济中最重要的一个发展是阿尔弗雷德·钱德勒（Alfred Chandler）所称的"看得见的手"的兴起。[148]大型的、官僚化的、综合性的公司逐渐在不同领域占据主导地位。生产和分配被置于集中管理之下，而非市场这一看不见的手的控制之下。在这种背景下，存在着几股相互关联的力量将稳定性和可预测性作为主要的经济目标。已设立的公司在维持它们自身地位方面的利益，与新产生的对商业周期冲击所引发的变幻莫测的竞争的不信任结合在了一起。[149]权力向专业管理阶层的转变倾向于鼓励优先考虑长期稳定和增长而非短期利益的政策。[150]这些趋势得到了新兴的"科学管理"文化的支持，这种文化旨在为经济生活带来理性和秩序。[151]专利不再是这一追求经济稳定和控制的新趋势的核心部分。但是专利成了企业领导者追求这一目标的一个重要工具，尤其是在技术密集型行业。

电报行业是这种新的商业组织形式最早的例子之一。正如保罗·伊斯雷尔（Paul Israel）所展示的，电报行业在使用专利作为行业策略工具方面也是具有开拓性的。[152]在世纪中期，莫尔斯对于原理专利的尝试是以专利作为基础构建工业帝国的策略的一部分。对莫尔斯的专利主张宽泛的范围的主要目的,不是扩大莫尔斯作为发明人从他的发明中获得收入的来源。它旨在允许不同的企业基于莫尔斯电报去控制使用大量竞争性技术的主要竞争对手的国内和本地市场。这一策略被最高法院所挫败,并且当西部联合电报公司在南北战争之后成为这一领域不可动摇的主导者时,专利不再在帮助其获得它的地位方面发挥重要作用。然而,随着电报行业的成熟,西部联合电报公司再次发现了专利的价值,并且完善了对它们的使用。

专利的战略应用首次出现在较小的电报利基市场上。盖姆韦尔火警电报公司(Gamewell Fire Alarm Telegraph Company)的创始人约翰·盖姆韦尔(John Gamewell)奉行一项政策,旨在"对每一个已发布的关于火警电报(Fire Telegraph)的专利在其发布后立即进行检查,并且如果发现其中包含任何价值点就立马买下这项专利并将其整合到系统中"[153]。专门从事商业新闻的黄金股票电报公司(Gold and Stock Telegraph Company)是另一个早期的创新者。1870年,它的总裁制定了一项政策:"控制所有可能出现的改进,通过拥有它们,我们可以更加确定地控制我们的业务。"[154]在威廉·奥顿(William Orton)的领导下,西部联合电报公司开始注意到这类策略。1871年,由于担心一个竞争对手可能获得对其系统至关重要的技术控制权,西部联合电报公司买下了查尔斯·格拉夫顿·佩奇(Charles Grafton Page)为感应线圈申请的专利。获得和实施这项专利花费很大,但它说明了专利控制对关键技术的重要性。[155]在同一年,奥顿允许约瑟夫·B. 斯特恩斯(Joseph B. Stearns)对公司系统进行

"双工"实验——一种用单一线路在相反方向同时传送两条消息的方法。奥顿开始意识到这项技术非常有价值。西部联合电报公司买下了所有双工专利权并且开始积极地针对竞争对手实施它们。[156] 逐渐地,更加微妙的策略开始出现。1872年,西部联合电报公司雇佣了托马斯·爱迪生(Thomas Edison),他因为在现有技术上做了很多改进而建立起了声誉。奥顿在给斯特恩斯的一封信里解释说,他之所以雇佣爱迪生是因为他开始担心"双工工作的方法会被设计出来,从而成功地规避你的专利",还因为律师"没有能够在排除竞争对手方面完成他们的工作"。他说,爱迪生被雇佣来发明尽可能多的相关工艺,是出于如下目的:"在新的方法方面领先其他发明人,并且尽可能多地申请组合专利。"[157]

乔治·威斯汀豪斯(George Westinghouse)是最早将其专利策略与企业稳定的新世界协调起来的发明人之一。威斯汀豪斯通过空气制动器实现了他的商业突破,这一发明确保他拥有一批忠实的客户。铁路的技术政策将稳定性与标准化优先于创新。由于担心被必要技术排除在外,铁路公司经常利用它们的权利和高水平技术专长来控制它。威斯汀豪斯通过瞄准一个最容易受到公共和政治压力影响的创新领域,即安全,中和了铁路的技术保守主义。[158] 在控制这项技术的竞赛中,他通过机智地运用专利,以策略战胜了铁路公司。为了避免他的客户在这项技术的市场上获得强有力的地位或者对技术作出改进,威斯汀豪斯坚持出售最终产品并且坚决拒绝持续不断的许可请求。[159] 当空气制动器的支配地位面临被

*276*

真空制动器削弱的风险时,他对自己精心打造的专利组合进行了广泛的解读和积极的实施,从而发动了攻击。[160]当这一策略失效后,他最终买下了真空制动器的制造商及其专利,不料在宣布了一项公正的评估,显示空气制动器更优越后,他停止了真空制动器这项技术。[161]来自其他新兴技术的威胁通过防止互操作性而被抵消了。最后一个策略主要依赖于威斯汀豪斯的软管接头专利,这种软管接头是将其他人制造的制动器连接到使用其自己的系统上所必需的。[162]

当他的早期专利到期后,威斯汀豪斯设法获得了一些关键技术的改进专利,从而占领了货运火车市场,这些关键技术对于这种火车上的空气制动器的安全操作是必需的。[163]在19世纪80年代到90年代,威斯汀豪斯运用相似的策略主导了新兴的火车信号市场。然而,这次他主要依靠购买关键专利。1881年,威斯汀豪斯购买了一项由火车启动的电路的基础专利,并开始致力于增加和申请改进专利。通过仔细购买这一领域的许多创新专利,他成功地在竞争中保持了领先地位,并在另一个利润丰厚的铁路供应市场上保持了主导地位。[164]当威斯汀豪斯和他的公司进入电力领域后,他们复制了相同的专利策略,这种策略在铁路领域为他们提供了很好的服务。

为了稳定性的专利的战略性使用在19世纪末变得非常重要。对于使用技术的公司而言,这通常意味着有计划地从外部发明人那里寻找和购买对其商业战略至关重要的专利。[165]20世纪早期的主要发展是公司研发的兴起。内部化发明通过使用专利作为保障企业安全的手段,实现了更完善的官僚化管理和对稳定性的典型利益。企业现在可以根据企业的安全目标从头开始指导和塑造发明的过程,而不是依赖外部的开发。用通用电气第一任研发主管威利斯·R. 惠特尼(Willis R. Whitney)的话说:"我们的研发室是一种理念的发展,即大型工业组织既有机会也有责任为自己的生命提供保险。"[166]

美国电话电报公司是这一趋势最早的也是最有力的例子之一。在其最初的几十年里,电话行业追随着电报行业的脚步。美国电话电报公司做了早期莫尔斯公司没能做的事情。在一个有利的法院判决的帮助下,它以宽泛的贝尔专利为基础建立了一个电话行业的霸权帝国。当最初的专利于世纪末即将到期时,这个公司的"生命保险"策略遵循了熟悉的模式,即获取对确保其霸主地位至关重要的外部开发的发明的控制权。在这个方面最早的举措是获得电话交换专利。美国电话电报公司的总裁西奥多·韦尔(Theodore Vail)将其描述如下:

> 在我们的观念中充分发展的首要事情之一是占据这一领域的必要性;不仅如此,还要把所有能保护这一业务的东西都包围起来……就在我们开始涉足区域交换系统时,我们发现它将开发出一千零一个小的专利和发明,通过它们可以开展必要的业务,这些是我们想要控制和拥有的东西。[167]

下一个目标是通过控制这一领域的关键技术——扩音器,或者如美国电话电报公司所称的"中继器",来控制长途电话。为此,该公司收购了迈克尔·普平(Michael Pupin)的加载线圈专利,然后又收购了李·德福里斯特(Lee DeForest)的音频专利。[168]

1907年，随着对 J. J. 卡蒂（J. J. Carty）领导下的研发部门的重新定位，内部技术创新发生了新的变化。随着公司开始控制和引导创新过程，一种新的使用专利作为企业安全手段的微妙策略已经出现了。用于将其他技术排除在基于这些技术的市场之外或获得竞争优势的基础技术专利仍然很重要。但是，现在也有了其他策略。正如韦尔的"一千零一个专利"所暗示的，一个关注点是覆盖范围。对某一领域的控制通常需要为实现同一目标的多种替代方法申请专利，有时会以进一步创新为代价。1912年，当时的美国电话电报公司副总裁卡蒂指示其研发子公司西部电气公司（Western Electric）："给替代方法申请专利是我们工作的一个非常重要的特点……其想法是，在所有重要的新发展上，我们要尽可能给替代方法申请专利。"[169]另一个重要的策略是通过在另一个市场上获得对技术的有力控制来维护一个公司在其主要市场上的地位。1920年，美国电话电报公司的总工程师弗兰克·朱伊特（Frank Jewett）在谈到他的公司在无线电领域的研发和专利时说："如果从我们的工作中获得的任何其他好处，都比不上保护我们的有线市场的利益所带来的好处，那么我们就可以把时间和金钱看作成倍归还给我们的。"[170]朱伊特的意思是，尽管美国电话电报公司对无线电市场没有兴趣，但它在那里的强大的技术地位使它能够通过协议和权利交易确保在无线电领域的其他主要参与者不会侵占它在有线公共通信领域的主要市场。该公司的一个律师同样指出："尽管我们已经度过了这场风暴，但在很大程度上，可能有其他风暴，我们需要我们的专利保护。"他毫无疑问地解释说,他的想法是"全国大量的公司都开始熟悉无线设备,并且在无线广播和租用的有线电报或电话上尝试使用这类设备"[171]。在其进军无线电领域的早期,美国电话电报公司的政策旨在实现足够的创新以占据这个领域的主导地位,但不能过多地冒险去使无线电成为有线公共通信的替代品。[172]在20世纪早期,通过专利实现的企业安全发展成为一系列策略,从排除市场竞争,到在现有市场和潜在市场中持有杠杆,再到积蓄谈判筹码,以谈判获得由他人控制的必要技术。诸如美国电话电报公司、通用西屋电气(GE Westinghouse)、伊士曼柯达(Eastman Kodak)、杜邦等大公司成立了自己的研发部门,并采取了这些策略。

1908年,埃德温·普林德尔作为一些新兴的研发巨头的专利律师,花费了他的大部分时间将专利打造成企业安全的工具,并写了一本关于这个主题的书。不像其他论著或者指南,他的书主要不是写给律师或者发明人的,而是写给制造商的。普林德尔写道,他的目的不是"使制造商成为他自己的律师",而是"让他了解与专利有关的可能做法"[173]。当他开始解释这些可能性时,他没有含糊其词:

> 专利是控制竞争最好和最有效的方式。它们偶尔完全控制市场,使其所有权人能够在不用考虑生产成本的情况下确定价格……有很多大公司的商业地位几乎是或曾经是仅仅因为拥有控制性专利。[174]

我们很容易将这些言论理解为仅限于推荐专利,以此结束对垄断的反垄断限制。毫无疑问，这正是普林德尔所说的"专利权是绝对垄断的唯一合法形式"[175]。但当他回应最近的一项法院判决时，他宣称，"在他的领域内，专利权人是沙皇（Czar）"，他的意思不止于此。[176]普林德尔一直主张将专利战略的整个体系作为企业生命保险的一部分。他的例子包括为一项发明申请专利，即使一个制造商不打算将其他人排除在外，也要对发明进行保护以作为避免被其他人排除在外的保证，通过"允许其他人在其他非竞争性技艺中使用该发明"来赚钱，使用专利"来防止制造商的产品以非预期的方式使用"，以及与拥有专利的竞争对手相比，"如何获得反击优势"[177]。普林德尔的书就是一本小册子，向"制造商"展示了他和其他人正忙于发展的促进公司稳定的专利策略。

一些专利使用的早期策略，如在电报或电话领域使用的，利用一项或几项宽泛的、开拓性的专利来控制整个行业。1932 年，朱伊特解释说，这种机会继续出现，因此"在需要权利的行业拥有强大且未抵押的专利地位"至关重要。但他还提到了一个必要的二级专利所有者对基础发明专利所有者所拥有的杠杆作用。[178]这突出了这样一个事实，即对专利的许多策略使用依赖于对它们的控制和分组使用。当企业参与者意识到专利的战略价值时，他们也抓住了这一点，并努力开发专利组合。集体策略性使用专利的最终形式是专利池。顾名思义，它是由几家公司联合起来组成，并把它们的专利集中在一起。学者们对专利池是市场寡头垄断控制的手段，还是许可权和降低交易成本的有益手段持有不同意见。[179]最有可能两者都是，有时情况完全相同。无论哪种方式，各种形式的专利池都是使用专利进行稳定和协调的最终样本。

1856年缝纫机联盟的创建，通常被认为是第一个专利池，紧接着是一场大规模的专利战争，在这场战争中，许多制造商"彼此起诉以至于互相消亡"[180]。这种情况在很大程度上归因于缝纫机制造所需的多种专利由不同的所有者持有的现象的存在。解决方案是将主要专利的四个所有权人合并到一个专利池中。许可以商定的特许权使用费授予所有成员。外部制造商也获得了许可，尽管经常出现垄断和过高许可费的投诉。[181]许可费的一部分被留作实施专利的诉讼基金。简而言之，缝纫机专利池是全行业协调的经典案例，旨在克服由分散的专利权推动的毁灭性竞争。

到了该世纪末期，专利池变得越来越多并且在野心和范围方面都有了发展。一些公司，如1890年成立的国家哈罗公司（National Harrow Company）或联合制鞋机械公司（United Shoe Machinery Company），明确试图通过汇集基本专利、限制许可、规定价格和其他限制性政策来垄断一个行业。[182]被称为专利控制委员会（Board of Patent Control）的1896年西屋-通用（Westinghouse-GE）专利合作是一个极为重要的例子，可以作为其他公司的范例。通用电气公司——已经整合了该领域的主要参与者及其专利权——而西屋公司在新兴的电力领域有大量的专利。到1896年，它们已经有超过300件专利诉讼未决。这两个巨头决定以商定的许可费交叉许可它们所有的专利，除了那些电力照明专利。这一协议不仅使两公司从它们之间的僵局中摆脱，还使它们免受来自那些不在许可协议范畴内的较小竞争对手的挑战。[183]1908年成立并且受到西屋-通用专利池影响的电影专利公司（Motion Pictures Patent Company）是一个更雄心勃勃的设计，旨在对整个领域实施核心控制。这一信托协议以汇集该行业的必要技术为基础，包含了电影行业运作的具体蓝图，并且被恰当地指定为"重组美国电影业务的计划"[184]。

没有比无线电专利池更好的例子来说明专利池是企业安全的工具了。这一专利池是在第一次世界大战之后由该领域四个主要的参与者所创建的：通用电气公司、它的子公司美国无线电公司（RCA）、美国电话电报公司和西屋公司。这个专利池包含该行业超过1 200项专利，一个历史学家将其描述为从"充满竞争并且毫无秩序的"行业转变为一个协调良好的结构。[185]它不仅将专利交叉许可给参与者，还仔细界定了每一个参与者的允许运作区域。每一个巨头都清除了其所面临的巨大威胁和不确定性，并且维护了其主要的战略利益。对无线通信领域不太感兴趣的美国电话电报公司，维持着对公共通信领域的独占控制，包括集成到该网络的无线电设备。其他三个巨头划分了国际和业余无线电通信市场。参与划分的公司认为，对不断增长的市场的稳定划分比一场血腥的竞争更加有利可图，因为这场竞争是基于相互排斥必要技术。该协议是通过专利管理实现企业安全的缩影。

该协议推出后不久，由于未能预料到广播业作为一个利润丰厚的市场的崛起，该安排变得不稳定了。然而，到了1926年，又达成了一项新的安排，以一种更加稳定的方式划分了每一方的领域。一年后，美国电话电报公司的子公司西部电气公司的一位高级官员试图获取专利池的利益，并提出了一份将专利作为公司安全的宣言：

> 美国电话电报公司和通用电气公司这两大利益集团之间的关系的调整，以及防止对各自领域的入侵，都是在"无人之地"内通过相互调整来完成的，在"无人之地"内，与这些竞争活动有关的各方的进攻被认为是抵御主要领域入侵的天然防御。与这些竞争活动有关的许可、权利、机会和特权被相互交易并以形成适当平衡的方式相互交换……[186]

专利作为企业稳定的战略工具的这一新的性质，不断推动专利保护向广泛和强有力的方向发展。一些"战争"发生在专利边界和反垄断方面。从20世纪20年代开始，法院逐渐对专利池变得更加怀疑，并且开始仔细地审查它们。[187]到了20世纪40年代，这一趋势将导致专利池的暂时消亡。但是在专利法内部，新的工业专利使用的效果同样重要。使用专利作为企业安全的工具意味着对宽泛且安全的专利的"需要"。公司在具体的专利方面存在利益冲突，但专利通常成为大多数主要参与者追求合作、贸易、控制和独占的新的公司战略的潮流。

当然，也存在一些阻力。农民协进会的会员们（Grangers）有一个强烈的反对专利的议题，他们认为这是压迫和掠夺为东方工业家和投机者服务的农民的手段。[188]有一段时间，他们从奇怪的同盟者——铁路公司那里得到了支持。南北战争结束后，当它们的庞大的系统往往依赖于关键技术这一潜在的影响变得明显时，铁路公司也越来越关注专利问题。[189]然而，到 1879 年，对专利法进行立法改革的政治努力被挫败了。[190] 铁路公司将它们的精力转移到了对抗专利威胁的其他防御策略上。在一定程度上，它们学会了如何玩诉讼游戏并偶尔取得了胜利。但是它们的主要策略不是依靠汇集专利而是其他资源。从 19 世纪 60 年代开始，铁路公司创建了一个行业协会，用以共享技术信息和协调法律诉讼。信息共享使得铁路公司能够规避专利，利用自身技术能力进行创新，或者以现有技术为基础击败专利。协调的防御和和解方针使铁路公司在发生诉讼或防止诉讼时具有更好的战略地位。[191] 到 19 世纪 80 年代后期，针对铁路公司的专利诉讼的数量急剧下降，并且先前的专利威胁对这些公司来说已经几乎无关紧要。[192]

宽泛专利的强劲的商业利益的早期体现是 19 世纪中叶对承认原理专利的努力。然而，在 1854 年奥赖利诉莫尔斯案的判决之后的几十年里，变得明确的是，这是一个失败的理由。对自然原理的专利权利主张不仅与对垄断的担忧相冲突，而且与根深蒂固的意识形态上对允许私人拥有科学知识的抵触相冲突。主张宽泛专利的第二次浪潮，与专利作为企业安全工具的兴起相吻合，变得更加微妙。它放弃了对自然原理申请专利的直接要求，包括起草专利、解释专利，以及就其范围进行法律论证的各种技术。这些技术方法消除了明确对知识主张所有权的意识形态缺陷，但在实现宽泛的专利保护的目标方面它们被证明是有效的。在 19 世纪的最后几十年里，定义和抽象专利所有权含义的重点转移到了这些更为精细的法律推理和实践形式上。

## 实用技艺

阿尔伯特·H. 沃克 1889 年的专利论著的开头部分坚决地否认了"自然规律"的可专利性,即"永远无法被人类发明,尽管人类可能会发现它们"[193]。然而,沃克不得不与一个棘手的问题作斗争。在讨论最高法院的四个维持宽泛专利权利要求的判决(其中三个来自前二十年)时,沃克发现,奇怪的是这些维持主张很难区别于莫尔斯被谴责的对自然原理主张权利的企图。[194]沃克沮丧地问道,如何解释不同的待遇,"一方面是莫尔斯的权利要求,另一方面是哈利(Harley)、惠特尼、蒂尔曼(Tilghman)和贝尔(Bell)的权利要求"。他承认,区别不"存在于使用自然规律之外的任何事物,因为所有五项权利要求都扩展到通过这些规律来取得成果,而不管在各自的过程中使用的特定装置是什么"。事实上,"哈利、惠特尼、蒂尔曼和贝尔所描述的装置"并不是"他们各自唯一的发明,而莫尔斯所描述的特定电报对他的第八项权利要求来说更为重要"。最终,沃克只能在莫尔斯的无效主张和被最高法院支持的主张之间找到一个"根本区别"。在这四个案例中,每一个专利权人都"发明了一个利用若干自然规律的方法",并且每个专利权人都声称"按照所描述的顺序和方法使用了所有这些规律"。另一方面,莫尔斯"也做出了一项利用若干自然规律的发明,但没有声称他综合地和有条理地使用了所有这些规律,他的第八项权利要求被解释为仅限于其中一个"[195]。著名的莫尔斯案的判决,自然原理不可专利性的伟大格言的缩影，被简化为一个过于微不足道的区别。根据沃克的说法，它取决于这样一个事实，即莫尔斯声称，为了通信仅仅使用电流，而不是同时使用电流和电磁。让沃克绞尽脑汁的四个判决都涉及方法专利，这并非巧合。当人们清楚地认识到，在自然原理中主张专利的直接尝试注定要失败后，方法专利就成为绕过这一障碍的一种共同策略。在熟练的人手中，方法的权利要求可以一种使发明不受任何特定装置或设计影响的方法起草。这些权利要求涵盖了一个宽泛的领域，有时与任何"原理"专利一样宽泛，但刻意避免直接对自然原理主张权利。

方法专利长期以来与英美法系中的知识产权概念的逐步发展交织在一起。在英国，从1795年的博尔顿和瓦特诉布尔案中第一次接受专利作为无形财产所有权的主要司法尝试开始，方法专利一直是一个备受争议的问题。[196]主张方法专利是存在问题的，因为它不可避免地使法学家面临一个专利权没有可附着的实体物体的案件。因此，方法专利遭到了许多人的拒绝，他们仍然拒绝以半唯物主义的方式完全接受知识产权和概念专利的观点。几十年来，英国评论者继续拒绝纯粹的方法专利，因为它太过不确定或不能满足各种要求，如"实质性"或"可销售性"要求。[197]只有在1842年的克兰诉普莱斯案（*Crane v. Price*）中，这个问题才最终在英国得到解决。[198]表面上，美国的情况非常不同。1790年的首部专利法案将"实用技艺"作为可专利客体的一个独立类型，并且相似的法定类型在整个世纪中持续存在。[199]美国专利法也没有任何古老的理论要求，这些要求阻碍了英国对方法专利的接受。这使得后来的一个评论者注意到，在美国，方法总是被视为"与机器或者制造物享有相同的受保护的权利"[200]。

事实上，情况更为复杂。19世纪早期，美国法院有时承认几十年后被称为"方法"的专利客体，但这些判决既没有使用"过程"或者"方法"的术语，也没有界定明确的、清晰的客体类型。[201]关于"技艺"这一法定类型的含义也存在很多模糊性。例如，菲利普斯在1837年的论著中遵循了英国的传统，讨论了"制造"这一主题下的方法和过程，同时对美国的"技艺"的法定类型进行了单独的粗略讨论。[202]在19世纪40年代和50年代，原理具有可专利性的支持者们锁定了"技艺"这一法定术语，并将其解释为不是在技术意义上指明了方法，而是整个领域的基础性的先驱性发现。[203]即使在1853年，大法官格里尔仍然解释道："方法，之所以用这个名称（eo nomine），不是在我们国会的法案中创造了这一客体。它包含在'实用技艺'这一通用术语中。为了产生一种特定结果或制造物，技艺可能需要一种或更多的方法或机器。"[204]

在19世纪的下半叶，方法专利这一概念开始趋于稳定。"方法"这个类型逐渐得到了一个更具技术性的含义，并且随着时间的推移，"技艺"这一法定类型开始被视为方法的同义词。然而，方法专利仍然是一个有争议的战场，其中存在对于专利范围的竞争性观点。方法权利要求经常给聪明的专利起草者提供一个扩张和抽象专利范围的具有吸引力的工具。罗宾逊1890年的一篇题为《技艺是最全面的发明》（"An Art the Most Comprehensive of Inventions"）的论文的一部分解释了原因。他写道，技艺"可以被授予专利而不涉及具体运用的工具或者可能产生其效果的具体物体"，因此"和其他类型的操作途径相比，其外部限制是不容易辨别的"[205]。专利律师通过撰写旨在抽象"方法"而不被任何特定的结构设计所限制的权利要求，迅速检测了这些外部限制。

起初，许多法院对通过方法权利要求来扩张专利的尝试持怀疑态度。在 1854 年的科宁诉伯登案（*Corning v. Burden*）中，最高法院面临着这种典型的尝试。最初的专利权人发明了一种制造滚动"水坑球"（熟铁）的机器，在其专利中包含了一项宽泛的方法权利要求。大法官格里尔撰写法庭意见，指明了这个案件的主要问题："原告的专利是一种方法还是机器？"[206]回答这个问题的关键步骤是假设"如果结果或效果是通过化学作用、操作或应用一些元素或自然力量，或者从一种物质到另一种物质的操作或应用而产生的，这种模式、方法或者操作就被称为方法"[207]。这一定义设想了两种完全不同的可专利的发明类型。一种包括机器或者其他装置，另一种扩展到非机器的方法，例如化学反应。根据格里尔大法官的说法，方法的法定类型限于"所有不受机械或者机器组合影响的方法或者手段"[208]。这一定义阻碍了通过方法权利要求来扩张专利范围的常见尝试，因为它限制了起草者将装置混淆为方法的能力。在科宁案中可以很明显地发现，"影响压力的元素是机器或者机器装置的组合"。法院说，专利权人"不能描述会实现特定功能的机器，然后对这一功能本身和其他所有可能被发明来实现同样功能的机器主张权利"[209]。一系列判决采纳了科宁案对于方法的定义，并且运用其逻辑去维持陷入困境的方法专利。[210]

其他的判决则更进一步,并不断显示出对方法权利要求的传统的怀疑,这种方法权利要求与明确的物质实体相分离,即使在这一类型被很好地确立之后。最引人注目的例子是1862年的莫顿诉纽约眼科医院案(*Morton v. New York Eye Infirmary*)的判决,本案也被称为"乙醚案"(Ether Case)。[211]本案的专利权人发现了乙醚的麻醉作用,并试图主张将其用于手术目的,这是一种在一定程度上"通过吸入乙醚使身体不感到疼痛的方法"[212]。这当然是一种方法,而不是掩饰结构设计的尝试。然而,法院深陷困境。"这里阐述的方法是什么?"它问道,然后回答:"吸入蒸气的方法,除此之外什么都没有。与之相结合的是,将其称为一个使身体不感到疼痛的方法所产生的效果,仅仅是将结果与手段联系起来……手段,即吸入蒸气的方法,存在于我们种族形成之前的地质时代的动物中。与这些蒸气相关的这一方法与蒸气本身一样古老……毕竟,我们只有一种新的或更完美的由众所周知的元素产生的效果,通过一种动物生命的一般功能发挥作用。"法院以典型的19世纪的方式将客体与新颖性推理相结合,法院发现该专利是无效的,因为它为"以众所周知的方法运用一种众所周知的元素"主张权利。[213]当法院对"可能是发明的灵魂"的"赤裸发现"充满诗意时,法院对缺乏实质性的关注变得明显,"但它不能成为专利权人或专利法独占控制的客体,直到它栖息在一个身体里,一个无形的精神只能受到人类法律的控制"[214]。

所谓的两用原则(double-use doctrine)反映了对非物质

方法的相同怀疑。大约在该世纪中叶，这一被大力应用的原则禁止对已知发明的新用途申请专利，如在已知咖啡研磨机被新近用来研磨豌豆的假设情况中。[215]这些专利通常试图基于新开发的机器用途主张将已知的机器作为产品。但是，律师和法院都没有考虑将新用途作为一种方法申请专利的可能性。尽管方法专利已经正式存在，但法院并没有意识到，即使没有开发出新的机械变化，已知设备的新用途本身也是一项可获得专利的发明。[216]

从19世纪70年代开始，对待方法专利的态度开始转变。在20年里，两用原则变得如此例外泛滥以至于几乎不存在连贯性。1890年，罗宾逊将这种不连贯性的根源界定为"没能恰当地区分发明和它们的用途"。从任何机器设计中充分抽象出用途，他认识到，一项新的发明不存在于"技艺或者仪器本身"中，但存在于"其使用方式"中，该方式可作为方法获得专利。[217]方法的一般定义在同一方向上发生了细微变化。科宁诉伯登案仍然被援引，但是其明确区分方法和机器的核心坚持逐渐被摒弃了。在1876年的科克伦诉迪纳案（*Cochrane v. Deener*）中，大法官布拉德利将方法定义为"对某种材料的处理方式，以产生一个给定的结果"或者"一个行为或一系列的行为，对客体进行转化，并将其变成一个不同的状态或事物"[218]。布拉德利说，在实施方法的过程中，不同的工具或者装置可以被使用，但是"无论所用工具的具体形式如何，方法都可以获得专利，这是没有争议的"[219]。

越来越多的人接受，方法是"如此抽象以至于除了能够通过任何一种特定工具实施，它还能够由头脑思考"[220]，这为律师通过方法权利要求宽泛地主张权利的策略打开了大门。两项涉及罗伯特·蒂尔曼（Robert Tilghman）（更著名的发明家本杰明·蒂尔曼（Benjamin Tilghman）的兄弟）的专利的最高法院判决，是这一趋势的戏剧性写照。在1874年的米切尔诉蒂尔曼案（*Mitchell v. Tilghman*）中，法院的大多数法官认为，该专利发明是"通过高温高压的水的作用，从脂肪或油性物质中制造脂肪酸和甘油的方法"[221]。法院狭隘地解释了该专利，并发现了一系列具体要素，例如不允许空气或蒸汽进入加热容器，成为"专利方法的材料和必不可少的条件"[222]。因为被告使用了一种不包含这些要素的稍有不同的装置，他被允许根据"后来发现了实现同一目标的方法的人，只要其方法在实质上和本质上不同于所描述的方法，就有权使用该方法"的规则逃脱。[223]六年后，在蒂尔曼诉普罗克特案（*Tilghman v. Proctor*）中，涉及同样的专利，最高法院改变了态度。大法官布拉德利为一致同意的法庭撰写意见，解释说："在重新考虑了这个问题之后，法院一致认为，与米切尔案的判决相反，蒂尔曼的专利必须作为一个方法专利而维持，而不仅仅是作为在说明书中指出的适用和使用这一方法的特定模式。"[224]米切尔案的致命缺陷是："没有充分考虑到这样一个事实，即专利是为了一个方法，而不是为了实施该方法的任何具体机制。"[225]当布拉德利写道，"用于实施这一方法的设备没有获得专利，并且不具有实质性"，因此，"当然，通过改变装置的形式，方法的特性不会改变"时，新正统的重要性就变得清晰起来，在这一新正统下，方法的本质并不依赖于具体装置。[226]其余的意见分析了专利权人和被告使用的设备之间的一长串差异,并将其中的每一个都视为"不重要的"而予以驳回。

蒂尔曼诉普罗克特案是一个强有力的例子,说明了对方法专利的新的司法方式带来的宽泛的权利要求的机会。在这一点上,没有人愿意支持19世纪中叶关于原理的可专利性的论点。宽泛的方法权利要求的决定性优势在于,它们通常允许专利的范围与任何"原理"专利一样宽,但仍然公开谴责原理的可专利性。有些人想知道,通过承认方法专利不受特定"装置"的限制,原理专利的幽灵是否正在复活。1884年,在审视了最近的方法专利案件后,德拉蒙德(Drummond)法官困惑地评论了原理和方法之间的区别:

> 令人遗憾的是,这个问题固有的困难如此之大,以至于没有作出更为明确的区分,因为必须承认,最高法院确立的规则适用于之后发生的其他案件。这可能会造成尴尬的情形,因为必须有一种方法应用于已经被发现的原理或规律;并且,如果该方法并不重要,那么很难理解为什么它不能实质上成为发现该原理或自然规律的专利。[227]

然而,否认是一种更为常见的策略。在蒂尔曼诉普罗克特案中最高法院虔诚地援引了奥赖利诉莫尔斯案,并欣然接受了其对于授予原理专利的拒绝。它还发现莫尔斯案与手头的案件无关。它说,相反的假设是一个错误,"毫无疑问这是由于混淆了方法专利和单纯的原理专利"[228]。1890年,罗宾逊在他的论著中讨论勒罗伊诉泰瑟姆案时使用了类似的推理,这是该世纪中叶一个重要的原理专利案例。罗宾逊完全拒绝了纳尔逊大法官的反对意见，该反对意见是建立在接受原理专利的基础上的。然而，他认为，在这种情况下，宽泛的权利要求作为普通的方法权利要求事实上是有效的。罗宾逊写道："如果这一发现涉及物体中的新感受性，并且包含一种它可能会受到新方法影响的感觉，即向它施加一种迄今为止还不知道能够对其产生这种影响的力，那么这种力对这个物体的方向就是一项新的实质性发明，并且可以作为一种方法获得专利……而并不涉及使用的特定工具。"[229]这是一种相当复杂的说法，即一项"原理"终究是可以获得专利的，只要它被称为"方法"。

## 通过种子发芽来培育小麦

对宽泛的方法专利越来越宽容的做法，并不是19世纪末法院实行的一维的、亲专利的政策的一部分。在这一时期，专利权人为扩大专利的数量和广度而利用专利法的某些方面受到了限制。一个重要的例子是再颁专利。该程序允许基于非故意的错误取消授权，并用新的授权替代。该程序被专利权人广泛使用和滥用，以扩大其专利的范围，往往还能捕捉到竞争产生的意料之外的新领域。1848年，查尔斯·古德伊尔（Charles Goodyear）的重新颁发的硫化橡胶专利，是一个主要的例子，但还有许多其他例子。[230]再颁专利引起了强烈的反对和滥用投诉。从19世纪70年代开始，国会和法院都取缔了再颁专利的做法，从而大大限制了专利权人将新的客体添加到他们的专利中的能力。[231]南北战争后，非显而易见要求的兴起也遵循了类似的模式。还不清楚与旧的实质新颖性方法相比，非显而易见要求是否阻止了更多的专利。然而，在19世纪末的新的理论格局中，法院有意识地利用这一要求，作为防止专利在微不足道的发明中扩散的盾牌。[232]因此，19世纪末专利法的发展并非对专利一视同仁。然而，对待方法专利的方式的改变明确地促进了更广泛的专利范围，其基础是对发明的广泛而灵活的理解。拥有发明的新概念变得根深蒂固。它甚至在之后的专利怀疑论期间存活了下来。

方法专利逐渐起到了重要的意识形态作用，因为它们是缓和19世纪末专利法冲突的压力的工具。这些专利为宽泛地主张发明提供了一种方式，而不考虑具体的工具，从而创造了一个有效的渠道，以满足为了建立企业安全而提出的对创新进行广泛和特定的私人控制的需求。与此同时，方法专利看起来似乎适应了对宽泛垄断的传统恐惧和对科学知识所有权的普遍抵制。与已消亡的原理专利不同，方法专利否认对拥有自然知识的任何主张。这一意识形态的影响是双重的。经过足够宽泛的解释，方法专利允许私人控制的范围与先前在原理专利中所主张的范围一样广泛，并伴随着使人宽心的主张，即自然原理的知识仍然是不被私人所拥有的。此外，将私人所有的恰当客体与必须向公众公开的客体区分开来，明确这一区分的界线的原则中固有的断言是具有误导性的。这一领域的理论远没有创造出这样一条明确的界线，而是提供了各种技术，一个熟练的律师可以利用这些技术来明确财产和不可拥有的东西之间灵活并且多变的界线。在严格的逻辑层面上，方法专利并不是独特的。与其他专利一样，它们可能涉及的客体可以在不同的抽象层次上被解释。正是在这些专利作为知识产权出现的这一特殊时刻，加上它们的实际潜力，这些专利的意识形态功能使它们成为一个对聪明的起草者和诉讼律师具有吸引力的工具。

没有什么比 19 世纪 80 年代的大规模的专利诉讼活动，即电话系列案件（Telephone Cases），更有力地证明了方法专利在实践和意识形态上的作用。电话系列案件涉及数百起诉讼、数起巡回法院案件、一个最高法院的分歧判决和《美国报告》（U. S. Reports）指定数量的案件，是通过专利来确保企业安全的新格局的缩影。这场诉讼活动的核心是贝尔电话公司试图建立一个以宽泛专利为基础的帝国。该公司用来巩固其对于电话业的垄断的策略，是基于原始的贝尔专利起诉任何潜在的竞争者，包括那些使用与贝尔的原始设计完全不同的装置的公司。[233] 很明显，这与 30 年前莫尔斯注定失败的战略是类似的。这种类似的做法使贝尔公司的律师们面临一个两难境地。他们的任务是在专利网中占领尽可能广泛的领域，以抑制来自竞争对手的装置的所有可能的竞争。同时，考虑到莫尔斯在法律上的失败，他们不得不避免在禁区内对原理主张权利。对于一个熟练的专利律师来说，解决这一困境的答案是明确的：一个宽泛的方法权利要求。贝尔专利的第五项权利要求正是如此。它写道：

> 如本文所述，通过引起与所述人声或其他声音伴随的空气振动形式类似的电波动，以电报方式传输人声或

其他声音的方法和装置，基本上如所述。[234]

最初起草这一权利要求的意图是令人怀疑的，该意图是它将作为广泛控制电话市场的基础。[235]但很明显，一旦诉讼开始，律师们就会抓住它。贝尔公司的第一届总理事昌西·史密斯（Chauncey Smith）在诉讼初期坚称，重点将放在第五项方法权利要求上。[236]

这是一场非常危险的赌博。这项宽泛的权利要求扩展了保护的外部界限，并且变得很危险地接近于为自然原理主张权利。然而，这一策略有两项实质性优势。最重要的是，这项方法权利要求排除了广泛的与贝尔的原始设计几乎没有相似性的竞争性装置。专注于语音传输的宽泛方法，也允许引用一系列关于先驱性专利的先例。根据这一规则，专利保护范围根据发明的性质而有所不同。与基于现有技术设计的代表更细微的改进的普通发明相比，包含广泛技术突破的先驱性发明享有更广泛的保护范围。[237]这一规则预示了现代学术界对宏观发明和微观发明的区分。[238]更重要的是，对先驱性发明的"自由"的对待是原理专利幽灵的又一次再现。在该世纪中叶，许多原理专利的支持者把他们的论点建立在了一个真正的发明人和普通的技术改良者之间的区别上，真正的发明人通过一个伟大的发现创造了一种全新的"技艺"，而普通的技术改良者在现有技艺的范围内工作。到了19世纪80年代，原理专利已经不复存在了，但它们的精神仍存留在更具技术性的法律规则中，即先驱发明人享有更广泛的财产权。专注于对传播声音的基本方法的权利要求，让贝尔扮演了一个先驱发明人的角色,负责建立一种伴随着后果的新技艺。

这场赌博取得了成功。下级法院接受了两个前提:贝尔的发明是一个先驱性发明,并且他的方法权利要求不受任何具体结构设计的限制。[239]其中一个更具影响力的判决由美国最高法院的大法官霍勒斯·格雷(Horace Gray)所撰写,他在马萨诸塞州担任巡回法官。[240]格雷后来不得不回避最高法院的审议,因为有消息显示他的亲属持有贝尔公司的股票。[241]他在马萨诸塞州的意见中解释说,"纯粹的原理……自然力量或科学事实都不能被授予专利",但是"通过自然力量的某种作用而对人类有用的方法的发明人,有权获得他作为第一个发明人的方法的专利,并且不限于他实施该方法的特定形式的机制或设备"[242]。由于贝尔的专利"显然不打算局限于一种装置的形式,而是包含一种方法或工艺",因此得出的结论是:"他的发明的本质不仅在于他所使用的装置的形式,而且在于该装置是其实施例的一般工艺或方法。"因此,该受保护的发明扩展到任何使用"电的波动振动与空气的波动振动相对应,并将其传输到能够回应它们的接收仪器上"[243]。

这确实很宽泛。在最高法院的辩论中,一位上诉人的律师称格雷的推理是"危险的——我要说的是狂野的——专利发明理论"[244]。法院对此不以为然。首席大法官莫里森·韦特(Morrison Waite)撰写了多数意见,他支持对该项权利要求的宽泛解释,并拒绝将贝尔的专利权限制在具体的结构设计上。他结合了先驱性专利规则和自由的方法专利方式,推理认为贝尔既是一个发明人也是一个发现者。他对一门技艺的发现

*295*

在于"改变了连续电流的强度,使之与声音引起的空气密度的变化完全一致"。他的发明是"使它有用"的具体手段。这使贝尔有权享有两种保护:"一种是作为发现者,基于做他所发现的事情的实用技艺、工艺、方法;另一种是作为发明人,基于他所设计的方法。"这门技艺的专利不限于"使用它的具体手段"。韦特写道:"当然这种发现的专利并不局限于他即兴创作的手段。"这种推理回归到了世纪中叶的论点,即在一个"方法"很薄的遮蔽下为一项发现或一项技艺申请专利。然而,这种争论本应该在奥赖利诉莫尔斯案之后就消失很久了。法院虔诚地引用了莫尔斯案和反对原理专利的规则。但是莫尔斯的宽泛权利要求和贝尔的宽泛权利要求有什么区别呢?韦特说,区别在于莫尔斯的第八项权利要求是"将磁力作为动力使用,而不考虑与之相关的特殊方法"。相比之下,贝尔的权利要求"不是为了在其自然状态下使用电流,而是为了将闭合电路中的连续电流置于适合人声和其他声音传输的特定条件下"。因此,贝尔只对在这种情况下的电流使用主张权利,也就是说,"在连续的电流中产生强度变化的技艺,与伴随人声或其他声音的振动引起的空气密度变化完全对应,并利用由此产生的电力条件以电报方式发送和接收清晰的语音"[245]。

区别是非常细微的。上诉人的律师在娱乐和恐怖之间摇摆不定,在他们的诉讼要点中对此作出了回应。格罗夫纳·劳里(Grosvenor Lowrey)认为,贝尔的宽泛权利要求是"对科学事实或自然规律的垄断"。贝尔发现的"并不是电波动可以(似乎发明人有选择),而是电波动确实通过使自己符合产生声音的能量的特性来传递声音"。他辩称,这一权利要求是一种伪装成方法的原理。这相当于"对电流传输语音主张权利,以一种对自然如何做的假想的描述的形式!"[246]考斯顿·布朗(Causten Browne)对格雷大法官在马萨诸塞州的判决也作了类似的评论:"这位博学的大法官误解了。这不是用电流来传输语音的唯一途径的问题。在线路上产生与嘈杂的空气变化相对应的电流变化不是通过电流来传输语音的一种方式。它正在这样做。它是语音的电流传输所包含的。这是对同一事物的另一种形式的表达。"布朗争辩道,第五项权利要求"在否定贝尔先生关于用电流来传输语音的专利的同时,实质上给予了他一项专利,通过给予他一项必要的专利,在事物的本质上,从所用词语本身的意思出发(*ex vi termini*),每当语音通过电流传输时……他改变了他主张权利的文字,但没有改变主张权利的事情"[247]。劳里讽刺地总结道:"允许对这种发现的专利权利要求可以被比作通过种子发芽来培育小麦的权利要求:让人类自由地用所有其他方法来生产小麦!"[248]这一切都无济于事。首席大法官韦特回应了格雷的巡回法庭意见,只是重复了他的观点,即该专利是一个方法而不是一项原理。他说:"也许电流完全不能用来传输语音,除了以贝尔已经发现的这种方式,但这并不能使他对使用电流的权利要求与特定的方法不同。"[249]

电话系列案件是一个戏剧性的例子,说明了足智多谋的律师如何在公司安全服务中将专利塑造成宽泛的财产权,从而找到拒绝原理专利的方法。他们信奉知识不可被拥有的正统观念,完善了获得和捍卫专利的其他技术,其范围与以前被称为原理专利的技术一样广。这些技术包括熟练使用方法权利要求和引用先驱性发明的规则。所有这些技术的核心是一个共同的发展：专利作为财产的一种文本形式的兴起。几个世纪以来，作为专利实践的一部分的文本开始发挥越来越重要的作用。律师，文本策略的大师，在他们的地盘上演练着。因此，专利文本化是支撑新的律师策略以构建专利无形财产客体的支点。

## 他们发掘出了发明的核心： 财产的文本对象

每一项知识产权都需要翻译。法律是通过文本来运作的。它不能不通过中介而介入它声称要规制的知识对象。把一个无形的客体纳入法律的范畴就是把它文本化。文本中的这种表示是构成性的：它构成而不是简单地反映财产的对象。几个世纪以来，版权和专利发展出不同的无形物文本化模式。在版权方面，这是通过司法推理、律师的论据、大法官对作品的分析报告以及后来的专家证词来实现的。专利法发展了自己独特的文本化模式，其特点是文本与引用文本的更为正式的分离。在19世纪下半叶，技术和法律推理之间的文本中介增加了。1920年，一个上诉法院自信地指出，"侵犯一项专利是一种错误的说法；侵犯的是一项权利要求，即发明的定义"[250]。文本不再被视为对被称为发明的技术事实的不完善但必要的表述。文本现在正式成为财产的对象。

专利带着既定的文本化历史传统来到美国。发明的书面描述后来被称为"说明书"（specification），它是从17世纪英国的专利授权实践中产生的。到18世纪末，英国法院已经在这一实践上建立了一个理论架构。他们认为，发明人提交的书面披露是将发明转让给公众，以及由专利赋予他的法定垄断的对价。美国人既接受了实践，也接受了理论。要求对发明进行书面描述的实例可以追溯到殖民地时期的专利。从1790年的第一部《专利法》开始，提交说明书就成了美国专利法的一项主要内容，这种要求在随后的法定修订中得以延续和深化。然而，在19世纪的大部分时间里，认为保存的说明书有效地将发明中所包含的知识提供给公众的观念与现实几乎没有关系。专利权人经常提交晦涩难懂的说明书，专利局几乎没有提供便利而是在一段时期内积极地限制公众获取书面披露，创新者很少依赖这些书面文本作为有效的技术信息来源。[251]几十年来，说明书的主要意义在于意识形态方面。说明书的实践引入了一个正式的文本作为技术事实和法律概念之间的中介。对发明进行文本化，通过使旧的、半唯物主义的发明概念黯然失色，在无形财产权意义上获得了专利知识产权。文本使抽象发明脱离了任何物质载体，成为一种"事物"，一种世界上确定的对象。[252]1846年，一个法院注意到，当机器"以被制造和使用的方式进行描述"时，"发明可以说是付诸实践了"[253]。这可以说，制造发明就是用一个文本来描述它，文本标志着这样一个事实，即越来越多的文本被视为发明。

文本开始被视为发明，然而在该世纪的大部分时间里，这种文本层次被理解为是有漏洞的——一种隐藏在其下方的更丰富的技术现实的不完美的体现。法院对待技术知识和法律知识在专利领域的各自作用的态度反映了这种二元性。法官们经常坚持认为，发明的范围或发明之间的身份问题最终是合法的。机械师可以提供有用的技术说明，但是"研究员或机械师不能向法院或陪审团证明任何书面文本的正确的或合法的结构"[254]。一项发明被毫不掩饰地理解为一种法律结构，具体体现在一个文本中，通过法律方法加以区分。但是，文本的法律结构只是在发明的技术事实之上的一个薄层。正是这种技术事实，才是法官和陪审团通过文本工作的最终目标。1869年，大法官布拉德利解释了为什么尽管发明具有文本性，但是由专家证言的输入来帮助陪审团决定发明的新颖性问题。法官不是一个称职的文本翻译吗？布拉德利说，专利说明书并非如此，它是"一种特殊的文件"。说明书捕获的技术"是一种无法律文据（in pais）的、文件本身之外的存在"。此外，"专利的整个客体是专利本身之外的一个具体概念，对于本领域的技术人员而言，以清晰明显的方式显现出来"。"专利中所包含术语的外在体现是发明的东西，并且要通过无法律文据的证据适当地寻求，就像解释由外部事物的描述引起的所有潜在的歧义一样。"[255]布拉德利用不动产的旧法律作比喻，认为在国家知识范围内的某些交易（即"无法律文据"）是通过书面契约之外的证据确立的。[256]他没有否认发明的文本性，但坚持认为，法律结构的目的是使技术事实变得可行。他的观点更普遍地适用于当时的专利法。对发明的实施方式和该时期专利诉讼中的典型的等同物的自由流动原则的探索，是建立在通过文本通道达到发明的技术事实这一原则之上的。说明书通过文本化使发明成为律师们的领域，但在 19 世纪的大部分时间里，文本从未太远离过技术。

使文本与技术事实隔离开来的渐进过程始于 1836 年向审查制度的转变。专利局的预先审查使得官僚化和标准化成为必要。这也导致了专利审查和诉讼作为一个专业"领域"的兴起。[257]专利申请，以前主要由发明人直接处理，变成了一个官僚化的过程，并且很快被一个新的专业阶层接管。[258]专利中介，或者通常所说的"专利代理人"，大多是非律师。他们的专业知识通常包括一些机械技艺背景和新兴联邦政府机构的经验。不久之后，这一新的专业阶层开始对发明人的愚蠢的设想，即他们自己可以处理自己的专利申请，提出警告，"这种错误的印象"已经导致许多申请人陷入巨大的麻烦和花费。[259]专利局坚持这样一种观念，即在美国不同于拜占庭式的（Byzantine）英国专利程序，在该程序下发明人可以自己保护自己的权利。然而，最终，它也会建议发明人使用专业人员的服务。[260]专利申请成为一个复杂的官僚程序，被称为专利审查。它由专利局官员组成，他们以越来越标准化和正式化的方式与专业人员进行沟通。这个过程采取了一种让构成专利发明的文本进行竞争的形式。事实上，"发明和获得专利"成了两件不同的事情，这进一步将本文与技术事实隔离开来。[261]在新的专利官僚化的世界中，机械师在法律领域的大门里做出了有益的贡献，在法律领域中，他被期望将对他的发明的意义的控制权交给专业人士，这些专业人士在文本竞争中采用标准化的文本策略。

专利诉讼经历了类似的发展。19 世纪中叶的专利执法活动占了联邦法院诉讼的很大一部分，其中的一个副作用就是

300

法律专业化的早期出现。[262]专利案件通常由法律专业的多面手精英成员提起诉讼，直到该世纪末才出现了有组织的专业律师。然而，在19世纪40年代和50年代——远早于其他法律领域——出现了专门从事专利诉讼且获得了成功实践的律师。[263]类似于专利代理人，这些律师发展了专门处理专利文本的技能。这反映了不断变化的诉讼模式。波塔奇和舍曼将专利诉讼中日益增加的对文本的关注描述为，这是一个从"世界和文字之间的关系"到"文字和文字之间的关系"的过渡。[264]法院对专利局再颁专利的审查围绕着可比较的两种专利文本，专利模型在诉讼中的作用的下降以及专利范围的一般法理，都体现了对文本策略的日益关注。[265]这些将技术和法律技能融合在一起的策略是专业的专利律师的领域。

1879年，亚历山大·格雷厄姆·贝尔（Alexander Graham Bell）痛斥由昌西·史密斯领导的贝尔律师团队对他的专利所做的一切："他们把它砍成了碎片——他们把它肢解开来——他们发掘出了发明的核心并把它扔掉了——他们把我认为最有价值的东西都扔在一边，当作无用之物。他们给我的发明施加了来自法律思想的液压，并把它挤进了阴沟——这正是这个想法的精髓。我可怜的说明书只剩下一点点灰尘——它们吹在我的脸上作为电话的本质！"[266]但是贝尔错了。律师们关注贝尔专利的宽泛的方法权利要求的策略证明了专利自身。通过介绍贝尔的发明创造了一个全新的领域，他们设法把它从电报领域分离出来，并把它描绘成一个值得广泛保护的先驱性发明。通过走在对自然原理主张权利和将权利要求限制在一个具体结构上这两者之间的危险边缘上（a thin line），他们在控制竞争对手的各种创新的基础上，实现了贝尔公司的企业安全目标。这些都是新一代专利律师使用他们的文本武器所获得的独特利益。正如贝尔所说，这意味着"一个发明人是他自己案件中最糟糕的法官"[267]。律师告诉发明人他们发明了什么的时代已经到来。

1907年，一位杰出的校友在宾夕法尼亚州伯利恒的利哈伊大学（Lehigh University）的毕业班上发表演讲。著名的专利律师埃德温·普林德尔将他的演讲命名为《影响年轻工程师的专利》。[268]很明显，他开始了对现代专利的讨论，并对起草专利权利要求的技术进行了详细的描述。普林德尔演示了起草技巧，称赞了"巧妙起草"的权利要求，并警告不要使用"不幸地被限制的"权利要求。[269]对于专利的通俗的阐述，几乎不是传统的开端。但是，对权利要求的突出讨论是时代的标志，也是演讲者职业身份的体现。在19世纪的最后25年里，专利的文本化进入了一个新的阶段，标志着权利要求和说明书之间越来越严格的区分。这种转变在持续到20世纪的过程中逐渐展开，但基本要素在19世纪80年代就已确定。

权利要求书——专利文本中的一个独特部分，界定了受保护发明的范围——自19世纪初以来一直被非正式地使用，而从1836年《专利法》开始被正式要求使用。[270]然而，法院并没有特别重视这一文本，而是经常涉及说明书中的更详细的描述，并超越它以试图捕捉他们认为的真正的发明。1876年，最高法院在梅里尔诉约曼案（*Merrill v. Yeoman*）中的判决标志着一种截然不同的对待权利要求的方式的兴起。[271]该案的专利是对某些工业用油的"改进制造"。因为被告——

一个销售相关油品的经销商——从未从事制造,所以他只有在专利是针对产品而不是制造方法的情况下才会侵权。在这种情况下,专利权人的利益在于辩称专利不是用于制造方法,而是用于石油本身。代表专利权人的正是昌西·史密斯。具有讽刺意味的是,几年后,他在电话系列案件中的成功的策略与之相反。他富有激情地争辩说,专利是针对一种产品,而不是一种方法。这个论点有相当大的成功机会。当时,法院通常会超越专利的确切文本,找到"真正发明的东西"[272]。但是,大法官塞缪尔·米勒拒绝解释专利中含糊不清的语言,支持了专利权人。他坚持认为,这些权利要求在确定专利发明方面具有"首要的重要性",并认为所涉专利中的权利要求所用的语言"远不具备这样一种表述的精确性和清晰性,即提出以牺牲公众利益为代价获得垄断的人应当用这种表述来描述只有他自己才能使用或享有的事物"[273]。尽管米勒对权利要求书的解释部分依赖于专利的说明书,但这一判决标志着权利要求的形式化程度越来越高。在这种新方法下,重要的不是专利权人发明了什么,甚至不是他书面描述的东西。发明主要通过在权利要求书中对其边界进行程式化的文本界定来确定。

一年后,大法官布拉德利裁定专利权人"不能指望法院费力地了解这门技艺的历史,并阐明他们可能主张的权利"。他们也不能"证明他们的发明比他们的权利要求的术语更宽泛"[274]。这就是所谓的"周边限定"(peripheral claiming)的基础——现代专利方法,根据该方法,权利要求的文本被视为界定发明的外部界限,而不是构成法院自由审查的起点。

严格遵守周边限定只能逐渐扎根，而一些后来的评论员宣称等同原则的终结还为时过早。[275]然而很明显，从19世纪70年代开始，法院越来越重视专利的文本。他们将形式化的权利要求确定为文本的重心，任何确定发明的尝试都必须围绕这个重心进行。这种变化在实际专利文献中是显而易见的。在1880年之前，人们发现对这些来源的权利要求只有少量的和粗略的讨论，而后来的出版物中包含了关于构建和起草权利要求的日益错综复杂的规则的长篇论述。[276]

权利要求的兴起植根于专利审查的合法化。在19世纪末，专利局具有法律背景的工作人员越来越多。[277]专利代理人经历了类似的合法化过程。虽然非律师从未被驱逐出这个行业，但律师越来越多地进入专利审查领域。[278]在梅里尔案中，大法官米勒将专利的合法化编织成了一个现代化的故事。他说："在这个国家，专利制度在过去25年中的发展已经到了一个进步的阶段，涉及的利益的多样性和广度要求在编写专利所依据的所有文件时必须准确、精确和谨慎。"[279]米勒叙述的是通过正式文本实现的一种韦伯的法律——官僚理性制度。[280]专利制度已经成长为"一个有组织的制度，有着固定的规则，通过它的效用以及它创造和支配的财富同时支持自己"。在这种"发展和改善的状况"中，没有空间容纳"模棱两可的语言或模糊不清的描述"[281]。在拱心石桥公司案（*Keystone Bridge Co.*）中，大法官布拉德利同样将专利审查描述为一个官僚化的过程，对不守规则的技术事实施加了有序的形式理性。通过这一过程，发明人对技术创新的主张被转化为一种形式化的权利要求，这种权利要求被"检查、审查、限制并使之符合"法律规则。[282]这种官僚程序产生了一种正式的、文本化的人工制品,随后的法院和律师几乎不能直接诉诸技术领域。这一说法与一种更为普遍的司法理念相吻合,即法律形式是经济增长的引擎。专业律师能够识别的具有稳定含义的正式法律文本被视为商业繁荣所需的具有可预测性的基础。[283]将发明与由专业人士起草和管理的权利要求书中日益清晰和正式的文本加以确认,这在专利领域体现了这样一种信念,即官僚理性与经济繁荣之间具有共生关系。

法官们倾向于将他们关于专利的官僚理性的新思想与几个世纪以来垄断的谨慎主题结合起来。大法官米勒说,对明确和详尽的权利要求的要求确保了"不应剥夺公众应有的权利,除非清楚地知道限制这些权利的是什么"[284]。然而,对正式的文本性的新强调并不一定限制专利的范围。它的主要作用是赋予新的专利专业人士阶层权利。只要技术熟练的专业人员在起草专利权利要求、审查专利以及随后的诉讼中充分利用其文本,专利权人至少可以获得与早期一样广泛的专利保护。在19世纪的大部分时间里,专利通常包含一到五项权利要求。到20世纪初,包含数百项权利要求的专利并不罕见,这导致后来的一位评论员观察到,"在这个国家,到处充斥着权利要求"[285]。

这种风气把专利专业人士的队伍作为一个独立的行业加以巩固。它的成员成为旧的行会意义上的强大的神秘大师:掌握文本创作和专利文本操控的艺术。这些独特的技能将专利专业人士与他们工作界面上的技术界和法律界区分开来。19世纪末开始增长的实用专利文献向专业人士传授了这一奥秘：起草技术、结构惯例、官僚策略和魔术文字。[286]1922年，一本实用专利手册将这种新的基本知识体系称为"权利要求学"（Claimology）[287]。作者自以为是的形象把起草权利要求描绘成一个"科学本身"，受制于"明确的和可描述的原则"，即使是由不同的律师起草，也能对相同的发明提出相同的权利要求。[288]这本书中的权利要求学是培根的《新工具》（*Novum Organum*）一书的官僚主义版本，它是一套专业技术的发展和完善，旨在弥合语言与自然之间的鸿沟，以准确地捕捉技术事实。然而，毫无疑问，权利要求学是一门值得运用的科学。提高专利专业人士的技能的关键是以最符合客户利益的方式来管理专利系统。某人起草或解释权利要求书不是为了抓住一项发明的真正核心，而是为了最大化专利保护的范围或从策略上规避它。所有这些都适用于一般的专利，也适用于所有的专利权人，无论大小。但是，新的正式化的专利的合理性就像手套一样与专利作为企业安全的主要目标相一致。通过合理化的官僚程序生成的正式文本，是大型企业组织——它们本身日益官僚化——在面对经济和技术的不确定性时寻求可预测性和安全性的工具。专业专利律师作为一个新的阶层出现了，他们运用专门的文本技术来实现这些目标。因此，正式的文本化发明成了企业安全时代无形财产所有权的最终形式。

## 注释

[1] *Useful Cabinet*, January 1808, 1.
[2] Mark Rose, *Authors and Owners: The Invention of Copyright* (Cam-

bridge, Mass.: Harvard University Press, 1993).

［3］Oren Bracha, "Geniuses and Owners: The Construction of Inventors and the Emergence of American Intellectual Property," in Daniel W. Hamilton and Alfred L. Brophy, eds., *Transformations in American Legal History: Essays in Honor of Professor Morton J. Horwitz* (Cambridge, Mass.: Harvard Law School, 2009).

［4］*Davoll v. Brown*, 7 F. Cas. 197, 199 (C. C. D. Mass. 1845).

［5］*Address of the Advocate of the Patentees Inventors of Useful Improvements in the Arts and Sciences* (Washington, D. C.: Duane & Son, 1806), 11. 请愿书很可能是奥利弗·埃文斯写的。1806 年 12 月 13 日, 在请愿书提交日期前一周, 埃文斯写信给杰斐逊, 并提到他正在华盛顿代表"专利权人请愿者"向国会提出申诉。See Oliver Evans to Thomas Jefferson, December 13, 1806, in Founders Online, National Archives, http://founders.archives.gov/documents/Jefferson/99-01-02-4674.

［6］*Address of the Advocate of the Patentees*, 10.

［7］See Oren Bracha, "The Commodification of Patents 1600—1836: How Patents Became Rights and Why We Should Care," 38 *Loy. L. A. L. Rev.* 192-200 (2004).

［8］关于英国 19 世纪辩论期间的不同观点, 参见 H. I. Dutton, *The Patent System and Inventive Activity during the Industrial Revolution, 1750—1852* (Manchester: Manchester University Press, 1984), 17-33。

［9］See Oren Bracha, "Owning Ideas: A History of Anglo-American Intellectual Property," S. J. D. diss., Harvard University (2005), 235-40.

［10］参见第 4 章。

［11］Catherine Fisk, "Removing the 'Fuel of Interest' from the 'Fire of Genius': Law and the Employee-Inventor, 1830—1930," 65 *U. Chi. L. Rev.* 1127 (1998).

［12］关于 19 世纪的专利转让, 参见 Naomi R. Lamoreaux and Kenneth L. Sokoloff, "Inventors, Firms, and the Market for Technology in the Late Nineteenth and Early Twentieth Centuries," in Naomi R. Lamoreaux et al., eds., *Learning by Doing in Markets, Firms, and Countries*, (Chicago, Ill.: University of Chicago Press, 1999); Naomi R. Lamoreaux and Kenneth L. Sokoloff, "Market Trade in Patents and the Rise of a Class of Specialized Inventors in the Nineteenth-Century United States," 91 *American Economic Review*, *Papers and Proceedings*, 39 (2001); Naomi Lamoreaux et al., "Patent Alchemy: The Market for Technology in US History," 87 *Bus. Hist. Rev.* 3 (2013)。

[13] See *Dixon v. Moyer*, 7 F. Cas. 758, 759 (C. C. D. Pa. 1821); *Sparkman v. Higgins*, 22 F. Cas. 878, 879 ( C. C. S. D. N. Y. 1846 ); *Goodyear v. Day*, 10 F. Cas. 677 ( C. C. D. N. J. 1852 ); *Dental Vulcanite Co. v. Wetherbee*, 7 F. Cas. 498, 502 (C. C. D. Mass. 1866).

[14] George Ticknor Curtis, *A Treatise on the Law of Patents for Useful Inventions in the United States of America*, 2nd ed. (Boston: Little, Brown, 1854), 42 – 43.

[15] *Alden v. Dewey*, 1 F. Cas. 329, 330 (C. C. D. Mass. 1840).

[16] *Sparkman v. Higgins*, 22 F. Cas. 879.

[17] 43 U. S. 202 (1843).

[18] See *Gill v. U. S.*, 160 U. S. 426, 430 (1896). See generally Fisk, "Removing the 'Fuel of Interest,' " 1144.

[19] Fisk, "Removing the 'Fuel of Interest'," 1148 – 50.

[20] Id., 1151 – 59.

[21] *U. S. v. Dubilier Condenser Corporation*, 289 U. S. 178, 188 – 89 (1933).

[22] See Catherine Fisk, *Working Knowledge: Employee Innovation and the Rise of Corporate Intellectual Property 1800—1930* (Chapel Hill: University of North Carolina Press, 2009), 119 – 26.; Steven W. Usselman, *Regulating Railroad Innovation: Business, Technology, and Politics in America, 1840—1920* (New York: Cambridge University Press 2002), 104 – 5.

[23] See *Agawam Woolen Co. v. Jordan*, 74 U. S. 583, 602 – 3 (1868); *Orcutt v. McDonald*, 27 App. D. C. 228, 233 – 34 ( D. C. Cir. 1906 ); *Kreag v. Geen*, 28 App. D. C. 437, 440 ( D. C. Cir. 1906); *Dalzell v. Dueber Watch-Case Mfg. Co.*, 149 U. S. 315 (1893).

[24] 关于隐含意图的功能，参见 Duncan Kennedy, *The Rise and Fall of Classical Legal Thought* (Washington, D. C. : Beard Books, 2006), 157。

[25] *Solomons v. U. S.*, 137 U. S. 342, 346 (1890).

[26] *Solomons v. the U. S.*, *Brief for the United States*, 8 – 9.

[27] See *Solomons v. the U. S.*, 137 U. S. 346; *McAleer v. U. S.*, 150 U. S. 424, 429 - 31 (1893); *Gill v. U. S.*, 160 U. S. 435.

[28] See e. g. *Hapgood v. Hewitt*, 119 U. S. 226, 233 (1886); *Fuller & Johnson Manufacturing Co v. Bartlett*, 31 NW 747, 752 (1887); *Connelly Manufacturing Co. v. Wattles*, 49 NJ Eq 92 (1891); *Niagara Radiator Co. v. Meyers*, 40 NYS 572 (S. Ct. 1896); *Barber v. National Carbon Co.*, 129 F 370, 372 (6th Cir. 1904); *American Circular Loom Co v. Wilson*, 84 NE 133, 135 (1908); *Johnson Furnace & Engineering Co v. Western Furnace Co.*, 178 F. 819, 823 (8th Cir. 1910).

[29] See e. g. *Silver Spring Bleaching & Dyeing Co. v. Woolworth*, 19 A. 528, 529 (1890); *Ingle v. Landis Tool Co.*, 262 F. 150, 153 (M. D. Penn 1919); *Wireless Specialty Apparatus Co. v. Mica Condenser Co.*, 131 NE 307 (1921).

[30] See generally Fisk, "Removing the 'Fuel of Interest,' " 1170 - 79.

[31] See *Kinsman v. Parkhurst*, 59 U. S. 289, 293 (1855); *Littlefield v. Perry*, 88 U. S. 205, 226 (1874); *Westinghouse Air-Brake Co. v. Chicago Brake & Mfg. Co.*, 85 F. 786, 793 - 94 (C. C. N. D. Ill. 1898).

[32] *Aspinwall Mfg. Co. v. Gill*, 32 F. 697, 700 (C. C. D. N. J. 1887).

[33] See *Hulse v. Bonsack Mach. Co.*, 65 F. 864 (4th Cir. 1895).

[34] Fisk, "Removing the 'Fuel of Interest,' " 1186 - 89.

[35] Id., 1188 - 91.

[36] See David F. Noble, *America by Design: Science, Technology and the Rise of Corporate Capitalism* (New York: Knopf, 1977), 100 - 101. Fisk, *Working Knowledge*, 178 - 210.

[37] See Lamoreaux and Sokoloff, "Inventors, Firms, and the Market for Technology," 44 - 48.

[38] Id., 49; see also B. Zorina Khan and Kenneth L. Sokoloff, "Institutions and Technological Innovation during Early Economic Growth: Evidence from the Great Inventors of the United States, 1790—1930," NBER Working Paper no. 10966 (December 2004), 26.

[39] Edwin J. Prindle, *Patents as a Factor in Manufacturing* (New York: The Engineering Magazine, 1908), 101.

[40] Id.

[41] Edwin J. Prindle, *The Art of Inventing* (1906), 4.

[42] See Fisk, *Working Knowledge*, 203.

[43] Samuel Haber, *Efficiency and Uplift: Scientific Management in the Progressive Era: 1820—1920* (Chicago, Ill.: University of Chicago Press, 1964); Robert Kanigel, *The One Best Way: Frederick Winslow Taylor and the Enigma of Efficiency* (New York: Viking, 1997); Sanford M. Jacoby, *Employing Bureaucracy: Managers, Unions, and the Transformation of Work in the 20th Century* (Mahwah, N. J.: Lawrence Erlbaum, 2004).

[44] *Miller v. Kelley*, 18 App. D. C. 163, 171 (D. C. Cir. 1901).

[45] See *Hulse v. Bonsack Mach. Co.*, 65 F. 864; *Thibodeau v. Hildreth*, 124 F. 892, 893 (1st Cir. 1903); *Detroit Lubricator Co. v. Lavigne Mfg. Co.*, 115 N. W. 988, 991 (1998).

[46] 189 F. 49 (7th Cir. 1911).

[47] Id., 55.

[48] Id., 56.

[49] Id., 55.

[50] Id.

[51] 264 U. S. 52 (1924).

[52] Id., 60.

[53] Id.

[54] Quoted in Noble, *America by Design*, 101.

[55] Brad Sherman and Lionel Bently, *The Making of Modern Intellectual Property Law: The British Experience, 1760—1911* (New York: Cambridge University Press, 1999), 48.

[56] See John N. Adams and Gwen Averley, "The Patent Specification: The Role of *Liardet v. Johnson*," 7 *J. Legal Hist.* 156, 162 - 65 (1986); Edward C. Walterscheid, "The Early Evolution of the United States Patent Law: Antecedents" (pt. 3), 77 *J. Pat. Off. Soc'y*. 771, 793 - 97. 相关案例未见报道。这方面最重要的案例是利亚德特诉约翰逊案（*Liardet v. Johnson*）(1778)，该案涉及两次不同的审判，第一次审判的报道刊登在 1778 年 2 月 23 日的《晨报》(*Morning Post*) 和《广告人日报》(*Daily Advertiser*) 上，以及 1778 年 2 月 24 日的《伦敦纪事报》(*London Chronicle*) 和《广告人日报》上。第二次审判的报道刊登在 1778 年 7 月 20 日的《晨报》、《政府公报》

(*Gazeteer*)和《新广告人日报》(*New Daily Advertiser*)上。曼斯菲尔德的笔记中总结了其他相关案例,这些笔记 1967 年发现于斯康宫(Scone Palace)的阁楼上——曼斯菲尔德伯爵的故居。这些案例是耶伯里诉华莱士案(*Yerbury v. Wallace*)(1768)、泰勒诉苏克特案(*Taylor v. Suckett*)(1770)和霍顿诉哈维案(*Horton v. Harvey*)(1781)。关于这些案例的参考,参见 John Adams, "Intellectual Property Cases in Lord Mansfield's Court Notebooks," 8 *J. Legal Hist.* 18 (1987)。

[57] 历史学家对引入说明书的确切原因存在分歧。一些人认为,说明书是在专利权人的倡议下提出的,这些专利权人谋求使其授权更具可预测性。其他人则强调说明书在促成专利授权后的审查方面的作用,并推测它是由处理专利的法律官员引入的。See E. Wyndham Hulme, "On the Consideration of the Patent Grant Past and Present," 13 *L. Q. R.* 313, 317 (1897); D. Seaborne Davies, "Early History of the Patent Specification" (pt. 1), 50 *L. Q. R.* 88, 90 (1934); Christine MacLeod, *Inventing the Industrial Revolution: The English Patent System 1660—1800* (New York: Cambridge University Press 1988), 51.

[58] E. Wyndham Hulme, "On the History of Patent Law in the Seventeenth and Eighteenth Centuries," 18 *L. Q. R.* 280, 285 (1902).

[59] *Boulton and Watt v. Bull*, 126 Eng. Rep. 651, 656 (C. P. 1795). See generally Walterscheid, "The Early Evolution" (pt. 3), 801.

[60] *Boulton and Watt v. Bull*, 126 Eng. Rep. 667.

[61] Alain Pottage and Brad Sherman, *Figures of Invention: A History of Modern Patent Law* (New York: Oxford University Press, 2010).

[62] 126 Eng. Rep. 651 (C. P. 1795). 托马斯·费森登(Thomas Fessenden)撰写的第一部关于美国专利的论著中,有相当一部分专门总结讨论了这一案例。See Thomas G. Fessenden, *An Essay on the Law of Patents for New Inventions* (Boston: D. Mallory, 1810).

[63] 16 Eng. Rep. 652. 关于瓦特试图突破专利保护的期限,参见 Erick Robinson, "James Watt and the Law of Patents," 13 *Technology and Culture* 115 (1972)。

[64] 由于持不同意见的法官的人数是相等的,判决没有作出,四年后,在霍恩布芬尔和马伯诉布尔顿案(*Hornblower & Maberly v. Boulton*)中,瓦特专利的有效性最终得到了支持,101 Eng. Rep. 1285 (K. B. 1799)。

[65] 126 Eng. Rep. 661.

［66］ Id.，659.

［67］ Richard Godson, *Law of Patents for Inventions and Copyrights* (London: J. Butterworth and Son, 1823), 58, 84.

［68］ Id.，173.

［69］ Id.，174.

［70］ *Hill v. Thomson*, 129 Eng. Rep. 427 (1818).

［71］ W. A. Hindmarch, *Treatise Relating to the Law of Patent Privileges for the Sole Use of Inventions* (London: V. & R. Stevens & G. S. Norton and W. Benning, 1847), 258.

［72］ *Odiorne v. Winkley*, 18 F. Cas. 581 (C. C. D. Mass. 1814). See also *Barrett v. Hall*, 2 F. Cas. 914, 924 (C. C. D. Mass 1818); *Earle v. Sawyer*, 8 F. Cas. 254 (C. C. D. Mass. 1825).

［73］ *Dixon v. Moyer*, 7 F. Cas. 758 (C. C. D. Pa. 1821).

［74］ 截至1835年，斯托里和华盛顿共同审理了报道的58个案件中的40个案件，参见 Edward C. Walterscheid, *To Promote the Progress of Science and Useful Arts: American Patent Law and Administration, 1798—1836* (Littleton, Colo.: F. B. Rothman, 1998), 359。

［75］ 7 F. Cas. 154, 159 (C. C. D. Va. 1827).

［76］ "Specification of a patent for a machine, denominated the 'Facilitator,' for the Napping of Hats," *J. Franklin Inst.* 93 (August 6, 1830).

［77］ See e. g. *Many v. Sizer*, 16 F. Cas. 684 (C. C. D. Mass. 1849); *Blanchard v. Reeves*, 3 F. Cas. 638, 639 (C. C. E. D. Pa. 1850); *McCormick v. Seymour*, 15 F. Cas. 1322, 1324 (N. D. N. Y. 1851); *Rich v. Lippincott*, 20 F. Cas. 672, 674 (C. C. W. D. Pa. 1853); *Byam v. Eddy*, 4 F. Cas. 935, 936 (C. C. D. Vt. 1853); *Sickles v. Gloucester Mfg. Co.*, 22 F. Cas. 94, 99 (C. C. D. N. J. 1856); *Page v. Ferry*, 18 F. Cas. 979, 984 (C. C. E. D. Mich. 1857).

［78］ See *Parker v. Hulme*, 18 F. Cas. 1138, 1143 (C. C. E. D. Pa. 1849); *Parker v. Haworth*, 18 F. Cas. 1135, 1136 (C. C. D. Ill. 1848); *Matthews v. Skates*, 16 F. Cas. 1133, 1135 (C. C. S. D. Ala. 1860). 从未有过将意图或知情作为专利侵权要素的明确要求。然而，早期从欺诈和规避的角度讨论侵权的公式为侵权调查注入了不良动机的概念。因此，拒绝意图和知情与欺诈和规避概念的减少有关。

[79] *Lowell v. Lewis*, 15 F. Cas. 1018, 1019 (C. C. D. Mass. 1817). See also *Odiorne*, 18 F. Cas. 582; *Treadwell v. Bladen*, 24 F. Cas. 144 (C. C. E. D. Pa. 1831).

[80] *Lowell v. Lewis*, 15 F. Cas. 1021.

[81] Id., 1019, 1021. See also *Wyeth v. Stone*, 30 F. Cas. 723, 727 (C. C. D. Mass. 1840).

[82] *Whittemore v. Cutter*, 29 F. Cas. 1120, 1124 (C. C. D. Mass. 1813).

[83] *Odiorne v. Winkley*, 18 F. Cas. 582.

[84] *Burr v. Duryee*, 68 U. S. 531 (1863).

[85] See *Cochrane v. Waterman*, 5 F. Cas. 1145 (C. C. D. C. 1844); *Allen v. Blunt*, 1 F. Cas. 448 (C. C. D. Mass. 1845); *Woodworth v. Rogers*, 30 F. Cas. 581 (C. C. D. Mass. 1847). 这些裁决更新了先例中处理的同一性问题，但没有使用机械等同的概念。See *Evans v. Eaton*, 20 U. S. 356 (1822).

[86] 据报道，第一个在侵权情况下使用该术语的是帕克诉斯泰尔斯案（*Parker v. Stiles*），18 F. Cas. 1163（C. C. D. Ohio 1849）。1850—1860 年间，在报道的 30 起联邦案件中使用了机械等同一词。

[87] S. H. H., "Patenting a Principle," 16 *Am. L. Reg.* 129, 140 (1868).

[88] "Mechanical Equivalents in Law," 11 *Sci. Am.* 203 (1856).

[89] 1 Web. Pat. Cas. 170, 171 (1836).

[90] Albert H. Walker, *Text Book of the Patent Laws of the United States of America*, 2nd ed. (New York: L. K. Strouse, 1889), 272.

[91] 56 U. S. 330 (1854).

[92] Id., 337.

[93] Id., 339.

[94] Id., 343.

[95] Id., 345.

[96] Id., 346.

[97] Id., 347.

[98] "Unreasonableness of Judge-made Law in Setting Aside Patent," 22 *Westminster Review*, 242, 249 (American ed. 1835).

[99] See e. g. Willard Phillips, *The Law of Patents for Inventions* (Boston: American Stationers' Co., 1837), 96, 101 n. 37; *Barrett v. Hall*, 2 F. Cas. 923.

[100] Curtis, *A Treatise on the Law of Patents*, 306.

[101] 6 *Sci. Am.* 101 (1850). See also *Blanchard v. Reeves*, 3 F. Cas. 639.
[102] "Patenting a Principle," 129.
[103] Id., 130.
[104] *Journal of the Franklin Institute* 276 (October 1831).
[105] Curtis, *A Treatise on the Law of Patents*, 91.
[106] Id., 8.
[107] Id., 93.
[108] Id., 337-38.
[109] Id., 15-16.
[110] Id., 10.
[111] Id., 17.
[112] *Parker v. Hulme*, 18 F. Cas. 1138, 1141 (C. C. E. D. Pa. 1849).
[113] Id. See also *Detmold v. Reeves*, 7 F. Cas. 547 (C. C. E. D. Pa. 1851).
[114] 55 U. S. 156 (1853).
[115] Id., 174.
[116] Id.
[117] Id., 175.
[118] Id., 180.
[119] Id., 182.
[120] Id., 183.
[121] Id., 187.
[122] Id.
[123] Id.
[124] See "Principles of Patents: Important Decision," 8 *Sci. Am.* 238 (1853).
[125] Kenneth Silverman, *Lightening Man: The Accursed Life of Samuel F. B. Morse* (New York: Knopf, 2003), 302.
[126] *O'Reilly v. Morse*, 56 U. S. 62, 112 (1854).
[127] *Morse v. O'Reilly*, 17 F. Cas. 871 (C. C. D. Ky. 1848).
[128] *Smith v. Downing*, 22 F. Cas. 511, 519 (C. C. D. Mass. 1850).
[129] *French v. Rogers*, 9 F. Cas. 790 (C. C. E. D. Pa. 1851).
[130] Id., 794.
[131] Id.

[132] Id., 793.

[133] "Great Telegraph Case: Uncertainties of Law," 7 Sci. Am. 67 (1851).

[134] "Telegraph—Principles of Patents—Judge Kane's Decision," 7 Sci. Am. 181 (1852).

[135] "Principles of Patents," 8 Sci. Am. 170 (1853).

[136] Id.

[137] *O'Reilly v. Morse*, 56 U. S. 62.

[138] Ransom H. Gillet, *First Telegraph Case before the United States Supreme Court: Henry O'Reilly and others, appellants, versus S. F. B. Morse and others, appellees. Sketch of the Opening Argument of R. H. Gillet on the Appeal of O'Reilly from the Decision of Judge Monroe in Kentucky* (New York: John A. Gray, 1853), 19.

[139] 56 U. S. 113.

[140] Id., 133.

[141] Id., 123 - 24.

[142] See "The Late Telegraph Decision," 9 Sci. Am. 189 (1854); "The Great Telegraph Case," 9 Sci. Am. 22 (1854).

[143] *Burr v. Duryee*, 68 U. S. 531, 568 (1864).

[144] Id., 577.

[145] Id., 568.

[146] Walker, *Text Book of the Patent Laws*, 268.

[147] See e. g. *Corning v. Burden*, 56 U. S. 252, 268 (1854); *Singer v. Walmsley*, 22 F. Cas. 207, 210 (C. C. D. Md. 1860); *Steam Gauge & Lantern Co. v. St. Louis Railway Supplies Mfg. Co.*, 25 F. 491, 492 (C. C. E. D. Missouri 1885); *Excelsior Needle Co. v. Union Needle Co.*, 32 F. 221, 224 (1885); *Reay v. Raynor*, 19 F. 308, 310 (S. D. N. Y. 1884).

[148] Alfred Chandler Jr., *The Visible Hand: The Managerial Revolution in American Business* (Cambridge, Mass.: Belknap Press, 1977).

[149] See Gabriel Kollko, *Railroads and Regulation, 1877—1916* (Princeton, N. J.: Princeton University Press 1965), 7 - 29; Martin J. Sklar, *The Corporate Reconstruction of American Capitalism, 1890—1916: The Market, the Law, and Politics* (New York: Cambridge University Press 1988), 53; Morton J. Horwitz, *The Transformation of American Law 1870—1960: The*

Crisis of Legal Orthodoxy (New York: Oxford University Press, 1992), 81-83.

[150] Chandler, The Visible Hand, 10.

[151] Samuel Haber, Efficiency and Uplift: Scientific Management in the Progressive Era, 1890—1920 (Chicago, Ill.: University of Chicago Press, 1964); Robert Kanigel, The One Best Way: Frederick Winslow Taylor and the Enigma of Efficiency (New York: Viking, 1997).

[152] Paul Israel, From Machine Shop to Industrial Laboratory: Telegraphy and the Emerging Context of American Invention, 1830—1920 (Baltimore, Md.: Johns Hopkins University Press, 1992), 121-51.

[153] Quoted in id., 124.

[154] Quoted in id., 125.

[155] Id., 136.

[156] Id., 138.

[157] Quoted in id.

[158] Steven W. Usselmlman, "From Novelty to Utility: George Westinghouse and the Business of Innovation during the Age of Edison," 66 Bus. Hist. Rev. 251, 283 (1992).

[159] Id., 286-87

[160] Id., 289-90.

[161] Id., 290.

[162] Id., 291.

[163] Id., 293-95.

[164] Id., 293-98.

[165] 19世纪70年代，在奥顿的领导下，西部联合电报公司为支持和培育创新作出了一些努力。然而，在奥顿死后，这一策略被放弃了。Israel, From Machine Shop to Industrial Laboratory, 141-42.

[166] Quoted in Leonard S. Reich, The Making of American Industrial Research: Science and Business at GE and Bell, 1876—1926 (New York: Cambridge University Press, 1985), 37.

[167] Quoted in Federal Communications Committee, Investigation of the Telephone Industry in the United States (Washington, D. C.: G. P. O., 1939), 181, n. 6.

[168] Leonard S. Reich, "Research, Patents, and the Struggle to Control

Radio: A Study of Big Business and the Uses of Industrial Research," 51 *Bus. Hist. Rev.* 208, 211-13 (1977).

[169] *Investigation of the Telephone Industry*, 192, n. 29. See Reich, "Research, Patents, and the Struggle to Control Radio," 231-32.

[170] Quoted in *Investigation of the Telephone Industry*, 209.

[171] Quoted in id.

[172] Leonard S. Reich, "Industrial Research and the Pursuit of Corporate Security: The Early Years of Bell Labs," 54 *Bus. Hist. Rev.* 504, 521-22 (1980).

[173] Prindle, *Patents as a Factor in Manufacturing*, 18.

[174] Id., 14.

[175] Id., 16.

[176] Id.

[177] Id., 17-18.

[178] Quoted in Reich, "Research, Patents, and the Struggle to Control Radio," 233.

[179] Cf. Robert P. Merges, "Institutions for Intellectual Property Transactions: The Case of Patent Pools," in Rochelle C. Dreyfuss et al., eds., *Expanding the Boundaries of Intellectual Property: Innovation Policy for the Knowledge Society* (New York: Oxford University Press, 2001); Adam Mossoff, "The Rise and Fall of the First American Patent Thicket: The Sewing Machine Wars of the 1850s," 53 *Ariz. L. Rev.* 165 (2011); and William Greenleaf, *Monopoly on Wheels: Henry Ford and the Selden Automobile Patent* (Detroit: Wayne State University Press, 1961), 87-89; Noble, *America by Design*, 87-88.

[180] Ruth Brandon, *A Capitalist Romance: Singer and the Sewing Machine* (Philadelphia: Lippincott, 1977), 95.

[181] Cf. Mossoff, "The Rise and Fall," 196-98, and Greenleaf, *Monopoly on Wheels*, 87.

[182] Floyd L. Vaughan, *The United States Patent System: Legal and Economic Conflicts in American Patent History* (Westport, Conn.: Greenwood Press, 1972), 41-43, 84-88.

[183] Noble, *America by Design*, 10; Reich, *The Making of American Industrial Research*, 52-53.

[184] Robert Anderson, "The Motion Pictures Patent Company: A Reevaluation," in Tino Balio, ed., *The American Film Industry* (Madison: University of Wisconsin Press, 1985), 140.

[185] Reich, *The Making of American Industrial Research*, 222. See also Louis Galambos, "The American Economy and the Reorganization of the Sources of Knowledge," in Alexandra Oleson and John Voss, eds., *The Organization of Knowledge in Modern America 1860—1920* (Baltimore, Md.: Johns Hopkins University Press, 1979), 277.

[186] Quoted in *Investigation of the Telephone Industry*, 210.

[187] Vaughan, *The United States Patent System*, 43.

[188] Steven W. Usselman, "Patent Politics: Intellectual Property, the Railroad Industry, and the Problem of Monopoly," 18 *J. Policy Hist.* 96, 110 (2006); Usselman, *Regulating Railroad Innovation*, 146 - 50;

[189] Usselman, "Patent Politics," 105 - 9.

[190] Usselman, *Regulating Railroad Innovation*, 169.

[191] Id., 171 - 76; Steven W. Usselman, "Patents Purloined: Railroads, Inventors, and the Diffusion of Innovation in 19th-Century America," 32 *Technology and Culture* 1047, 1064 - 74 (1991).

[192] Usselman, "Patents Purloined," 1070.

[193] Walker, *Text Book of the Patent Laws*, 3.

[194] The cases were *McClurg v. Kingsland*, 42 U. S. 202 (1842); *Mowry v. Whitney*, 81 U. S. 14 (1871); *Tilghman v. Proctor*, 102 U. S. 707 (1880); the *Telephone Cases*, 126 U. S. 531 (1888).

[195] Walker, *Text Book of the Patent Laws*, 13 - 15.

[196] 126 Eng. Rep. 651 (C. P. 1795).

[197] See William Hands, *The Law and Practice of Patents for Invention* (London: W. Clarke, 1806), 6; Godson, *Law of Patents for Inventions*, 84.

[198] 134 Eng. Rep. 239 (K. B. 1842).

[199] Act of April 10, 1790, ch. 7, 1 Stat. 109, § 1.

[200] William C. Robinson, *Law of Patents for Useful Inventions* (Boston: Little, Brown, 1890), vol. 1, 238.

[201] See e. g. *Kneass v. Schuylkill*, 14 F. Cas. 746 (C. C. D. Pa. 1820); *McClurg v. Kingsland*, 42 U. S. 202.

[202] Phillips, *The Law of Patents for Inventions*, 82 - 95, 109 - 13.
[203] *French v. Rogers*, 9 F. Cas. 790, 793 (C. C. E. D. Pa. 1851).
[204] *Corning v. Burden*, 56 U. S. 252, 267 (1853).
[205] Robinson, *Law of Patents for Useful Inventions*, 243 - 44, 246 - 47.
[206] 56 U. S. 267.
[207] Id.
[208] Id., 268.
[209] Id., 269.
[210] See e. g. *Mackay v. Jackman*, 12 F. 615, 619 (S. D. N. Y. 1882); *Brainard v. Cramme*, 12 F. 621, 622 (C. C. N. D. N. Y. 1882); *Goss v. Cameron*, 14 F. 576, 578 (C. C. N. D. Ill. 1882); *Hatch v. Moffitt*, 15 F. 252, 253 (C. C. D. Mass. 1883). See also Walker, *Text Book of the Patent Laws*, 7.
[211] 17 F. Cas. 879 (S. D. N. Y. 1862).
[212] Id., 883.
[213] Id.
[214] Id., 882.
[215] *Ames v. Howard*, 1 F. Cas. 755, 757 (C. C. D. Mass. 1833).
[216] See *Whittemore v. Cutter*, 29 F. Cas. 1123, 1124 (C. C. D. Mass. 1813); *Howe v. Abbott*, 12 F. Cas. 656 (C. C. D. Mass. 1842); *Bean v. Smallwood*, 2 F. Cas. 1142 (C. C. D. Mass. 1843); *Conover v. Roach* (1857); *Bray v. Hartshorn* (1860); Curtis, *A Treatise on the Law of Patents*, 119 - 24.
[217] Robinson, *Law of Patents for Useful Inventions*, vol. 1, 364.
[218] 94 U. S. 780, 788 (1876).
[219] Id., 787.
[220] Robinson, *Law of Patents for Useful Inventions*, vol. 1, 230 - 31.
[221] 86 U. S. 287, 379 - 80 (1874).
[222] Id., 388.
[223] Id., 392.
[224] 102 U. S. 708.
[225] Id., 710.
[226] Id., 720, 722.
[227] *New Process Fermentation Co. v. Maus*, U. S. 20 F. 725 (C. C. N. D. Ind. 1884).

[228] 102 U. S. 726.

[229] Robinson, *Law of Patents for Useful Inventions*, vol. 1, 193.

[230] Christopher Beauchamp, *Invented by Law: Alexander Graham Bell and the Patent That Changed America* (Cambridge, Mass.: Harvard University Press, 2015), 25–26; Kendall J. Dood, "Pursuing the Essence of Inventions: Reissuing Patents in the 19th Century," 32 *Technology and Culture* 999, 1004–8 (1991).

[231] Dood, "Pursuing the Essence of Inventions," 1015–16. See *Miller v. Bridgeport Brass Co.*, 104 U. S. 350 (1881).

[232] 参见第 4 章; Beauchamp, *Invented by Law*, 71。

[233] Beauchamp, *Invented by Law*, 49.

[234] The *Telephone Cases*, 126 U. S. 531.

[235] Beauchamp, *Invented by Law*, 46.

[236] Id., 66.

[237] See *McCormick v. Talcott*, 61 U. S. 402 (1857); *Railway Company v. Sayles*, 97 U. S. 554, 556–57 (1878); Walker, *Text Book of the Patent Laws*, 263–65.

[238] Joel Mokyr, *The Lever of Riches: Technological Creativity and Economic Progress* (New York: Oxford University Press, 1990), 13.

[239] See *American Bell Tel. Co. v. Spencer* (C. C. D. Mass. 1881); *American Bell Tel. Co. v Dolbear*, 15 F. 448 (C. C. D. Mass. 1883); *American Bell Tel. Co. v Dolbear*, 17 F. 604 (C. C. D. Mass. 1883); *American Bell Tel. Co. v. People's Tel. Co.*, 22 F. 309 (S. D. N. Y. 1884); *American Bell Tel. Co. v Molecular Tel. Co.*, 32 F. 214 (S. D. N. Y. 1885); *American Bell Tel. Co. v Globe Tel. Co.*, 31 F. 729 (S. D. N. Y 1887).

[240] *American Bell Tel. Co. v. Dolbear*, 15 F. 448.

[241] Beauchamp, *Invented by Law*, 79.

[242] *American Bell Tel. Co. v. Dolbear*, 15 F. 449.

[243] Id., 454.

[244] The *Telephone Cases*, 126 U. S. 497.

[245] Id., 533–34.

[246] Id., 208.

[247] Id., 498.

[248] Id., 210.

[249] Id., 535.

[250] *Fulton Co. v. Powers Regulator Co.*, 263 F. 578, 580 (2nd Cir. 1920).

[251] Pottage and Sherman, *Figures of Invention*, 55-59.

[252] Id., 51; Mario Biagioli, "Patent Republic: Representing Inventions, Constructing Rights and Authors," 73 *Soc. Res.* 1129, 1143 (2006).

[253] *Heath v. Hildreth*, 11 Fed. Cas. 1003, 1006 (C. C. D. C. 1841).

[254] *Winans v. New York & E. R. Co.*, 62 U. S. 88, 100 (1858). See also *Barrett v. Hall*, 2 F. Cas. 914, 923 (C. C. D. Mass. 1818).

[255] *Bischoff v. Wethered*, 76 U. S. 812, 815 (1869).

[256] Pottage and Sherman, *Figures of Invention*, 63.

[257] See Pierre Bourdieu, *Practical Reason: On the Theory of Action* (Cambridge: Polity, 1998), 31-34.

[258] See Kara W. Swanson, "The Emergence of the Professional Patent Practitioner," 50 *Technology and Culture* 519 (2009); Kara W. Swanson, "Authoring an Invention: Patent Protection in the Nineteenth Century United States," in Martha Woodmansee et al., eds., *Making and Unmaking Intellectual Property: Creative Production in Legal and Cultural Perspective* (Chicago, Ill.: University of Chicago Press, 2011).

[259] *Hints to Inventors Concerning the Procuring of Patents* (New York: Munn & Co., 1861), 24.

[260] Swanson, "Authoring an Invention," 49.

[261] *Hints to Inventors*, 34.

[262] Beauchamp, *Invented by Law*, 30-31.

[263] Id., 31-32.

[264] Pottage and Sherman, *Figures of Invention*, 125.

[265] Id., 107-25.

[266] Cited in Beauchamp, *Invented by Law*, 65-66.

[267] Id., 66.

[268] Edwin J. Prindle, *Patents as Affecting the Young Engineer: An Address by Edwin J. Prindle M. E. & L. L. M. of the Class of 1890* (1907).

[269] Id., 7.

[270] Act of July 4, 1836, ch. 357, 5 Stat. 117, 119, § 6. See Karl B.

Lutz, "Evolution of the Claims of U. S. Patents" (pt. 1), 20 *J. Pat. Off. Soc'y.* 134, 134 – 42 (1938); John M. Golden, "Constructing Patents According to Their 'Interpretive Community': A Call for an Attorney-plus-Artisan Perspective," 21 *Harv. J. L. Tech.* 321, 350 – 51 (2008).

[271] 94 U. S. 568 (1876).

[272] Id., 573.

[273] Id., 570.

[274] *Keystone Bridge Company v. Phoenix Iron Company*, 95 U. S. 274, 279 (1877).

[275] John A. Dienner, "Claims of Patents," 18 *J. Pat. Off. Soc'y.* 389, 403 (1936).

[276] 将查尔斯·西德尼·惠特曼（Charles Sidney Whitman）对权利要求的粗略讨论（*Patent Laws and Practice of Obtaining Letters Patent for Inventions in the United States and Foreign Countries*, 2nd ed. (Washington, D. C.: W. H. & O. H. Morrison, 1875), 303 – 4), 与乔治·H. 奈特（George H. Knight）的广泛讨论（*Patent-Office Manual: Including the Law and Practice of Cases in the United States Patent Office and the Courts Holding a Revisory Relation Thereto* (Boston: Little, Brown, 1894), 83 – 129) 进行比较。

[277] Swanson, "The Emergence of the Professional Patent Practitioner," 542.

[278] Id., 530 – 37.

[279] 94 U. S. 573.

[280] Max Weber, *Economy and Society: An Outline of Interpretive Sociology* (New York: Bedminster Press, 1968), 955 – 58. See also David M. Trubeck, "Max Weber and the Rise of Capitalism," 1972 *Wis. L. Rev.* 720, 739 – 45 (1972).

[281] 94 U. S. 573.

[282] 95 U. S. 278.

[283] See Morton J. Horwitz, *The Transformation of American Law 1780—1860* (Cambridge, Mass.: Harvard University Press, 1977), 263.

[284] 94 U. S. 573.

[285] Melville Church, "Comments on Recent Articles," 13 *J. Pat. Off. Soc'y.* 459 (1931).

[286] See e. g. Knight, *Patent-Office Manual*; Paul Synnestvedt, Notes

on *Patents and Patent Practice* (Pittsburgh, Pa.: Federal Publishing, 1906); James Love Hopkins, *The Law of Patents and Patent Practice in the Patent Office and the Federal Courts* (Chicago, Ill.: Callaghan, 1911); John Franklin Robe, *Patent Essentials for the Executive, Engineer, Lawyer and Inventor: A Rudimentary and Practical Treatise on the Nature of Patents, the Mechanism of Their Procurement, Scientific Drafting of Patent Claims, Conduct of Cases and Special Proceedings, Including Forms* (New York: Funk & Wagnalls, 1922).

[287] Robe, *Patent Essentials*, 201.

[288] Id., 145.

# CONCLUSION

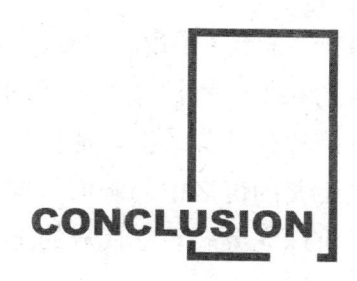

# 结　语

　　1888年2月,长老会牧师亨利·范戴克（Henry Van Dyke）在华盛顿布道。听众中有第一夫人弗朗西丝·克利夫兰·普雷斯顿（Frances Cleveland Preston）、几位国会议员以及亚历山大·格雷厄姆·贝尔。[1]（布道的）主题是"文学盗版的国家罪"（The National Sin of Literary Piracy）[2]。此次布道是国际版权运动的一部分,由美国版权联盟精心策划。这场运动的规模和强度都是前所未有的,包括国会议员的广泛游说、全国知名作家的公开朗读活动、大量的小册子和协调一致的新闻文章,以及在范戴克布道两个月后为作者举行的白宫招待会。[3]三年后,1891年4月,美国总统本杰明·哈里森（Benjamin Harrison）向聚集在华盛顿的一群引人注目的要人发表了简短的讲话,宣布为期三天的专利百年纪念。

## 美国
### 知识产权制度的观念起源（1790—1909）

据《科学美国人》的报道，4月8日下午，知名的杰出人士聚集在华盛顿林肯音乐厅的舞台上，在庆祝美国专利制度一百周年的开幕式上，他们描绘了一幅将永远留在那些到场的幸运儿的记忆中的画面，即使是艺术家或画家的笔刷或铅笔也难以完全展现它代表的正义。[4]知识产权在国家议程上已经占据了显著的地位。

当美国人讨论知识产权制度的基础时，他们通常会追忆开国之父（Founding Fathers）的智慧与远见，是他们在宪法中奠定了知识产权的基础。因此，当跟随哈里森总统的专利局局长查尔斯·埃利奥特·米切尔（Charles Elliot Mitchell）谈到"美国专利制度的诞生和发展"时，他也援引了开国之父们，这也就不足为奇了。但后来，他打破了正统观念，接着又说："伟大的缔造者对他们所做的事情的重要性没有任何概念。"米切尔说："他们认为他们是在用最后的笔触和修饰来完成一座原本已经完工的建筑物，但那时他们才正在夯实面积庞大的地基。"[5]米切尔是对的。自1789年的微小的开端以来，不仅仅是体制的规模发生了难以辨认的变化。到了19世纪末，美国人创造了一个概念方案（conceptual scheme）来理解无形物的所有权，在谈到文学财产权或发明人的自然财产权时，这些概念会让缔造者们感到困惑。这种知识产权的现代观念广泛传播，并赋予了版权和专利制度意义。这两个领域共享了许多现代无形物所有权概念的基本要素，但在一些重要的研究成果上也存在差异。

最根本的是，专利和版权变成了权利。18世纪的殖民地和州对专利和版权授予的是自由裁量的特权。它们是主权国

# 结 语

家的政治行为,给予特定的个人有针对性的特权,以换取特定的对价,并以其具体的公共效用为理由。相比之下,现代专利和版权则成为普遍权利:一套标准的应享权利,授予符合一套一般标准的人,作为一种权利,并以整个系统的公共效用为依据。

由专利和版权共享的知识产权新框架的其他方面与权利人的身份和特征、知识产权的客体、权利的性质有关。到18世纪末,这两个领域的新真理是知识产权植根于个人智力创造的行为,因此知识产权属于创造者,即作者或发明人。形式上,这一基本原则保持不变。但是,20世纪初,在一系列案件中,实际的法律规则明显背离了作者所有权的官方原则。作者和发明人仍然是知识产权的代表人物,但是在越来越广泛的雇佣环境中,他们不再是权利人。法律制定的识别作者主体身份的标准也有类似的紧张关系。版权独创性作为该领域的一项基本原则获得了突出的地位,同时其实质性内容在世纪之交被系统地压缩。它设定的标准有时近乎琐碎。在19世纪的最后三分之一的时间里,非显而易见性作为可专利性的基本要求是一种低版本的独创性模式。非显而易见性体现了这样一个假设:专利仅仅适用于具有天分的发明人的成果而不适用于普通技工的技巧。与独创性不同的是,非显而易见性没有降为琐碎的标准,而是在界定权利范围方面发挥了更核心的作用。然而,与此同时,非显而易见性的适用体现为法院越来越不愿意对发明进行实质性评估,这也导致了一种复杂而令人困惑的原则的产生。

专利和版权原来是以一种半唯物主义的方式被理解为对

复制件或机器的所有权。在19世纪，发展出了假定的无形物所有权的概念。两个领域各自以不同的方式实践该理念，专利最终强调发明描述的形式化、文本化。但是它们的基本的潜在的理念是一样的：作品和专利都被概念化为知识本质，它可以有无穷的具体（表现）形式。这种对财产客体的理解与对财产所有权的新理解有关。旧的观念认为专利和版权是受限制的从事特定经济活动的经济特权，这种旧观念被摒弃了，知识产权（现在）被认为是一种对无形物的经济性利用的一般性控制。发明和作品可以呈现不同的形式，每种形式代表一连串的市场利润，而所有权意味着无论何种形式与媒介，都有权控制该市场价值。在拥有无形物的观念中，私有制的不可避免的扩张和抽象与知识向所有人免费的思想信念相冲突。因此版权和专利形成了一些理念和概念机制，比如思想和表达两分原则（idea/expression dichotomy）、合理使用原则（the fair use doctrine）、自然物不可专利原则（the rule against patenting of natural principles）。这些机制用来为看似无限逻辑扩张的权利划定边界。在思想观念上，它们建立了这样的理念：即使个人（对知识的）独占性权利在范围和强度上扩大了，知识也保持向公众免费开放。

是什么促成了这个精致的所有权理念框架呢？正如我在本书中所言，有各种各样的因素，包括思想观念、经济因素、知识因素、政治因素，所有这些塑造了该框架的不同部分。然而，放大来看，更大的图景显示两个基本的因素在起作用。知识产权的现代框架源于18世纪的财产私有制（possessive individualism）和19世纪末的公司自由主义在理解和规制创新活动以及分配权利方面的碰撞。到 18 世纪末期，专利和版权由新的思想主导，这种新的思想把浪漫主义作者观念、英雄发明人观念同财产私有观点联合起来。然而，在另一个时代形成的、从过去继承下来的制度形式，也不会一夜之间就被取代。给精神产品作者权这一抽象的思想赋予具体意义的过程是渐进的，并有必要以在先存在的制度和新的偶然性为媒介。随着这个过程的展开，其物质和思想的内容改变了。从 19 世纪下半叶开始，在最后的三分之一世纪更甚，形成了一个新的经济、文化和政治体系。在新的环境下，大公司是主导性因素。知识产权思想变得越来越受到几方面的影响，其中包括大公司的利益、其自认的经济需要（by its perceived economic "needs"）、生产和利用知识产权改变了的环境。在这个背景下，知识创新被看作一个典型的、协作的、分级的控制过程。知识产权即是这一生产协作过程的必要投入，也是在任何可能市场都必须合理利用的日益商品化的产出。知识产权成为公司安全的首要工具——在市场不可预测的情况下实现稳定和控制的工具。早期认为知识产权是植根于个人特殊创造行为的完全私权，而所有这些都与早期观点有相当的紧张关系。但是在知识产权领域，财产私有制并不是简单地被公司自由主义所代替。两者继续以一种不安的方式共存。个人英雄发明人或浪漫主义作者仍然是这个制度的官方形象代表，但这个制度越来越倾向于企业巨头的利益和需求。其结果是产生了各种奇怪的综合体、不稳定的妥协和常常完全矛盾的思想。

所有权理念的基本框架在 19 世纪末期得到了巩固，并在

**美国**
知识产权制度的观念起源（1790—1909）

整个 20 世纪保持了生命力，即使版权法和专利法经历了很多重要的变革。美国版权法的后期发展模式可以被最恰当地描述为普遍特殊性（universal particularism）。原本是图书行业的特殊规制规则的版权，已经转变为一个一般领域，这个领域基于创造性表达的所有权的抽象原则。这个观念与政治经济格局同步变化。随着摄影、音乐制品和电影等新信息产业的发展，他们发现了版权的潜力，并游说将新信息产业纳入其中。这个趋势开始于 19 世纪末期并在 20 世纪得到加强。然而，推动普遍版权的同样的过程也产生了一种持续的碎片化现象。尽管政府坚持统一化，但每次引入一个新的领域，版权的管制权力就会扩展到一系列不同的经济、技术和社会环境中。不同的环境都有自己的各式各样的利益群体，这些群体利益交错，并随时准备投身制定法律的斗争。

版权一直由利益集团政治所决定，但是 19 世纪末形成了一种新的模式。正是这个时期见证了知识产权"产业多元化"（industrial pluralism）的早期根源，也就是史蒂文·威尔夫（Steven Wilf）对新政（New Deal）的认同。[6] 在无数的斗争中，一个新的利益集团政治格局得到巩固，这些斗争包括后期的国际版权辩论、新闻版权斗争、围绕新音乐市场的混战，以及导致 1909 年法案（1909 act）的诉讼程序。[7] 它的特点是：按照行业明确划分利益，在立法、司法和公共领域方面采取协调和集中的行动，以及行业协会扮演核心角色。版权已正式成为工业社会利益集团政治的战场和产物。立法者逐渐接受了这样的事实，即作为一种政治必要性和规范性信念，版权的形象是相关利益集团之间妥协的马赛克。新的制度通

## 结 语

过结合逐渐错综复杂的法律条款、行政程序和私人制定的行业协会规则（private-ordering industry associations）来体现这些复杂的妥协，这些安排的具体模式差异很大，因为在版权保护伞下的每一个不同领域的偶然情况和权力分配是不一样的。版权法在20世纪的发展的特点是普遍化和特殊性的辩证统一，其中包括1976年的中央改革（the central reform of 1976）。[8]具有讽刺意味的是，版权被认为是一个统一的、庞大的帝国，但是不断开疆裂土导致它变成了一个由松散连接的岛屿组成的群岛。

在很长一段时间内，专利领域中通过包容而产生的碎片化的逻辑要温和得多。新产业被纳入这一领域，使得专利法至少维持了表象的凝聚。对于产生于新兴化学产业的客体问题，专利法通过一般适用的法律概念来解决，例如禁止"自然产品"中的专利及其各种例外。[9]活的有机体的客体问题给可专利性基本规则带来持续挑战。[10]然而，在很长一段时间里，这个挑战都被搁置一边，部分原因是通过可专利性的内部原则使其得到了解决，部分原因是在通用专利之外以1930年《植物保护法》（the 1930 Plant Protection Act）的形式创造了自成一格的制度。[11]

反专利的反垄断情绪的波动是影响20世纪专利法发展的主要力量。原则上，与版权相比，专利或多或少是一种垄断。偶尔，版权也会被卷入反垄断之火，早期例子包括20世纪初的音乐制品的权利斗争，以及后来的无线电行业集体许可争论。[12]但总的来说，对垄断的恐惧给专利蒙上了更深、更持久的阴影。这也许要归咎于一项将专利与垄断联系在一起的强

**美国**
知识产权制度的观念起源（1790—1909）

有力的思想观念遗产，即可追溯到1624年的《垄断法令》和17世纪的英国普通法。或者，与版权相比，专利被完善为全行业的控制和协调工具的时间更早，并且具有更系统的规模。不管是什么原因，以前法院对使用专利作为行业控制的工具的态度的确是友好的，到了后来的进步时代（Progressive era），法院开始改变他们的论调。专利现在被视为反垄断的新前沿。[13]一系列的法院判决以怀疑的态度对待专利池（patent pooling）和其他基于专利的捆绑安排，并把它们置于种种限制之下。[14]"新政"给既定的专利框架带来了许多更根本的挑战。原则上来说，"新政"的知识环境与大规模商业是矛盾的，但是对很多观察者而言，专利（或被视为滥用专利的权利）体现了经济集中的弊端。瑟曼·阿诺德（Thurman Arnold）是1938年至1943年间司法部反托拉斯局（the Antitrust Division of the Justice Department）的负责人，他谴责他所说的"滥用专利"（abuse of patents），并将其列为他的机构的主要目标。[15]这种态度引发了大量的委员会和报告批评专利的各种反竞争用途，并建议采取措施对其加以防止。[16]其中有一系列的改革建议，包括有些人威胁要颠覆专利的基本框架和改变财产权的概念。具体体现的措施包括限制权利人的许可权、限制专利池、广泛的强制许可、专利无效（forfeiture of patents）、规制价格和其他政府监管。[17]

最后，专利通过少量的基础性改变度过了这次风暴。咄咄逼人的反垄断执法（antitrust enforcement）迫使专利在合并和捆绑方面的安排陷入停顿，直到20世纪70年代反垄断思想领域出现了新的风向。[18]但是，影响深远的立法改革提案

结 语

的产出却少之又少。司法上对专利的敌意一直持续到20世纪50年代和60年代，这尤其体现在新政任命的人身上，比如担任最高法院法官的威廉·O. 道格拉斯（William O. Douglas）和雨果·布莱克（Hugo Black）。同行们的这种态度促使罗伯特·H. 杰克逊（Robert H. Jackson）大法官在1949年发表评论说："唯一有效的专利是未能来到本法院手中的专利。"[19]然而，即使是专利怀疑论者也在很大程度上依赖其熟悉的作为知识产权的专利体制所提供的概念和工具：提高新颖性标准（tightening of the novelty standard）、严格适用非显而易见性的发明规则（a demanding application of the nonobviousness bar of invention）、限缩解读保护范围的文本策略（textual strategies for narrow claim construction）。19世纪后期形成的专利基本框架大部分未受影响。尽管仍然还有敌意，自20世纪50年代回归常态开始，专利漫长的逐渐复原的过程就开始了。1952年《专利法》（The 1952 Patent Act）主要是对现有专利判例的重申和巩固，几乎找不到前几十年更为激进的改革建议的痕迹。[20]具有讽刺意味的是，1982年，新政改革者提出的一项对专利滥用的弥补措施得到了实施，即设立特殊的联邦专利上诉法院，其结果是对专利采取了一种新的、友好的和通融的司法办法。

专利和版权遵循各自不同的发展道路，但两者基本上仍在20世纪初形成的拥有无形物的基本概念框架内。更基本的挑战所带来的逐渐不稳定开始在20世纪末出现。在版权方面，主要的催化剂是数字信息技术、数字经济以及政治经济环境。这项技术为大规模规避版权法提供了路径，这为分散的表达性创造活动和改变现有产业模式的颠覆性商业模式提供了前所未有的机会，使得版权法产生了潜在歧义。与此同时，新的数字技术催生了信息商品的传播和消费的新形式，带来了媒体市场新的强大中介机构的崛起；通过对个人与信息的互动和消费的限制性的技术，创造了前所未有的控制可能性。法律对这些挑战的回应基本上都在传统的版权法框架内，这些挑战既有一系列越来越严厉的保护性措施，也有以产业多元化的精神去平衡各方利益的尝试。一些现存的或拟定的、针对信息时代挑战作出的法律回应似乎在推动版权法超越传统模式。

在专利领域，主要是计算机技术和生物技术的兴起对其传统概念施加了压力。在这些领域，许多不同技术之间的斗争重新有力地提出了一些根本性的问题，比如：什么是私有财产权的适合客体？什么是创造性行为的本质特征？各种专利使用的工业战略的重新兴起，引起了对"专利丛林"（patent thickets）和"专利流氓"（patent trolls）新的不满，这与过去类似。正因为我们身处其中，所以针对这些是否会导致知识产权框架的根本性改变的预测都太冒险了。然而，更安全的做法是，无论这一框架将发生什么变化，这些变化都要经历和过去一样的智力构造（intellectual bricolage）过程，而正是这一过程创造了已有的知识产权框架。当我们努力地重新定义适当的法律基础（legal infrastructure）以管理信息社会中创意的产生和使用时，我们的出发点仍然是一个多世纪前得到巩固的（那些）最基本的概念，这些概念源自18世纪的财产私有制与19世纪末的公司自由主义的碰撞。

## 注释

[1] "International Copyright," *Washington Post*, February 13, 1888, 1.

[2] 这篇布道后来以一本小册子的形式出版了,参见 Henry Van Dyke, *The National Sin of Literary Piracy* (New York: C. Scribner's Sons, 1888)。

[3] Catherine Seville, *The Internationalisation of Copyright Law: Books, Buccaneers and the Black Flag in the Nineteenth Century* (New York: Cambridge University Press, 2006), 228–32.

[4] "The Patent Centennial Celebration," 64 *Sci. Am.*, 243 (1891).

[5] Id.

[6] Steven Willf, "The Making of the Post-War Paradigm in American Intellectual Property Law," 31 *Colum. J. L. Arts* 139, 175 (2008).

[7] See Seville, *Internationalisation of Copyright Law*, 196–246; Robert Brauneis, "The Transformation of Originality in the Progressive-Era Debate over Copyright in News," 27 *Cardozo Arts Ent. L. J.* 321 (2009–10); Stuart Banner, *American Property: A History of How, Why and What We Own* (Cambridge, Mass.: Harvard University Press, 2011), 109–20.

[8] Jessica D. Litman, "Copyright, Compromise, and Legislative History," 72 *Cornell L. Rev.* 857 (1987); Robert P. Merges, "One Hundred Years of Solicitude: Intellectual Property Law, 1900—2000," 88 *Cal. L. Rev.* 2187, 2192–200 (2000); Banner, *American Property*, 120–29; Graeme Austin, "Radio: Early Battles over the Public Performance Right," in Brad Sherman and Leanne Wiseman, eds., *Copyright and the Challenge of the New* (Alphen aan den Rijn: Kluwer Law International, 2012), 115–39.

[9] Christopher Beauchamp, "Patenting Nature: A Problem of History," 16 *Stan. Tech. L. Rev.* 257 (2013); Daniel J. Kelves, "Inventions, Yes; Nature, No: The Products-of-Nature Doctrine from the American Colonies to the U. S. Courts," 23 *Perspectives on Science* 13, 18–20 (2015).

[10] See Banner, *American Property*, 248–51; Alain Pottage and Brad Sherman, *Figures of Invention: A History of Modern Patent Law* (New York: Oxford University Press, 2010), 153–82; Daniel J. Kevles, "New Blood, New Fruits: Protection for Breeders and Originators, 1789—1930," in Martha

Woodmansee et al., eds., *Making and Unmaking Intellectual Property: Creative Production in Legal and Cultural Perspective* (Chicago, Ill.: University of Chicago Press, 2011), 254.

[11] Act of May 23, 1930, ch. 312, 46 Stat. 376. See Cary Fowler, "The Plant Patent Act of 1930: A Sociological History of Its Creation," 82 *J. Pat. Trademark Off. Soc'y.* 621 (2000).

[12] Banner, *American Property*, 113–20; Willf, "The Making of the Post-War Paradigm," 176–83.

[13] Willf, "The Making of the Post-War Paradigm," 193–96.

[14] See e. g. *Standard Sanitary Manufacturing Co. v. United States*, 226 U. S. 20 (1912); *Motion Picture Patents Co. v. Universal Film Manufacturing Co.*, 243 U. S. 502 (1917).

[15] Thurman Arnold, "The Abuse of Patents," *Atlantic Monthly*, July 1942, 14.

[16] Willf, "The Making of the Post-War Paradigm," 200–202; Larry Owens, "Patents, the 'Frontiers' of American Invention and the Monopoly Committee of 1939: Anatomy of a Discourse," 32 *Technol. Cul.* 1076 (1991).

[17] Willf, "The Making of the Post-War Paradigm," 200–203.

[18] Id., 203.

[19] *Jungerson v. Ostby & Barton Co.*, 335 U. S. 560, 572 (1949).

[20] Act of July 19, 1952, ch. 950, 66 Stat. 792.

# INDEX

# 索引[*]

abridgments, 83, 147, 149, 151, 153, 162, 166–67
 in early American law, 156–58
 in early English law, 148–49
 in later American law, 158
 and market value, 155–56
Adam Alexander, 67
advertisement, 74–76, 97
 and copyright ownership, 124, 130
 and copyright's scope, 163
 and market value, 107
 and originality, 76–77, 96, 105–6
Aeolian company, 181
American Telephone and Telegraph Company (AT&T), 282
 and the radio patent pool, 281–82
 strategic use of patents, 277–78
Arnold Thurman, 313
assignability
 of copyright, 126–27
 as an ideology, 251
 patent assignment clauses in employment contracts, 244–47, 251
 of patents, 240
 treatment by courts, 247–50
Atlantic Works v. Brady, 230–31
authorship
 and the 1790 Copyright Act, 61–63
 and colonial copyright, 44–45
 and copyright ownership, 126
 and copyrightable subject matter, 115–16
 and corporate liberalism, 4, 310–11
 in English copyright, 3
 as an ideology, 3–6, 41, 108–11, 132–36
 and news, 112–14
 and originality, 64–65
 and state copyright statutes, 46

---

[*] 所注序码为英文原版书页码，即本书边码。——译者注

and state printing privileges, 45
and the stationers' copyright, 36-37
and the Statute of Anne, 39

Baker v. Selden, 174
Barlow, Joel, 45, 222
　letter to Continental Congress, 62
Barnes, Joseph, 219
　mental property, 217
　patents as constitutional rights, 190
Beckford v. Hood, 60-61
Bell, Alexander Graham, 294-95, 307
　telephone patent, 277, 284, 293-94, 296
　views of his patent construction, 301
Ben Hur, 184
Billings, William
　printing privilege, 44-45
Bird, Robert Montgomery, 117-18
Blackstone, William, 140
　on literary property, 65, 143-44, 149
　on patents, 16
　on property, 136
Bladen, William
　printing privilege, 43
Bleistein v. Donaldson Lithographing Co., 77, 105-9, 133
Boker, George Henry, 118
book trade *see* publishing industry
Border v. Zeno Mauvais Music Co., 80-81
Boucicault, Dion, 118, 163

Boulton and Watt v. Bull, 24, 262
　concept of invention, 253-54
Bowker, Richard, 135
Boyle, James, 2
Bradley, Joseph, 174, 231
　on patent assignments, 245
　on patent claims, 303-4
　on patent specification, 299
　on process patents, 289-90
Bramwell v. Halcomb, 167
Brandeis Louis, 1
Brauneis, Robert, 111
Browne, Causten, 296
Burr v. Duryee, 272
Burrow-Giles Lithographic Co. v. Sarony, 88-91

Campbell, John, 260
Cardelli, Peter, 120
Carty, John Joseph, 277-78
Cary v. Kearsley, 148
Cecil, William (Lord Burhley), 16
Chandler, Alfred, 273
Christian, Edward, 140-41
Churchman, John, 56, 192
Clayton v. Stone, 73-74, 86
Cleveland Preston, Frances Clara, 307
Coke, Edward, 21
common law copyright
　in America, 138-40
　scope, 178-80
　compared to patent law, 238-39

434

in England, 39 – 41
  James Madison on, 49
commonwealth style of government, 100 – 1, 210
  decline of, 101
Conard, Robert Taylor, 118
Constitution U. S.
  framers, 308
  intellectual property clause, 73
  and authors, 62, 135
  and copyright, 73 – 79, 82, 88 – 90, 100, 106, 109 – 10, 113 – 14
  drafting, 47 – 48
  and inventorship, 229
  meaning, 48 – 51
  and patents, 189 – 91, 219
  reasons for importance, 51 – 52
Continental Congress, 47
  copyright resolution, 45, 62
contract
  employment contracts and patents, 244 – 45
  ideological role in patent, 251
  implied intent
    and copyright ownership, 128 – 30
    and patent ownership, 243 – 44
copy, 146 – 47, 149, 153 – 54
  decline of concept, 159 – 60
  in Englih law, 148
copyright
  colonial privileges, 43 – 45
  contributory liability, 186
  English origins, 31 – 42

formalities, 112, 137, 180
international, 145, 307
originality
  as creativity, 72 – 77
  as an ideology, 108 – 11
  and judicial reasoning, 104
  and market concept of value, 82 – 88, 99 – 100, 103
  as merit, 77 – 82
  and motion pictures, 91 – 93
  as novelty, 64 – 72
  and phtography, 89 – 91
  registration, 61, 65, 74, 127 – 28, 137
  stationers' copyright, 34 – 35
state privileges, 45
state statutes, 45 – 46
subject matter, 115 – 23, 311 – 12
  judicial opinions as, 137 – 38
  and originality, 96
work made for hire doctrine, 131 – 32, 250
Copyright Act 1790, 58 – 63, 116, 149, 176
  legislative process, 56 – 58
Copyright Act 1802, 116, 150, 176
Copyright Act 1831, 70, 116
Copyright Act 1856, 118, 177
Copyright Act 1865, 88
Copyright Act 1870, 121, 176
Copyright Act 1909, 123, 131 – 32, 134, 184, 311
Corning v. Burden, 286 – 87, 289

corporations
    corporate security and patents, 273 – 74
    and employee copyright ownership, 130, 133 – 34
    general incorporation, 4
    and patents, 212
    and innovation, 246
cotton gin, 204 – 5
Coxe, Tench, 200
Curtis, Benjamin Robbins, 260
Curtis, George Ticknor
    on abridgements, 155 – 56
    on copyright remedies, 60
    on copyright's object of property, 144
    on fault, 158 – 59
    on natural rights, 141
    on novelty, 226 – 27
    on originality, 64, 83, 85
    on patent infringement, 262
    on patenting principles, 263 – 65
    on property, 140
    on translation, 151

Daly, Augustin, 163
Daly v. Palmer, 163 – 65
Davis v. Palmer, 255
Day, William, 182
Dearborn, Benjamin, 219
derivative works, 83, 148, 160, 180, 187
Digges, Thomas, 198 – 99
Donaldson, Robert, 137

Donaldson v. Becket, 41, 49, 139
dramatic compositions, 79
    as copyrightable subject matter, 116 – 19
    and copyright's scope, 163 – 65
    public performance right in, 177 – 78
    unpublished works, 179
dramatization, 176
    right of, 160, 176
    motion pictures, 184 – 86
Drone, Eaton Sylvester
    on copyright's object of protection, 159 – 60, 162
    on derivative works, 160 – 61
    on fault, 159
    on market value, 87
    on originality, 83 – 85
    on "playright", 178
    on a public performance right in music, 178
    on translations, 160
    on unpublished works, 178

Earle v. Sawyer, 223 – 24, 228 – 29, 232
Edelamn, Bernard, 131
Edison, Thomas Alva, 275
Edison company, 92, 97, 185
Edward Thompson Co. v. Am. Law Book Co., 133
Elizabeth I, 15
Ellsworth, Henry L., 209

Emerson v. Davies, 68 – 70, 82, 85, 100, 165
employee ownership, 10
  copyright
    decline of, 128 – 31
    early rules, 126 – 28
  copyright and patent compared, 250 – 51
  patent
    decline of, 244 – 50
    early rules, 240 – 41
    hired to invent, 243 – 44
    shop rights, 241 – 42
equivalents
  concept of, 258 – 59
  in copyright, 165
  doctrine of, 258 – 62, 271, 299
ether case *see* Morton v. New York Eye Infirmary
Evans, Oliver, 204
  patent petition, 198

fair use, 125, 165 – 66, 309
  early cases, 166 – 69
  English origin, 166
  signficance, 169 – 70
Falk, Benjamin J., 91
Farley, Christine, 93
fault
  copyright, 148
    decline of, 158 – 59
  patent, 255 – 56
    decline of, 256

Field, Stephen, 75
film *see* motion pictures
fine arts
  as copyrightable subject matter, 120 – 22
Fish, Fredrick, 251
Fisk, Catherine, 132, 240
Fitch, John, 189, 191, 196
  patent petition, 197
Folsom v. Marsh, 166 – 69
Franklin, Benjamin, 98, 267
Frawley, John F., 92

General Electric (GE), 245, 277 – 78, 281 – 82
Gillet, Ransom Hooker, 270
Godson, Richard, 159
  on fault
    copyright, 148
    patent, 254
  on patent's object of property, 254
Gould, Benjamin, 66 – 67
Grangers
  anti-patent agenda, 282 – 83
Gray, Horace, 294
Gray v. Russell
  fair use, 167
  originality, 66 – 68
Green, Samuel, 44
Grier, Robert, 146, 154, 271 – 72, 286 – 87
Grigg, John, 137
Gyles v. Wilcox, 148

Hamilton, Alexander, 200
Hand, Learned, 91, 175
Harlan, John Marshall, 77, 81
Henderson v. Tompkins, 86–88, 104
Higgins v. Keuffel, 75
Hollister v. Benedict, 232
Holmes, Oliver Wendell Jr., 106, 111, 133, 184–86
  theroy of property, 182–83
  views of originality, 107–9
Hotchkiss v. Greenwood, 70, 227–29
  reception of, 229
Hovenkamp, Herbert, 98, 230
Hunt, William Morris, 121

idea/expression dichotomy, 125, 165–66, 309
  early version, 143–45, 170–71
  and the ideal of access to knowledge, 172–74
  as an ideology, 175
  modern version, 171–72, 174–75
Ingersoll, Charles Jared, 204
  copyright bill, 118, 177
Ingersoll, Joseph Reed, 138, 142–43
International News Service v. Associated Press, 115, 183
invention
  concept of, 189, 239, 309
    in colonial patent grants, 26–27
    in early English patent law, 254–55
    in early English patents, 18–19, 21
    as an industrial input, 249
    as information, 23–25, 30–31, 252–53
    as an intellectual essence, 263–65
    as an intellectual template, 253
    as a mechanical design, 255–57
    mode of operation, 257
    as a principle *see* patent for principles as a text, 297–301
  and technological innovation
    in English patents, 23
    in state patent grants, 29–30
inventors, 188–89
  and authors compared, 87
  image of, 26, 217, 219–20
    appearance of, 29–30, 218–19
    in early patent law, 220–22
    as an ideology, 220, 223, 237
    and nonobviousness, 228
  inventive faculty, 233, 235
  pioneer and ordinary, 269–71, 294
Iredell, James, 49
Israel, Paul, 274

Jackson, Andrew, 211
Jackson, Robert H., 314
Jacksonian
  ideals
    in copyright, 101
    and the market, 214
    in patent, 210–12
Jaszi, Peter, 91
Jefferson, Thomas, 194, 197–201
  and patentability rules, 201

Jevons, William Stanley, 99
Jewett, Frank, 278-79
Jewett, John P., 146, 152
Johnson, Robert Underwood, 132
Jolly v. Jacques, 70-71, 83

Kalem Company v. Harper Brothers, 184-87
Kane, John Kintizing, 265, 269
Keene v. Wheatley, 128-29
Keystone Bridge Co. v. Phoenix Iron Co., 303-4

Lamoreaux, Naomi, 246
Langdon v. De Groot, 206
Lawrence v. Dana, 129
Le Roy v. Tatham, 265-67
legal reasoning
　formalist, 104
　instrumentalist, 103
Liardet v. Johnson, 24
literary property debate
　in America, 125, 136-46, 170
　in England, 39-41
Livingston, Henry Brockholst, 205-7, 216
Lowell v. Lewis, 206-7
Lowrey, Grosvenor, 296
Lubin company, 92, 97

Madison, James, 48, 50, 202
　Federalist No. 43, 48
　justifying the intellectual property

　　clause, 48-49
market
　concept of value, 98-99, 309
　copyright, 7, 87, 99-100, 104, 107-8, 157
　patent, 214, 216
　rise of national, 93-94
　for books, 94, 150
Martinetti v. Maguire, 78-80, 82
Massachusetts, 27, 46, 80
　copyright statute, 46
　printing privileges, 43-44
McClurg v. Kingsland, 241
McGaw v. Bryan, 203-4
McGill, Meredith, 95, 144
McKean, Thomas, 49
McKenna, Joseph, 77, 81, 250
McLean, John, 74, 137, 141, 159, 166
　on abridgements, 157-67
　on patenting principles, 266
　on patent's object of protection, 162
mechanical equivalents *see* equivalents
Merrill v. Yeoman, 302-4
Millar v. Taylor, 41, 49, 142, 149
Miller, Samuel, 90, 302, 304
　on originality, 109
Mitchell, Charles Elliot, 308
Mitchell v. Tilghman, 289
Models and Busts Act 1798, 120
Morris v. Bramson, 23
Morse, Jedidiah, 60
　copyright petition, 57, 149

439

Morse, Samuel
　　telegraph patent claim, 268, 274, 284 – 85, 293, 295
　　telegraph patent litigation, 268 – 71
Morse v. Reid, 60
Morton v. New York Eye Infirmary, 287 – 88
motion pictures, 10, 281
　　and copyright's scope, 184 – 86
　　and originality, 91 – 93
Murray William (Lord Mansfield)
　　on copyrigt's object of property, 145
　　and patent specification, 24, 252
　　and patents for improvements, 23
music
　　as copyrightable subject matter, 116
　　and copyright's scope, 180 – 84
　　public performance right in, 177 – 78
　　unpublished works, 179

National Tel. News Co. v. Western U. Tel. Co., 114 – 15
National Wire Bound Box Co. v. Healy, 247 – 49
Nelson, Samuel, 87
　　on nonobviousness, 227 – 29
　　on originality, 70 – 71
　　on patenting principles, 265 – 67
New Deal, 311, 313 – 14
New England Association of Inventors and Patrons of Useful Arts, 219, 237
news
　　industry, 111 – 12
　　and originality, 111 – 14
　　quasi-property in, 113 – 15
North Carolina
　　printing privileges, 43 – 44

O'Reilly, Henry, 268
O'Reilly v. Morse, 270 – 72, 283, 295
Orton, William
　　strategic use of patents, 275
ownership, 6, 308 – 9
　　of copyriight, 126 – 36
　　by employees *see* employee ownership of patents, 240 – 52

Paine, Elijah, 140 – 41, 143 – 44
paintings *see* fine arts
Palmer, Henry, 164
patent
　　agents, 299 – 300, 303
　　bureaucratization of, 299 – 304
　　claims, 301 – 4
　　colonial grants, 25 – 28
　　as a constitutional right, 190 – 91
　　double use doctrine, 288 – 89
　　drafting, 301 – 2, 305 – 6
patent (cont.)
　　English origins, 15 – 25
　　examination, 194, 202, 209, 213 – 14, 299
　　for importation, 19, 220, 240
　　for improvements, 23, 221 – 22

in early Americna law, 285 - 88
in early English law, 285
lawyers, 300 - 1
as means of stabilization, 273 - 74, 282
for methods *see* patent for processes
nonobviousness, 227 - 29, 231 - 32, 235, 291, 309
  background, 230 - 31
  and utility, 232 - 35
novelty, 193
  in early English law, 18
  substantial novelty, 224 - 27
pools, 280
  antitrust, 313 - 14
  electric industry, 281
  motion pictures, 281
  radio, 281 - 82
  sewing machines, 280
for principles, 283
for processes, 285, 288 - 91, 293, 301
prosecution, 299 - 300, 303 - 4
registration, 201 - 2, 209
reissues, 291, 301
as a right, 21, 28, 188, 195, 201, 203, 214
state grants, 28 - 31
strategic use of, 274 - 82
utility, 80
  broad approach, 204 - 8, 215
  decline of, 215 - 17
  narrow approach, 206 - 7
Patent Act 1790, 188, 191
  and patent rights, 193 - 95

Patent Act 1793, 201 - 3
Patent Act 1836, 209 - 10
  and Jacksonian ideals, 210 - 12
patent board, 193 - 94
  discretionary nature of, 195 - 98
patent office, 202, 209, 303
  copyright registration, 74
Peale, Rembrandt, 121
Pearce, William, 198 - 200
Perry, Arthur Latham, 99
Peters, Richard Jr., 136 - 37
Phillips, Willard, 68, 99, 214, 286
  on substnatial novelty, 225 - 26
  on utlity, 207
photography, 10
  concept of, 88
  as copyrightable subject matter, 88
  and originality, 88 - 91
Pierpont v. Fowle, 126 - 27
Pinckney, Charles, 48, 50
Plant Protection Act 1930, 313
plays *see* dramatic compositions
playwrights, 117 - 19, 177
Pollard, William, 196 - 97
Pottage, Alain, 253, 300
Pratt, Charles (Lord Camden), 165
Prindle, Edwin J.
  and employee inventon, 246 - 47
  on patent drafting, 301 - 2
  and strategic use of patents, 278 - 79
printing patents, 32 - 33
Privy Council, 208
  revocation of patents, 18, 22, 203

441

property
  theory of, 40, 140, 145, 182 – 84
    natural rights, 140 – 45, 180, 237 – 38
public performance right, 178
  in dramatic compositions, 117 – 19, 177
  in music, 177 – 78
  in unpublished works, 178 – 79
publishing industry, 94 – 95
  colonial, 42 – 43
  and copyright's scope, 150 – 51
  and originality, 95 – 96
  and work for hire doctrine, 131, 135
Putnam, George, 150
Putnam, George Herbert, 135

railroads
  anti-patent agenda, 229 – 30, 283
  and employee invention, 242
  and nonobviousness, 230 – 31
  and strategic use of patents, 275 – 76
Ramsay, David, 56 – 57
Read, Nathan
  patent petition, 196
Reade, Charles, 155
remedies
  copyright, 59 – 61
    1790 Copyright Act, 59
    common law, 138
research and development (R&D)
  and epmloyee invention, 245 – 46

and strategic use of patents, 276 – 78
Robinson, William C., 231
  on double use, 288
  on invention, 233
  on process patents, 286, 290 – 91
Rose, Mark, 54, 237
Ruggles, John
  report on patents, 212

Sag, Mathew, 166
Sarony, Napoleon, 88
Schumacher v. Schwencke, 133 – 34
Scoville v. Toland, 74
sculptures *see* fine arts
Sherman, Brad, 253, 300
Smith, Chauncey, 293, 301 – 2
Smith, Samuel Stanhope, 62
Sokoloff, Kenneth, 246
Solomons v. U. S., 244
South Carolina
  colonial patents, 27
  patent statute, 28
Sparks, Jared, 168
Standard Parts Co. v. Peck, 249 – 50
stationers' copyright
  and authorship, 36 – 37
  as property, 35 – 36
  as a right or privilege, 33 – 35
Statute of Anne 1710, 38 – 39
  lobbying, 38
Statute of Monopolies 1624, 19 – 21, 190, 208, 238

and the colonies, 27
Story, Joseph, 138
　　on copyright remedies, 60
　　on copyright's scope, 161-62
　　on fair use, 166-69
　　on market value, 100
　　on originality, 66-70, 82, 84-86
　　on patent scope, 255, 257-58
　　on substantial novelty, 223-24
　　on utility, 206-7
Story v. Holocombe, 156-58
Stowe, Harriet Beecher, 146, 151
Stowe v. Thomas, 151-54, 160-61

Taney, Roger, 270
telegraph
　　Baine's, 269
　　Columbian, 268, 271
　　House, 268
　　and news, 111, 113
　　and strategic use of patents, 274-75
telegraph case *see* O'Reilly v. Morse
telegraph patent *see* Morse Samuel telegraph patent claim
Telephone Cases, 292-96
telephone patent *see* Bell Alexander Graham telephone patent
Thomas, F. W., 146
Thompson, Smith, 86, 140, 142, 144
Thompson v. Boisselier, 229
Thornton, William, 202
Tilghman v. Proctor, 289-90

Tonson v. Collins, 143
Trademark Cases, 109-10
translation, 83, 176
　　right of, 8, 146, 151-54, 160, 176

Uncle Tom's Cabin, 146, 151-52
Upham, Charles W., 167
Usher, John
　　printing privilege, 43-44

Vail, Theodore, 277
Van Dyke, Henry, 307
Van Ness, William
　　on utility, 203-4, 208

Waite, Morrison, 295
Walker, Albert Henry
　　on equivalents, 259
　　on nonobviousness, 234
　　on patenting principles, 284-85
　　on utility, 216-17
Washington, Bushrod, 168, 255
Washington, George, 121, 167, 198-200
Wayland, Francis, 98
Webster, Noah, 9, 45, 62
Western Union, 111, 113, 274
　　strategic use of patents, 275
Westinghouse, 245, 278
Westinghouse, George
　　strategic use of patents, 275-76
Wheaton, Henry, 136
Wheaton v. Peters, 136-45, 149, 170,

443

178，180
White, James H., 92
White-Smith Music Pub. Company v. Apollo Company, 180 - 84
Whitney, Eli, 204
Whitney Willis R., 277
Wilde, Oscar, 88
Wilf, Steven, 311
Willes, John, 149

Williams, Bert A., 81
Winans v. Denmead, 259 - 61
Woodbury, Levi, 13, 126, 228, 237, 268 - 69
Wordsworth, William, 64, 84
work
  concept of, 40, 159 - 60, 309

Yates, Joseph, 141, 143

This is a Simplified-Chinese translation of the following title published by Cambridge University Press:

Owning Ideas: The Intellectual Origins of American Intellectual Property, 1790 – 1909, 9780521877664

© Oren Bracha 2016

This Simplified-Chinese translation for the People's Republic of China (excluding Hong Kong, Macau and Taiwan) is published by arrangement with the Press Syndicate of the University of Cambridge, Cambridge, United Kingdom.

© China Renmin University Press 2024

This Simplified-Chinese translation is authorized for sale in the People's Republic of China (excluding Hong Kong, Macau and Taiwan) only. Unauthorized export of this Simplified-Chinese translation is a violation of the Copyright Act. No part of this publication may be reproduced or distributed by any means, or stored in a database or retrieval system, without the prior written permission of Cambridge University Press and China Renmin University Press.

Copies of this book sold without a Cambridge University Press sticker on the cover are unauthorized and illegal.

本书封面贴有 Cambridge University Press 防伪标签，无标签者不得销售。

**图书在版编目（CIP）数据**

美国知识产权制度的观念起源：1790—1909 /（美）奥伦·布拉查（Oren Bracha）著；肖尤丹，孙晋译. 北京：中国人民大学出版社, 2024.9. -- ISBN 978-7-300-33074-7

Ⅰ. D971.23

中国国家版本馆 CIP 数据核字第 20248MY890 号

**美国知识产权制度的观念起源（1790—1909）**
［美］奥伦·布拉查（Oren Bracha） 著
肖尤丹 孙 晋 译
Meiguo Zhishichanquan Zhidu de Guannian Qiyuan

| 出版发行 | 中国人民大学出版社 | | |
|---|---|---|---|
| 社　　址 | 北京中关村大街 31 号 | 邮政编码 | 100080 |
| 电　　话 | 010 - 62511242（总编室） | 010 - 62511770（质管部） | |
| | 010 - 82501766（邮购部） | 010 - 62514148（门市部） | |
| | 010 - 62515195（发行公司） | 010 - 62515275（盗版举报） | |
| 网　　址 | http://www.crup.com.cn | | |
| 经　　销 | 新华书店 | | |
| 印　　刷 | 天津中印联印务有限公司 | | |
| 开　　本 | 890 mm×1240 mm　1/32 | 版　次 | 2024 年 9 月第 1 版 |
| 印　　张 | 14.125 插页 1 | 印　次 | 2024 年 9 月第 1 次印刷 |
| 字　　数 | 292 000 | 定　价 | 79.00 元 |

**版权所有　侵权必究　印装差错　负责调换**